btb

In den 1920ern hatten nicht die Bewohner von New York oder Paris das höchste Pro-Kopf-Einkommen: die reichsten Menschen der Welt waren die Osage-Indianer im amerikanischen Bundesstaat Oklahoma. Das karge Land, das ihnen als Reservat zugewiesen worden war, barg gigantische Ölvorkommen. Doch der Reichtum brachte den Osage kein Glück: Eine mysteriöse Serie von Morden nahm ihren Anfang, der Dutzende Stammesmitglieder zum Opfer fallen sollten. Die Osage-Morde wurden zum ersten großen Fall für das noch junge FBI. Doch Korruption und Geldgier hatten auch hier bereits Einzug gehalten. Erst einer Gruppe von Undercover-Agenten gelingt es schließlich, diese wohl finsterste und spektakulärste Mordserie in der Geschichte der USA aufzuklären.

David Grann, Jahrgang 1967 ist preisgekrönter Journalist und Sachbuchautor. Er arbeitet als Redakteur bei *The New Yorker* und veröffentlicht Artikel u.a. in *The Washington Post, The Atlantic Monthly, The Wall Street Journal. Das Verbrechen (»Killers of the Flower Moon«)* wurde mit dem National Book Award ausgezeichnet und von Martin Scorsese mit Starbesetzung verfilmt.

David Grann

Das Verbrechen

KILLERS OF THE FLOWER MOON
Ein True-Crime-Thriller

Aus dem amerikanischen Englisch
von Henning Dedekind

btb

Die amerikanische Originalausgabe erschien 2017 unter dem Titel »Killers of the Flower Moon« bei Doubleday, a division of Penguin Random House LLC, New York

FSC
www.fsc.org
MIX
Papier | Fördert gute Waldnutzung
FSC® C014496

Penguin Random House Verlagsgruppe FSC® N001967

3. Auflage
Genehmigte Taschenbuchausgabe Dezember 2018

Covergestaltung semper smile, München
Coverartwork © Motion Picture Artwork 2023 Apple
Karten: Jeffrey L. Ward
Druck und Einband: GGP Media GmbH, Pößneck
MK · Herstellung: sc
Printed in Germany
ISBN 978-3-442-71727-9

www.btb-verlag.de
www.facebook.com/penguinbuecher

Für meine Mutter und meinen Vater.

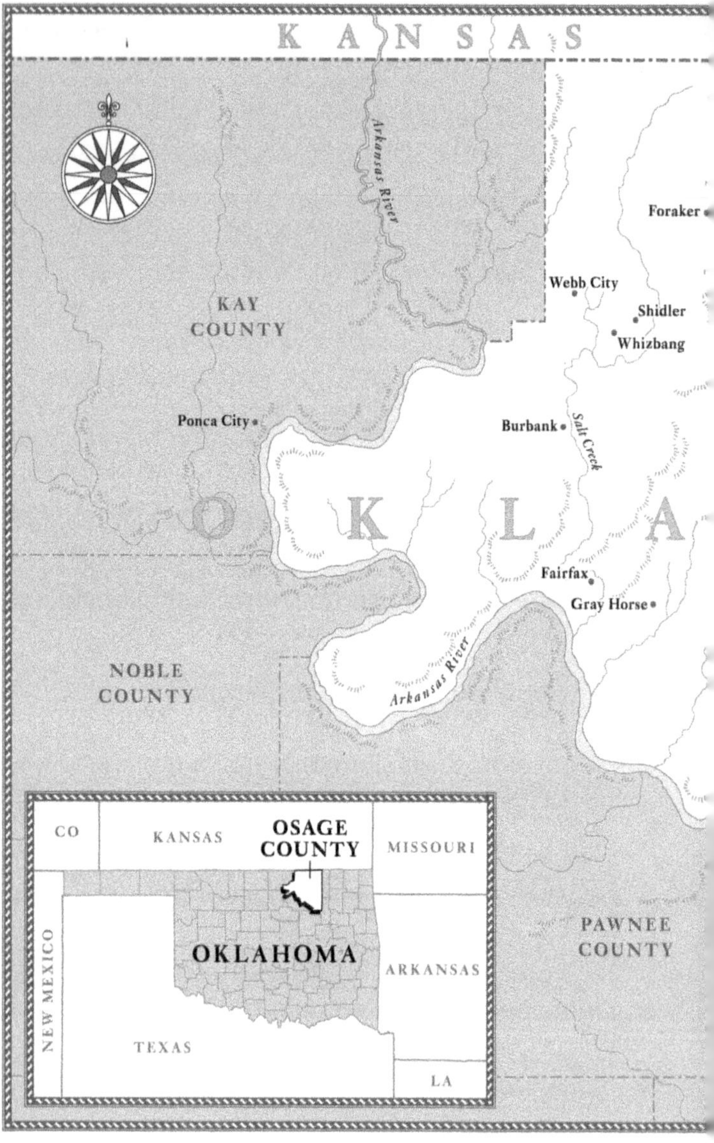

KANSAS
Arkansas River
Foraker
Webb City
Shidler
Whizbang
KAY COUNTY
Ponca City
Burbank
Salt Creek
OKLA
Fairfax
Gray Horse
Arkansas River
NOBLE COUNTY
PAWNEE COUNTY
CO
KANSAS
OSAGE COUNTY
MISSOURI
NEW MEXICO
OKLAHOMA
ARKANSAS
TEXAS
LA

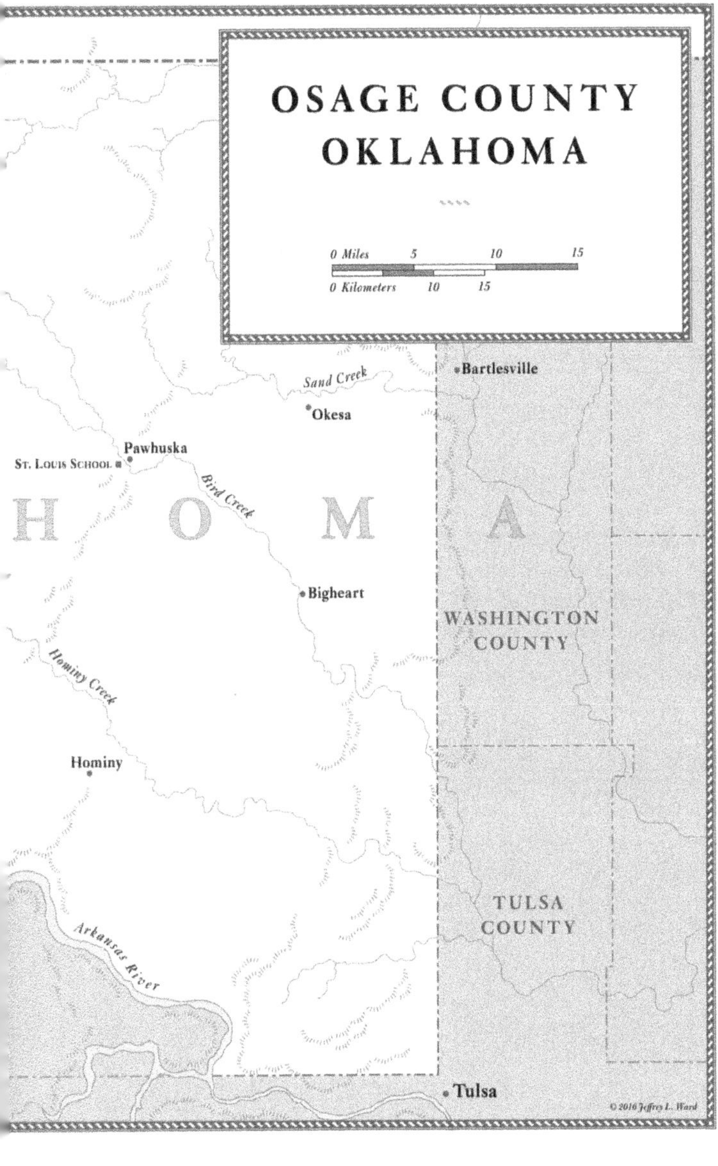
OSAGE COUNTY
OKLAHOMA
0 Miles 5 10 15
0 Kilometers 10 15
Sand Creek
Bartlesville
Okesa
Pawhuska
St. Louis School
Bird Creek
H O M A
Bigheart
WASHINGTON COUNTY
Hominy Creek
Hominy
TULSA COUNTY
Arkansas River
Tulsa
© 2016 Jeffrey L. Ward

Inhalt

ERSTE CHRONIK

Die gezeichnete Frau

* * *

Nichts Böses hatte diese verheißungsvolle Nacht zu trüben vermocht, denn sie hatte gelauscht; keine böse Stimme war zu vernehmen gewesen; keine Schleiereule hatte die Stille mit ihrem bebenden Schrei gestört. Sie wusste dies, weil sie die ganze Nacht gelauscht hatte.

John Joseph Mathews, *Sundown*

1. Das Verschwinden

Im April erblühen in der mit Schwarzeichen bestandenen Hügellandschaft und den riesigen Prärien des Osage-Territoriums in Oklahoma Millionen kleiner Blumen:[1] wilde Stiefmütterchen, Tellerkräuter und Federblumen. Der Osage-Schriftsteller John Joseph Mathews beschrieb das Blütenmeer mit den Worten, es sehe aus, »als hätten die Götter Konfetti verstreut«.[2] Im Mai, wenn die Kojoten unter einem ungewöhnlich großen Mond heulen, wachsen nach und nach größere Pflanzen wie Zwerglilien und Sonnenhut über diese kleineren Blumen hinaus und stehlen ihnen damit Licht und Wasser. Die Stängel der kleineren Blumen brechen, ihre Blütenblätter werden fortgeweht, und bald schon sind sie im Erdboden begraben. Aus diesem Grund bezeichnen die Osage-Indianer den Mai als die Zeit des Blumen mordenden Mondes.

Am 24. Mai 1921 begann sich Mollie Burkhart, eine Einwohnerin der im Osage-Reservat gelegenen Stadt Gray Horse, Sorgen zu machen, dass einer ihrer drei Schwestern, Anna Brown, etwas passiert sein könnte.[3] Anna war vierunddreißig und damit kaum ein Jahr älter als Mollie. Seit drei Tagen war sie verschwunden. Sie war schon oft »auf die Piste« gegangen, wie sich ihre Familie entmutigt ausdrückte – dann tanzte und trank sie mit Freunden bis in die frühen Morgenstunden hinein. Diesmal jedoch war erst eine Nacht vergangen, dann eine zweite, und Anna war nicht wieder an Mollies Vordertreppe erschienen, wie sie es sonst immer tat. Dann war ihr langes schwarzes Haar immer leicht zerzaust gewesen, und ihre dunklen Augen glänzten, als wären sie aus Glas.

Wenn Anna hereinkam, zog sie gern ihre Schuhe aus. Jetzt vermisste Mollie das beruhigende Geräusch der sich zwanglos im Haus bewegenden Schwester. Stattdessen herrschte eine Stille wie in den Weiten der Prärie.

Vor fast drei Jahren hatte Mollie bereits ihre Schwester Minnie verloren. Ihr Tod war erschreckend rasch gekommen, und obwohl die Ärzte eine »eigenartige Form der Schwindsucht« dafür verantwortlich gemacht hatten, hegte Mollie doch Zweifel: Minnie war erst siebenundzwanzig Jahre alt und stets bei bester Gesundheit gewesen.[4]

Wie ihre Eltern ließen auch Mollie und ihre Schwestern ihre Namen in die Osage Roll eintragen, was bedeutete, dass sie zu den registrierten Mitgliedern des Stammes gehörten. Es bedeutete außerdem, dass sie ein Vermögen besaßen. Anfang der 1870er-Jahre hatte man die Osage von ihrem Land in Kansas vertrieben und in ein steiniges, wertlos erscheinendes Reservatgebiet im Nordosten Oklahomas umgesiedelt, nur um Jahrzehnte später festzustellen, dass dort unter der Erdoberfläche einige der größten Erdölvorkommen der Vereinigten Staaten schlummerten. Um an dieses Öl zu gelangen, mussten Ölsucher den Osage Pachtgebühren und Lizenzen zahlen. Ab dem Anfang des 20. Jahrhunderts erhielt jedes registrierte Stammesmitglied vierteljährlich einen Scheck. Der Betrag belief sich zunächst nur auf wenige Dollar, doch als mit der Zeit immer mehr Öl gefördert wurde, stiegen die Dividenden zunächst in die Hunderte, dann in die Tausende. Die Zahlungen nahmen praktisch jedes Jahr zu, so wie die Präriebäche, die zu dem breiten, schlammigen Cimarron zusammenflossen. Schließlich hatten die Stammesmitglieder gemeinsam Millionen und Abermillionen von Dollar angehäuft. (Allein im Jahr 1923 nahm der Stamm über dreißig Millionen ein, was einer heutigen Kaufkraft von mehr als vierhundert Millionen Dollar entspricht.) Die Osage galten als das Volk mit dem größten Pro-Kopf-Vermögen der Welt. »Sieh da!«, staunte die New Yorker Wochenzeitung *Outlook*. »Statt zu verhungern, erfreut sich der Indianer eines regelmäßigen Einkommens, das selbst Bankiers vor Neid erblassen lässt.«[5]

Angesichts des Wohlstands der Stammesgemeinschaft war die Öffentlichkeit starr vor Staunen, da dies so gar nicht zum Bild des amerikanischen Ureinwohners passen wollte, welches bis zu dem brutalen Erstkontakt mit den Weißen zurückreichte – der Erbsünde, aus der das Land geboren wurde. Journalisten stichelten ihre Leserschaft mit Geschichten über die »plutokratischen Osage«[6] und die »roten Millionäre«[7] auf, die in Ziegel- und Terrakottavillen mit Kronleuchtern lebten, Diamantringe und Pelzmäntel trugen und über Automobile mit Chauffeur verfügten. Ein Schreiber staunte über Osage-Mädchen, die die besten Internate besuchten und teure französische Kleider trügen, als hätte sich »eine *très jolie demoiselle* der Pariser Boulevards aus Versehen in diese kleine Stadt im Reservat verirrt«.[8]

Gleichzeitig stürzten sich die Reporter auf jedes Anzeichen der traditionellen Lebensweise der Osage, die in der öffentlichen Wahrnehmung Visionen von »wilden« Indianern hervorzurufen schienen. In einem Artikel beschrieb der Autor einen »Kreis teurer Automobile um ein offenes Lagerfeuer, an dem die gebräunten und in Decken gehüllten Besitzer auf primitive Weise Fleisch zubereiteten«.[9] Ein anderer berichtete über eine Gruppe von Osage-Indianern, die in einem Privatflugzeug zu einem Tanzzeremoniell eintrafen – eine Szene, die zu beschreiben »selbst einem Romanschriftsteller schwer fallen würde«.[10]

Der *Washington Star* brachte die öffentliche Stimmung gegenüber den Osage auf den Punkt. Dort hieß es: »Statt ›Ach, der arme Indianer‹ zu jammern, müsste man eigentlich sagen, ›Oh, die reiche Rothaut‹.«[11]

Gray Horse war eine der älteren Ansiedlungen des Reservates. Diese Außenposten – darunter Fairfax, eine benachbarte größere Stadt mit beinahe eintausendfünfhundert Einwohnern, und Pawhuska, die Osage-Hauptstadt mit einer Bevölkerung von über sechstausend Menschen – wirkten wie Fieberträume. In den Straßen drängten sich Cowboys, Glücksritter, Schwarzhändler, Wahrsager, Medizinmänner, Gesetzlose, US-Marshalls, New Yorker Finanziers und Ölmagnaten. Automobile rasten über befestigte Reitwege, und der Geruch nach Benzin überdeckte den Duft der Prärie. Von Telefondrähten spähten Krähen herab. Es gab Restaurants, die als Cafés angepriesen wurden, Opernhäuser und Polo-Spielfelder.

Mollie ging mit dem Geld zwar nicht so verschwenderisch um wie manche ihrer Nachbarn, doch hatte sie sich nahe der alten Hütte ihrer Familie – einer Unterkunft aus windschiefen Pfosten, gewebten Matten und Baumrinde – ein hübsches, geräumiges Holzhaus gebaut. Sie besaß mehrere Autos und hatte eine eigene Dienerschaft. Die »Kriecher der Indianer«, wie viele Siedler diese Wanderarbeiter abfällig bezeichneten, waren oft Schwarze oder Mexikaner. Anfang der 1920er-Jahre äußerte ein Besucher des Reservates seinen Unmut darüber, dass »sogar Weiße all die niedrigen Arbeiten im Hause« ausführten, »für die sich kein Osage den Rücken krumm machen will«.[12]

Mollie war einer der letzten Menschen, die Anna vor ihrem Verschwinden noch gesehen hatten. An jenem Tag, dem 21. Mai, war Mollie im Morgengrauen aufgestanden, eine Angewohnheit, die noch aus den Zeiten stammte, als ihr Vater jeden Morgen die Sonne anbetete. Sie hatte sich an das Konzert der Wiesenlerchen, Wasserläufer und Präriehühner gewöhnt, das nun jedoch vom Lärm in die Erde getriebener Bohrer überlagert wurde. Im Gegensatz zu vielen ihrer Freunde lehnte Mollie traditionelle Osage-Kleidung nicht ab und trug eine Indianerdecke um die Schultern. Sie hatte auch keinen Pagenschnitt, sondern ließ ihr langes schwarzes Haar den Rücken hinabwallen, wodurch ihr markantes Gesicht mit seinen hohen Wangenknochen und den großen braunen Augen betont wurde.

Ihr Ehemann, Ernest Burkhart, stand mit ihr auf. Der achtundzwanzigjährige Weiße hatte das gute Aussehen eines typischen Wildwestfilm-Statisten: kurzes braunes Haar, graublaue Augen, kantiges Kinn. Er war als Sohn eines armen Baumwollfarmers in Texas aufgewachsen und von den Geschichten über die Osage Hills verzaubert gewesen, jenem Überbleibsel des amerikanischen Grenzlandes, in dem sich angeblich immer noch Cowboys und Indianer tummelten. Im Jahr 1912 hatte er wie Huck Finn, der sich ins Indianerland aufmacht, sein Bündel geschnürt und war zu seinem Onkel nach Fairfax gezogen, einem führenden Viehzüchter namens William K. Hale. »Er war nicht die Art von Mann, die einen bittet, etwas zu tun – er befahl es einem«, sagte Ernest einmal über Hale, der zu seinem Ersatzvater geworden war.[13] Obwohl Ernest meist Botendienste für Hale erledigte, arbeitete er bisweilen doch auch als Taxifahrer. So begegnete er Mollie, die er in der Stadt herumkutschierte.

Gelegentlich trank Ernest mit Männern von zweifelhaftem Ruf gern schwarz gebrannten Schnaps und spielte indianisches Stud Poker. Doch unter seiner rauen Schale verbarg sich wohl ein zärtlicher, leicht unsicherer Mensch, in den sich Mollie verliebte. Mollie, die als Kind nur Osage gesprochen hatte, beherrschte seit ihrer Schulzeit ein wenig Englisch; trotzdem lernte Ernest die Sprache ihres Stammes, bis er sich darin mit ihr unterhalten konnte. Sie litt an Diabetes, und wenn ihre Gelenke schmerzten oder sie der Heißhunger überkam, kümmerte er sich um sie. Als er hörte, dass ihr ein anderer Mann zugetan sei, murmelte er, er könne ohne sie nicht leben.

Zu heiraten war für sie nicht einfach. Ernests raubeinige Freunde verspotteten ihn als »Squaw-Mann«. Und obwohl Mollies drei Schwestern weiße Männer geheiratet hatten, fühlte sie sich in der Pflicht, wie ihre Eltern auch eine arrangierte Eheschließung zu vollziehen. Da ihre Familie eine Mischung aus katholischem und Osage-Glauben praktizierte, konnte sie allerdings nicht verstehen, warum Gott sie die Liebe finden lassen sollte, nur um sie ihr daraufhin wieder zu nehmen. Im Jahr 1917 wagten Mollie und Ernest daher den Ringtausch und schworen sich ewige Liebe.

1921 dann hatten sie eine Tochter namens Elizabeth, inzwischen zwei Jahre alt, und einen Sohn, den acht Monate alten James, dessen Spitzname »Cowboy« lautete. Daneben versorgte Mollie ihre alternde Mutter Lizzie, die nach dem Tod von Mollies Vater in das Haus eingezogen war. Aufgrund von Mollies Diabetes fürchtete Lizzie einmal, ihre Tochter werde jung sterben. Flehentlich bat sie ihre anderen Kinder, sich ihrer anzunehmen. Tatsächlich war es aber Mollie, die sich um alle kümmerte.

* * *

Der 21. Mai sollte eigentlich ein schöner Tag für Mollie werden. Sie hatte gern Gäste und gab eine kleine Einladung zum Mittagessen. Sie zog sich an, dann machte sie den Kindern das Essen. Cowboy hatte oft schreckliche Ohrenschmerzen. Also blies sie in seine Ohren, bis er zu weinen aufhörte. Mollie hielt

Mollie Burkhart

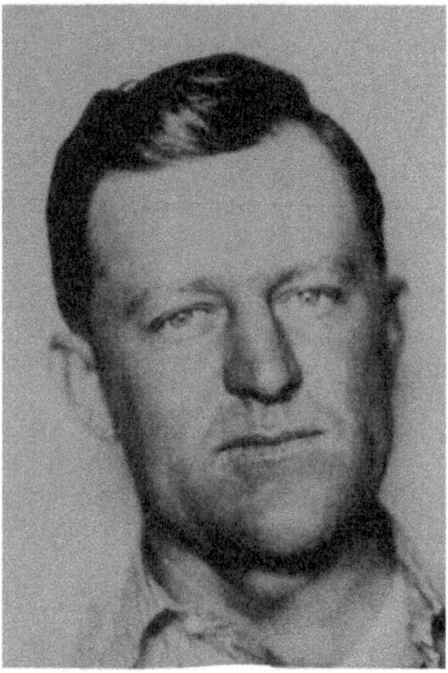

Ernest Burkhart

zu Hause peinlich genau Ordnung und erteilte ihren Angestellten Anweisungen. Das ganze Haus brummte, alle liefen geschäftig umher – bis auf Lizzie, die krank geworden war und im Bett blieb. Mollie bat Ernest, Anna anzurufen und zu fragen, ob sie zur Abwechslung einmal herkommen und helfen könne, Lizzie zu versorgen. Als ältestes Kind der Familie hatte Anna in den Augen ihrer Mutter eine Sonderstellung, und obwohl sich Mollie um Lizzie kümmerte, war Anna trotz ihres heftigen Temperaments diejenige, die von ihrer Mutter verwöhnt wurde.

Als Ernest Anna mitteilte, dass ihre Mama sie brauche, versprach sie, sofort ein Taxi zu nehmen. Wenig später traf sie ein, trug hellrote Schuhe und – farblich dazu passend – einen Rock und eine Indianerdecke; in der Hand hielt sie eine Kroko-Handtasche. Bevor sie das Haus betrat, kämmte sie hastig ihr vom Wind zerzaustes Haar und puderte ihr Gesicht. Trotzdem bemerkte Mollie, dass ihr Gang unsicher war und sie einen Zungenschlag hatte. Anna war betrunken.

Mollie konnte ihr Missfallen nicht verbergen. Einige der Gäste waren bereits eingetroffen. Darunter waren auch zwei von Ernests Brüdern, Bryan und Horace Burkhart, die, angelockt vom schwarzen Gold, ins Osage County gezogen waren und Hale häufig auf dessen Ranch halfen.[14] Eine von Ernests Tanten, die oft rassistische Ansichten über Indianer äußerte, kam ebenfalls zu Besuch, und das Letzte, was Mollie brauchte, war, dass Anna solche Stereotypen bediente.

Anna zog ihre Schuhe aus und machte eine Szene. Sie zog einen Flachmann aus ihrer Handtasche und öffnete ihn. Der stechende Geruch schwarz gebrannten Whiskeys verbreitete sich. Sie beharrte darauf, das Fläschchen leeren zu müssen, be-

Mollie (rechts) mit ihren Schwestern Anna (Mitte) und Minnie.

vor die Behörden sie erwischten (seit einem Jahr galt in den USA die Prohibition), und bot den Gästen einen Schluck feinsten Schwarzgebrannten an, wie sie es nannte.

Mollie wusste, dass Anna gerade eine schwierige Phase durchlebte. Vor Kurzem hatte sie sich von ihrem Ehemann scheiden lassen, einem Siedler namens Oda Brown, der Fahrzeuge vermietete. Seitdem hatte sie immer mehr Zeit in den turbulenten Boomtowns des Reservats verbracht, die überall aus dem Boden geschossen waren, um den Ölarbeitern Unterkunft und Zerstreuung zu bieten – Städte wie Whizbang, wo, so wurde gesagt, die Menschen den ganzen Tag herumschwirrten (*to whiz*) und die ganze Nacht auf die Pauke hauten (*to bang*). »Alle Mächte der Ausschweifung und des Bösen sind hier anzutreffen«, berichtete ein US-Regierungsvertreter.[15] »Glücksspiel, Sauferei, Unzucht, Lügen, Diebstahl, Mord.« Anna zogen die Orte an den dunklen Enden der Straßen magisch an: Von außen wirkten diese Etablissements anständig, im Innern jedoch verbargen sich Räume voll mit glänzenden Schwarzbrandflaschen. Eine von Annas Bediensteten erzählte später den Behörden, Anna sei jemand, der viel Whiskey trinke und eine »sehr lockere Moral im Umgang mit weißen Männern« habe.[16]

In Mollies Haus begann Anna mit Ernests jüngerem Bruder Bryan zu flirten, mit dem sie sich gelegentlich traf. Er wirkte in sich gekehrter als Ernest, hatte unergründliche, gelb gesprenkelte Augen und schütteres Haar, das er zurückgekämmt trug. Ein Gesetzeshüter, der ihn kannte, bezeichnete ihn als kleinen Handlanger. Als Bryan bei der Mittagsrunde eine der Hausangestellten fragte, ob sie mit ihm am Abend tanzen gehen wolle, sagte Anna, sie werde ihn töten, wenn er mit einer anderen Frau etwas anfange.

Derweil murmelte Ernests Tante so laut, dass es alle hören

konnten, wie entsetzlich sie es doch finde, dass ihr Neffe eine Rothaut geehelicht habe. Zurückzuschlagen war für Mollie leicht: Eine der Hausangestellten, welche die Tante bedienten, war weiß – ein deutlicher Hinweis auf die soziale Ordnung innerhalb der Stadt.

Anna war weiterhin auf Radau aus. Sie stritt sich mit den Gästen, stritt sich mit ihrer Mutter, und stritt sich auch mit Mollie. »Sie trank und zankte sich«, berichtete eine Dienerin später den Behörden.[17] »Ich verstand ihre Sprache nicht, aber sie zankten sich.« Die Hausangestellte fuhr fort: »Sie hatten großen Ärger mit Anna, und ich hatte Angst.«

An jenem Abend wollte Mollie nach ihrer Mutter sehen, während Ernest mit den Gästen in das acht Kilometer nordwestlich gelegene Fairfax aufbrach, um sich dort mit Hale zu treffen und *Bringing Up Father* zu besuchen, ein Wandersingspiel, das von einem armen irischen Einwanderer handelte, der eine Million Dollar im Lotto gewinnt und sich bemüht, in der höheren Gesellschaft Fuß zu fassen. Bryan, der einen Cowboyhut aufgesetzt hatte, blickte mit seinen katzenartigen Augen unter der Krempe hervor und bot Anna an, sie zu Hause abzusetzen.

Bevor sie sich verabschiedeten, wusch Mollie Annas Kleider, gab ihr etwas zu essen und sorgte dafür, dass sie so weit ausgenüchtert war, dass Mollie ihre Schwester als die fröhliche und charmante Frau wiedererkannte, die sie war. Sie hielten gemeinsam inne, teilten einen Augenblick der Ruhe und Versöhnung. Dann sagte Anna Lebewohl. Durch ihr Lächeln blitzte eine goldene Zahnfüllung.

* * *

Mit jeder Nacht, die nun verging, wurde Mollie besorgter. Bryan beharrte darauf, er habe Anna auf direktem Weg nach Hause gefahren und sie dort abgesetzt, bevor er selbst zu der Show gegangen sei. Nach der dritten Nacht machte Mollie in ihrer ruhigen, aber bestimmten Art alle mobil. Ernest beauftragte sie damit, bei Anna zu Hause vorbeizuschauen. Er rüttelte am Knauf ihrer Eingangstür – sie war verschlossen. Durchs Fenster wirkten die Zimmer im Innern dunkel und verlassen.

Ernest stand allein dort in der Hitze. Einige Tage zuvor hatte ein kühler Regenschauer die Erde benetzt, doch seitdem brannte die Sonne gnadenlos durch die Schwarzeichen. Zu dieser Jahreszeit ließ die Hitze die Prärie verschwimmen und das hohe Gras am Boden ächzen. Durch das gleißende Licht konnte man in der Ferne die skelettartigen Umrisse der Bohrtürme erkennen.

Annas leitende Hausdienerin, die nebenan wohnte, kam heraus. »Wissen Sie, wo Anna ist?«, fragte Ernest sie.[18]

Vor dem Regen sei sie zu Annas Haus gegangen, um möglicherweise offen stehende Fenster zu schließen, antwortete die Bedienstete. »Ich dachte, es könnte hereinregnen«, erklärte sie.[19] Doch sei die Tür verschlossen und von Anna nichts zu sehen gewesen. Sie war fort.

Die Nachricht von ihrem Ausbleiben verbreitete sich in den Boomtowns, von Veranda zu Veranda, von Geschäft zu Geschäft. Das Unbehagen wurde noch verstärkt durch Berichte, dass ein weiterer Osage, Charles Whitehorn, bereits eine Woche vor Anna verschwunden sei.[20] Der intelligente und geistreiche einunddreißigjährige Whitehorn war mit einer Frau verheiratet, die halb Weiße und halb Cheyenne war.[21] Eine Lokalzeitung bemerkte, er sei »sowohl bei den Weißen als auch bei den Mitgliedern seines Stammes beliebt«.[22] Am 14. Mai hatte er sein Zuhause im südwestlichen Teil des Reservates verlassen und sich auf den Weg nach Pawhuska gemacht. Er kehrte nie zurück.

Dennoch hatte Mollie guten Grund, nicht gleich in Panik zu verfallen. Es war durchaus vorstellbar, dass Anna noch einmal fortgegangen war, nachdem Bryan sie abgesetzt hatte, nach Oklahoma City oder über die Grenze in das schillernde Kansas City. Vielleicht tanzte sie in einem jener Jazzclubs, die sie so gern besuchte, ohne zu ahnen, welches Chaos sie zu Hause angerichtet hatte. Und selbst, wenn Anna in Schwierigkeiten geraten war, wusste sie sich doch selbst zu schützen: In ihrer Kroko-Handtasche führte sie häufig eine kleine Pistole mit sich. Sie wird bald wieder zu Hause sein, versicherte Ernest Mollie.

* * *

Eine Woche nach Annas Verschwinden stand ein Ölarbeiter auf einem Hügel, der etwa anderthalb Kilometer nördlich von der Innenstadt Pawhuskas entfernt lag, als er bemerkte, dass aus einem Gestrüpp zu Füßen eines Krans etwas herausragte. Der Arbeiter ging näher heran. Es war ein verwesender Leichnam; zwischen den Augen befanden sich zwei Einschusslöcher. Das Opfer war wie bei einer Hinrichtung erschossen worden.

An dem Hang war es heiß und laut und feucht. Bohrer, die sich durch das Kalkgestein fraßen, ließen die Erde erzittern; Derrickkräne schwangen ihre langen Greifarme hin und her. Andere Leute versammelten sich um den Leichnam, der bereits so stark verwest war, dass man ihn unmöglich identifizieren konnte. In einer Tasche der Kleidung befand sich ein Brief. Jemand zog ihn heraus, glättete das Papier und las ihn vor. Der Brief war an Charles Whitehorn gerichtet, und somit wusste man, dass es sich um ihn handelte.

Etwa zur selben Zeit war ein Mann zusammen mit seinem halbwüchsigen Sohn und einem Freund am Three Mile Creek in der Nähe von Fairfax auf Hörnchenjagd. Als die beiden Männer einen Schluck Wasser aus einem Bach nahmen, entdeckte der Junge ein Hörnchen und betätigte den Abzug. Es gab einen Hitze- und Lichtstoß, und der Junge sah zu, wie das getroffene Hörnchen leblos über den Rand einer Schlucht stürzte. Er jagte ihm nach und bahnte sich seinen Weg einen bewaldeten Hang hinab in eine Talsenke, wo die Luft dicker war und er das Murmeln des Baches hören konnte. Er fand das Hörnchen und hob es auf. Dann schrie er: »Oh, Papa!«[23] Als sein Vater eintraf, hatte der Junge einen Felsblock erklommen. Er deutete in Richtung der moosbewachsenen Uferböschung des Baches und sagte: »Ein toter Mensch.«

Dort lag eine aufgedunsene und verwesende Leiche, offenbar waren es die Überreste einer indianischen Frau. Sie lag auf dem Rücken, ihr verwirrtes Haar im Schlamm, und die leeren Augen starrten gen Himmel. Die Leiche war voller Würmer.

Die Männer und der Junge verließen hastig die Schlucht und rasten mit ihrer Pferdekutsche durch die Prärie, dass Staubwolken um sie herum aufwirbelten. Als sie die Hauptstraße von Fairfax erreichten, konnten sie dort keine Gesetzeshüter finden, also hielten sie vor der Big Hill Trading Company, einer großen Gemischtwarenhandlung, die auch ein Begräbnisinstitut betrieb. Dem Inhaber Scott Mathis berichteten sie, was geschehen war, und dieser verständigte seinen Bestatter, der mit einigen Männern zu dem Bach aufbrach. Dort wälzten sie die Leiche auf eine Wagensitzbank und schleiften sie mittels eines Seils aus der Schlucht. Im Schatten einer Schwarzeiche legten sie die Leiche dann in eine Holzkiste. Als der Bestatter den aufgedunsenen Körper mit Salz und Eis bedeckte, schrumpfte dieser ganz allmählich, als würde auch noch der letzte Rest Leben aus ihm entweichen. Der Bestatter versuchte festzustellen, ob die Frau Anna Brown war – die er gekannt hatte. »Die Leiche war stark verwest und derart aufgedunsen, dass sie beinahe geplatzt wäre, und dazu äußerst übelriechend«, erinnerte er sich später.[24] »Sie war schwarz wie ein Nigger«, fügte er hinzu.[25]

Er und die anderen Männer konnten keine Identifizierung vornehmen. Mathis, der sich um Annas Finanzen kümmerte, verständigte jedoch Mollie, und diese führte eine düstere Prozession zu dem Bach. Darunter waren Ernest, Bryan, Mollies Schwester Rita und Ritas Ehemann Bill Smith. Viele, die Anna kannten, folgten ihnen, auch einige morbide Schaulustige. Kelsie Morrison, einer der berüchtigtsten Alkoholschmuggler und Drogenhändler des Bezirks, kam mit seiner Osage-Frau.

Mollie und Rita traten nahe an die Leiche heran. Der Gestank war überwältigend. Geier zogen unbarmherzig ihre Kreise in der Luft. Mollie und Rita konnten kaum ausmachen, ob das Gesicht zu Anna zu gehörte, da praktisch nichts mehr davon übrig war. Doch sie erkannten ihre Indianerdecke und die Kleider, die Mollie für sie gewaschen hatte. Dann nahm Ritas Mann Bill einen Stock und öffnete ihren Mund, sodass Annas Goldfüllungen zum Vorschein kamen. »Das ist ziemlich sicher Anna«, sagte Bill.[26]

Rita weinte nun, und ihr Ehemann geleitete sie davon. Schließlich brachte Mollie das Wort »Ja« hervor – es war also Anna. Mollie war diejenige in der Familie, die stets Haltung bewahrte. Nun kehrte sie gemeinsam mit Ernest dem Bach den Rücken und ließ die erste Andeutung jener Dunkelheit hinter sich, die nicht nur ihre Familie, sondern ihren ganzen Stamm zu vernichten drohte.

2. Ein Akt Gottes oder die Tat eines Menschen?

Hastig beraumte man eine gerichtsmedizinische Untersuchung an, die von Geschworenen unter Leitung eines Friedensrichters in der Schlucht durchgeführt wurde.[1] Solche Untersuchungen waren Überbleibsel aus einer Zeit, als die Verantwortung für Verbrechensaufklärung und die Aufrechterhaltung der Ordnung hauptsächlich auf den Schultern gewöhnlicher Bürger ruhte. Noch Jahre nach der Amerikanischen Revolution war die Öffentlichkeit gegen die Schaffung von Polizeibehörden, da man fürchtete, diese könnten zu einem Instrument der Unterdrückung werden. Stattdessen schrien die braven Bürger Zeter und Mordio, wenn es um die Verfolgung Verdächtiger ging. Benjamin N. Cardozo, künftiger Richter am Obersten Gericht, bemerkte einmal, diese Verfolgungen seien »nicht halbherzig und zaudernd« angegangen worden, sondern »aufrecht und tapfer und mit allen zur Verfügung stehenden und geeigneten Mitteln und Werkzeugen«.[2]

Erst im 19. Jahrhundert, nach dem Entstehen industrieller Metropolen und einer Reihe innerstädtischer Unruhen (nachdem also die Furcht vor sogenannten gefährlichen Klassen das Misstrauen gegenüber dem Staat überwog), kam es in den Vereinigten Staaten zur Gründung von Polizeibehörden. Zum Zeitpunkt von Annas Tod gehörte das informelle System bürgerlicher Polizeiarbeit längst der Vergangenheit an, doch einige Überbleibsel hielten sich hartnäckig, insbesondere an Orten, die immer noch am Rande von Geografie und Geschichte zu existieren schienen.

Der Friedensrichter wählte die Geschworenen aus den weißen Männern in der Schlucht, darunter Mathis. Sie sollten darüber befinden, ob Anna durch einen Akt Gottes oder durch die Hand eines Menschen gestorben sei. Für den Fall, dass man auf ein Verbrechen schließen musste, sollten sie versuchen, mögliche Hintermänner und Täter zu ermitteln. Zwei Ärzte, die Brüder James und David Shoun, die auch Mollies Familie behandelten, wurden mit einer Autopsie beauftragt. Sie beugten sich über die Leiche und begannen mit der Untersuchung, während sich die Mitglieder der gerichtlichen Ermittlung um sie drängten.

Jeder Leichnam erzählt seine eigene Geschichte. Ein gebrochenes Zungenbein etwa – ein Knochen im Hals, der die Zunge stützt – kann darauf hindeuten, dass eine Person stranguliert worden ist. Abdrücke am Hals können weiteren Aufschluss darüber geben, ob der Täter dazu seine bloßen Hände gebraucht

Die Schlucht, in der Anna Browns Leichnam gefunden wurde.

oder einen Strick verwendet hat. Selbst ein abgerissener Fingernagel des Opfers kann Anzeichen für einen verzweifelten Kampf sein. Ein richtunggebender Leitfaden zur medizinischen Jurisprudenz aus dem 19. Jahrhundert zitierte folgende Redensart: »Ein der Medizin Kundiger, der einen Toten sieht, sollte auf alles achten.«[3]

Die Gebrüder Shoun errichteten mit einem Brett einen provisorischen Tisch. Aus einer Medizintasche entnahmen sie einige primitive Instrumente, darunter eine Säge. Die Hitze drang bis in den Schatten vor. Fliegen schwärmten umher. Die Ärzte untersuchten die Kleidung, die Anna trug – ihre Damenpumphose, ihren Rock –, und suchten dabei nach ungewöhnlichen Rissen oder Flecken. Als sie nichts fanden, versuchten sie den Todeszeitpunkt festzustellen.

Dies ist schwieriger, als gemeinhin angenommen wird, besonders wenn ein Mensch seit mehreren Tagen tot ist. Im 19. Jahrhundert glaubten die Wissenschaftler, das Rätsel gelöst zu haben, indem sie die Phasen untersuchten, die eine Leiche nach dem Tod durchmacht: die Versteifung der Gliedmaßen (*Rigor mortis*), die Veränderung der Körpertemperatur (*Algor mortis*) und die durch absinkendes Blut entstehenden Totenflecken (*Livor mortis*). Bald jedoch stellten die Pathologen fest, dass zu viele Varianten – von der Luftfeuchtigkeit bis zur Beschaffenheit der Kleidung, die ein Toter trug – den Verwesungsprozess beeinflussten und eine präzise Berechnung somit nicht möglich war. Eine grobe Schätzung des Todeszeitpunkts ließ sich dennoch vornehmen, und die Shouns gingen davon aus, dass Anna etwa fünf bis sieben Tage zuvor gestorben war.

Vorsichtig drehten die Ärzte Annas Kopf in der hölzernen Kiste. Ein Teil ihrer Kopfhaut löste sich und gab den Blick auf ein kreisrundes Loch in ihrem Hinterkopf frei. »Sie ist erschossen worden!«, rief einer der Shouns aus.[4]

Die Männer wurden unruhig. Als sie genauer hinsahen, bemerkten sie, dass der Durchmesser des Loches kaum dem eines Bleistifts entsprach. Mathis glaubte, dass eine Kugel vom Kaliber 32 die Wunde verursacht habe. Als die Männer den Schusskanal verfolgten – die Kugel war knapp unterhalb der Schädelkalotte eingedrungen und dann abwärts weitergewandert –, gab es keinen Zweifel mehr: Anna war kaltblütig ermordet worden.

* * *

Gesetzeshüter waren damals noch weitgehend Amateure. Nur selten besuchten sie entsprechende Ausbildungsstätten oder befassten sich mit den aufkommenden wissenschaftlichen Erkennungsmethoden, etwa der Analyse von Fingerabdrücken und Blutflecken. Insbesondere die Gesetzeshüter im Grenzland waren vorwiegend Revolverhelden und Fährtenleser; man erwartete von ihnen, abschreckend zu wirken und bekannte Gangster möglichst lebendig, wenn nötig aber auch tot zu fassen. »Ein Polizist war damals buchstäblich das Gesetz, und zwischen ihm und der Ewigkeit stand nichts als sein Urteil und sein Finger am Abzug«, schrieb die *Tulsa Daily World* im Jahr 1928 nach dem Tod eines altgedienten Gesetzeshüters, der im Osage-Gebiet tätig gewesen war.[5] »Oft stand ein einzelner Mann gegen eine ganze Horde gerissener Teufel.« Da diese Gesetzeshüter erbärmliche Gehälter bezogen und dafür geschätzt wurden, dass sie kein großes Federlesen machten, ist es nicht weiter überraschend, dass die Grenzen zwischen guten und schlechten Gesetzeshütern durchaus fließend waren. Der Anführer der Dalton-Bande, einer im 19. Jahrhundert berüchtigten Gruppe Gesetzloser, hatte einst die Polizeigewalt im Osage-Reservat vertreten.

Zum Zeitpunkt von Annas Ermordung war der Bezirkssheriff des Osage County, der die Hauptverantwortung für die Aufrechterhaltung von Recht und Gesetz in der Gegend trug, ein achtundfünfzig Jahre alter und hundertfünfundzwanzig Kilo schwerer Grenzer namens Harve M. Freas. Ein 1916 erschienenes Buch über die Geschichte Oklahomas beschrieb Freas als »Schrecken aller Missetäter«.[6] Es gab jedoch auch Gerüchte, er sei gewissen kriminellen Elementen gegenüber milde gestimmt gewesen – dass er Glücksspielern und Schwarzbrennern wie Kelsie Morrison und Henry Grammer freie Hand gelassen habe. Letzterer war ein Rodeo-Champion, der einst wegen Mordes eingesessen hatte und den lokalen Vertrieb illegalen Alkohols kontrollierte. Einer von Grammers Mitarbeitern gestand den Behörden später: »Ich hatte die Versicherung, dass ich, sollte ich je verhaftet werden … fünf Minuten später wieder auf freien Fuß gesetzt würde.«[7] Eine Gruppe von Bürgern des Osage County hatte zuvor eine Resolution veröffentlicht – im Namen von »Religion, Gesetzestreue, Anstand und Moral«. Darin hieß es, »dass die Menschen, die der Ansicht sind, dass ein vereidigter Gesetzeshüter dem Gesetz Geltung verschaffen soll, hiermit aufgefordert werden, umgehend Sheriff Freas aufzusuchen oder ihm zu schreiben und ihn dazu aufzurufen, seiner beeideten Pflicht nachzukommen«.[8]

Als Sheriff Freas von Annas Ermordung erfuhr, war er bereits mit Whitehorns Tod beschäftigt und sandte zunächst einen seiner Stellvertreter aus, um Beweise zu sammeln. In Fairfax gab es einen Stadt-Marshall, das Äquivalent eines Polizeichefs, der sich in der Schlucht dem Hilfssheriff anschloss, während die Shouns noch immer ihre Autopsie durchführten. Um die Mordwaffe zu identifizieren, mussten die Gesetzeshüter die Kugel herausnehmen, die offenbar in Annas Schädel steckte. Mithilfe ihrer Säge öffneten sie die Schädeldecke, hoben dann vorsichtig das Gehirn heraus und legten es auf das Brett. »Das Gehirn war in derart schlechtem Zustand, dass man den Kugelkanal nicht mehr rückverfolgen konnte«, erinnerte sich David Shoun.[9] Er nahm einen Stock und untersuchte damit gründlich das Gehirn. Die Kugel, so verkündete er, war nirgends zu finden.

Die Gesetzeshüter gingen zu dem Bach hinunter und nahmen den Tatort in Augenschein. Bei einem Felsen am Ufer zeigten Blutflecken an, wo Annas Leiche gelegen hatte. Es gab keine Spur von der Kugel, doch einer der Gesetzeshüter entdeckte eine am Boden liegende Flasche, in der sich noch Reste einer klaren Flüssigkeit befanden. Die Gesetzeshüter nahmen daher an, dass Anna auf einem Stein gesessen und getrunken hatte, als sich ihr jemand von hinten genähert und sie aus nächster Nähe erschossen hatte, wodurch sie vornübergekippt war.

Der Marshall machte zwei verschiedene Arten von Reifenspuren aus, die zwischen der Straße und der Schlucht verliefen. Er rief den Deputy Sheriff und die Mitglieder der Untersuchung herbei. Es sah aus, als wären beide Fahrzeuge von Südosten her in die Schlucht gekommen und dann in umgekehrter Richtung davongefahren.

Weitere Beweise wurden nicht gefunden. Die Gesetzeshüter waren in forensischer Methodik nicht geschult und machten weder einen Abguss der Reifenspuren, noch überprüften sie die Flasche auf Fingerabdrücke oder untersuchten Annas Leiche nach Rückständen von Schießpulver. Sie fotografierten nicht einmal den Tatort, der von den vielen Beobachtern ohnehin schon kontaminiert war.

Irgendjemand jedoch nahm der Leiche einen von Annas Ohrringen ab und brachte ihn Mollies Mutter, die zu krank war, um selbst an den Bach zu kommen. Lizzie erkannte ihn sofort.

Anna war also tot. Wie für alle Osage war die Geburt ihrer Kinder der größte Segen von Wah'Kon-Tah gewesen, der geheimnisvollen Lebenskraft, welche die Sonne und den Mond und die Erde und die Sterne durchdringt; jene Kraft, um die die Osage seit Jahrhunderten ihr Leben strukturierten, in der Hoffnung, im Chaos und dem Durcheinander auf Erden eine gewisse Ordnung zu schaffen. Es war die Macht, die da war und nicht da war, unsichtbar, entfernt, Ehrfurcht gebietend, die zwar gab, aber nicht antwortete. Viele Osage hatten ihren traditionellen Glauben aufgegeben, Lizzie jedoch hatte daran festgehalten. (Ein US-Regierungsvertreter hatte einmal beklagt, Frauen wie Lizzie hielten »den alten Aberglauben am Leben und lachen über moderne Ideen und Gebräuche«.[10]) Nun hatte jemand – etwas – Lizzies älteste und bevorzugte Tochter vor ihrer Zeit getötet – vielleicht ein Zeichen dafür, dass Wah'Kon-Tah seine Segnungen zurückgenommen hatte und die Welt in einem noch größeren Chaos versinken würde. Lizzie litt sehr an ihrem Kummer, und ihr Gesundheitszustand verschlechterte sich weiter.

* * *

Mollie erfuhr große Unterstützung durch Ernest.[11] Ein Rechtsanwalt, der beide gut kannte, bemerkte, seine »Hingabe für seine indianische Frau und seine Kinder« sei »ungewöhnlich« und »bemerkenswert« gewesen.[12] Er tröstete Mollie, die sich in die Organisation von Annas Begräbnis stürzte. Blumen mussten gekauft werden, ebenso ein weißer Metallsarg und ein Grabstein aus Marmor. Die Bestatter berechneten den Osage exorbitante Beerdigungskosten, was keinesfalls eine Ausnahme war. Der Bestatter verlangte eintausendvierhundertfünfzig Dollar für den Sarg, hundert Dollar für die Vorbereitung und Balsamierung der Leiche und weitere fünfundzwanzig für die

Mollie (rechts) mit ihrer Schwester Anna und ihrer Mutter Lizzie.

Anmietung eines Leichenwagens. Als er sämtliche Zusatzkosten abgehakt hatte, darunter Handschuhe für den Totengräber, war die Gesamtsumme in astronomische Höhen geklettert. Ein in der Stadt ansässiger Anwalt sagte: »Es ging so weit, dass man einen Osage-Indianer nicht für unter sechstausend Dollar begraben konnte.«[13] Eine Summe, die inflationsbereinigt einem heutigen Gegenwert von annähernd achtzigtausend Dollar entspricht.

Die Beerdigung wurde so gestaltet, dass sie sowohl den katholischen Glauben als auch die Osage-Traditionen der Familie widerspiegelte.[14] Mollie, die eine Missionsschule in Pawhuska besucht hatte, ging regelmäßig zur Messe. Sie genoss es, in den Bankreihen zu sitzen, wenn sonntagmorgens das Licht durch die Fenster fiel, und der Predigt des Priesters zu lauschen. Außerdem verkehrte sie gern mit Freunden, was man an Sonntagen ausgiebig tun konnte.

Der Begräbnisgottesdienst für Anna begann in der Kirche. William Hale, Ernests Onkel, der Annas und Mollies Familie sehr nahestand, war einer der Sargträger. Der Priester sang die rhythmische Hymne »Dies Irae« aus dem 13. Jahrhundert, die in einem Bittgesuch endet:

Milder Jesus, Herrscher Du,
Schenk den Toten ew'ge Ruh.[15]

Nachdem der Priester Annas Sarg mit Weihwasser besprengt hatte, führte Mollie ihre Familie und die anderen Trauergäste zu einem Friedhof in Gray Horse, einem ruhigen, abgeschiedenen Ort, der die endlose Prärie überblickt. Mollies Vater und ihre Schwester Minnie waren in angrenzenden Gräbern beigesetzt, daneben befand sich eine frisch ausgehobene Grube, feucht und dunkel, die auf Annas Sarg wartete, den man bis zum Rand ihres Grabes getragen hatte. Ihr Grabstein trug die Inschrift »Wiedersehen im Himmel«. Für gewöhnlich wurde der Sargdeckel auf dem Friedhof vor der Grablegung ein letztes Mal geöffnet, damit sich die Trauernden verabschieden konnten, doch der Zustand von Annas Leiche machte dies unmöglich. Schlimmer noch war, dass man ihr Gesicht nicht mit den Farben ihres Stammes und ihres Klans hatte bemalen können – eine Tradition bei Osage-Bestattungen. Wenn dieses Ornamentierungsritual nicht eingehalten wurde, so fürchtete Mollie, wäre Annas Geist möglicherweise verloren. Dennoch hatten Mollie und ihre Familie ausreichend Nahrung für die dreitägige Reise zu jenem Ort in den Sarg gelegt, den die Osage als die Ewigen Jagdgründe bezeichnen.

Die älteren Trauergäste, etwa Mollies Mutter, begannen

Osage-Gebete zu rezitieren, in der Hoffnung, dass Wah'Kon-Tah sie hörte. Der große Historiker und Autor John Joseph Mathews (1894–1979), der selbst zu einem Viertel Osage war, dokumentierte viele Traditionen des Stammes. Ein typisches Gebet beschrieb er einmal folgendermaßen: »Es erfüllte meine Kleine-Jungen-Seele mit Furcht und Bittersüße, einer fremdartigen Sehnsucht, und als es vorüber war und ich in meiner frohlockenden Angsttrance dalag, hoffte ich inbrünstig, dass es weiterging, und fürchtete gleichzeitig, dass dies tatsächlich geschehen könnte. Später, als ich vernünftig zu denken begonnen hatte, erschien es mir, als ob dieses Gebetslied, dieser Gesang, dieses die Seele aufwühlende Flehen vor seinem eigentlichen Schluss stets in einem frustrierten Schluchzen endete.«[16]

Mollie, die mit Ernest am Grab stand, vernahm das Todeslied der alten Leute, deren Gesang von Weinen unterbrochen wurde. Brown, Annas Exmann, war so aufgelöst, dass er beiseitetrat. Genau zur Mittagsstunde – als die Sonne, die größte Manifestation des Großen Geistes, ihren Zenit erreichte – nahmen Männer den Sarg auf und senkten ihn langsam in die Grube hinab. Mollie sah zu, wie der glänzend weiße Sarg in der Tiefe verschwand, bis die lang gezogenen, durchdringenden Klagegesänge verstummten und man hörte, wie die Erde auf den Deckel fiel.

3. König der Osage Hills

Die Morde an Anna Brown und Charles Whitehorn sorgten für eine Sensation. Eine Schlagzeile im *Pawhuska Daily Capital* verkündete: »Zwei verschiedene Mordfälle fast gleichzeitig untersucht.«[1] Es kursierten Theorien darüber, wer wohl verantwortlich sei. Die zwei Kugeln in Whitehorns Schädel stammten offenbar aus einer 32er-Pistole – derselben Art von Waffe, die man auch im Zusammenhang mit Annas Ermordung vermutete. War es nur ein Zufall, dass beide Opfer wohlhabende Osage-Indianer in ihren Dreißigern gewesen waren? Oder war dies die Tat eines Serienmörders – jemandem wie Dr. H. H. Holmes? Dieser hatte in Chicago mindestens siebenundzwanzig Menschen umgebracht, viele davon während der Weltausstellung im Jahr 1893.

Lizzie überließ es Mollie, sich mit den Behörden in Verbindung zu setzen. Im Laufe von Lizzies Leben hatten sich die Osage dramatisch von ihren Traditionen entfernt. Louis F. Burns, ein Historiker mit Osage-Wurzeln, schrieb, dass der Stamm nach den Ölfunden »in eine fremde Welt abgedriftet« sei. »In der Welt des weißen Wohlstandes gab es nichts Vertrautes, woran man sich festklammern und über Wasser hätte halten können.«[2] Wenn der Stamm in früheren Zeiten plötzliche Veränderungen durchgemacht hatte oder in unbekannte Gefilde vorgestoßen war, hatte stets ein bestimmter Osage-Klan, zu welchem eine Gruppe namens »Reisende im Nebel«

gehörte, die Führung übernommen. Obgleich sie durch den Aufruhr, der sie umgab, oft verwirrt war, übernahm Mollie in ihrer Familie die Führungsrolle – eine moderne Reisende im Nebel. Sie sprach Englisch, war mit einem weißen Mann verheiratet und nicht den Versuchungen erlegen, durch die viele junge Stammesmitglieder Schaden genommen hatten, darunter auch Anna. Für manche Osage, insbesondere für ältere Stammesangehörige wie Lizzie, war das Öl Fluch und Segen zugleich. »Eines Tages wird das Öl fort sein, dann wird es nicht mehr alle paar Monate fette Schecks vom Großen Weißen Vater geben«, sagte ein Osage-Häuptling im Jahr 1928. »Es wird keine teuren Autos und neuen Kleider mehr geben. Ich weiß, dass mein Volk dann glücklicher sein wird.«[3]

Mollie drängte die Behörden, in Annas Mordfall zu ermitteln, doch die meisten Beamten fanden offenbar, dass ein »toter Indianer« die Mühe nicht wert sei. Also wandte sich Mollie an Ernests Onkel, William Hale.[4] Seine geschäftlichen Interessen beherrschten inzwischen das Land, und er war zu einem mächtigen lokalen Verfechter von Recht und Gesetz geworden – zum Schutz derer, die er als »gottesfürchtige Seelen« bezeichnete.

Hale hatte ein eulenartiges Gesicht, kräftiges Haar und kleine, wachsame Augen, die tief in ihren Höhlen lagen. Beinahe zwei Jahrzehnte zuvor hatte er sich im Reservat niedergelassen. Wie eine fleischgewordene Version von Faulkners Thomas Sutpen schien er aus dem Nichts aufgetaucht zu sein – ein Mann ohne bekannte Vergangenheit. Als er in der Gegend eintraf, besaß er kaum mehr als seine Kleider am Leibe und ein zerlesenes Altes Testament. Jemand, der ihn gut kannte, sagte einmal, er habe sich in einem »Randgebiet der Zivilisation … sein Überleben und sein Vermögen erkämpft«.[5]

Hale fand Arbeit als Cowboy auf einer Ranch. Bevor Züge

kreuz und quer durch den Westen fuhren, trieben Cowboys das Vieh von Texas ins Osage-Territorium, wo die Herden das üppige Gambagras abweideten, bevor man sie weiter nach Kansas brachte, wo sie schließlich zu den Schlachthöfen in Chicago und anderen Städten verladen wurden. Diese Viehtriebe befeuerten zwar die amerikanische Faszination für den Cowboy, doch die Arbeit war alles andere als romantisch. Hale schuftete Tag und Nacht für einen Hungerlohn; er ritt durch Stürme – Hagel, Gewitter, Sand – und überlebte Stampeden, indem er das Vieh in kleiner werdenden Kreisen zusammentrieb, bevor es ihn zertrampeln konnte. Seine Kleider trugen den beißenden Geruch von Schweiß und Dung, und er zog sich regelmäßig Prellungen, wenn nicht gar Knochenbrüche zu. Schließlich kratzte und borgte er genug Geld zusammen, um eine eigene Herde im Osage-Territorium kaufen zu können. »Er ist der energischste Mensch, denn ich je kennenlernte«, erinnerte sich ein Mann, der in sein Unternehmen investierte. »Selbst, wenn er nur die Straße überquerte, schritt er, als wäre er hinter etwas Großem her.«[6]

Hale ging bald bankrott – ein bitteres Versagen, das seinen Ehrgeiz aber nur noch weiter schürte. Nach seinem Neustart im Viehgeschäft nächtigte er oft in einem Zelt in der Prärie, allein mit seinem Zorn. Jahre später beschrieb ein Reporter, wie er vor einem Feuer immer noch »wie ein angeleintes Tier auf und ab ging. Nervös rieb er sich die Hände über den Flammen. Sein stark gerötetes Gesicht glühte vor Kälte und Erregung«.[7] Er arbeitete mit dem Fieber eines Mannes, der nicht nur den Hunger, sondern einen alttestamentlichen Gott fürchtete, der ihn jeden Augenblick wie Hiob strafen könnte.

Er wurde zu einem Experten im Brandmarken, Enthornen, Kastrieren und Verkaufen von Rindern. Als seine Gewinne anstiegen, kaufte er von den Osage und benachbarten Siedlern immer mehr Land auf, bis er rund achtzehntausend Hektar des besten Weidelandes im Bezirk beisammenhatte und zudem über ein kleines Vermögen verfügte. Dann begann er auf jene verblüffende amerikanische Weise an sich selbst zu arbeiten. Er tauschte seine zerlumpten Hosen und den alten Cowboyhut gegen einen stutzerhaften Anzug mit Fliege und Filzhut. Seine Augen blickten nun durch eine distinguiert wirkende Brille mit runden Gläsern. Er heiratete eine Schullehrerin und bekam eine Tochter, die ihn anhimmelte. Er trug Gedichte vor. Der legendäre Wildwest-Showman und einstige Partner Buffalo Bills, Pawnee Bill, beschrieb Hale als einen »niveauvollen Gentleman«.[8]

In Fairfax wurde er zum Hilfssheriff der Reserve ernannt, eine Position, die er auch fürderhin innehatte. Es handelte sich mehr oder weniger um einen Ehrentitel, der ihn jedoch berechtigte, ein Abzeichen zu tragen und Suchtrupps zu leiten. Manchmal trug er in seiner Seitentasche eine Pistole und eine weitere in einem Hüfthalfter. Diese repräsentierten, wie er gern sagte, seine Autorität als Vertreter des Gesetzes.

William Hale nimmt als Cowboy an einem Ruderwettbewerb teil.

Der gewandelte Hale mit Frau und Tochter.

Als sein Wohlstand und seine Macht wuchsen, buhlten bald auch Politiker um seine Gunst, da sie wussten, dass sie ohne seinen Segen nicht gewinnen konnten. Er besiegte seine Gegner durch Arbeit und List, was ihm viele Feinde bescherte, die ihn am liebsten tot gesehen hätten. »Manche hassten ihn«, räumte ein Freund ein.[9] Mollie Burkhart und viele andere sahen jedoch den größten Wohltäter von Osage County in ihm. Er unterstützte die Osage, bevor das Öl sie reich machte, spendete für Wohltätigkeitsorganisationen, Schulen und ein Krankenhaus. Als er ein Predigeramt übernahm, unterzeichnete er mit »Rev. W.K. Hale«. Ein ortsansässiger Arzt sagte: »Ich kann mich gar nicht mehr daran erinnern, wie viele kranke Menschen auf seine Kosten medizinisch behandelt oder wie viele hungrige Mäuler von seinem Wohlstand genährt wurden.«[10] Später verfasste Hale einen Brief an einen stellvertretenden Stammeshäuptling, in dem es hieß: »Ich hatte in meinem Leben nie bessere Freunde als die Osage … ich werde stets der treue Freund der Osage bleiben.«[11] In diesem letzten Überrest des amerikanischen Grenzlandes wurde Hale als »König der Osage Hills« verehrt.

* * *

Hale kam regelmäßig an Mollies Haus vorbei, um Ernest abzuholen. Nicht lange nach Annas Beerdigung tauchte er dort auf, um Mollie und ihrer Mutter zu kondolieren. Er schwor, dafür zu sorgen, dass Anna Gerechtigkeit widerfuhr.

Angesichts seines unerschütterlichen Selbstvertrauens und seiner Beherrschung jener geheimen Welt der Weißen – er trug häufig eine mit Diamanten besetzte Anstecknadel der Freimaurer –, schien es ohne Belang, dass er keine formale Rolle bei den Mordermittlungen spielte. Er hatte seine Zuneigung für Anna stets zum Ausdruck gebracht, »wir waren dicke Freunde«, sagte er.[12] Bei einem anderen Besuch sah Mollie, wie er mit Ernest im Gespräch vertieft war. Offenbar redeten sie darüber, wie sie den mutmaßlichen Mörder ihrer Schwester fangen wollten.

Mitglieder der gerichtsmedizinischen Untersuchungskommission sowie der Bezirksstaatsanwalt ermittelten weiter in Annas Mordfall, und kurz nach Annas Beerdigung sagte Mollie bei einer Anhörung in Fairfax aus. Das Department of the Interior's Office of Indian Affairs (Amt des Innenministeriums für Indianerangelegenheiten) – das die Beziehung zwischen Regierung und Stämmen leitete und später in Bureau of Indian Affairs (Büro für Indianerangelegenheiten) umbenannt wurde – beschäftigte einen für das Osage-Gebiet zuständigen Außendienstmitarbeiter, der Mollie kannte. Er sagte, sie sei »bereit, alles in ihrer Macht Stehende zu tun, um … die schuldigen Parteien der Gerechtigkeit zuzuführen«.[13] Die Behörden hatten Mollie einen Dolmetscher besorgt, aber sie winkte ab und sprach in knappem Englisch, wie es ihr die Nonnen als Kind beigebracht hatten.

Mollie schilderte den Geschworenen, wie Anna sie das letzte Mal zu Hause besucht hatte. Sie sagte, Anna habe ungefähr bei Sonnenuntergang das Haus verlassen. In einer späteren Sitzung fragte ein Regierungsvertreter sie: »Wie verließ sie das Haus?«[14]

»Sie fuhr in einem Auto.«

»Wer war bei ihr?«

»Bryan Burkhart.«

»Wissen Sie, in welche Richtung sie fuhren?«

»Richtung Fairfax.«

»War außer Bryan und Anna sonst noch jemand im Wagen?«

»Nein, nur Bryan und Anna …«

»Haben Sie sie danach noch einmal lebendig gesehen?«

Mollie bewahrte die Fassung. »Nein«, sagte sie.

»Sie haben ihre Leiche gesehen, nachdem sie gefunden wurde?«

»Ja.«

»Wie viel Zeit verging, nachdem Ihre Schwester mit Bryan Burkhart das Haus Ihrer Mutter verlassen hatte, bis Sie ihre Leiche sahen?«

»Etwa fünf oder sechs Tage.«

»Wo sahen Sie die Leiche?«

»Auf der Weide … gleich dort.«

Mollie schien bei der Untersuchung zwar bestrebt, auf jede Frage zu antworten, um ganz sicher zu gehen, dass nichts ausgelassen würde, doch der Friedensrichter und die Geschworenen wollten kaum etwas von ihr wissen. Sie ignorierten sie vielmehr, vielleicht aufgrund von Vorurteilen – weil sie eine Osage und eine Frau war. Weitaus gründlicher befragte das Gremium Bryan Burkhart, über den am Ort bereits hie und da getuschelt wurde; schließlich war er der Letzte gewesen, der Anna vor ihrem Verschwinden gesehen hatte. Bryan verfügte nicht über dasselbe gute Aussehen wie sein Bruder Ernest, Mollies Ehemann. Etwas Kaltes umgab ihn, und er besaß unangenehm stechende Augen. Hale hatte ihn einmal dabei erwischt, wie er sein Vieh stahl, und ihn angezeigt, um seinem Neffen eine Lektion zu erteilen.

Der Bezirksstaatsanwalt befragte Bryan zu dem Tag, an dem er, wie er selbst sagte, Anna mit dem Auto nach Hause gebracht habe. »Wohin sind Sie gegangen, nachdem Sie sie zurückgebracht hatten?«[15]

»Bin in die Stadt gegangen.«

»Wann war das?«

»Vielleicht gegen fünf oder halb fünf.«

»Seitdem haben Sie sie nicht mehr gesehen?«

»Nein, Sir.«

Einmal hielt der Bezirksstaatsanwalt inne und fragte: »Tatsächlich?«

»Ja, Sir.«

Bei einer späteren Anhörung wurde auch Ernest befragt. Ein Strafverfolgungsbeamter hakte wegen seines Bruders bei ihm nach: »Sie verstehen, dass er der Letzte ist, der mit dieser Frau, Anna Brown, gesehen wurde?«[16]

»Ich verstehe«, erwiderte Ernest und fügte hinzu, Bryan habe ihm gesagt, »dass er sie zu Hause abgesetzt hat. Das ist alles.«

»Glauben Sie das?«

»Ja, Sir.«

Nach der ersten Anhörung wurde Bryan von den Behörden verhaftet. Zu Mollies Entsetzen nahmen sie auch Ernest in Gewahrsam – für den Fall, dass er seinen jüngeren Bruder deckte. Beide Männer wurden jedoch rasch wieder auf freien Fuß gesetzt. Außer der Tatsache, dass Bryan mit Anna vor deren Verschwinden zusammen gewesen war, gab es keinerlei Beweise gegen ihn. Als man Ernest fragte, ob er etwas darüber wisse, wie Anna zu Tode gekommen sei, verneinte er und fügte hinzu: »Mir ist nichts darüber bekannt, dass sie Feinde hatte oder irgendjemand sie nicht mochte.«

* * *

Eine vorherrschende Theorie war, dass ihr Mörder von außerhalb des Reservates stammte. Einst hatte sich der Stamm mit seinen Feinden auf der Prärie bekriegt; nun kamen sie in Gestalt von Eisenbahnräubern, Wegelagerern und anderen Gesetzlosen. Der Erlass der Prohibitionsgesetze hatte die Atmosphäre der Gesetzlosigkeit innerhalb des Territoriums nur noch verstärkt, da sich nun das organisierte Verbrechen angesprochen fühlte. So entstand, in den Worten eines Historikers, »die größte kriminelle Spielwiese der amerikanischen Geschichte«[17]. Wenige Landstriche waren so chaotisch wie Osage County, wo die ungeschriebenen Gesetze des Westens, die Traditionen, durch die ganze Gemeinden zusammengehalten wurden, aus den Fugen geraten waren. Einem Bericht zufolge steckte im Öl mehr Geld als in sämtlichen Goldräuschen des alten Westens zusammen, und dieses Vermögen hatte im ganzen Land alle Sorten von Übeltätern angelockt. Ein Vertreter des US-Justizministeriums warnte, dass sich in den Osage Hills möglicherweise mehr Flüchtige verbargen als »in jedem anderen Bezirk des Staates oder jedem Staat der Union«.[18]

Gesetzeshüter beschlagnahmen eine Schwarzbrennerei in Osage County, 1923.

Unter diesen war der hartgesottene Räuber Irvin Thompson, auch bekannt als Blackie – vielleicht wegen seiner dunklen Hautfarbe (er war zu einem Viertel Cherokee) oder wegen seines finsteren Herzens: Ein Gesetzeshüter bezeichnete ihn als »gemeinsten Kerl, mit dem ich je zu tun hatte«.[19] Sogar noch gefürchteter war Al Spencer, der sogenannte Phantom Terror, der den Wechsel vom Pferdegalopp zur halsbrecherischen Autofahrt bewältigt und von Jesse James den Titel des berüchtigtsten Gesetzlosen der Region geerbt hatte. Im *Arizona Republican* stand, dass Spencer, mit seinem »kranken Geist und einer fehlgeleiteten Abenteuerlust«, jene Bevölkerungsteile im Lande anspreche, »die sich gern in falscher Götzenverehrung ergehen«.[20] Mitglieder seiner Bande, darunter Dick Gregg und Frank »Jelly« Nash, zählten ihrerseits zu den am meisten gefürchteten Gesetzlosen ihrer Zeit.

Mitglieder der Al Spencer Gang bedrohen sich zum Scherz gegenseitig mit der Waffe.

Eine weitaus verstörendere Theorie zu Annas Tod lautete, dass ihr Mörder wie ein Wolf im Schafspelz unter ihnen lebte. Mollie und andere wurden nun misstrauisch gegenüber Annas Exehemann Oda Brown, der sich selbst als Geschäftsmann bezeichnete und den größten Teil seiner Zeit mit Zechen verbrachte. Rückblickend hatte sein verzweifeltes Auftreten beinahe zu theatralisch gewirkt. Ein Ermittler notierte: »Es mag sich um wahre Trauer gehandelt haben oder… reine Schau gewesen sein.«[21] Nachdem sich Anna von ihm hatte scheiden lassen, hatte sie ihm jeden Anteil am Erbe verweigert und praktisch ihr gesamtes Vermögen Lizzie hinterlassen. Seit der Beerdigung hatte Brown einen Anwalt engagiert und versuchte nun erfolglos, das Testament anzufechten. Der Ermittler schloss, Brown sei »absolut kein guter Mensch und fähig, für Geld so gut wie alles zu tun«.[22]

Ein paar Wochen nach dem Begräbnis schrieb ein Mann, der in Kansas wegen Scheckfälschung verhaftet worden war, einen Brief an Sheriff Freas, in dem er behauptete, er habe Informationen bezüglich Annas Ermordung. »Ehrenwerter Herr«, schrieb er. »Ich hoffe, Ihnen dienlich sein zu können.«[23] Er legte jedoch nicht offen, was er wusste. Nachdem der Sheriff die Nachricht erhalten hatte, machte er sich in einem »schnellen Automobil« auf den Weg, wie es in der Presse hieß. Hale, der von dem bevorstehenden Durchbruch bei den Ermittlungen erfahren hatte, eilte ebenfalls zu dem Gefängnis. Bei der Befragung behauptete der Fälscher, ein achtundzwanzig Jahre alter, unruhiger Mann, Brown habe ihm achttausend Dollar für den Mord an Anna gezahlt. Er schilderte, wie er ihr in den Kopf geschossen und die Leiche dann in seinen Armen zum Bach hinabgetragen habe.

Kurz nach seinem Geständnis machte sich eine Gruppe Gesetzeshüter auf den Weg und verhaftete Brown, als dieser geschäftlich in Pawhuska war. Der *Pawhuska Daily Capital* verkündete die Neuigkeit: »Mörder von Anna Brown gesteht Verbrechen.«[24] Weiter hieß es: »Oda Brown, Ehemann der Frau, ebenfalls verhaftet.« Mollie und ihre Familie waren angesichts der Vorstellung, dass Oda für den Mord an Anna verantwortlich war, schockiert. Doch fanden sie Trost in dem Gedanken, dass er seine gerechte Strafe erhalten würde, vielleicht den Galgen oder den elektrischen Stuhl. Innerhalb weniger Tage jedoch kamen die Behörden zu dem Schluss, dass es nicht ausreichend Beweise für die Behauptungen des Fälschers gebe – weder dafür, dass dieser zum Zeitpunkt von Annas Ermordung in Osage County gewesen war, noch, dass Brown sich überhaupt mit ihm in Verbindung gesetzt hatte. Den Behörden blieb nichts anderes übrig, als Brown wieder auf freien Fuß zu setzen. »Es wird viel geredet«, soll der Sheriff gesagt haben. »Man braucht aber kein Gerede, sondern Beweise.«[25]

* * *

Wie viele Beamte verdankte auch der Bezirksstaatsanwalt die Wahl auf seinen Posten wenigstens teilweise William Hale. Als er zum ersten Mal für das Amt kandidierte, sagten ihm seine Berater, er müsse Hales Unterstützung gewinnen, also unternahm er mehrere Ausflüge zu dessen Ranch. Dort traf er ihn allerdings nie an, bis ihm schließlich ein Viehinspekteur mitteilte: »Wenn Sie Bill Hale treffen wollen, müssen Sie früh auf seine Ranch kommen – und ich meine verdammt früh.«[26] Also parkte der Anwalt um drei Uhr morgens seinen Ford Model T vor der Ranch und legte sich im Wagen schlafen. Es dauerte nicht lange, da wurde er von einem grimmig dreinblickenden Mann wachgerüttelt, der wissen wollte, was er auf seinem Grund und Boden zu suchen habe. Der Anwalt legte sein Vorhaben dar, und Hale stellte fest, dass er dessen Eltern kannte, die ihm einmal während eines Blizzards Schutz gewährt hatten. Hale versprach, er wolle dafür sorgen, dass die Wahl zu seinen Gunsten entschieden werde. Ein Berater des Anwalts bemerkte, Hale »log niemanden an, und wenn er sagte, dass er etwas tun werde, dann tat er es auch«.[27] Am Wahltag errang der Anwalt in jenem Teil von Osage County in sämtlichen Wahlbezirken den Sieg.

Hale hatte engen Kontakt zu dem Bezirksstaatsanwalt gehalten und mit ihm und anderen Beamten auch über Annas Ermordung gesprochen. Am Ende beschloss der Bezirksstaatsanwalt, erneut nach der Kugel zu suchen, die den Ermittlern bei Annas Autopsie entgangen war. Man besorgte eine gerichtliche Anordnung, Anna zu exhumieren. Scott Mathis, der

Eigentümer der Big Hill Trading Company, der mit Hale und Mollie befreundet war, wurde gebeten, die grausige Aufgabe zu überwachen. Er ging mit seinem Bestatter und einem Totengräber zum Friedhof. Das Gras auf Annas Grab hatte kaum Zeit gehabt, wieder zu wachsen. Die Männer brachen die unversöhnliche Erde mit ihren Spaten auf, legten den einst weißen, nun vom Dreck geschwärzten Sarg frei und hievten ihn an die Oberfläche. Dann öffneten sie gewaltsam den Deckel. Ein grässlicher Gestank, der Tod selbst, erfüllte die Luft.

Die Gebrüder Shoun, welche die erste Autopsie durchgeführt hatten, trafen am Friedhof ein und nahmen die Suche nach der Kugel wieder auf. Diesmal legten sie Handschuhe an und holten ein Fleischerbeil hervor, mit dem sie Annas Kopf zu »Wurstbrät« zerschnitten, wie sich der Bestatter ausdrückte.[28] Doch abermals fanden die Brüder nichts. Die Kugel schien verschwunden zu sein.

* * *

Im Juli 1921 hatte der Friedensrichter den Fall mit der Begründung geschlossen, Annas Tod sei »durch die Tat unbekannter Dritter« herbeigeführt worden[29] – dieselbe Feststellung wie bei den Whitehorn-Ermittlungen. Das wenige Beweismaterial, das zusammengetragen wurde, legte der Friedensrichter in seinem Büro zu den Akten – für den Fall, dass weitere Informationen auftauchten.

Derweil verschlechterte sich Lizzies Gesundheitszustand. Hatte sie einst dieselbe Energie und Hartnäckigkeit besessen wie Mollie, schien sie nun mit jedem Tag ein wenig weiter entfernt, etwas substanzloser. Es war, als litte sie unter derselben »eigenartigen Form der Schwindsucht«, die auch Minnie dahingerafft hatte.

In ihrer Verzweiflung wandte Mollie sich an die Medizinmänner der Osage, die für Lizzie sangen, wenn sich der Himmel im Osten blutrot färbte, und an die neue Art der Medizinmänner, die Gebrüder Shoun, die ihre Mittel in schwarzen Taschen herumtrugen. Doch nichts schien zu helfen. Mollie hielt Nachtwache bei ihrer Mutter, einem der letzten Bindeglieder zur traditionellen Lebensweise des Stammes. Mollie konnte sie nicht heilen, aber sie konnte sie füttern und ihr das lange, schöne silberne Haar aus dem Gesicht streichen – einem Gesicht, das faltig und ausdrucksstark war und seine Aura nicht verloren hatte.

An einem Tag in jenem Juli, keine zwei Monate nach Annas Ermordung, hörte Lizzie auf zu atmen. Mollie konnte sie nicht reanimieren. Jesus Christus, der Herr und Erlöser, und Wah'Kon-Tah, der Große Geist, hatten Lizzies Seele geholt. Mollie war vom Kummer überwältigt worden. Ein Trauergebet der Osage lautet:

> Habe Mitleid mit mir, Großer Geist!
> Du siehst, ich weine ewig,
> Trockne meine Augen und spende mir Trost.[30]

Mollies Schwager Bill Smith war einer der Ersten, die sich fragten, ob an Lizzies Tod nicht etwas seltsam sei, da er so rasch nach den Morden an Anna und Whitehorn eingetreten war. Bill, ein wahrer Bullenbeißer von einem Mann, hatte zudem seine tiefe Enttäuschung über die offiziellen Ermittlungen zum Ausdruck gebracht und eigene Nachforschungen in der Sache angestellt. Wie Mollie verwunderte auch ihn Lizzies ungeklärtes Krankheitsbild; kein Arzt hatte präzise sagen können, woran sie litt. Tatsächlich hatte niemand eine natürliche Todesursache festgestellt. Je mehr Bill sich mit der Angelegenheit befasste, mit Ärzten und örtlichen Ermittlern sprach, desto sicherer war er, dass Lizzie einen grausig unnatürlichen Tod erlitten hatte: Sie musste vergiftet worden sein. Zudem war Bill überzeugt, dass alle drei Todesfälle – irgendwie – mit den unterirdischen Vorkommen schwarzen Goldes der Osage zusammenhingen.

4. Ein unterirdisches Reservat

Das Geld war unerwartet gekommen, rasch, wahnhaft.[1] Mollie war zehn Jahre alt gewesen, als die ersten Ölvorkommen entdeckt worden waren, und hatte den anschließenden Rausch selbst miterlebt. Von den Stammesältesten hatte sie jedoch erfahren, dass die verworrene Geschichte, wie ihr Volk in den Besitz dieses reichen Landes gekommen war, bis weit ins 17. Jahrhundert zurückreichte, als die Osage einen Großteil der Landesmitte beanspruchten – ein Territorium, das sich vom heutigen Missouri und Kansas bis nach Oklahoma und noch weiter westlich bis hin zu den Rocky Mountains erstreckte.

Im Jahr 1803 kaufte Präsident Thomas Jefferson den Franzosen das Louisiana-Territorium ab, welches von den Osage beherrschte Gebiete umfasste. Jefferson ließ seinen Marineminister wissen, dass die Osage eine große Nation seien und »wir uns [mit ihnen] gut stellen müssen, denn in ihrem Gebiet sind wir erbärmlich schwach«.[2] Im Jahr 1804 empfing Jefferson eine Delegation von Osage-Häuptlingen im Weißen Haus. Er sagte zu seinem Marineminister, die Osage, deren Krieger in der Regel mindestens einen Meter achtzig groß waren, seien »die besten Männer, die ich je gesehen habe«.[3]

Bei diesem Treffen sprach Jefferson die Häuptlinge mit »meine Kinder« an und sagte: »Es ist so lange her, dass unsere Vorväter von jenseits des großen Wassers gekommen sind, dass wir die Erinnerung daran verloren haben. Wir scheinen wie ihr aus diesem Lande zu stammen … und sind nun alle eine Familie.«[4] Er fuhr fort: »Wenn ihr zurückkehrt, sagt euren Leuten, dass ich sie alle bei der Hand nehme; dass ich von nun an ihr Vater sein will, dass sie unsere Nation nur als Freunde und Wohltäter kennen sollen.«

Innerhalb von vier Jahren aber zwang Jefferson die Osage, ihr Territorium zwischen dem Arkansas River und dem Missouri River aufzugeben. Ein Osage-Häuptling bekundete, sein Volk habe »keine Wahl« gehabt. »Entweder, sie unterzeichneten den Vertrag, oder man hätte sie zu Feinden der Vereinigten Staaten erklärt.« Während der nächsten beiden Jahrzehnte wurden die Osage genötigt, etwa vierhunderttausend Hektar ihres angestammten Landes zu räumen, bis sie schließlich Zuflucht in einem achtzig auf zweihundert Kilometer großen Gebiet im Südosten von Kansas fanden. Dort waren Mollies Eltern aufgewachsen.

Mollies Vater, der etwa um 1844 zur Welt kam, trug noch seinen Osage-Namen Ne-kah-e-se-y. Ein junger Osage-Mann trug damals typischerweise hirschlederne Leggings und Mokassins mit Fransen und einen Lendenschurz; ein mit den Fingern gewebter Gürtel hielt seinen Tabaksbeutel und seinen Tomahawk. Seine Brust war häufig unbedeckt und sein Kopf rasiert bis auf einen Haarstreifen, der vom Oberkopf bis in den Nacken verlief und wie die Krone eines spartanischen Helms starr aufragte.

Zusammen mit anderen Kriegern verteidigte Ne-kah-e-se-y den Stamm gegen Angriffe. Bevor er in die Schlacht zog, ließ er sich das Gesicht mit Holzkohle schwarz bemalen und betete zu Wah'Kon-Tah, dem er versicherte, dass es nun Zeit sei, »den Feind gerötet zu Boden sinken zu lassen«, wie es die Osage ausdrückten.[5] Als Ne-kah-e-se-y älter wurde, nahm er innerhalb des Stammes eine Vorrangstellung ein. Er war bedächtig und umsichtig und besaß die Fähigkeit, jede Situation genau zu analysieren, bevor er sich für ein bestimmtes Handeln entschied. Als der Stamm Jahre später sein erstes Gerichtssystem schuf, das hauptsächlich bei minder schweren Vergehen Recht sprach, wurde er zu einem der drei Richter gewählt.

Auch Lizzie wuchs im Reservat in Kansas auf, wo sie half, den Lebensunterhalt der Familie zu bestreiten. Sie erntete Mais und schleppte über große Entfernungen Holz.[6] Sie trug Mokassins, Leggings, einen Tuchrock und eine Decke um die Schultern. Den Abschnitt in der Mitte ihres Haars malte sie rot an, um den Weg der Sonne zu symbolisieren. Ein Indianeragent beschrieb sie später als »fleißig« und »Mensch mit gutem Charakter«.[7]

Als Lizzie und Ne-kah-e-se-y jung waren, packten ihre Familien und der Rest des Stammes zweimal im Jahr ihre wenigen Habseligkeiten zusammen, banden Kleidung, Bettzeug, Decken, Gerätschaften, getrocknetes Fleisch und Waffen auf Pferde und brachen zur heiligen Büffeljagd auf, die zwei Monate dauerte. Wenn die Pfadfinder eine Herde erspähten, rasten Ne-kah-e-se-y und die anderen auf ihren Pferden über die Prärie. Die Hufe donnerten über die Erde, die Mähnen peitschten in die schwitzenden, glühenden Gesichter der Reiter. Ein französischer Medizinstudent, der den Stamm 1840 zu einer Jagd begleitete, sagte: »Die Jagd ist gnadenlos … Ist der Bison erst einmal eingeholt, versucht das Tier in einer anderen Richtung zu entkommen. Erst schlägt er Haken, um seinen Feind in die Irre zu leiten; und wenn er sich dann überholt sieht, wird er wütend und wendet sich gegen seinen Angreifer.«[8]

Ne-kah-e-se-y zog langsam Pfeil und Bogen, die die Osage für wirksamer hielten als eine Kugel. War ein Bison tödlich verwundet, so erinnerte sich der Medizinstudent, »erbricht das Biest Ströme von Blut und fällt auf die Knie, bis es schließlich zu Boden sinkt«.[9] Nachdem der Schwanz als Jagdtrophäe abgeschnitten war, ließ man nichts verderben: Das Fleisch wurde getrocknet, das Herz geräuchert, die Eingeweide zu Würsten verarbeitet. Öl aus dem Gehirn des Bisons wurde in dessen Haut gerieben, welche dann zu Leder für Seile und Behausungen weiterverarbeitet wurde. Und es gab noch mehr zu ernten: Hörner wurden zu Löffeln, Sehnen zu Bogensehnen, Talg zu Brennstoff für Fackeln. Als man einen Osage-Häuptling fragte, warum er nicht die Lebensweise des weißen Mannes übernehme, antwortete er: »Ich bin mit meiner Lage vollauf zufrieden. Die Wälder und Flüsse decken sämtliche natürlichen Bedürfnisse im Überfluss.«[10]

Die US-Regierung hatte den Osage zugesichert, dass das Kansas-Territorium für immer ihr Zuhause bliebe, doch schon bald wurden sie dort von Siedlern belagert. Unter ihnen war auch die Familie von Laura Ingalls Wilder, die ihre Erlebnisse später in *Unsere kleine Farm* verarbeitete. »Warum magst du keine Indianer, Ma?«, fragt Laura in einer Szene ihre Mutter.[11]

»Ich mag sie einfach nicht; und leck' dir nicht die Finger ab, Laura.«

»Das ist doch Indianerland, oder?«, fragt Laura. »Wozu sind wir denn in ihr Land gekommen, wenn du sie nicht magst?«

Eines Abends erklärt Lauras Vater seiner Tochter, dass die Regierung die Osage bald zur Umsiedlung bewegen werde: »Deshalb sind wir hier, Laura. Weiße Menschen werden das ganze Land besiedeln, und wir bekommen das beste Stück Land, weil wir als Erste hier sind und die freie Auswahl haben.«

Im Buch verlassen die Ingalls das Reservat zwar auf Druck der Armee, doch viele illegale Siedler begannen dann, sich gewaltsam Land anzueignen. Im Jahr 1870 stimmten die Osage – die man aus ihren Behausungen vertrieben und deren Gräber man geplündert hatte – einem Verkauf ihrer in Kansas gelegenen Gebiete an die Siedler zu einem Preis von rund drei Dollar pro Hektar zu. Trotzdem massakrierten ungeduldige Siedler einige Osage, verstümmelten die Leichen und skalpierten sie. Ein Indianeragent sagte: »Es drängt sich die Frage auf, welche Leute hier die Wilden sind.«[12]

* * *

Die Osage suchten nach einer neuen Heimat. Sie diskutierten den Kauf von über sechshunderttausend Hektar Land von den Cherokee im damaligen Indianerterritorium – einem Gebiet südlich von Kansas, das für viele aus ihrer Heimat vertriebene Stämme zu einem Endpunkt des »Pfades der Tränen« geworden war. Das unbesiedelte Gebiet, das die Osage im Fokus hatten, war größer als Delaware, doch die meisten Weißen betrachteten das Land als »wüst, steinig, unfruchtbar und für den Ackerbau gänzlich ungeeignet«, wie ein Indianeragent formulierte.[13]

Aus genau diesem Grund trat der Osage-Häuptling Wah-Ti-An-Kah vor eine Ratsversammlung und sagte: »Mein Volk wird in diesem Land glücklich sein. Weißer Mann kann eisernes Ding dort nicht in den Boden graben. Weißer Mann wird nicht kommen in dieses Land. Dort gibt es viele Hügel … weißer Mann mag nicht Land, wo es Hügel gibt, und er wird nicht kommen.«[14] Dann fuhr er fort: »Wenn mein Volk weiter nach Westen geht, wo Land eben ist wie Boden von Hütte, weißer Mann wird kommen zu unseren Behausungen und sagen, ›Wir wollen euer Land‹ … Bald wird Land enden und Osage werden keine Heimat haben.«

Also erwarben die Osage das Territorium zu einem Preis von rund 1,90 Dollar pro Hektar. Anfang des Jahres 1870 begann ihr Exodus. »Die Luft war erfüllt vom Klagen alter Men-

Ein Osage-Lager im neuen Reservat.

schen, besonders der Frauen, die über den Gräbern ihrer Kinder weinten, welche sie nun für immer verlassen mussten«, sagte ein Augenzeuge.[15] Als der Treck in dem neuen Reservat angelangt war, errichteten Mitglieder des Stammes mehrere Lager. Das bedeutendste davon lag in Pawhuska, wo, gut sichtbar auf einer Anhöhe, das Amt für Indianerangelegenheiten als seine Zweigstelle ein imposantes Sandsteingebäude gebaut hatte.[16] Das im westlichen Teil des Territoriums gelegene Gray Horse war kaum mehr als eine Ansammlung neu errichteter Hütten. Dort ließen sich Lizzie und Ne-kah-e-se-y, die 1874 geheiratet hatten, nieder.

Die Reihe erzwungener Migrationen und »Krankheiten des weißen Mannes« – etwa die Pocken – hatten dem Stamm einen grausigen Tribut abverlangt. Einer Schätzung nach war die Bevölkerung auf etwa dreitausend Personen geschrumpft, nur noch ein Drittel der Population, die siebzig Jahre zuvor existiert hatte. Der Indianeragent berichtete: »Dieser kleine Überrest ist alles, was von einer heroischen Rasse bleibt, die einst unbestrittener Herrscher der gesamten Region war.«[17]

Obgleich die Osage immer noch auf Büffeljagd gingen, diente diese nun nicht mehr ausschließlich der Nahrungsbeschaffung. Die Jagd wurde zu einer Reise in die Vergangenheit. »Es war wie in den alten Tagen«, erinnerte sich ein weißer Händler, der sie begleitete. »Die alten Männer des Stammes pflegten sich um die Lagerfeuer zu versammeln, und dann erinnerten sie sich gemeinsam daran, wie sie auf dem Kriegspfad und bei der Jagd ihre Kühnheit bewiesen hatten.«[18]

Im Jahr 1877 gab es in Amerika praktisch keinen Büffel mehr zu jagen – eine Entwicklung, die von den Behörden vorangetrieben wurde. Diese ermutigten die Siedler, die Bestände auszurotten, obwohl oder gerade weil man wusste, dass »jeder tote Büffel ein Indianer weniger ist«, wie sich ein Offizier der Armee ausdrückte.[19] Die Bundespolitik gegenüber den Stämmen reichte von Duldung bis zu Zwangsassimilation. In zunehmendem Maße versuchten die Behörden, die Osage zu gottesfürchtigen, englischsprachigen, voll bekleideten Ackerbauern zu machen.

Die Regierung schuldete dem Stamm jährliche Geldleistungen aus dem Kauf von dessen Land in Kansas, verweigerte jedoch die Auszahlung, solange kräftige junge Männer wie Ne-kah-e-se-y nicht begannen, das Land zu bestellen. Doch selbst dann bestand die Regierung noch darauf, diese Leistungen in Form von Kleidung und Lebensmitteln zu erbringen. Ein Osage-Häuptling beklagte sich: »Wir sind keine Hunde, die man wie Hunde füttern muss.«[20]

Die Osage, die mit den Ackerbaumethoden der Weißen nicht vertraut und ihrer Büffel als Nahrungsquelle beraubt waren, begannen zu hungern. Bald waren sie nur noch Haut und Knochen. Viele Mitglieder des Stammes starben. Eilig wurde eine Osage-Delegation, darunter der Häuptling Wah-Ti-An-Kah, nach Washington entsandt, um den Beauftragten für Indianerangelegenheiten zu bitten, das Rationierungssystem aufzuheben. Einem Bericht von John Joseph Mathews zufolge trugen die Mitglieder der Delegation ihre besten Decken und Leggings. Wah-Ti-An-Kah indes war fast vollständig in eine rote Decke gehüllt, sodass kaum mehr als seine Augen zu sehen waren – dunkle Tiefen, in denen die ganze Geschichte seines Volkes brannte.

Die Delegation ging zum Büro des Beauftragten und wartete auf ihn. Als der Beauftragte eintraf, teilte er einem Dolmetscher mit: »Sagen Sie diesen Herren, dass ich jetzt leider anderweitig verabredet bin – es tut mir leid, dass ich das bis eben vergessen hatte.«[21]

Als der Beauftragte zu gehen versuchte, verstellte ihm Wah-Ti-An-Kah den Weg zur Tür und ließ seine Decke fallen. Zum Entsetzen selbst der anderen Osage war er darunter bis auf seinen Lendenschurz und seine Mokassins unbekleidet, und sein Gesicht war bemalt, als führte er eine Kriegspartei an. »Er stand dort, gewaltig wie ein primitiver Gott aus den dunklen Wäldern«, schrieb Mathews.

»Sagen Sie diesem Mann, er soll sich setzen«, sagte Wah-Ti-An-Kah zu dem Dolmetscher. Als der Beauftragte gehorchte, sagte Wah-Ti-An-Kah: »Wir sind einen weiten Weg gekommen, um über diese Sache zu sprechen.« Der Beauftragte sagte: »Dieser Mann, der sich nicht zu benehmen weiß, der fast nackt und mit Kriegsbemalung im Gesicht in mein Büro kommt, ist ganz bestimmt nicht zivilisiert genug, um mit Geld umgehen zu können.«

Wah-Ti-An-Kah sagte, er schäme sich nicht für seinen Körper. Als er und die Delegation ihren Fall schilderten, willigte der Beauftragte ein, die Rationierungspolitik zu beenden.

Der Osage-Häuptling Wah-Ti-An-Kah.

Wah-Ti-An-Kah hob seine Decke auf und sagte: »Sagen Sie diesem Mann, es ist alles in Ordnung – er kann gehen.«

Wie viele andere Stammesangehörige versuchten auch Mollies Eltern, an ihren Bräuchen festzuhalten. Die Namensgebung war eines der wichtigsten Rituale der Osage; erst danach betrachtete der Stamm jemanden als Person. Mollie, die am 1. Dezember 1886 zur Welt kam, erhielt den Osage-Namen Wah-kon-tah-he-um-pah. Ihre Schwestern trugen ebenfalls Osage-Namen: Anna hieß Wah-hrah-lum-pah, Minnie Wah-sha-she und Rita Me-se-moie.

Mit dem Eintreffen der ersten Siedler im Reservat beschleunigte sich jedoch der Anpassungsprozess. Sie sahen nicht wie die Osage aus, nicht einmal wie die Cheyenne oder die Pawnee. Sie wirkten so ungewaschen und verzweifelt wie William Hale, der irgendwann in seinen zerlumpten Kleidern auf seinem

Pferd dahergekommen war – dieser Mann aus dem Nichts. Selbst Siedler wie Hale, die sich mit den Osage anfreundeten, behaupteten, die Lebensweise des weißen Mannes sei unumgänglich. Die einzige Überlebenschance der Osage bestehe darin, sie zu übernehmen. Hale war entschlossen, nicht nur sich selbst zu verwandeln, sondern auch die Wildnis, aus der er gekommen war – die offene Prärie einzuzäunen und ein Netz aus Handelsposten und Städten zu errichten.

In den 1880er-Jahren eröffnete John Florer, ein Grenzer aus Kansas, der das Osage-Gebiet als »Land Gottes« bezeichnete, den ersten Handelsposten in Gray Horse. Mollies Vater Ne-kah-e-se-y saß gern im Schatten davor und verkaufte Tierfelle, und Mollie lernte den Sohn eines Händlers kennen, einen der ersten Weißen, die sie je zu Gesicht bekam. Seine Haut war bleich wie der Bauch eines Fisches. Der Sohn des Händlers führte Tagebuch, worin er eine grundlegende, existenzielle Veränderung dokumentierte, die Mollie und ihre Familie durchmachten. Allerdings war es für ihn kaum mehr als eine Randnotiz, als handelte es sich um einen neuen Posten im Bestandsbuch. Eines Tages, so schrieb er, begann ein Händler, Ne-kah-e-se-y mit »Jimmy« anzusprechen. Bald wurde Mollies Vater auch von anderen Händlern Jimmy genannt, und es dauerte nicht lange, da gebrauchte niemand mehr seinen Osage-Namen. »Seine Töchter, die das Geschäft oft besuchten, erhielten ebenfalls neue Namen«, schrieb der Händlersohn.[22] Und so wurde aus Wah-kon-tah-he-um-pah Mollie.

Mollie – die damals, wie ihre Mutter, Leggings, Mokassins, einen Rock, eine Bluse und eine Decke trug – schlief in einer Ecke der Familienhütte auf dem Boden und musste eine Menge anstrengender Hausarbeit verrichten. Doch war jene Zeit von relativem Frieden und Glück geprägt: Mollie konnte an den zeremoniellen Tänzen und Feiern teilnehmen, im Fluss

Der Handelsposten von John Florer in Gray Horse.

Haschmich spielen oder den Männern dabei zusehen, wie sie auf ihren Pferden über die smaragdgrüne Prärie preschten. Der Sohn des Händlers schrieb: »Es sind nachklingende Erinnerungen wie an einen halb vergessenen Traum, von einer zauberhaften Welt, die einem Kind wunderbar und geheimnisvoll ins Bewusstsein dringt.«[23]

Im Jahr 1894, als Mollie sieben war, teilte man ihren Eltern mit, dass sie ihre Tochter an der St. Louis School anmelden müssten, einem in Pawhuska eröffneten katholischen Mädcheninternat, das zwei Tagesreisen mit dem Wagen entfernt im Nordosten lag. Ein Beamter des Indianerbüros sagte: »Der Indianer muss sich den Lebensweisen des weißen Mannes anpassen – wenn er willig ist, friedlich, doch wenn es sein muss, mit Gewalt.«[24]

Mollies Eltern drohte man, dass die Regierung im Falle eines Nichtbefolgens ihre jährlichen Zahlungen zurückbehalten werde, wodurch die Familie vom Hunger bedroht gewe-

Mollies Vater (rechts) vor John Florers Handelsposten.

sen wäre. Daher wurde Mollie eines Morgens im März abgeholt und auf einen Pferdewagen verfrachtet. Als sie und der Kutscher in Richtung Pawhuska aufbrachen, das in der Mitte des Reservates lag, sah Mollie, wie Gray Horse, die bisherige Grenze ihres Universums, nach und nach verschwand, bis nur noch der Rauch zu sehen war, der von den Dächern der Hütten aufstieg und sich im Himmel verflüchtigte. Vor ihr erstreckte sich die Prärie wie ein einstiger Meeresboden bis zum Horizont. Es gab keine Ansiedlungen, überhaupt keine Menschen. Es war, als wäre sie über den Rand der Erde gefallen und befände sich nun, um es mit den Worten von Willa Cather zu formulieren, »außerhalb menschlicher Rechtsprechung«.

Stunde um Stunde, Meile um Meile durchquerte Mollie in dem schlingernden Wagen die wilde, leere Landschaft, aus der noch niemand ein *Land* gemacht hatte. Schließlich brach die Dämmerung herein. Sie mussten anhalten und ein Nachtlager aufschlagen. Als die Sonne hinter der Prärie versank, färbte sich der Himmel zuerst blutrot und wurde dann schwarz. Die vollkommene Finsternis wurde nur vom Mond und von den Sternen durchbrochen, von denen, so glaubten die Osage, viele ihrer Klans stammten. Mollie war nun eine Reisende im Nebel. Sie war umgeben von den Mächten der Nacht, die zwar zu hören, aber nicht zu sehen waren: dem Jaulen der Kojoten, dem Geheul der Wölfe und den Schreien der Eulen, in denen angeblich böse Geister lebten.

Am Tag darauf ging die einfarbige Weite in ein baumbestandenes Hügelland über. Mollie und ihr Kutscher fuhren bergauf und bergab, vorbei an Schatten spendenden Schwarzeichen und dunklen Höhlen – die geeigneten Orte »für einen Hinterhalt«, wie ein Indianeragent einst befürchtete.[25] (Er fügte hinzu: »Ich kann Ihnen sagen, es gibt … dumme Verbrecher, die alles tun würden.«) Sie fuhren, bis sie auf ein Anzeichen menschlicher Besiedlung stießen: ein einstöckiges, halb verfallenes, rot gestrichenes Holzgebäude. Es war ein Osage-Handelsposten. Daneben befanden sich eine schäbige Pension und eine Schmiede mit einem riesigen Stapel Hufeisen. Der schlammige Pfad mündete in einen breiteren, noch schlammigeren Pfad mit einer Ansammlung von Ladengeschäften auf beiden Seiten. Diese Geschäfte hatten durchhängende Lattenroste vor dem Eingang, damit die Kunden dem heimtückischen Schlamm ausweichen konnten, Pferdestangen und verwitterte Fassaden, die wirkten, als würden sie beim nächsten Windstoß umfallen. Auf manchen war ein zweites Stockwerk aufgemalt, um eine nicht vorhandene Größe vorzutäuschen.

Mollie hatte Pawhuska erreicht. Die Hauptstadt des Reservates mochte damals zwar ein winziger, armseliger Ort gewesen sein (ein »schlammiger kleiner Handelsposten«, wie sich ein Besucher ausdrückte), doch war sie vermutlich die größte Siedlung, die Mollie je gesehen hatte. Sie wurde etwa anderthalb Kilometer weitergebracht, zu einem Furcht einflößenden Steingebäude, das vier Stockwerke hoch war: der katholischen Missionsschule St. Louis, wo man sie der Obhut schwarzweiß gewandeter Frauen übergab. Mollie trat durch die Vordertür – Mathews beschrieb den Eingang eines anderen Osage-Internats einmal als »großes schwarzes Maul, größer und finsterer als das einer Wildkatze«[26] – und ging durch ein Layrinth zugiger Gänge. In der Dunkelheit glühten Kohlelaternen.

Mollie musste die Indianerdecke von den Schultern nehmen und ein schlichtes Kleid anziehen. Es war ihr verboten, Osage zu sprechen – sie hatte die Sprache des weißen Mannes zu erlernen. Man gab ihr eine Bibel, die mit einem eindeutigen Verständnis des Universums begann: »Und Gott sprach: ›Es werde Licht‹; und es ward Licht. Und Gott sah, dass das Licht gut war. Da schied Gott das Licht von der Finsternis.«

Jede Stunde des Tages war reglementiert. Man ließ die Schüler antreten und von einem Programmpunkt zum nächsten marschieren. Sie lernten Klavierspielen, Schönschreiben, Geografie und Arithmetik. Die Welt wurde zu seltsamen neuen Symbolen zusammengefasst. Zweck der Institution war es, Mollie in die weiße Gesellschaft zu integrieren und etwas aus ihr zu machen, das den Behörden als weibliches Idealbild vorschwebte. Während die Osage-Jungen in anderen Einrichtungen Ackerbau und Tischlern lernten, wurde Mollie daher in den »häuslichen Künsten« unterrichtet: Nähen, Backen, Waschen und Haushalten. »Die Bedeutung einer gründlichen Ausbildung indianischer Mädchen ist unmöglich zu überschätzen«, hatte ein US-Regierungsvertreter geäußert und hinzugefügt: »Welchen Nutzen hat es, wenn der Mann hart arbeitet und fleißig ist und den Haushalt durch seine Arbeit mit Nah-

Mollie wurde zum Besuch der St. Louis School gezwungen.

rung und Kleidung versorgt, wenn die Frau, des Kochens unkundig, mit der Nadel nicht vertraut, ohne Sinn für Ordnung und Sauberkeit, kein glückliches, fröhliches Heim schafft, sondern eine erbärmliche, elende, schmutzige Behausung? (...) Es sind die Frauen, die am hartnäckigsten an heidnischem Ritus und Aberglauben festhalten und dies über ihre Unterweisungen an die Kinder weitergeben.«[27]

Viele Osage-Schüler an Mollies Schule versuchten auszureißen, wurden jedoch von berittenen Gesetzeshütern gejagt, eingefangen und mit Stricken gefesselt wieder zurückgebracht. Mollie besuchte jedes Jahr acht Monate lang den Unterricht. Wenn sie nach Gray Horse zurückkehrte, fiel ihr auf, dass immer mehr Mädchen nicht mehr ihre Decken und Mokassins trugen und die jungen Männer ihre Lendenschurze gegen Hosen und ihre Skalplocken gegen breitkrempige Hüte eingetauscht hatten. Viele Schüler begannen sich für ihre Eltern zu schämen, die kein Englisch verstanden und immer noch ihrer alten Lebensweise verhaftet blieben. Eine Osage-Mutter sagte über ihren Sohn: »Seine Ohren sind für unsere Worte verschlossen.«[28]

* * *

Mollies Familie überspannte nicht nur zwei Jahrhunderte, sondern auch zwei Kulturen. Die Not ihrer Familie nahm Ende der 1890er-Jahre zu, als die US-Regierung ihre Assimilationspolitik weiter intensivierte und einem Höhepunkt zutrieb: Landzuteilung. Diese Maßnahme sah vor, dass das Osage-Reservat in etwa fünfundsechzig Hektar große Grundstücke aufgeteilt wurde, in *Grundbesitz*. Jedes Stammesmitglied sollte eine Parzelle erhalten und der Rest des Territoriums für Siedler freigegeben werden. Das Landzuteilungssystem, das bereits vielen Stämmen aufgezwungen worden war, verfolgte den Zweck, die traditionelle gemeinschaftliche Lebensweise zu beenden und die Indianer zu privaten Grundstückseignern zu machen – eine Situation, die es, nicht nur rein zufällig, leichter machte, ihnen das Land wegzunehmen.

Die Osage hatten gesehen, was mit dem Cherokee Outlet geschehen war, einer riesigen Prärie, die Teil des Cherokee-Territoriums gewesen war und nahe der westlichen Grenze des Osage-Reservates lag. Nachdem die US-Regierung das Land von den Cherokee gekauft hatte, hatte sie verkündet, dass jeder Siedler vom Mittag des 16. September 1893 an berechtigt sei, eine der zweiundvierzigtausend Parzellen für sich zu beanspruchen – wenn er oder sie rechtzeitig dort war! Bereits Tage vor der offiziellen Freigabe waren Zehntausende Männer, Frauen und Kinder angereist und hatten sich entlang der Grenze versammelt. Manche waren sogar aus Kalifornien oder New York gekommen. Die zerlumpte, schmutzige, verzweifelte

Die Landnahme von 1893.

Masse Mensch erstreckte sich quer über den Horizont wie eine Armee, die gegen sich selbst aufmarschiert war.

Nachdem man mehrere »Frühstarter« erschossen hatte, die versucht hatten, vor dem Termin über die Grenze zu schleichen, erklang endlich der Startschuss – es war ein Wettlauf um Land, wie es ihn noch nie zuvor auf der Welt gegeben habe, schrieb eine Zeitung.[29] In einem anderen Bericht hieß es: »Männer schlugen sich gegenseitig zu Boden, während sie voranstürmten. Frauen kreischten und fielen, wurden ohnmächtig und niedergetrampelt, vielleicht sogar getötet.«[30] Der Reporter fuhr fort: »Männer, Frauen und Pferde lagen überall auf der

Prärie verstreut. Hie und da kam es zu Kämpfen auf Leben und Tod zwischen Männern, die jeweils für sich beanspruchten, eine bestimmte Parzelle als Erster erreicht zu haben. Messer und Schusswaffen wurden gezogen – es war ein schrecklicher und gleichsam aufregender Anblick, der jeder Beschreibung spottet … Es war ein Kampf in einem Spiel, in dem sich buchstäblich jeder selbst der Nächste war und die Letzten die Hunde fressen würden.« Als die Nacht hereinbrach, war das Cherokee Outlet restlos aufgeteilt.

Da die Osage ihr Land rechtskräftig erworben hatten, war es für die US-Regierung schwieriger, ihre Politik der Landzuteilung durchzusetzen. Unter Führung eines seiner größten Häuptlinge, James Bigheart (der sieben Sprachen beherrschte, darunter Sioux, Französisch, Englisch und Latein, und der sich angewöhnt hatte, einen Anzug zu tragen), gelang es dem Stamm, den Prozess zu verschleppen. Doch der Druck wuchs. Theodore Roosevelt hatte bereits davor gewarnt, was einem Indianer widerfahren werde, der seine Landzuteilung verweigerte: »Wie jene Weißen, die nicht arbeiten wollen, möge er vom Antlitz der Erde verschwinden, wo er nur hinderlich ist.«[31]

Anfang des 20. Jahrhunderts wussten Bigheart und andere Osage, dass sie nicht länger vermeiden konnten, was ein Regierungsvertreter als das Aufziehen des »großen Sturms« bezeichnete.[32] Die US-Regierung plante, das Indianerterritorium aufzulösen und es einem neuen Staat namens Oklahoma einzuverleiben. (In der Sprache der Choctaw bedeutet Oklahoma »rotes Volk«.) Bigheart war es gelungen, den Prozess mehrere Jahre lang hinauszuzögern. Die Osage waren der letzte indianische Stamm im Indianerterritorium, der unter die Landzuteilung fiel – und das verschaffte ihnen eine bessere Verhandlungsposition, da die Regierung bestrebt war, den Weg zur Staatsgründung möglichst rasch freizumachen. Im Jahr 1904 schickte Bigheart einen eifrigen jungen Rechtsanwalt namens John Palmer quer durchs Land, »um einen Finger am Puls Washingtons zu haben«.[33] Der verwaiste Sohn eines weißen Händlers und einer Sioux-Frau war als Kind von einer Osage-Familie aufgenommen worden und hatte eine Osage-Frau geheiratet. Ein US-Senator aus Oklahoma nannte Palmer »den wortgewandtesten lebenden Indianer«.[34]

Monatelang verhandelten Bigheart, Palmer und viele andere Stammesmitglieder mit den Regierungsvertretern über die Bedingungen der Landzuteilung. Die Osage forderten von der Regierung, das Land ausschließlich unter den Stammesangehörigen aufzuteilen, wodurch sich die einzelne Parzelle von fünfundsechzig auf zweihundertsechsundsechzig Hektar vergrößerte. Diese Strategie würde einen unkontrollierten Ansturm auf ihr Territorium verhindern, wenngleich es Weißen durchaus gestattet wäre, Grundstücke von Stammesangehörigen zu erwerben. Außerdem gelang es den Osage, eine Regelung in der Vereinbarung festzuschreiben, die damals etwas sonderbar anmutete: »Die Öl-, Gas-, Kohle- und anderen Mineralvorkommen, die von den Gebieten bedeckt sind… werden hiermit dem Stamm der Osage zuerkannt.«[35]

Der Stamm wusste nämlich, dass sich unter dem Reservat einige Ölvorkommen befanden. Vor mehr als einem Jahrzehnt hatte ein Osage-Indianer dem Eigentümer des Handelspostens in Gray Horse, John Florer, einen regenbogenfarbenen Schimmer auf der Wasseroberfläche eines im östlichen Teil des Reservates gelegenen Baches gezeigt. Der Osage-Indianer tupfte den Fleck mit seiner Decke auf und presste die Flüssigkeit in einen Behälter. Florer fand, die Flüssigkeit rieche wie die Wagenschmiere, die er in seinem Geschäft verkaufte. Er eilte in die Stadt zurück und zeigte anderen die Probe, die seinen Verdacht bestätigten: Es war Öl.

Mit Zustimmung des Stammes beantragten Florer und ein reicher Bankier eine Bohrlizenz und begannen im Reservat nach Öl zu suchen. Nur wenige glaubten, dass der Stamm auf einem Vermögen saß, doch zum Zeitpunkt der Verhandlungen über die Landzuteilung waren mehrere kleine Quellen in Betrieb, und den Osage gelang es tatsächlich, diesen letzten Teil ihres Landes zu behalten – einen Teil, den sie nicht einmal sehen konnten. Als man sich 1906 auf die Bedingungen des Allotment Act geeinigt hatte, brüstete sich Palmer vor dem Kongress: »Den Vertrag mit den Osage habe ich handschriftlich verfasst.«[36]

Wie andere auf der Stammesrolle der Osage registrierte Personen erhielten auch Mollie und ihre Familie ein sogenanntes *Headright*, ein Landanteilsrecht – im Wesentlichen eine Beteiligung am Mineralölkonzern des Stammes.[37] Als Oklahoma im Jahr darauf als 46. Staat in die Union aufgenommen wurde, konnten die Stammesmitglieder zwar ihr an der Oberfläche gelegenes Land im neu geschaffenen Osage County verkaufen, doch waren Kauf und Verkauf von Headrights nicht möglich. Diese konnten nur vererbt werden. So blieb der Mineralölkonzern fest in Stammeshand. Mollie und ihre Familie wurden Teil des ersten unterirdischen Reservates.

* * *

Bald darauf begann der Stamm, an eine wachsende Zahl weißer Prospektoren Land zu verpachten. Mollie sah die Männer – Bohrführer, Förderaufseher, Werkzeugschlosser, Hilfsarbeiter – wie wild schuften. Die dreckverschmierten Arbeiter senkten einen mit Nitroglycerin gefüllten Torpedo tief ins Erdreich und ließen diesen detonieren. Dabei wurden gelegentlich Bruchstücke antiker Indianerspeere oder Pfeilspitzen zutage gefördert, welche die Arbeiter verblüfft betrachteten. Die Männer errichteten hölzerne Bauten, die – wie Tempel – bis in den Himmel reichten, und pflegten einen Sprechgesang in ihrer eigenen Sprache: »Springt, ihr Säcke, springt. Ladet was auf die Haken, ihr Weicheier. Das ist hoch. Läutet sie ab, ihr Schwänze. Rauf auf die Lappen. Vorwärts, ihr Suffköppe.«[38] Viele Ölsucher wurden nicht fündig, bohrten »Staublöcher« und suchten abgeschlagen wieder das Weite. Ein Osage bemerkte, diese Weißen »benehmen sich, als gäbe es morgen keine Welt mehr«.[39]

Anfang des 20. Jahrhunderts machte sich George Getty, ein

Arbeiter stoßen im Osage-Territorium auf Öl.

Anwalt aus Minneapolis, als Erster seiner Familie auf, um im östlichen Teil des Osage-Territoriums nach Öl zu suchen. Für fünfhundert Dollar pachtete er eine Parzelle, Lot 50. Als sein Sohn Jean Paul Getty noch ein Junge war, besuchte er mit ihm das Gebiet. »Es waren Pioniertage«, erinnerte sich Jean Paul, Gründer der Getty Oil Company, später.[40] »Keine Autos, nur wenige Telefone, kaum elektrisches Licht. Es war zwar der Beginn des 20. Jahrhunderts, aber der Einfluss des 19. Jahrhunderts war noch überall spürbar.« Er fuhr fort: »Es schien ein großes Abenteuer zu sein. Meine Eltern hatten aber, im Gegensatz zu mir, keinen Sinn für diesen Charme. Wir gingen häufig zu Lot 50, das vielleicht neun Meilen tief im Osage-Gebiet lag. Mit der Pferdekutsche brauchten wir ein paar Stunden, und wir mussten zudem einen Fluss überqueren, um dorthin zu gelangen.«

Vor seiner ersten Begegnung mit den Indianern fragte Jean Paul seinen Vater: »Sind die gefährlich? Müssen wir sie abwehren?«[41]

Sein Vater lachte. »Nein«, sagte er. »Sie sind ziemlich ruhig und friedlich.«

An einem feuchten Frühlingstag im Jahr 1917 war der Ölsucher Frank Phillips – der zuvor ein Mittel gegen Haarausfall verkauft hatte – mit seinen Arbeitern auf Lot 185, das weniger als einen Kilometer von Lot 50 entfernt lag. Sie standen auf einer Plattform, als der Bohrturm plötzlich zu zittern begann, als würde eine Lokomotive vorbeirasen. Aus dem Loch im Boden ertönte ein grummelndes, gurgelndes Geräusch, das bald zum Gebrüll anwuchs und die Schreie der Arbeiter erstickte, welche nun losrannten. Ein Bohrarbeiter schnappte sich Phillips und zog ihn gerade noch rechtzeitig von der Plattform, bevor die Erde aufbrach und eine schwarze Säule aus Öl in den Himmel emporschoss.

Jeder neue Fund schien atemberaubender als der vorherige. Im Jahr 1920 entdeckte E. W. Marland, der einst so arm gewesen war, dass er sich keine Zugfahrkarte hatte leisten können, Burbank, eines der reichsten Ölvorkommen der Vereinigten Staaten: Der Ertrag der neuen Quelle lag bei sechshundertachtzig Barrel in den ersten vierundzwanzig Stunden.

Viele Osage eilten herbei, wenn eine Springque

Sie drängelten um die beste Sicht und achteten darauf, keinen Funken zu entzünden. Ihre Blicke folgten dem Öl, wie es fünfzehn, zwanzig, manchmal dreißig Meter in die Höhe schoss. Mit seinen großen schwarzen Schwingen aus Sprühnebel, die sich über dem Bohrturm ausbreiteten, stieg es wie ein Todesengel vor ihnen auf. Der Sprühnebel bedeckte die Felder und Blumen und verschmutzte die Gesichter der Arbeiter und Zuschauer. Trotzdem umarmten sich die Menschen und warfen vor Freude ihre Hüte in die Luft. Bigheart, der nicht lange nach der erzwungenen Landzuweisung gestorben war, wurde als »Moses der Osage« gepriesen. Die dunkle, schleimige, übelriechende mineralische Substanz wiederum erschien als die schönste Sache der Welt.

5. Die Schüler des Teufels

Das einzige Mittel, das Mollie zur Verfügung stand, um die indifferenten weißen Behörden möglicherweise zur Verfolgung eines Indianermörders zu bewegen, war Geld. Nach Lizzies Tod im Jahr 1921 hatte Mollies Schwager Bill Smith den Behörden gegenüber zwar seinen Verdacht geäußert, dass sie langsam vergiftet worden sei, doch hatten sich diese bis August nicht mit dem Fall befasst. Auch in der inzwischen drei Monate andauernden Untersuchung von Annas Ermordung gab es keinerlei Fortschritte. Um die Ermittlungen voranzubringen, stellte Mollies Familie aufgrund »der Schwere des Verbrechens« und »der Gefahren für andere Menschen« eine Belohnung in Höhe von zweitausend Dollar für alle Hinweise in Aussicht, die zur Ergreifung der Verantwortlichen führten.[1] Die Familie Whitehorn bot ihrerseits die Summe von zweitausendfünfhundert Dollar für die Ergreifung von Charles' Mördern. William Hale, der sich dafür stark machte, mit dem Verbrechen in Osage County endgültig aufzuräumen, versprach jedem, der die Mörder tot oder lebendig fasste, ebenfalls eine Belohnung. »Wir müssen diesem blutigen Geschäft ein Ende setzen«, sagte er.[2] Ausgehend von den Strafverfolgungsbehörden verschlechterte sich die Situation jedoch weiter. Der Attorney General von Oklahoma[3] warf Sheriff Freas bald vor, er habe »es versäumt, das Gesetz durchzusetzen«, indem er Schwarzbrennerei und Glücksspiel zugelassen habe. Freas stritt diese Anschuldigungen ab, und während der Fall seiner Verhandlung entgegensah, standen sich die beiden mächtigen Gesetzeshüter feindlich gesinnt gegenüber.[4] Angesichts dieses Chaos erklärte Hale, es sei nun an der Zeit, einen privaten Ermittler zu beauftragen.

Während eines Großteils des 19. und Anfang des 20. Jahrhunderts hatten private Detekteien ein Vakuum gefüllt, das die dezentralisierten, unterfinanzierten, inkompetenten und korrupten Sheriff- und Polizeidezernate hinterließen. In Literatur und öffentlicher Vorstellung ersetzte der alles sehende Privatdetektiv – der Schnüffler, die Spürnase, der Bluthund, der Schatten – den Sheriff als Archetypus des Einzelkämpfers für Gerechtigkeit. Er bewegte sich an den gefährlichen neuen Grenzen entlang – in dunklen Gassen und verruchten Elendsvierteln. Sein Markenzeichen war kein rauchender Sechsschüsser; wie Sherlock Holmes verließ er sich stattdessen auf die erstaunlichen Kräfte des Verstandes und der Schlussfolgerung, auf die Fähigkeit zu *beobachten*, was die Watsons dieser Welt lediglich sagen. Er entdeckte das Muster in einem Wirrwarr von Hinweisen und, wie es ein Autor formulierte, »machte aus brutalen Verbrechen – den Überbleibseln des Tieres im Menschen – intellektuelle Rätsel«.[5]

Von Anfang an jedoch war die Faszination für Privatdetektive auch mit einer gewissen Ablehnung verbunden. Sie waren nicht ausgebildet, unterstanden keinerlei Regularien und hatten nicht selten selbst eine kriminelle Vergangenheit. Da sie ausschließlich für zahlende Kunden tätig wurden, standen sie im Ruf betrügerischer Figuren, die den Menschen ihre Geheimnisse stahlen. (Das englische Wort »to detect« leitet sich vom lateinischen *detegere*, aufdecken, ab. Da der Teufel der Legende nach seinen Häschern gestattet haben soll, voyeuristisch in Häuser zu spähen, indem sie deren Dächer entfernten, nannte man Detektive »die Schüler des Teufels«.)[6] Im Jahr

1850 gründete Allan Pinkerton die erste amerikanische Privatdetektei; in Werbeanzeigen stand das Unternehmensmotto »Wir schlafen nie« unter einem großen, weit offenen, freimaurerartigen Auge geschrieben, wodurch der englische Begriff »private eye« aufkam – wörtlich »Privatauge«, ein Synonym für Privatdetektiv. In einem Handbuch mit allgemeinen Leitlinien und Regeln, das als Blaupause für die gesamte Branche diente, räumte Pinkerton ein, der Privatdetektiv müsse bisweilen »vom strengen Pfad der Wahrheit abweichen« und »sich auf die Täuschung verlegen«.[7] Viele Menschen, die das neue Berufsfeld verachteten, betrachteten es dennoch als ein notwendiges Übel. Ein Privatdetektiv formulierte es so: Er mochte zwar »eine erbärmliche Schlange sein«, doch sei er gleichzeitig »der stille, geheime und effiziente Rächer der erbosten Majestät des Gesetzes, wenn alles andere versagt«.[8]

Hale engagierte einen grüblerischen Privatdetektiv aus Kansas City namens Pike. Um seine Tarnung nicht zu gefährden, traf sich Pike, der die Maispfeife rauchte und einen dicken Schnurrbart trug, mit Hale an einem geheimen Ort in der Nähe von Whizbang. (Bürgerliche Führungsfiguren wie Hale empfanden den Namen Whizbang als anstößig und nannten die Stadt stattdessen nach einer bekannten Osage-Familie Denoya.) Während der Rauch von den Ölfeldern gen Himmel stieg, besprach sich Hale mit Pike. Dann machte sich Pike davon, um seine Ermittlungen aufzunehmen.

Auf Betreiben von Mollie und ihrer Familie engagierte auch Annas Nachlassverwalter Scott Mathis Privatdetektive. Der Eigentümer der Big Hill Trading Company hatte sich als Vormund seit langer Zeit um die Finanzen von Anna und Lizzie gekümmert. Die US-Regierung befand, dass viele Osage nicht fähig seien, mit ihrem Geld umzugehen, und hatte das Amt für Indianerangelegenheiten angewiesen zu ermitteln, welche

Stammesmitglieder in der Lage seien, ihre Vermögen selbst zu verwalten. Trotz vehementer Widersprüche seitens des Stammes wurden viele Osage, darunter Lizzie und Mollie, als »unfähig« eingestuft und gezwungen, ihre sämtlichen Ausgaben von einem örtlichen weißen Vormund überwachen und genehmigen zu lassen – bis hin zur Zahnpasta, die sie im Laden an der Ecke kauften. Ein Osage, der im Ersten Weltkrieg gedient hatte, beklagte sich: »Ich habe für dieses Land in Frankreich gekämpft, und doch erlaubt man mir nicht, meine eigenen Schecks zu unterschreiben.«[9] Die Vormunde rekrutierten sich in der Regel aus den Reihen der bekanntesten weißen Bürger von Osage County.

Mathis stellte ein Team von Privatdetektiven zusammen – Gleiches tat auch Whitehorns Nachlassverwalter. Die Privatdetektive, die mit den Ermittlungen der Osage-Morde betraut wurden, hatten häufig für die William J. Burns International Detective Agency gearbeitet, bevor sie sich selbstständig gemacht hatten. Burns, ein ehemaliger Agent des Secret Service, hatte Pinkerton als berühmtester Privatdetektiv der Welt abgelöst. Er war ein kleiner stämmiger Mann mit üppigem Schnauzer und einem roten Haarschopf, der früher einmal Schauspieler hatte werden wollen und den geheimnisvollen Nimbus um seine Person teilweise dadurch pflegte, dass er Groschenromane über seine eigenen Fälle verfasste. In einem von ihnen erklärte er: »Mein Name ist William J. Burns, und meine Adresse ist New York, London, Paris, Montreal, Chicago, San Francisco, Los Angeles, Seattle, New Orleans, Boston, Philadelphia, Cleveland und wo immer sonst ein gesetzestreuer Bürger einmal Männer benötigt, die wissen, wie man einen versteckten Meuchelmörder still und leise aus dem Verkehr zieht oder Verbrecher aufspürt, die nach dem Besitz aufrechter Menschen trachten.«[10]

Die Big Hill Trading Company wurde von Scott Mathis betrieben, dem Vormund von Anna und Lizzie.

Aufgrund seiner unablässigen Eigenwerbung nannte man Burns zwar den »Titelseiten-Detektiv«, doch konnte er recht beeindruckende Aufklärungserfolge vorweisen, darunter die Festnahme der Verantwortlichen für das Bombenattentat auf die *Los Angeles Times* im Jahr 1910, bei dem zwanzig Personen ums Leben gekommen waren. Die *New York Times* nannte Burns den »vielleicht einzigen großen Detektiv, den einzigen genialen Detektiv, den dieses Land hervorgebracht hat«,[11] und Sir Arthur Conan Doyle verlieh ihm den Spitznamen, nach dem er sich insgeheim sehnte: »Amerikas Sherlock Holmes«.

Im Gegensatz zu Sherlock Holmes hatte Burns jedoch Geschworene manipuliert und angeblich auch einen Verdächtigen entführt. Außerdem bediente er sich der schmutzigen Techniken imperialer Spione. Als man ihn beim Einbruch in eine New Yorker Anwaltskanzlei erwischte, wo er vertrauliche Unterlagen hatte stehlen wollen, sagte er, derartige Methoden seien manchmal notwendig, um eine Verschwörung zu beweisen, und dass solche Grenzen schon »tausendfach« von Privatermittlern überschritten worden seien.[12] Burns war die vollkommene Verkörperung des neuen Berufsbildes.

* * *

In jenem Sommer begann das von Mathis engagierte Agententeam mit seinen verdeckten Ermittlungen im Osage County.[13] In ihren täglichen Berichten identifizierten sich die Agenten lediglich mit einer Nummer. Zu Beginn bat Agent Nr. 10 Mathis, der Geschworener bei der Untersuchung gewesen war, ihm den Tatort zu zeigen. »Mathis und ich fuhren zu der Stelle, wo man die Leiche gefunden hatte«, schrieb Nr. 10.[14]

Einer der Detektive sprach mit Annas Hauptdienerin. Diese gestand, dass sie sich nach dem Fund der Leiche einen Schlüsselbund ihrer Arbeitgeberin besorgt und zusammen mit deren Schwester Rita Smith zu Annas Haus gegangen sei. Es war kaum zu glauben, doch das Büro des Sheriffs hatte dort noch keine Durchsuchung vorgenommen. Die Frauen öffneten leise die Tür und betraten die Stille. Sie sahen Annas Schmuck, ihre Decken und Bilder, die gesammelten Schätze ihres Lebens, die nun an die Ruinen einer verlassenen Stadt erinnerten. Die Dienerin, die Anna noch am Tag ihres Verschwindens beim Ankleiden geholfen hatte, erinnerte sich: »Alles war genau so, wie wir es zurückgelassen hatten« – abgesehen von einer Sache.[15] Annas Kroko-Handtasche, die sie zu Mollies Mittagessen mitgenommen hatte, habe nun auf dem Boden gelegen, sagte die Bedienstete, und »alles war herausgerissen«.

Ansonsten schien im Haus nichts gestohlen worden zu sein, und das Vorhandensein der Handtasche deutete vermutlich darauf hin, dass Anna irgendwann nach der Einladung in ihr Haus zurückgekehrt war. Mollies Schwager Bryan schien also

Der Privatdetektiv William J. Burns.

die Wahrheit zu sagen, wenn er behauptete, er habe sie nach Hause gefahren. Aber vielleicht hatte er sie dann wieder mitgenommen? Oder war sie mit jemand anderem fortgegangen?

Nr. 10 wandte sich einer anderen, potenziell ergiebigeren Quelle zu: den Aufzeichnungen über Annas ein- und ausgehende Telefonate. Damals wurden Telefongespräche noch manuell von einem Telefonisten am Schaltpult vermittelt, wobei Ferngespräche oft über mehrere Schaltpulte liefen. Die Telefonisten führten regelmäßig schriftliche Aufzeichnungen über die Gespräche. Der Niederschrift eines Telefonisten aus Fairfax zufolge hatte jemand Anna am Tag ihres Verschwindens um etwa 8.30 Uhr angerufen. Der Anschluss gehörte zu einem Unternehmen in Ralston, einer etwa zehn Kilometer südwestlich von Gray Horse gelegenen Stadt. Aus den Aufzeichnungen ging hervor, dass jemand, vermutlich Anna, abgehoben hatte. Das bedeutete, dass Anna sich um 8.30 Uhr wahrscheinlich noch in ihrem Haus befunden hatte – ein weiterer Beweis dafür, dass Bryan die Wahrheit gesagt und sie tatsächlich dort abgesetzt hatte.

In der Hoffnung, kurz vor einem Durchbruch zu stehen, eilte der Privatdetektiv zu dem Unternehmen in Ralston, von dem aus der Anruf gemacht wurde. Der Eigentümer beharrte jedoch darauf, dass er nicht bei Anna angerufen habe und es niemandem gestattet sei, von seinem Telefon aus ein Ferngespräch zu führen. Seine Behauptungen wurden dadurch gestützt, dass kein Telefonist in Ralston Aufzeichnungen darüber hatte, dass der Anruf an den Kollegen in Fairfax durchgestellt worden war. »Dieser Anruf ist offenbar ein Rätsel«, schrieb Nr. 10.[16] Er vermutete, dass die Ralstoner Nummer in Wahrheit ein »Blindanschluss« war – dass man einen Telefonisten dafür bezahlt hatte, die ursprünglichen Aufzeichnungen zu vernichten, aus denen der wahre Standort hervorgegangen wäre. Jemand, so hatte es den Anschein, verwischte hier seine oder ihre Spuren.

Nr. 10 wollte Oda Brown genauer unter die Lupe nehmen. »Generalverdacht weist in Richtung des geschiedenen Ehemannes«, schrieb er.[17] Doch es war schon spät, also beendete er seinen Bericht mit den Worten: »Arbeit an Fall um 23 Uhr abgebrochen.«

* * *

Eine Woche später wurde ein anderer Agent aus dem Team – Nr. 46 – entsandt, um Brown in Ponca City aufzuspüren, das vierzig Kilometer nordwestlich von Gray Horse lag. Ein heftiges Unwetter blies über die Prärie und verwandelte die Straßen in Flüsse aus Schlamm. Daher traf der Privatdetektiv erst bei Einbruch der Dunkelheit in Ponca City ein, nur um festzustellen, dass Brown nicht dort war. Man sagte ihm, er sei auf

Besuch in Perry, Oklahoma, wo sein Vater lebte. Am nächsten Tag nahm Nr. 46 einen Zug Richtung Süden und fuhr nach Perry, doch auch dort war Brown nicht. Nun hieß es, er sei in Pawnee County. »Folglich verließ ich Perry mit dem ersten Zug«, schrieb Nr. 46 in seinem Bericht.[18] Darüber stand in den Geschichten von Sherlock Holmes nichts – über die Langeweile echter Detektivarbeit, die falschen Spuren und die Sackgassen.

Nr. 46 fuhr also hin und her, bis er in Pawnee County schließlich einen schlanken, Zigaretten rauchenden, verschlagen wirkenden Mann mit rostrotem Haar und flachen grauen Augen erspähte: Oda Brown. An seiner Seite befand sich eine Pawnee, die er angeblich nach Annas Tod geheiratet hatte. Nr. 46 blieb ihm auf den Fersen und beschattete die beiden. Eines Tages näherte er sich Brown und versuchte, sich mit ihm anzufreunden. Das Pinkerton-Handbuch empfahl: »Der aufmerksame Detektiv greift sich den Verbrecher in seinen schwächsten Momenten und ringt ihm durch die Sympathie und das Vertrauen, welche ihm dieser entgegenbringt, das Geheimnis ab, das ihn verzehrt.«[19] Stück für Stück erschlich sich Nr. 46 Browns Vertrauen. Als dieser erwähnte, dass seine Exfrau ermordet worden sei, versuchte Nr. 46 aus ihm herauszulocken, wo er sich zum Zeitpunkt ihres Todes aufgehalten hatte. Brown, der seinen neuen Freund möglicherweise schon verdächtigte, ein professioneller Schnüffler zu sein, antwortete, er sei mit einer anderen Frau unterwegs gewesen, wolle aber nicht sagen, wo. Nr. 46 studierte Brown aufmerksam. Dem Leitfaden nach wurde das Geheimnis eines Kriminellen zu einem inneren »Feind«, der »das gesamte Bollwerk seines Widerstandes schwächt«.[20] Brown wirkte allerdings ganz und gar nicht nervös.

Während Nr. 46 noch mit Brown beschäftigt war, erfuhr ein

anderer Agent, Nr. 28, ein offenbar entscheidendes Geheimnis von einer jungen Kaw-Indianerin, die nahe der westlichen Grenze von Osage County lebte. In einer unterschriebenen Aussage behauptete die Frau, dass Rose Osage, eine Indianerin aus Fairfax, ihr gestanden habe, sie habe Anna umgebracht, nachdem diese versucht habe, ihren Freund Joe Allen zu verführen. Die drei seien gemeinsam im Auto unterwegs gewesen, als Rose »sie von oben in den Kopf geschossen« und die Leiche dann mit Joes Hilfe am Three Mile Creek abgelegt habe.[21] Roses Kleider seien mit Annas Blut besudelt gewesen, so die Geschichte weiter, also habe sie diese ausgezogen und in den Bach geworfen.

Es war zwar eine grausige Geschichte, doch Agent Nr. 28 war zuversichtlich hinsichtlich der Entdeckung. In seinem Tagesbericht schrieb er, er habe Stunden mit Mathis und Sheriff Freas verbracht, dessen Verhandlung noch ausstand, um diesem »Hinweis nachzugehen, der ein Schlüssel zu dem Fall zu sein scheint«.[22]

Die Privatdetektive hatten jedoch Mühe, die Geschichte der Informantin zu bestätigen. Niemand hatte Anna mit Rose oder Joe gesehen. Außerdem wurden in der Nähe der Leiche keinerlei Kleidungsstücke im Bach gefunden. War es möglich, dass die Informantin schlicht log, um die Belohnung zu kassieren?

Sheriff Freas, dessen Körpermasse sich von seinem dicken Hals und der Brust abwärts ausdehnte, riet den Privatdetektiven, Rose und ihren Freund als Verdächtige auszuschließen. Dann rückte er mit einem gegenteiligen Gerücht heraus: Angeblich seien zwei hartgesottene Typen aus den Ölarbeiterlagern mit Anna kurz vor deren Tod gesehen worden und anschließend aus der Stadt verschwunden. Die Privatdetektive willigten ein, der Geschichte des Sheriffs nachzugehen. Was die gegen Rose vorgebrachten Andeutungen betraf, schwor Nr. 28 jedoch: »Wir werden diese Theorie konsequent weiterverfolgen.«[23]

* * *

Die Privatdetektive teilten ihre Erkenntnisse mit Mollies Schwager Bill Smith, der immer noch auf eigene Faust ermittelte. Der neunundzwanzigjährige Smith war ein Pferdedieb gewesen, bevor er sich Zugang zum Vermögen der Osage verschafft hatte: erst durch die Heirat von Mollies Schwester Minnie, dann – nur Monate, nachdem diese im Jahr 1918 an jener mysteriösen »Form der Schwindsucht« gestorben war – durch die Ehe mit Mollies Schwester Rita. Wenn Bill betrunken gewesen war, hatte er mehr als nur einmal die Hand gegen Rita erhoben. Eine Dienerin erinnerte sich später, dass Rita nach einem schlimmen Krach mit Bill »irgendwie geschunden herauskam«.[24] Bill sagte der Dienerin, dies sei »die einzige Methode, mit diesen Squaws fertigzuwerden«. Rita drohte oft, ihn zu verlassen, tat dies jedoch nie.

Sie besaß zwar einen wachen Geist, doch fanden diejenigen, die ihr nahestanden, dass ihr Urteilsvermögen durch »eine wahrhaft blinde Liebe« getrübt sei, wie jemand sich ausdrückte.[25] Mollie hegte Zweifel hinsichtlich Bill: War er in irgendeiner Form für Minnies Tod verantwortlich? Auch Hale machte keinen Hehl daraus, dass er Bill misstraute, und sogar ein ortsansässiger Anwalt spekulierte, dass Bill »den heiligen Bund der Ehe um des schnöden Mammons Willen missbrauchte«.[26]

Allem Anschein nach hatte Bill jedoch seit Annas Ermordung energisch versucht herauszufinden, wer der Schuldige war. Als er erfuhr, dass ein Schneider in der Stadt möglicher-

Mollies Schwester Rita

weise über Informationen verfügte, suchte er diesen in Begleitung eines Privatdetektivs auf und stellte ihm Fragen, nur um festzustellen, dass er ein inzwischen altbekanntes Gerücht verbreitete: dass Rose Osage Anna in einem Anfall von Eifersucht getötet hätte.

In dem verzweifelten Versuch, endlich Licht ins Dunkel zu bringen, beschlossen die Privatdetektive, ein Abhörgerät zu installieren, um Rose und ihren Freund auszuhorchen. Damals waren die gesetzlichen Regeln zur elektronischen Überwachung noch schwammig, und Burns war eifriger Nutzer eines sogenannten »Dictographen« – eines primitiven Abhörgerätes, das sich von der Standuhr bis zum Kronleuchter überall verstecken ließ. »Burns war der erste Amerikaner, der die gewaltigen Möglichkeiten dieses Instruments für die Detektivarbeit erkannte«, berichtete der *Literary Digest* im Jahr 1912.[27] »Er ist so begeistert davon, dass er stets eines in seiner Tasche bei sich trägt.« Wie Allan Pinkerton im 19. Jahrhundert als »das Auge« bekannt war, wurde Burns im 20. Jahrhundert nun »das Ohr« genannt. Die Detektive, versteckt in einem anderen Zimmer, begannen per Kopfhörer den statisch knackenden Stimmen von Rose und ihrem Freund zu lauschen. Wie es bei Überwachungen jedoch häufig der Fall ist, legte sich der erste Begeisterungssturm angesichts der Langeweile eines fremden Privatlebens rasch wieder, und die Detektive hörten bald auf, die banalen Einzelheiten zu notieren, deren Ohrenzeugen sie wurden.

Durch den Einsatz herkömmlicher Mittel indes machten die Privatdetektive eine verblüffende Entdeckung. Der Taxifahrer, der Anna am Tag ihres Verschwindens zu Mollies Haus gebracht hatte, sagte ihnen, Anna habe ihn gebeten, vorher am Friedhof in Gray Horse zu halten. Dort sei sie ausgestiegen und zwischen den Grabsteinen umhergetorkelt, bis sie vor dem Grab ihres Vaters stehen geblieben sei. Einen Augenblick lang sei sie in der Nähe der Stelle geblieben, wo auch sie bald begraben sein würde, so als wollte sie ein Totengebet für sich selbst sprechen. Dann kehrte sie zum Wagen zurück und bat den Fahrer, jemanden zu schicken, der Blumen auf ihres Vaters Grab legen sollte. Sie wollte, dass sein Grab stets hübsch aussah.

Während sie zu Mollies Haus weiterfuhren, beugte sich Anna zu dem Fahrer. Er konnte den Schnaps in ihrem Atem riechen, als sie ihm ein Geheimnis offenbarte: Sie würde bald »ein kleines Baby« bekommen.[28]

»Du meine Güte, nein«, entgegnete er.

»Doch«, sagte sie.

»Wirklich?«

»Ja.«

Detektive bestätigten die Geschichte später durch zwei Personen, die Anna nahestanden und denen sie ebenfalls die

Neuigkeit von ihrer Schwangerschaft anvertraut hatte. Doch wusste niemand, wer der Vater war.

* * *

An einem Tag in jenem Sommer tauchte in Gray Horse ein Fremder mit einem Charlie-Chaplin-Schnurrbart auf und bot den Privatdetektiven seine Mitarbeit an. Dieser Mann, ein mit einem 44er bewaffneter, breitnasiger Bullenbeißer namens A. W. Comstock war ein ortsansässiger Anwalt und Vormund mehrerer Osage-Indianer. Manche Einheimischen glaubten, dass Comstock mit seiner höckerigen Nase und seinem dunklen Teint möglicherweise selbst indianisches Blut hatte – eine Annahme, die er keinesfalls auszuräumen versuchte, als er seine Anwaltskanzlei eröffnete. »Die Tatsache, dass er sich selbst als Indianer darstellte, müsste ihm den Umgang mit den Indianern doch ziemlich erleichtern, oder?«, bemerkte ein skeptischer Kollege.[29] William Burns hatte einmal Nachforschungen über Comstock angestellt, weil dieser angeblich eine Ölfirma unterstützt hatte, um bei dem Stammesrat der Osage durch Schmiergeldzahlungen eine vorteilhaftere Pacht zu erwirken. Es konnte ihm jedoch nichts nachgewiesen werden.

Angesichts Comstocks zahlreicher Kontakte zu den Osage nahmen die Privatdetektive sein Hilfsangebot gern an. Während die Detektive versuchten, einen Bezug zwischen den Morden an Charles Whitehorn und Anna Brown herzustellen, lieferte Comstock Details, die er über sein Netzwerk an Informanten gesammelt hatte. Gerüchten zufolge hatte es Whitehorns Witwe Hattie auf das Geld ihres Mannes abgesehen gehabt; außerdem sei sie wegen seiner Beziehung zu einer anderen Frau eifersüchtig gewesen. Bestand die Möglichkeit, dass diese andere Frau Anna Brown war? Diese Hypothese führte zur nächsten logischen Frage: War Whitehorn der Vater ihres ungeborenen Kindes?

Die Detektive begannen, Hattie Whitehorn rund um die Uhr nachzuspionieren, und genossen es zu sehen, ohne gesehen zu werden: »Agent beschattete Mrs. Whitehorn von Pawhuska bis Okla. City ... Verließ Okla. City mit Mrs. Whitehorn in Richtung Guthrie ... Verfolgte Mrs. Whitehorn, Tulsa nach Pawhuska.«[30] Es gab jedoch keinerlei Entwicklungen.

Im Februar 1922, neun Monate nach den Morden an Whitehorn und Anna Brown, schienen die Ermittlungen in beiden Fällen endgültig in einer Sackgasse zu stecken. Pike, der von Hale engagierte Detektiv, hatte sich längst anderem zugewandt. Zudem leitete Sheriff Freas nicht mehr die Ermittlungen; nachdem ihn ein Geschworenengericht des Amtsmissbrauchs für schuldig befunden hatte, wurde er in jenem Februar vom Dienst suspendiert.

Dann, in einer kalten Nacht im selben Monat, erhielt der neunundzwanzigjährige Osage William Stepson, ein Stierrodeo-Champion, einen Anruf, der ihn dazu bewegte, auf der Stelle sein Haus in Fairfax zu verlassen. Einige Stunden später traf er, sichtlich krank, zu Hause bei seiner Frau und seinen beiden Kindern ein. Stepson war immer in bemerkenswerter Form gewesen, doch wenige Stunden später war er tot. Als die Behörden seine Leiche untersuchten, gelangten sie zu der Annahme, dass ihm jemand, den er unterwegs getroffen hatte, heimlich eine Dosis Gift verabreicht habe – vermutlich Strychnin –, ein bitteres weißes Alkaloid, das einer medizinischen Abhandlung aus dem 19. Jahrhundert zufolge »eine zerstörerischere Energie«[31] als praktisch jedes andere Gift barg. In der Abhandlung wurde ein Laborversuch beschrieben, bei dem man einem Tier Strychnin injizierte. Dieses sei zunächst »erregt und zittrig, dann wird es zunehmend unbeweglich und

William Stepson

bekommt steife Gliedmaßen«. Weiter hieß es: »Diese Symptome verstärken sich, bis es einen heftigen, krampfartigen Anfall bekommt, bei dem sich der Kopf nach hinten neigt, die Wirbelsäule versteift, die Gliedmaßen starr ausgestreckt werden und die Atmung durch Verhärtung der Brust zum Stillstand kommt.«[32] Stepsons letzte Stunden waren vermutlich also eine einzige entsetzliche Qual: Seine Muskeln zuckten, als hätte man ihm Elektroschocks verpasst. Er reckte den Hals und presste die Kiefer zusammen; seine Lungen verengten sich, wenn er zu atmen versuchte, bis er schließlich erstickte.

Zum Zeitpunkt von Stepsons Tod gab es bereits zahlreiche wissenschaftlich erprobte Methoden zum Nachweis von Gift in einer Leiche. So konnte man dieser eine Gewebeprobe entnehmen und sie auf verschiedene toxische Substanzen untersuchen – von Arsen bis Strychnin. In großen Teilen des Landes wandte man diese forensischen Methoden jedoch noch seltener an als Fingerabdruck- und ballistische Techniken. Im Jahr

1928 schloss ein Bericht des Nationalen Forschungsrates, dass der Gerichtsmediziner in den meisten Städten ein »ungeübtes, ungelerntes Individuum« sei und lediglich über »wenige, mit mediokren Fähigkeiten ausgestattete Mitarbeiter sowie über unzureichendes Gerät« verfüge.[33] In Gebieten wie dem Osage County, wo es keinen in Forensik geschulten Gerichtsmediziner und kein Kriminallabor gab, war Gift das perfekte Mittel, um einen Mord auszuführen. Gifte waren in großer Menge zugänglich, in Produkten, die sich auf den Regalen von Apotheken und Lebensmittelläden fanden, und im Gegensatz zu einer Schusswaffe konnte man sie geräuschlos anwenden. Zudem ähnelten die Symptome vieler Vergiftungen natürlichen Leiden – etwa der Übelkeit und dem Durchfall von Cholera oder den Krämpfen eines Herzanfalls. Während der Prohibition gab es durch den Konsum von Holzalkohol und anderen giftigen Schwarzbränden so viele unglückliche Todesfälle, dass ein Mörder ohnehin einfach nur etwas ins Glas seines Opfers zu geben brauchte, ohne jemals Verdacht zu erregen.

Am 26. März 1922, weniger als einen Monat nach Stepsons Tod, starb eine weitere Osage vermutlich an einer Vergiftung. Abermals fand keine toxikologische Untersuchung statt. Dann, am 28. Juli, bekam Joe Bates, ein Osage Mitte dreißig, etwas Whiskey von einem Fremden. Nachdem er sich einen Schluck genehmigt hatte, bekam er Schaum vor dem Mund und brach zusammen. Auch er sei an irgendeinem seltsamen Gift gestorben, sagten die Behörden. Er hinterließ eine Frau und sechs Kinder.

Als in jenem August die Zahl verdächtiger Todesfälle weiter stieg, drängten viele Osage Barney McBride, einen fünfundfünfzigjährigen, wohlhabenden weißen Ölmann, nach Washington, D.C. zu gehen und die Bundesbehörden zu bitten, Ermittlungen anzustellen. McBride war mit einer inzwischen verstorbenen Creek-Indianerin verheiratet gewesen und zog seine Stieftochter groß. Er interessierte sich sehr für die Indianerangelegenheiten in Oklahoma, und die Osage vertrauten ihm; ein Reporter beschrieb ihn als »warmherzigen weißhaarigen Mann«[34]. Da er außerdem viele Regierungsvertreter in Washington kannte, betrachtete man ihn als den idealen Botschafter.

Als sich McBride in einem Gasthaus in der Hauptstadt einschrieb, lag dort das Telegramm eines Geschäftsfreundes für ihn bereit. »Seien Sie vorsichtig«, lautete der Text.[35] McBride hatte eine Bibel und einen 45er Revolver bei sich. Abends ging er zum Billardspielen in den Elks Club. Als er wieder nach draußen kam, packte ihn jemand und band ihm einen Leinensack straff über den Kopf. Am nächsten Morgen wurde McBrides Leiche in einem Durchlass in Maryland gefunden. Man hatte mehr als zwanzigmal auf ihn eingestochen, seinen Schädel zertrümmert und ihn bis auf Socken und Schuhe entkleidet. In einem Schuh hatte man eine Karte mit seinem Namen hinterlassen. Die forensische Untersuchung ergab, dass mehr als nur ein einzelner Attentäter beteiligt gewesen sein musste, und die Behörden gingen davon aus, dass er seit seiner Abreise aus Oklahoma beschattet worden war.

Rasch erreichte die Nachricht von dem Mord auch Mollie und ihre Familie. Die Tat, die in der *Washington Post* als »das brutalste Verbrechen in der Kriminalgeschichte des Distrikts« bezeichnet wurde[36], schien mehr zu sein als ein bloßer Mord. Sie trug die Zeichen einer Botschaft, einer Warnung. In einer Schlagzeile formulierte die *Post*, was zunehmend klar wurde: »Verdacht auf Komplott zur Ermordung reicher Indianer.«[37]

6. Die Millionen-Dollar-Ulme

Trotz der Morde kamen immer mehr der größten Ölbarone der Welt. Alle drei Monate um zehn Uhr morgens trafen diese Ölmänner – unter ihnen E. W. Marland, Bill Skelly, Harry Sinclair oder Frank Phillips und seine Brüder – in ihren eigenen Luxuswaggons am Bahnhof von Pawhuska ein. Die Presse kündigte ihr Kommen durch großspurige Mitteilungen an: »›Millionärs-Sonderzug‹ rollt an[1]«; »Pawhuska übergibt Stadt heute den Ölmännern[2]«; »Millionenschwere Männer warten auf den psychologischen Moment[3]«.

Die Barone kamen zu einer Auktion, bei der das Osage-Land verpachtet wurde, einem Ereignis, das unter Aufsicht des Innenministeriums etwa viermal pro Jahr stattfand. Ein Historiker nannte es das »Monte Carlo der Osage«.[4] Seit Beginn der Auktionen im Jahr 1912 war nur ein Teil des riesigen unterirdischen Osage-Reservats für Bohrungen freigegeben worden. Die Gebote für eine einzelne Parzelle, die typischerweise rund fünfundsechzig Hektar umfasste, waren in die Höhe geschossen. Im Jahr 1923 meldete der *Daily Oklahoman*: »Brewster, Held der Geschichte ›Brewsters Millionen‹, wurde bei dem Versuch, eine Million Dollar in einem Jahr auszugeben, an den Rand der nervlichen Erschöpfung gebracht … Wäre Brewster in Oklahoma gewesen … hätte er mit einem kleinen Kopfnicken eine Million ausgeben können.«[5]

Bei schönem Wetter fanden die Auktionen im Freien statt,

Frank Phillips (unterste Stufe) und andere Ölmänner treffen 1919 im Osage-Territorium ein.

auf einem Hügel in Pawhuska, im Schatten eines großen Baumes, der bald die Millionen-Dollar-Ulme genannt wurde. Dann und wann besuchte Ernest eine dieser Veranstaltungen, ebenso wie Mollie und andere Mitglieder ihres Stammes. »Es gibt auch ein paar bunte Tupfer im Publikum, denn die Osage-Indianer... sind oft stoische, aber interessierte Zuschauer«, berichtete *Associated Press* und bekräftigte damit die üblichen Stereotype.[6] Auch andere Bewohner der Gemeinde – darunter prominente Siedler wie Hale und Mathis, der Eigentümer der Big Hill Trading Company – interessierten sich sehr für die Auktionen. Das Geld, das durch den Ölboom in die Gemeinde floss, hatte ihnen geholfen, ihre Geschäfte aufzubauen und ihre einst fantastisch anmutenden Träume umzusetzen, die wilde Prärie in ein blühendes Wirtschaftszentrum zu verwandeln.

Wenn alle versammelt waren, trat der Auktionator – ein hochgewachsener weißer Mann mit dünnem Haar und don-

Colonel Walters leitet eine Auktion unter der »Million Dollar Elm«.

nernder Stimme – unter den Baum. In der Regel trug er ein auffällig gestreiftes Hemd, einen Zelluloidkragen und eine lange, wallende Krawatte; aus seiner Tasche baumelte eine metallene Kette, die zu einer Uhr gehörte. Er präsidierte über sämtliche Verkäufe der Osage, und sein Spitzname »Colonel« klang, als wäre er ein Veteran des Ersten Weltkriegs. Tatsächlich aber war er auf diesen Namen getauft worden: Colonel Ellsworth E. Walters. Als meisterlicher Showman feuerte er die Auktion mit folkloristischen Aussprüchen an: »Los Jungs, diese alte Katze kann noch eine Menge Junge werfen.«[7]

Da die wertlosesten Pachtverträge als Erste versteigert wurden, hielten sich die Ölbarone in der Regel anfangs zurück und überließen den Neulingen die frühen Gebote. Jean Paul Getty, der bei mehreren Osage-Auktionen zugegen war, erinnerte sich, wie eine einzige Ölpacht das Schicksal eines Mannes verändern konnte: »Es war nichts Ungewöhnliches, dass ein abgebrannter Ölsucher, der weder über das Bargeld noch über das

Bankguthaben verfügte, um mehr kaufen zu können … eine Quelle ersteigerte, die ihn zu einem reichen Mann machte.« Gleichzeitig konnte ein falsches Gebot den Ruin bedeuten: »Jeden Tag wurden Vermögen gemacht – und verloren.«[8]

Sorgsam studierten die Ölmagnaten geologische Karten und versuchten über Männer, die sie als »Geologen« oder Spione einstellten, Informationen über Parzellen einzuholen. Nach einer Mittagspause gelangte die Auktion zu den wertvolleren Parzellen, und die Blicke des Publikums richteten sich nun unweigerlich auf die Ölmagnaten, deren Macht an die der Stahlbarone des 19. Jahrhunderts heranreichte oder diese sogar noch übertraf. Manche von ihnen hatten begonnen, den Lauf der Geschichte durch ihren Einfluss zu verändern. Im Jahr 1920 halfen Sinclair, Marland und andere Ölmagnaten, die erfolgreiche Präsidentschaftskandidatur von Warren Harding zu finanzieren. Ein Ölmann aus Oklahoma sagte zu einem Freund, Hardings Nominierung habe ihn und seine Anteilseigner eine Million Dollar gekostet. Doch mit Harding im Weißen Haus »begannen sich die Ölmänner die Hände zu reiben«, wie ein Historiker anmerkte.[9] Über eine Strohfirma schob Sinclair dem neuen Innenministerium über zweihunderttausend Dollar zu; ein anderer Ölmann ließ dem Minister durch seinen Sohn eine schwarze Tasche mit hunderttausend Dollar überbringen.

Im Gegenzug gestattete der Minister den Baronen, die unschätzbaren strategischen Ölvorkommen der Marine anzuzapfen. Sinclair erhielt das exklusive Pachtrecht für ein Vorkommen in Wyoming, das aufgrund der Gestalt eines naheliegenden Sandsteinfelsens »Teapot Dome« (Teekessel-Kuppe) genannt wurde. Der Direktor von Standard Oil warnte einen ehemaligen Wahlhelfer Hardings: »Ich höre, das Innenministerium will einen Vertrag über die Pacht des Teapot Dome schließen, und in der gesamten Industrie stinkt das …

Ich finde daher, dass Sie dem Präsidenten *unbedingt* mitteilen müssen, dass die Sache *stinkt.*«[10]

Die Öffentlichkeit ahnte indes noch nichts von diesen illegalen Zuwendungen. Als die Ölbarone zur Millionen-Dollar-Ulme vortraten, wurden sie wie Prinzen des Kapitalismus behandelt, und die Menge teilte sich vor ihnen. Während des Bietens kochten die Spannungen zwischen den Magnaten bisweilen über. Einmal fingen Frank Phillips und Bill Skelly an, miteinander zu raufen und rollten wie tollwütige Waschbären über den Boden. Derweil nickte Sinclair dem Colonel zu und zog mit der Pacht in der Tasche triumphierend von dannen. Ein Reporter sagte: »Wenn sich die Ölmagnaten von staats- und landesweitem Ruf ins Zeug legen, um die besten Pachtverträge zu bekommen, ist das ein aufregender menschlicher Daseinskampf, wie ihn nicht einmal die alten Hasen der New Yorker Börse kennen.«[11]

* * *

Am 18. Januar 1923, fünf Monate nach der Ermordung McBrides, kamen viele der größten Ölmänner zu einer weiteren Auktion zusammen.[12] Da es Winter war, trafen sie sich im Constantine Theater in Pawhuska, das als »schönstes Gebäude von ganz Oklahoma« galt. Im Innern gab es griechische Säulen und Wandmalereien sowie einen Lichterkranz rund um die Bühne.[13] Wie gewöhnlich begann der Colonel mit den Pachtobjekten von geringerem Wert.

»Ihre Gebote«, rief er.[14] »Denken Sie daran, dass keine Parzelle unter fünfhundert Dollar verkauft wird.«

Eine Stimme kam aus der Menge: »Fünfhundert.«

»Geboten sind fünfhundert Dollar«, tönte der Colonel. »Höre ich sechshundert? Von fünf auf sechs. Fünf-sechs, fünf-sechs, was ist mit sieben, jetzt sechs, wer sagt sieben?« Der Colonel hielt inne, dann rief er: »Verkauft an den Herrn hier für sechshundert Dollar.«

Den ganzen Tag über stiegen die Gebote für neue Pachtobjekte stetig an. »Zehntausend … fünfzigtausend … hunderttausend«, rief der Colonel. »Wall Street wacht langsam auf.«

Objekt 13 wurde für über sechshunderttausend Dollar an Sinclair verkauft.

Der Colonel atmete tief durch. »Objekt 14«, sagte er. Dieses lag mitten in dem ergiebigen Ölfeld Burbank.

Die Menge verstummte. Dann erhob sich aus der Mitte des Raumes eine unscheinbare Stimme: »Eine halbe Million.« Es war ein Vertreter der Gypsy Oil Company, einer Tochtergesellschaft von Gulf Oil. Er saß mit einer auf den Knien ausgebreiteten Landkarte da und blickte nicht auf, als er sprach.

»Wer sagt sechshunderttausend?«, fragte der Colonel.

Er war bekannt dafür, dass ihm auch das vorsichtigste Nicken und die schwächsten Gesten der Bieter nicht entgingen. Bei Auktionen verwendeten Frank Phillips und einer seiner Brüder fast unsichtbare Signale – eine hochgezogene Augenbraue oder das Drehen einer Zigarre. Frank scherzte, sein Bruder habe einmal hunderttausend Dollar in den Sand gesetzt, weil er nach einer Fliege geschlagen habe.

Der Colonel kannte sein Publikum und zeigte auf einen grauhaarigen Mann, der eine nicht angezündete Zigarre zwischen den Zähnen hielt. Er vertrat ein Interessenkonsortium, zu welchem auch Frank Phillips und Skelly gehörten – alte Feinde, die nun verbündet waren. Der grauhaarige Mann nickte beinahe unmerklich.

»Siebenhundert«, schrie der Colonel und zeigte schnell auf den ersten Bieter.

Noch ein Nicken.

Innenstadt von Pawhuska im Jahr 1906, vor dem Ölboom.

»Achthundert«, sagte der Colonel.

Nun wandte er sich wieder dem ersten Bieter zu, dem Mann mit der Karte, welcher sagte: »Neunhundert.«

Ein weiteres Nicken des grauhaarigen Mannes mit der nicht angezündeten Zigarre. Der Colonel schmetterte die Worte: »Eine Million Dollar!«

Trotzdem stiegen die Gebote weiter. »Elfhundert, jetzt zwölf«, sagte der Colonel. »Elf – jetzt zwölf – jetzt zwölf.«

Schließlich sagte niemand mehr etwas. Der Colonel starrte den grauhaarigen Mann an, der immer noch auf seiner nicht brennenden Zigarre herumkaute. Ein anwesender Reporter bemerkte: »Man kann die Luft im Raum schneiden.«

Der Colonel sagte: »Das ist Burbank, Männer. Ich höre immer noch nichts.«

Keiner sagte oder murmelte ein Wort.

»Verkauft!«, rief der Colonel. »Für eine Million und einhunderttausend Dollar.«

Jede neue Auktion schien die vorangegangene im Wettstreit

um das höchste Einzelgebot und die insgesamt erzielte Millionensumme zu übertreffen. Eine Parzelle wurde für fast zwei Millionen Dollar verkauft, während die höchsten Gesamteinnahmen bei einer Auktion auf fast vierzehn Millionen kletterten. Ein Reporter des *Harper's Monthly Magazine* schrieb: »Wo soll das noch hinführen? Jedes Mal, wenn eine neue Quelle erschlossen wird, sind die Indianer noch reicher.«[15] Dann fuhr er fort: »Die Osage-Indianer sind so reich, dass etwas dagegen unternommen werden muss.«

* * *

Eine wachsende Zahl weißer Amerikaner zeigte sich besorgt über den Reichtum der Osage – und die Presse schürte diese Entrüstung noch. Journalisten erzählten oft wild ausgeschmückte Geschichten von Osage-Indianern, die Konzertflügel auf ihrem Rasen stehen ließen, wenn sie diese nicht

Während des Ölbooms veränderte sich Pawhuska vollkommen.

mehr benötigten, oder alte Autos durch neue ersetzten, sobald sie einen Platten hatten. Die Zeitschrift *Travel* schrieb: »Der Osage-Indianer ist heute der Prinz der Geldverschwender. Gemessen an dieser Unbesonnenheit war der [biblische] verlorene Sohn ein recht bescheidener Mensch mit einer angeborenen Vorliebe für Treber.«[16] Ein Leserbrief an den *Independent*, ein wöchentlich erscheinendes Blatt, gab diese Geisteshaltung wieder und bezeichnete den typischen Osage als Tunichtgut, der nur deshalb zu Wohlstand gekommen sei, »weil die Regierung ihn unglücklicherweise auf Ölland angesiedelt hat, das wir Weiße für ihn erschlossen haben«.[17] John Joseph Mathews erinnerte sich verbittert daran, dass Journalisten, »mit der üblichen Selbstgefälligkeit und Weisheit der Ungebildeten, genüsslich die bizarre Wirkung von Wohlstand auf Menschen der Jungsteinzeit erörterten«.[18]

Nur selten, falls überhaupt, wurde in den Berichten erwähnt, dass zahlreiche Osage ihr Geld geschickt investiert hatten, oder dass manche Ausgaben der Osage traditionelles Brauchtum widerspiegelten, das großzügige Gesten mit dem Status innerhalb der Stammesgemeinschaft verband.[19] Während der »Wilden Zwanziger«, einer Zeit, die F. Scott Fitzgerald einmal »die großartigste, grellste Party der Geschichte« nannte[20], waren die Osage mit ihrer Verschwendung gewiss nicht allein. Marland, der Ölbaron, der das Burbank-Vorkommen entdeckt hatte, hatte sich in Ponca City ein Herrenhaus mit zweiundzwanzig Zimmern gebaut und war dann in ein noch größeres gezogen. Dieses Haus, dessen Innenräume dem im 14. Jahrhundert erbauten Palazzo Davanzati in Florenz nachempfunden waren, verfügte über fünfundfünfzig Zimmer (darunter einen Ballsaal mit Blattgolddecke und Kristallkronleuchtern der Marke Waterford), zwölf Bäder, sieben offene Kamine, drei Küchen und einen mit Büffelhaut ausgekleideten Fahrstuhl. Das An-

Die Presse behauptete, nur jeder elfte Amerikaner besäße ein Automobil, doch hätte praktisch jeder Osage elf Stück.

wesen umfasste zudem einen Swimmingpool, ein Polo-Feld, einen Golfplatz und fünf Seen mit Inseln. Nach diesem Exzess befragt, zeigte sich Marland ungerührt: »Der Zweck des Geldes bestand für mich darin, zu kaufen und zu bauen. Und das habe ich auch getan. Wenn es das ist, was Sie meinen, dann bin ich schuldig.«[21]

Wenige Jahre später jedoch war er derart pleite, dass er nicht einmal mehr seine Stromrechnung zahlen konnte und seine Villa räumen musste. Nach einem Ausflug in die Politik hatte er versucht, eine weitere ergiebige Quelle zu erschließen, was ihm aber nicht gelungen war. Sein Architekt erinnerte sich: »Als ich ihn das letzte Mal sah, saß er, glaube ich, draußen, nordöstlich der Stadt auf einer Art Nagelkiste. Es regnete, und er trug einen Regenmantel und einen Regenhut, doch er saß nur da und wirkte ein wenig abwesend. Zwei oder drei Männer arbeiteten an seinem transportablen Bohrturm und hofften, auf Öl zu stoßen. Also ging ich einfach wieder weg, mit einem Kloß im Hals und Tränen in den Augen.«[22] Ein anderer berühmter Ölmagnat in Oklahoma brachte in Windeseile fünfzig Millionen Dollar durch und endete mittellos.

Im Gegensatz zu anderen wohlhabenden Amerikanern konnten viele Osage ihr Geld nicht nach Belieben ausgeben, da sie durch das von der Bundesregierung aufgezwungene Finanzvormundschaftssystem eingeschränkt waren. (Ein Vormund behauptete, ein erwachsener Osage sei »wie ein sechs- oder achtjähriges Kind, und wenn er ein neues Spielzeug sieht, will er es kaufen«.[23]) Das Gesetz bestimmte, dass sämtlichen vom Innenministerium als »inkompetent« betrachteten Indianern ein solcher Vormund zuzuweisen sei. In der Praxis basierte diese Entscheidung, die einen Indianer praktisch zum Bürger zweiter Klasse machte, fast immer darauf, welchen Anteil indianischen Blutes der Grundeigentümer besaß, oder auf dessen »rassischer Schwäche«, wie es ein oberster staatlicher Gerichtshof einmal nannte.[24] Einem Vollblutindianer wurde grundsätzlich ein Vormund zugewiesen, einem Mischling indes eher selten. Palmer, ein Waise mit Sioux-Wurzeln, der von einer Osage-Familie adoptiert worden war und eine zentrale Rolle bei der Sicherung der Mineralölrechte des Stammes spielte, forderte die Mitglieder des Kongresses auf: »Lassen Sie nicht die Menge weißen oder indianischen Blutes darüber entscheiden, wie weitgehend Sie die Mitglieder dieses Stammes entmündigen. Es kommt nicht auf die Menge indianischen Blutes an. Von derartigen Dingen haben Sie keine Ahnung, meine Herren.«[25]

Solche Einsprüche wurden freilich ausnahmslos ignoriert. Die Kongressmitglieder versammelten sich in holzgetäfelten Tagungsräumen und verbrachten Stunden damit, die Ausgaben der Osage in allen Einzelheiten zu untersuchen, als hinge die Sicherheit des Landes davon ab. Bei der Anhörung eines Subkomitees im Jahr 1920 durchkämmten die Gesetzeshüter den Bericht eines Regierungsinspektors, der entsandt worden war, um das Ausgabeverhalten des Stammes zu untersuchen, darunter auch das von Mollies Familie. Mit Missbehagen verwies der Inspektor auf »Anlage Q«, eine Rechnung über 319,05 Dollar, die Mollies Mutter Lizzie vor ihrem Tod in einer Metzgerei beglichen hatte.

Der Inspektor war überzeugt, dass der Teufel seine Finger im Spiel gehabt habe, als die Regierung mit dem Stamm den Vertrag über die Ölrechte schloss. Voller Feuer und Schwefel erklärte er: »Ich habe die meisten Städte unseres Landes kennengelernt, in ihnen und um sie herum gearbeitet, und ich bin mit ihren schmutzigen Lastern und Sündenpfuhlen mehr oder weniger vertraut. Doch habe ich die Geschichte von Sodom und Gomorrah, deren Sünden und Laster zu ihrem Niedergang führten, nie ganz begriffen, bis ich diese indianische Nation besuchte.«[26]

Er drängte den Kongress, aktiver einzugreifen. »Jeder weiße Mann in Osage County wird Ihnen erzählen, dass die Indianer inzwischen völlig verrücktspielen«, sagte er und fuhr fort: »Der Tag ist gekommen, an dem wir mit der Restriktion dieser Gelder beginnen oder aus unserem Herzen und Gewissen jede Hoffnung darauf verbannen müssen, den Osage-Indianer zu einem ordentlichen Bürger zu machen.«[27]

Einige Kongressabgeordnete und Zeugen versuchten abzuwenden, dass man die Osage zum Sündenbock machte. Bei einer nachfolgenden Anhörung räumte selbst ein als Vormund eingesetzter Richter ein, dass reiche Indianer ihr Geld nicht anders ausgäben als betuchte Weiße. »An diesen Osage ist viel Menschliches«, betonte er.[28] Auch Hale forderte, die Regierung solle den Osage ihre finanziellen Entscheidungen nicht diktieren.

So, wie die Regierung einst das Rationierungssystem eingeführt hatte, um die Osage für angeeignetes Land zu bezahlen (und wie sich das Evangelium der Aufklärung stets in einen Hammer der Unterdrückung zu verwandeln schien), verabschiedete der Kongress im Jahr 1921 jedoch eine noch drakonischere Gesetzgebung zur Kontrolle der finanziellen Ausgaben der Osage. Die Vormunde überwachten fürderhin nicht nur die Finanzen ihrer Mündel; unter dem neuen Gesetz waren die Osage, denen man einen Vormund zugewiesen hatte, obendrein »eingeschränkt«, was bedeutete, dass er oder sie sich nicht mehr als wenige Tausend Dollar jährlich aus seinem oder ihrem Treuhandfonds auszahlen lassen konnte. Dabei spielte es keine Rolle, ob diese Osage ihr Geld benötigten, um eine Ausbildung oder die Krankenhausrechnung für ein krankes Kind zu bezahlen. »Wir haben viele kleine Kinder«, erklärte der letzte Erb-Häuptling, damals in seinen Achtzigern, in einer offiziellen Pressemitteilung.[29] »Wir wollen sie großziehen und ihnen zu Bildung verhelfen. Wir wollen, dass sie es gut haben, und wollen nicht, dass unser Geld von jemandem zurückbehalten wird, dem wir nichts bedeuten.« Er fuhr fort: »Wir wollen unser Geld jetzt. Wir haben es. Es gehört uns, und wir wollen nicht, dass irgendein autokratischer Mensch es zurückbehält, damit wir es nicht verwenden können … Es ist eine Ungerechtigkeit gegenüber uns allen. Wir wollen nicht behandelt werden wie eine Horde kleiner Kinder. Wir sind [erwachsene] Menschen und in der Lage, auf uns selbst zu achten.« Als Vollblut-Osage war Mollie unter denjenigen, deren Mittel beschränkt wurden. Wenigstens war ihr Vormund der eigene Ehemann, Ernest.

Doch nicht nur die Bundesregierung mischte sich in die Finanzangelegenheiten des Stammes ein. Die Osage sahen sich umgeben von geldgierigen Elementen – »einem Schwarm Bussarde«, wie es ein Stammesmitglied bei einem Ratstreffen beklagte.[30] Korrupte örtliche Beamte versuchten, sich das Vermögen der Osage unter den Nagel zu reißen. Räuber hatten es auf die Bankguthaben abgesehen. Händler verlangten von den Osage »besondere« – also viel zu hohe – Preise. Skrupellose Buchhalter und Anwälte versuchten, sich durch den unglücklich definierten Rechtsstatus der Vollblut-Osage zu bereichern. Eine dreißig Jahre alte Frau aus Oregon schickte sogar einen Brief an den Stamm, in welchem sie erklärte, sie suche einen reichen Osage zum Heiraten: »Teilen Sie mir bitte mit, wer der reichste Indianer ist, von dem Sie wissen, und er wird sehen, dass ich so gut und treu bin, wie ein menschliches Wesen nur sein kann.«[31]

Bei einer Kongressanhörung sagte ein Osage-Häuptling namens Bacon Rind aus, die Weißen hätten »uns hierher in die Einöde gedrängt, in den unwirtlichsten Teil der Vereinigten Staaten, weil sie dachten ›wir werden diese Indianer dorthin treiben, wo es nur einen großen Haufen Steine gibt, und sie in dieser Ecke versauern lassen‹«.[32] Nun, da sich der Haufen Steine als millionenschwer erwiesen habe, sagte er, »will plötzlich jeder hierherkommen und etwas von diesem Geld haben.«

7. Das Ding der Finsternis

In den ersten Februartagen des Jahres 1923 gab es einen starken Kälteeinbruch. Eisige Winde fegten über die Ebenen, heulten durch die Schluchten und rüttelten an den Ästen der Bäume. Die Prärie wurde hart wie Stein, die Vögel verschwanden vom Himmel, und der Große Vater Sonne wirkte fahl und weit entfernt.

Eines Tages waren zwei Männer etwa sechs Kilometer nordwestlich von Fairfax auf der Jagd, als sie am Grund einer felsigen Bodensenke ein Automobil erblickten.[1] Statt sich diesem zu nähern, kehrten die Jäger nach Fairfax zurück und informierten die Behörden. Ein Hilfssheriff und der Marshall der Stadt nahmen die Ermittlungen auf. Im Licht der letzten Sonnenstrahlen gingen sie den steilen Hang zu dem Fahrzeug hinab. Am Blick ins Innere wurden sie durch Vorhänge gehindert, über die viele Autos damals verfügten. Der Wagen selbst, ein Buick, wirkte wie ein schwarzer Sarg. Auf der Fahrerseite war ein schmaler Spalt in den Vorhängen, durch den der Hilfssheriff hineinspähte. Ein Mann saß zusammengesunken hinter dem Lenkrad. »Er ist bestimmt betrunken«, sagte der Hilfssheriff.[2] Als er dann jedoch die Fahrertür öffnete, sah er auf Sitzen und Boden Blut. Der Mann war durch einen Schuss in den Hinterkopf getötet worden. Aufgrund des Schusswinkels und der Tatsache, dass keine Waffe zu finden war, ließ sich ein Selbstmord ausschließen. »Ich sah, dass man ihn ermordet hatte«, erinnerte sich der Hilfssheriff später.[3]

Seit der brutalen Ermordung des Ölmannes McBride waren fast sechs Monate vergangen, ohne dass ein weiterer verdächtiger Todesfall bekannt geworden war. Doch als die beiden Gesetzeshüter den Mann im Wagen sahen, wurde ihnen klar, dass das Töten keinesfalls aufgehört hatte. Die Leiche war durch die Kälte mumifiziert, sodass es für die Gesetzeshüter diesmal kein Problem war, das Opfer zu identifizieren: Es handelte sich um Henry Roan, einen vierzig Jahre alten Osage, einen verheirateten Mann und Vater von zwei Kindern. Einst hatte er sein Haar in zwei langen Zöpfen getragen, doch auf dem Internat hatte man ihn gezwungen, diese abzuschneiden. Auch seinen Namen hatte er von Roan Horse in Henry Roan ändern müssen. Doch selbst ohne seine Zöpfe, zusammengesunken im Wagen, zeichneten sein langes, schönes Gesicht und seine hochgewachsene, schlanke Gestalt das Bild eines Osage-Kriegers.

Die Gesetzeshüter kehrten nach Fairfax zurück, wo sie den Friedensrichter in Kenntnis setzten. Daneben sorgten sie dafür, dass auch William Hale informiert wurde. Der Bürgermeister von Fairfax erinnerte sich: »Roan betrachtete W.K. Hale als seinen besten Freund.«[4] Roan war einer jener Vollblut-Osage, deren finanzieller Spielraum offiziell eingeschränkt war, darum hatte er Hale oft gebeten, ihm etwas Geld vorzuschießen. »Wir waren gute Freunde, und wenn er in Schwierigkeiten war, wandte er sich an mich«, erinnerte sich Hale später und fügte hinzu, dass er seinem Freund so viel Geld geliehen habe, dass Roan ihn als Begünstigten seiner Fünfundzwanzigtausend-Dollar-Lebensversicherung eingesetzt habe.[5]

Einige Wochen vor seinem Tod hatte Roan Hale angerufen und verzweifelt gewirkt. Roan hatte nämlich erfahren, dass seine Frau eine Affäre mit einem Mann namens Roy Bunch hatte. Hale suchte Roan auf und versuchte ihn zu trösten.

Henry Roan

Einige Tage darauf begegneten sich Hale und Roan zufällig auf der Bank im Stadtzentrum von Fairfax. Roan fragte Hale, ob er ihm nicht ein paar Dollar leihen könne; er sei immer noch verdrossen wegen seiner Frau und wolle sich ein Glas schwarzgebrannten Schnaps genehmigen. Hale riet ihm, keinen Whiskey zu kaufen: »Henry, lass das lieber sein. Es schadet dir nur.« Dann warnte er ihn, die Männer der Prohibition würden »ihn früher oder später erwischen«.[6]

»Ich will keinen Whiskey in die Stadt bringen«, sagte Roan. »Ich werde ihn verstecken.« Dann verschwand er, bis man seine Leiche entdeckte.

Abermals begannen die makabren Rituale. Der Hilfssheriff und der Marshall kehrten zu der Bodensenke zurück. Hale begleitete sie. Inzwischen war über den Tatort die Dunkelheit hereingebrochen, also stellten die Männer ihre Fahrzeuge auf dem Hügel nebeneinander und erleuchteten mit den Scheinwerfern die Tiefe darunter – ein »wahres Tal des Todes«, wie sich ein offizieller Gesetzeshüter ausdrückte.[7]

Hale blieb oben auf dem Hügel und sah zu, wie die Untersuchung des Gerichtsmediziners begann. Immer wieder beugten sich die Männer in den Buick, von welchem nur die Silhouette zu erkennen war. Einer der Shouns – das Ärzte-Brüderpaar – mutmaßte, dass der Todeszeitpunkt etwa zehn Tage zurückliege. Die Gesetzeshüter stellten die Lage von Roans Leiche fest (»die Hände über der Brust gefaltet und der Kopf auf dem Sitz«[8]), und dass die Kugel aus dem rechten Auge ausgetreten war und anschließend die Windschutzscheibe zertrümmert hatte. Sie notierten, was er bei sich gehabt hatte: »Zwanzig Dollar in Eindollarscheinen, zwei Silberdollars und … eine goldene Uhr.«[9] Außerdem entdeckten sie in dem gefrorenen Morast die Reifenspuren eines anderen Wagens – vermutlich war dies das Fahrzeug des Mörders.

Die Nachricht von dem Mord ließ sämtliche unterschwelligen Angstgefühle wieder aufleben. Der *Osage Chief*, der in derselben Ausgabe übrigens eine Würdigung Abraham Lincolns als Vorbild für alle Amerikaner brachte, berichtete auf seiner Titelseite: »Henry Roan von Unbekanntem erschossen.«[10]

Die Nachricht erschütterte Mollie. Im Jahr 1902, mehr als zehn Jahre, bevor sie Ernest kennengelernt hatte, waren sie und Roan kurzzeitig verheiratet gewesen. Über diese Beziehung finden sich nur sehr spärliche Informationen. Möglicherweise handelte es sich um eine arrangierte Ehe: Zwei Jugendliche – Mollie war damals erst fünfzehn – wurden zusammengeführt, um eine aussterbende Lebensart zu erhalten. Da die Ehe nach den Bräuchen der Osage geschlossen wurde, war eine rechtlich wirksame Scheidung nicht vonnöten, und sie gingen schlicht getrennter Wege. Trotzdem blieben sie einander durch die Erinnerung an eine flüchtige Vertrautheit verbunden, die offenbar ohne Bitterkeit und vielleicht sogar mit etwas versteckter Zuneigung geendet hatte.

Viele Menschen aus dem County erschienen zu Roans Begräbnis. Die Alten der Osage sangen die traditionellen Lieder für die Toten, nur dass diese nun an die Lebenden gerichtet schienen, die in einer Welt des Mordens ausharren mussten. Erneut war Hale unter den Sargträgern und trug einen Freund zu Grabe. Eines von Hales Lieblingsgedichten erinnerte an Jesu Forderungen aus der Bergpredigt:

> *Des Menschen Urteil fehlt, doch gibt es einen, der »alles wohl tut«. Diesen Grundsatz behalte bei deiner Reise durchs Leben im Auge: »Alles nun, was ihr wollt, dass euch die Leute tun sollen, das tut ihr ihnen auch.«*[11]

Mollie hatte den Behörden stets bereitwillig Hilfe geleistet, doch als die Untersuchung von Roans Tod begann, wurde sie unsicher. Auf ihre eigene Weise war sie ein Produkt typisch amerikanischer Selbstdefinition. Sie ordnete die Einzelheiten ihrer Vergangenheit ebenso sorgfältig, wie sie ihr Haus aufräumte, und hatte ihrem instinktiv eifersüchtigen Ehemann nie etwas von ihrer Osage-Ehe mit Roan erzählt. Ernest hatte in diesen schrecklichen Zeiten stets zu Mollie gehalten. Erst kürzlich hatten sie ein drittes Kind bekommen, ein Mädchen, dem sie den Namen Anna gegeben hatten. Wenn Mollie die Behörden über ihre Verbindung zu Roan in Kenntnis setzte, müsste sie Ernest eingestehen, dass sie ihn all die Jahre getäuscht hatte. Daher beschloss sie, niemandem ein Wort zu sagen, weder ihrem Mann noch den Behörden.[12] Auch Mollie hatte ihre Geheimnisse.

* * *

Nach Roans Tod tauchten im Außenbereich der Osage-Häuser plötzlich überall elektrische Glühbirnen auf. Sie hingen von Dächern und Fensterbänken und über Hintertüren. Gemeinsam erleuchteten sie die Finsternis. Ein Reporter aus Oklahoma stellte fest: »Wenn man Pawhuska in einer beliebigen Richtung verlässt, sieht man nachts die elektrisch beleuchteten Häuser der Osage, was ein ortsunkundiger Fremder möglicherweise für eine Demonstration des Ölreichtums halten könnte. Wie jeder Osage weiß, brennen die Lichter jedoch als Schutz gegen das heimliche Herannahen eines grausigen Schreckgespenstes, einer unsichtbaren Hand, die das Land der Osage mit einem Pesthauch überzogen und die weite Prärie, die andere Indianerstämme neidvoll als halbes Paradies betrachten, in ein Golgatha und ein mit Totenschädeln übersätes Feld verwandelt hat ... Die allgegenwärtige Frage im Land der Osage lautet: ›Wer wird der Nächste sein?‹«[13]

Die Morde hatten ein Klima des Schreckens geschaffen, das an der Gemeinschaft zehrte. Die Menschen verdächtigten ihre Nachbarn, ihre Freunde. Charles Whitehorns Witwe sagte, dieselben Täter, die ihren Mann ermordet hätten, würden alsbald »auch sie beseitigen«.[14] Ein Besucher, der sich damals in Fairfax aufhielt, erinnerte sich später, dass die Menschen eine »lähmende Angst« überkommen habe[15], und ein Journalist berichtete: »Ein dunkler Mantel des Unheils und Grauens ... lag über den ölbespritzten Tälern der Osage Hills.«[16]

Trotz wachsender Risiken ließen sich Mollie und ihre Familie nicht von ihrer Suche nach den Tätern abbringen. Bill Smith vertraute mehreren Menschen an, er sei mit seiner Detektivarbeit »auf einer heißen Spur«.[17] Eines Nachts hielt er sich mit Rita in deren Haus auf, das in einer einsamen Gegend außerhalb von Fairfax lag, als sie dachten, sie hätten gehört, wie sich etwas um das Haus herum bewegte. Dann war es plötzlich still.

Was oder wer auch immer es gewesen sein mochte, war verschwunden. Ein paar Abende später hörten Bill und Rita das Geräusch wieder. Draußen befanden sich Eindringlinge – ja, so musste es sein – und klapperten mit Gegenständen, versuchten ins Haus zu gelangen und verschwanden dann. Zu einem Freund sagte Bill: »Rita hat Angst«. Bill wiederum schien sein unerschütterliches Selbstvertrauen verloren zu haben.[18]

Weniger als einen Monat nach Roans Tod verließen Bill und Rita fluchtartig ihr Zuhause und ließen dabei den Großteil ihrer Habseligkeiten zurück. In der Nähe des Stadtzentrums von Fairfax bezogen sie ein elegantes zweistöckiges Haus mit Veranda und Garage. (Sie kauften das Haus von dem Arzt James Shoun, einem engen Freund von Bill.) Manche Nachbarn hatten Wachhunde, die bei der geringsten Störung bellten; sollten die Eindringlinge wiederkehren, würden diese Tiere bestimmt anschlagen. »Nun, da wir umgezogen sind, lassen sie uns vielleicht in Frieden«, sagte Bill zu einem Freund.[19]

Nicht lange darauf erschien ein Mann an der Haustür der Smiths. Er sagte zu Bill, er habe gehört, dass er etwas Farmland verkaufe. Bill entgegnete, dass er sich irre. Bill bemerkte, dass der Mann etwas Wildes an sich hatte, das Aussehen eines Gesetzlosen. Immer wieder blickte er sich um, als wollte er das Haus ausspähen.

Anfang März begannen die Nachbarshunde zu sterben, einer nach dem anderen; ihre Kadaver fand man zusammengesackt auf Türschwellen oder auf der Straße. Bill war sicher, dass man sie vergiftet hatte. Er und Rita fanden sich nun in der Umklammerung einer angespannten Stille wieder. Einem Freund vertraute er an, dass er nicht erwarte, »sehr lange zu leben[20]«.

Am 9. März, einem windigen Tag, fuhr Bill mit einem Freund zur Ranch des Schwarzbrenners Henry Grammer, die am westlichen Rand des Reservates lag. Bill sagte seinem

Henry Grammer erhielt eine dreijährige Haftstrafe, weil er in Montana einen Mann erschossen hatte.

Freund, er brauche etwas zu trinken. Er wusste jedoch, dass Grammer, den der *Osage Chief* als »berüchtigteste Figur des Bezirks« bezeichnet hatte,[21] einiges zu verbergen hatte und eine unsichtbare Welt kontrollierte. Die Roan-Ermittlungen hatten zumindest eines ergeben: Vor seinem Verschwinden hatte Roan gesagt, er wolle sich auf Grammers Ranch etwas Whiskey holen – am selben Ort, Zufall oder nicht, wo auch Mollies Schwester Anna häufig ihren Schnaps besorgte.

Grammer war ein Rodeo-Star, der schon im Madison Square Garden aufgetreten und zum Weltmeister im Stierfangen gekürt worden war. Außerdem war er angeblich ein Zugräuber, ein Schwarzbrenner im großen Stil, mit Verbindungen zum organisierten Verbrechen in Kansas City sowie ein gefährlicher Schütze. Das durchlässige Rechtssystem konnte seiner offenbar nicht habhaft werden. Im Jahr 1904 schoss er in Montana einen Schafscherer nieder, erhielt jedoch lediglich eine dreijährige Haftstrafe. Bei einem späteren Zwischenfall in Osage

County kam ein Mann, der stark aus einer Schusswunde blutete, in ein Krankenhaus und klagte: »Ich werde sterben, ich werde sterben.«[22] Er brachte noch heraus, dass Grammer der Schütze gewesen sei, dann wurde er ohnmächtig. Als das Opfer jedoch tags darauf erwachte und feststellte, dass er – zumindest in absehbarer Zeit – nicht zu seinem himmlischen Vater auffahren würde, beharrte er darauf, er habe keine Ahnung, wer den Abzug betätigt habe.

Als Grammers Schwarzbrenner-Imperium wuchs, herrschte er über eine Armee von Banditen. Darunter war auch Asa Kirby, ein Räuber mit golden glänzenden Frontzähnen, und John Ramsey, ein Viehdieb, der vermutlich noch der harmloseste von Grammers Spitzbuben war.

Bei Einbruch der Dämmerung trafen Bill und sein Freund auf Grammers Ranch ein. Vor ihnen ragten ein großes Holzhaus und eine Scheune auf, und in den umliegenden Wäldern versteckt befanden sich kupferne Destillen mit einer Kapazität von je etwa eintausendneunhundert Litern. Grammer hatte einen eigenen Stromgenerator installiert, damit seine Handlanger Tag und Nacht arbeiten konnten – das verstohlene Licht des Mondes war somit zur Herstellung von »Moonshine« nicht mehr notwendig.

Als Bill feststellte, dass Grammer nicht anwesend war, bat er einen der Arbeiter um mehrere Krüge Whiskey. Er nahm einen kräftigen Schluck. Grammers kostbare Pferde standen oft auf einer nahe gelegenen Weide. Wie leicht wäre es für den alten Pferdedieb Bill gewesen, eines zu besteigen und damit zu verschwinden. Er trank noch etwas. Dann fuhren er und sein Freund zurück nach Fairfax, vorbei an den Lichterketten, die im Wind zitterten – den Angstlichtern, wie man sie nannte.

Bill setzte seinen Freund ab, und als er nach Hause kam, fuhr er seinen Studebaker in die Garage. Rita befand sich mit

Rita Smith und ihre Dienerin Nettie Brookshire in einer Sommerfrische.

Nettie Brookshire im Haus, einer neunzehnjährigen weißen Hausangestellten, die oft über Nacht blieb.

Bald darauf gingen sie zu Bett. Kurz vor drei Uhr morgens hörte ein in der Nachbarschaft lebender Mann eine Explosion. Die Wucht der Detonation war im ganzen Viertel zu spüren. Bäume und Schilder wurden krumm gebogen, Fenster eingedrückt. In einem Hotel in Fairfax regneten auf einen Nachtwächter, der am Fenster saß, Glassplitter herunter, bis der Mann zu Boden geschleudert wurde. In einem anderen Zimmer des Hotels flog ein Gast rücklings durch den Raum. Näher an der Detonation zerbarsten Haustüren in tausend Stücke; Holzbalken brachen wie Knochen. Ein Zeuge, der damals noch ein Junge gewesen war, schrieb später: »Es schien, als wollte die Nacht nicht aufhören zu erzittern.«[23] Auch Mollie und Ernest spürten die Explosion. »Alles wurde erschüttert«, erinnerte sich Ernest später. »Anfangs dachte ich, es wäre ein Donner.«[24] Erschrocken stand Mollie auf und ging zum Fenster. In der Ferne konnte sie etwas am Himmel brennen sehen, als hätte die Sonne gewaltsam die Nacht durchbrochen. Ernest ging ebenfalls zum Fenster und stand dort neben ihr. Gemeinsam starrten sie auf den grausigen Schein hinaus.

Hastig zog Ernest seine Hosen an und rannte nach draußen. Menschen stolperten aus ihren Häusern, verschlafen und erschrocken. Sie trugen Laternen und schossen mit Gewehren in die Luft, als Warnsignal und Aufruf, sich dem größer werdenden Zug anzuschließen. Zu Fuß und im Auto bewegte sich eine Menschenmenge in Richtung der Explosion. Als sie näher kamen, schrien sie: »Es ist Bill Smiths Haus! Es ist Bill Smiths Haus!«[25] Nur dass dort kein Haus mehr stand. Nichts außer einem Haufen verkohlter Bretter, verbogenen Metalls und zertrümmerter Möbel, die Bill und Rita nur wenige Tage zuvor bei der Big Hill Trading Company gekauft hatten. Von den Telefonleitungen hingen Fetzen von Bettwäsche, und die schwarze, giftige Luft war von pulverisiertem Schutt erfüllt. Ein Zeuge rang nach Worten: »Es sah einfach aus wie … ich weiß nicht.«[26] Offensichtlich hatte jemand eine Bombe unter dem Haus deponiert und sie gezündet.

Die Flammen, die in den Trümmern loderten, verschlangen die letzten Überreste des Hauses und züngelten wie ein Strahlenschein aus Feuer in den Himmel. Freiwillige Feuerwehrleute holten Wasser aus Brunnen und versuchten den Brand zu löschen. Andere Menschen suchten nach Bill, Rita und Nettie. »Los, Männer, da drin ist eine Frau«, schrie ein Rettungshelfer.[27]

Der Friedensrichter hatte sich dem Suchtrupp angeschlossen, ebenso wie Mathis und die Brüder Shoun. Noch bevor man sterbliche Überreste gefunden hatte, war der Leichenbestatter der Big Hill Trading Company schon mit seinem Leichenwagen zur Stelle; auch ein Konkurrenzunternehmen erschien, und die beiden wirkten wie zwei Geier, die ihre Kreise zogen.

Die Suchmannschaft durchstöberte die Ruinen. James Shoun, dem das Haus früher einmal gehört hatte, wusste, wo sich das Hauptschlafzimmer befunden hatte. Er begann, in diesem Bereich zu suchen, als er plötzlich jemanden rufen hörte. Auch andere hörten das Rufen, schwach, aber deutlich: »Hilfe … Hilfe!« Ein Helfer deutete auf einen schwelenden Haufen über der Stimme. Feuerwehrleute besprengten den Bereich mit Wasser, und inmitten des dampfenden Rauchs begannen alle, den Schutt beiseitezuräumen. Während sie fieberhaft arbeiteten, wurde die Stimme immer lauter und erhob sich schließlich über den Lärm der gewuchteten, knarrenden Trümmer. Schließlich nahm ein Gesicht Gestalt an, schwarz und geschunden. Es war Bill Smith. Er krümmte sich neben seinem Bett. Seine Beine waren bis zur Unkenntlichkeit versengt. Dasselbe galt für seinen Rücken und seine Hände. David Shoun erinnerte sich später, dass er in all seinen Jahren als Arzt niemals einen Mann in solchen Qualen gesehen habe: »Er jammerte und litt entsetzlich.«[28] James Shoun versuchte Bill zu trösten, indem er zu ihm sagte: »Ich werde dich nicht leiden lassen.«

Als die Gruppe Männer den Schutt beseiteräumte, sahen sie, dass Rita im Nachthemd neben ihm lag. Ihr Gesicht war nicht betroffen, und sie sah aus, als schliefe sie friedlich, wie in einem Traum. Doch als sie die Frau anhoben, sahen sie, dass ihre hintere Schädeldecke zertrümmert war. Kein Leben war mehr in ihr. Als Bill erkannte, dass sie tot war, stieß er einen qualvollen Schrei aus. »Rita ist tot«, wiederholte er immer wieder. Zu einem anwesenden Freund sagte er: »Wenn du eine Pistole hast …«[29]

Ernest, der einen Bademantel trug, den ihm irgendjemand gegeben hatte, damit er sich bedecken konnte, starrte auf die Szene. Er war unfähig, sich von dem Grauen abzuwenden und murmelte nur immer wieder: »Was für ein Feuer.«[30] Der Bestatter von der Big Hill Trading Company bat um die Erlaubnis, Ritas sterbliche Überreste fortzuschaffen, und Ernest willigte ein. Jemand musste sie einbalsamieren, bevor Mollie sie sah. Was würde sie sagen, wenn sie erfuhr, dass schon wieder eine ihrer Schwestern ermordet worden war? Aufgrund ihrer Diabetes hatte man angenommen, sie würde als Erste sterben. Nun war Mollie die einzige Überlebende.

Nettie war nicht zu finden. Der Friedensrichter schloss, dass die verheiratete junge Frau und Mutter von zwei Kindern »in Stücke gerissen« worden sei.[31] Es gab nicht einmal genügend Überreste, um eine Untersuchung einzuleiten, wenngleich der konkurrierende Bestatter noch genug fand, um eine Gebühr zu erheben. »Ich dachte, ich komme mit dem Leichenwagen noch einmal zurück und hole das angestellte Mädchen, aber er war schneller«, sagte der Bestatter von Big Hill dazu.[32]

Die Ärzte und die anderen hoben Bill Smith auf, der nach Atem rang. Sie schleppten ihn zu einem Krankenwagen und brachten ihn ins Fairfax Hospital, wo ihm David Shoun mehrere Morphiumspritzen gab. Er war der einzige Überlebende, doch bevor man ihn befragen konnte, verlor er das Bewusstsein.

Es hatte eine Weile gedauert, bis die örtlichen Gesetzeshüter im Krankenhaus eintrafen. Der Marshall der Stadt und andere Beamte waren wegen einer Gerichtsverhandlung in Oklahoma City gewesen. »Die Zeit der Tat musste ebenfalls bewusst gewählt worden sein«, bemerkte ein Ermittler später, da sie ausgeführt worden sei, als die Beamten »alle fort waren«.[33] Als sie die Nachricht erhalten hatten und eilig nach Fairfax zurück-

Rita und Bill Smiths Haus vor der Explosion – und danach.

gekehrt waren, ließen die Gesetzeshüter am Vorder- und Hintereingang des Krankenhauses Flutlichter aufstellen, falls die Mörder planten, Bill dort den Rest zu geben. Zusätzlich wurde eine bewaffnete Wache am Krankenhaus postiert.

Im Delirium, im Schwebezustand zwischen Leben und Tod, murmelte Bill bisweilen: »Sie haben Rita erwischt, und jetzt sieht es so aus, als hätten sie auch mich erwischt.«[34] Der Freund, der ihn zu Grammers Ranch begleitet hatte, kam ihn besuchen. »Er stammelte nur vor sich hin«, erinnerte sich der Freund. »Ich konnte nicht verstehen, was er sagte.«[35]

Nach beinahe zwei Tagen erlangte Bill das Bewusstsein wieder. Er fragte nach Rita. Er wollte wissen, wo sie begraben sei. David Shoun sagte, er habe gedacht, dass Bill in Erwartung seines möglichen Todes zu einer Aussage bereit sei – um zu offenbaren, was er über das Bombenattentat und die Mörder wusste. »Ich versuchte es aus ihm herauszubekommen«, sagte der Arzt später gegenüber den Behörden. »Ich sagte: ›Bill, hast du irgendeine Ahnung, wer das getan hat?‹ Ich wollte es unbedingt wissen.«[36] Bill habe jedoch nichts von Belang preisgegeben. Am 14. März, vier Tage nach der Explosion, starb Bill Smith – ein weiteres Opfer dessen, was mittlerweile die »Schreckensherrschaft in Osage County« genannt wurde.

* * *

Eine Zeitung in Fairfax brachte einen Leitartikel, in dem es hieß, das Bombenattentat sei jenseits aller Vorstellungskraft – »jenseits unseres Verständnisses, dass Menschen so tief sinken können«.[37] Das Blatt forderte, das Gesetz solle »alles in seiner Macht Stehende tun, um die Täter ausfindig zu machen und sie der Gerechtigkeit zuzuführen«. Ein Feuerwehrmann vor Ort hatte zu Ernest gesagt, die Verantwortlichen »sollten ins Feuer geworfen und verbrannt werden«.[38]

Im April 1923 entsandte der Gouverneur von Oklahoma seinen obersten staatlichen Ermittler, Herman Fox Davis, ins Osage County. Der Rechtsanwalt und ehemalige Privatdetektiv der Agentur Burns legte größten Wert auf seine äußere Erscheinung. Er rauchte ständig Zigarren, sodass seine Augen durch einen blauen Rauchschleier blickten. Ein Polizeibeamter bezeichnete ihn einmal als Verkörperung eines »Groschenroman-Detektivs«.

Viele Osage glaubten inzwischen, dass die örtlichen Behörden mit den Mördern unter einer Decke steckten und daher nur jemand von außerhalb wie Davis den Filz der Korruption durchdringen und die wachsende Zahl der Fälle lösen könne. Innerhalb weniger Tage jedoch sah man Davis mit einigen der übelsten Kriminellen des Bezirks verkehren. Kurz darauf erwischte ein anderer Ermittler Davis dabei, wie er vom Chef eines örtlichen Glücksspielsyndikats ein Bestechungsgeld annahm, damit dieser im Gegenzug ungestört seinen illegalen Geschäften nachgehen konnte. Bald war offensichtlich, dass der mit den Osage-Mordfällen betraute staatliche Sonderermittler selbst ein Gauner war.

Im Juni 1923 bekannte sich Davis der Vorteilsnahme im Amt für schuldig und erhielt eine zweijährige Haftstrafe, wurde jedoch nur wenige Monate später vom Gouverneur begnadigt. Dann aber beraubte – und ermordete – Davis gemeinsam mit mehreren Mittätern einen prominenten Rechtsanwalt; diesmal bekam er lebenslänglich. Im November wurde gegen den Gouverneur ein Amtsenthebungsverfahren eingeleitet, was schließlich zu dessen Entlassung führte. Begründet wurde dies zum Teil mit einer missbräuchlichen Handhabe des Begnadigungs- und Bewährungssystems (und weil er »auf die ehrbaren Bürger des Staates eine Horde Mörder und Verbrecher losgelassen« habe[39]) sowie mit der Annahme illegaler Zuwendungen seitens des Ölmagnaten E. W. Marland, die er zum Bau eines großzügigen Eigenheims verwendete.

Inmitten dieser ungeheuren Korruption versuchte W. W. Vaughan, ein in Pawhuska lebender, vierundfünfzigjähriger Rechtsanwalt, Anstand zu wahren.[40] Als ehemaliger Strafverfolger, der geschworen hatte, gegen das Verbrechen zu kämpfen, gegen jene »Parasiten derer, die ihren Lebensunterhalt durch rechtschaffene Mittel bestreiten«,[41] hatte er eng mit den Privatdetektiven zusammengearbeitet, die sich um die Aufklärung der Osage-Morde bemühten. An einem Tag im Juni 1923 erhielt Vaughan einen dringenden Telefonanruf. Es war ein Freund von George Bigheart, einem Neffen des legendären Häuptlings James Bigheart. Der sechsundvierzigjährige Bigheart – der in einem Schulaufnahmeformular einmal geschrieben hatte, er wolle »den Bedürftigen helfen, die Hungrigen speisen und die Nackten kleiden«[42] – war mit Verdacht auf Vergiftung in ein Krankenhaus in Oklahoma City eingeliefert worden. Sein Freund sagte, er habe Informationen über die Osage-Morde, wolle jedoch nur mit Vaughan sprechen, dem er vertraue. Als sich Vaughan nach Bighearts Zustand erkundigte, sagte man ihm, er solle sich beeilen.

Vor seiner Abreise erzählte Vaughan seiner Frau, die erst kürzlich ihr zehntes Kind geboren hatte, von einem Versteck, wo er Beweise aufbewahrte, die er über die Mordfälle zusammengetragen hatte. Falls ihm irgendetwas zustoßen sollte, sagte er, solle sie diese unverzüglich den Behörden übergeben. Außerdem werde sie in dem Versteck Geld für sich und die Kinder vorfinden.

Als Vaughan ins Krankenhaus kam, war Bigheart noch bei Bewusstsein. Es waren auch andere Personen im Zimmer, und Bigheart bedeutete ihnen mit einer Geste, dass sie den Raum verlassen sollten. Dann vertraute Bigheart Vaughan offenbar an, was er wusste, und übergab ihm vermutlich auch einige belastende Dokumente. Vaughan blieb noch mehrere Stunden an Bighearts Seite, bis dieser für tot erklärt wurde. Dann rief Vaughan den neuen Sheriff von Osage County an, um ihm mitzuteilen, dass er sämtliche notwendigen Informationen habe und den ersten Zug zurück nehme. Der Sheriff drängte ihn, ob er wisse, wer Bigheart getötet habe. Oh, er wisse weit mehr als das, sagte Vaughan.

Er hängte auf und begab sich zum Bahnhof, wo er beim Einsteigen in einen Nachtzug gesehen wurde. Als der Zug am nächsten Tag in den Bahnhof einfuhr, war er spurlos verschwunden. »Besitzer verschwindet und lässt Kleider in Pullman-Waggon zurück«, berichtete die *Tulsa Daily World*.[43] »Rätsel um Verschwinden von W. W. Vaughan aus Pawhuska.«

Die Boyscouts, die Pfadfinder, deren erster Verband in den Vereinigten Staaten 1909 in Pawhuska gegründet wurde, schlossen sich der Suche nach Vaughan an. Bluthunde wurden auf seine Fährte gesetzt. Nur sechsunddreißig Stunden später entdeckte man Vaughans Leiche neben den Bahngleisen, etwa fünfzig Kilometer außerhalb von Oklahoma City. Man hatte ihn aus dem Zug geworfen; sein Genick war gebrochen, und er war praktisch nackt, genauso wie der Ölmagnat McBride. Die Unterlagen, die Bigheart ihm gegeben hatte, waren unauffindbar, und als Vaughans Witwe zu dem genannten Versteck ging, war dieses leer geräumt.

Ein Strafverfolger fragte den Friedensrichter, ob er glaube, dass Vaughan zu viel gewusst habe. Der Richter entgegnete: »Ja, mein Herr, und obendrein hatte er brisante Papiere bei sich.«[44]

Nach offiziellen Angaben war der Blutzoll der Schreckensherrschaft in Osage County auf mindestens vierundzwanzig Stammesmitglieder angewachsen. Unter den Opfern waren zwei weitere Männer, die versucht hatten, die Ermittlungen zu unterstützen: Einer war ein bekannter Osage-Rancher, der vollgepumpt mit Drogen eine Treppe hinabstürzte; der andere wurde in Oklahoma City erschossen, als er gerade unterwegs war, die staatlichen Behörden über den Fall zu unterrich-

W. W. Vaughan mit seiner Frau und einigen ihrer Kinder.

ten. Die Nachricht von den Morden verbreitete sich. In einem Artikel mit der Überschrift »Der ›schwarze Fluch‹ der Osage« berichtete der landesweit erscheinende *Literary Digest*, dass Stammesangehörige »auf einsamen Weiden erschossen, langsam und qualvoll mit Gift getötet, im Auto sitzend von Stahl durchbohrt und zu Hause im Schlaf in die Luft gesprengt« worden seien.[45] Weiter hieß es: »Derweil setzt sich der Fluch fort. Wo das alles endet, weiß niemand.« Die Menschen mit dem höchsten Pro-Kopf-Einkommen der Welt wurden zu den am häufigsten ermordeten.

Die Presse bezeichnete die Morde später als »eine der finstersten und schmutzigsten Mordgeschichten des Jahrhunderts«[46] und als das »blutigste Kapitel in der amerikanischen Kriminalgeschichte«[47].

Alle Versuche, das Rätsel zu lösen, waren vergeblich gewesen. Angesichts der anonymen Drohungen sah sich der Friedensrichter gezwungen, auf Untersuchungen der letzten Morde zu verzichten. Er war so angsterfüllt, dass er sich in ein Hinterzimmer verzog und die Tür verrammelte, wenn über die Fälle auch nur gesprochen wurde. Der neue Bezirkssheriff versuchte nicht einmal mehr so zu tun, als ermittele er in den Fällen. »Ich wollte nichts damit zu schaffen haben«, gestand er später und fügte kryptisch hinzu: »Es gibt eine Unterströmung, wie eine Quelle am Ende eines Tales. Nun gibt es keine Quelle mehr, sie ist ausgetrocknet, aber sie hat sich ihren Weg bis zum Grund gebahnt.«[48] Zur Lösung der Fälle sagte er: »Das ist eine große Sache, die der Sheriff und ein paar Männer nicht bewältigen können. Dafür braucht es die Regierung.«

Im Jahr 1923, nach dem Attentat auf die Smiths, begann der Stamm der Osage die Bundesregierung zu drängen, Ermittler zu entsenden, die – im Gegensatz zum Sheriff oder zu Davis – nicht in Verbindung mit Bezirks- oder Staatsbehörden standen. Der Stammesrat setzte eine formelle Resolution auf, in der es hieß:

> IN ANBETRACHT DESSEN, dass die Verbrecher in keinem Falle gefasst und der Gerechtigkeit zugeführt wurden, und

> IN ANBETRACHT DESSEN, dass der Stammesrat der Osage es für den Schutz von Leben und Eigentum der Stammesangehörigen für unerlässlich erachtet, dass sofortige Anstrengungen unternommen werden, die Verbrecher zu fassen und zu bestrafen …
> SEI HIERMIT BESCHLOSSEN, dass der ehrenwerte Innenminister gebeten werde, zu Festnahme und Strafverfolgung der Mörder der Stammesangehörigen der Osage die Dienste des Justizministeriums einzufordern.[49]

Später schickte der Rechtsanwalt und Halb-Sioux John Palmer einen Brief an Charles Curtis, einen US-Senator. Halb Kaw, halb Osage, war Curtis damals der ranghöchste anerkannt indianischstämmige Beamte, der je in ein Amt gewählt worden war.[50] Palmer teilte Curtis mit, dass die Lage kritischer sei, als man sich überhaupt vorstellen könne, und dass die »Dämonen« hinter der »schändlichsten Verbrechensserie, die je in diesem Land verübt wurde«, der Gerichtsbarkeit entgingen, sofern nicht Curtis und andere einflussreiche Männer das Justizministerium zum Handeln brächten.[51]

* * *

Während der Stamm noch auf eine Reaktion der Bundesregierung wartete, lebte Mollie in Angst, weil sie wusste, dass sie in der offenkundigen Verschwörung, ihre Familie zu beseitigen, wahrscheinlich das nächste Ziel war. Sie konnte den Abend mehrere Monate vor der Explosion nicht vergessen, an dem sie mit Ernest im Bett gelegen und draußen vor dem Haus ein Geräusch gehört hatte. Jemand hatte ihr Auto aufgebrochen. Als der Eindringling in dem gestohlenen Fahrzeug davonbrauste, hatte Ernest Mollie getröstet und geflüstert: »Bleib ganz still liegen.«[52]

Mollie und ihre Schwestern: Rita (links), Anna (zweite von links) und Minnie (ganz rechts).

Zum Zeitpunkt des Bombenattentats hatte sich Hale in Texas aufgehalten. Nun sah er die verkohlten Trümmer des Hauses, die einer Kriegsruine glichen – »ein grausiges Mahnmal«, wie ein Ermittler sagte.[53] Hale versprach Mollie, dass er das Blut ihrer Familie irgendwie rächen werde. Als Hale erfuhr, dass eine Bande von Gesetzlosen – vielleicht dieselbe Bande, die für die Schreckensherrschaft verantwortlich war – einen Raubüberfall auf einen Ladenbesitzer plante, der in seinem Safe Diamanten aufbewahrte, nahm er die Sache selbst in die Hand. Er warnte den Ladenbesitzer, der sich auf die Lauer legte; und tatsächlich beobachtete er an jenem Abend, wie Einbrecher in sein Haus eindrangen. Einen von ihnen erschoss er mit seiner einläufigen, zwölfkalibrigen Flinte. Als die anderen Gesetzlosen geflohen waren, inspizierten die Behörden den toten Mann und bemerkten seine goldenen Schneidezähne. Es war Asa Kirby, Henry Grammers Komplize.

Eines Tages wurden Hales Weiden in Brand gesetzt. Der Feuerschein war kilometerweit zu sehen, und die verkohlte

Erde war mit Viehkadavern übersät. In Mollies Augen erschien nun selbst der König der Osage Hills verwundbar, also zog sie sich nach Hause zurück und verschloss Türen und Fensterläden. Sie lud keine Gäste mehr ein und ging auch nicht mehr zur Kirche; es war, als hätten die Morde sogar ihren Glauben an Gott erschüttert. Unter den Einwohnern des Bezirks gab es Gerede, sie habe sich verbarrikadiert, damit sie nicht verrückt werde, oder Gerüchte, dass ihr Geist durch die Belastung bereits in Mitleidenschaft gezogen sei. Das Amt für Indianerangelegenheiten erhielt eine Mitteilung von jemandem, der Mollie kannte. Darin hieß es, sie sei »bei schlechter Gesundheit und wird voraussichtlich nicht lange leben«.[54] Von Angst und gesundheitlichen Problemen aufgezehrt, gab sie ihr drittes Kind, Anna, einer Verwandten in Pflege.

Die Zeit kroch voran. Es gibt wenige Aufzeichnungen über Mollies Lebensumstände in jener Zeit – zumindest keine offiziellen. Keine Aufzeichnungen darüber, was sie empfand, als Agenten des Bureau of Investigation – eines geheimen Zweigs des Justizministeriums, der 1935 schließlich in Federal Bureau of Investigation (FBI) umbenannt wurde – endlich in der Stadt eintrafen. Und auch keine Aufzeichnungen darüber, was sie von Ärzten wie den Brüdern Shoun hielt, die ständig kamen und gingen und ihr eine neue, angebliche Wundermedizin spritzten: Insulin. Es war, als hätte sie sich bewusst aus der Geschichte ausgeklinkt, die sie in eine solch tragische Rolle gezwängt hatte.

Ende 1925 schließlich erhielt ein örtlicher Priester eine geheime Nachricht von Mollie. Ihr Leben, so sagte sie, sei in Gefahr. Ein Agent des Amtes für Indianerangelegenheiten erfuhr bald darauf etwas anderes: Mollie war gar nicht an Diabetes gestorben, vielmehr wurde auch sie vergiftet.

ZWEITE CHRONIK

Der Mann der Beweise

* * *

Eine Verschwörung ist das genaue Gegenteil des gewöhnlichen Lebens. Es ist ein Spiel in sich, kalt, sicher, ungestört und auf immer vor uns verborgen. Wir sind die Fehlerhaften, die Unschuldigen, die versuchen, ihrem täglichen Daseinskampf einen Sinn zu verleihen. Verschwörer indes besitzen eine Logik und eine Kühnheit, die für uns unerreichbar sind. Verschwörungen erzählen daher immer dieselbe knappe Geschichte von Männern, die in einer kriminellen Handlung Stimmigkeit erkennen.

Don DeLillo, *Libra*

8. Das Ministerium der lockeren Sitten

An einem Tag im Sommer 1925 erhielt der Sonderermittler Tom White, Leiter der Houstoner Zweigstelle des Bureau of Investigation, eine dringende Anweisung aus dem Hauptquartier in Washington, D.C. Der neue Chef J. Edgar Hoover wünschte ihn umgehend zu sprechen – persönlich. Rasch packte White seine Sachen. Hoover verlangte von seinen Mitarbeitern, dass sie dunkle Anzüge, nüchterne Krawatten und auf Hochglanz polierte schwarze Schuhe trugen. Er wollte, dass seine Agenten einem besonderen amerikanischen Typus entsprachen: kaukasisch, anwaltlich, professionell. Jeden Tag schien er eine neue Direktive zu erlassen – ein neues »Du sollst nicht«. Ein wenig trotzig setzte White seinen großen Cowboyhut auf.

Er sagte seiner Frau und seinen zwei kleinen Jungs Lebewohl und bestieg eine Lokomotive, so wie er es früher immer getan hatte, als er noch Eisenbahndetektiv gewesen war und von Bahnhof zu Bahnhof Verbrecher verfolgt hatte. Nun jagte er lediglich seinem eigenen Schicksal hinterher. Als er in der Hauptstadt des Landes eintraf, bahnte er sich durch den Lärm und die Lichter seinen Weg zum Hauptquartier. Man hatte ihm zwar gesagt, Hoover habe eine »wichtige Mitteilung« für ihn, aber er hatte keine Ahnung, worum es sich dabei handelte.[1]

White war ein Gesetzeshüter alten Stils. Um die Jahrhundertwende hatte er bei den Texas Rangers gedient und einen großen Teil seines Lebens an der südwestlichen Grenze verbracht. Bewaffnet mit einer Winchester und einem Sechsschüsser mit Perlmutt-Griff, hatte er dort zu Pferd flüchtige Verbrecher, Mörder und Räuber verfolgt. Er war etwa einen Meter neunzig groß und besaß die sehnigen Gliedmaßen und die unheimliche Gelassenheit eines Revolverhelden. Selbst wenn er einen steifen Anzug trug – wie ein Haustürvertreter –, schien er einem mystischen Zeitalter entsprungen zu sein. Jahre später schrieb ein Agent des Büros, der mit White zusammengearbeitet hatte, er sei »so gottesfürchtig wie die mächtigen Verteidiger des Alamo« gewesen, und fügte hinzu: »Mit seinem großen wildledernen Stetson war er eine imposante Erscheinung, und auf der Rückseite seines Körpers verlief eine Richtschnur, die sämtliche Bereiche von Kopf bis Fuß berührte. Er hatte einen majestätischen Gang, weich und leise wie eine Katze. Er sprach, wie er aussah und schoss – direkt ins Ziel. Er verlangte unbedingten Gehorsam und ängstigte junge Männer aus dem Osten wie mich zu Tode, die ihn mit einer Mischung aus Bewunderung und Furcht betrachteten. Blickte man jedoch etwas tiefer in seine stahlgrauen Augen, konnte man dort ein freundliches und verständnisvolles Leuchten erkennen.«[2]

White war 1917 zum Bureau of Investigation gekommen. Er hatte sich zur Armee melden wollen, um im Ersten Weltkrieg zu kämpfen, war jedoch aufgrund einer Operation, der er sich kurz zuvor unterzogen hatte, abgelehnt worden. Sonderermittler zu werden, sei seine Art gewesen, seinem Land zu dienen, sagte er. Doch das war nur die halbe Wahrheit. Tatsächlich wusste er, dass die alten Grenz-Gesetzeshüter eine aussterbende Spezies waren. Obwohl er noch keine vierzig Jahre alt war, lief er Gefahr, zu einem Relikt in einem Wildwest-Wanderzirkus zu verkommen: lebendig, aber tot.

Tom White

Präsident Theodore Roosevelt hatte das Büro im Jahr 1908 geschaffen, weil er hoffte, damit eine Lücke bei den Bundespolizeibehörden zu schließen. (Aufgrund einer unterschwelligen Abneigung gegenüber einem nationalen Polizeiapparat hatte Roosevelts Justizminister ohne gesetzgeberische Zustimmung gehandelt, was einen Kongressabgeordneten dazu verleitete, die neue Organisation als »bürokratischen Bastard«[3] zu bezeichnen.)

Als White zum Büro stieß, umfasste es nur wenige Hundert Agenten und betrieb lediglich vereinzelte Zweigstellen. Seine Jurisdiktion über Verbrechen war begrenzt, und die Agenten bearbeiteten ein Wirrwarr verschiedenster Fälle: Sie ermittelten in Kartell- und Finanzvergehen; zwischenstaatlicher Verschiebung gestohlener Automobile; dem Handel mit Verhütungsmitteln, Preisboxerfilmchen und Schmuddelbüchern; Ausbrüchen aus Bundeshaftanstalten und Verbrechen in Indianerreservaten.

Wie andere Agenten auch hatte White die strikte Anweisung, lediglich Fakten zusammenzutragen. »Damals hatten wir noch keine Befugnis zur Festnahme«, erinnerte er sich später.[4] Zudem war es den Agenten nicht gestattet, Schusswaffen zu tragen. White hatte viele Gesetzeshüter an der Grenze sterben sehen, und obgleich er über diese Todesfälle nicht viel sprach, hatten sie doch bewirkt, dass er seinen Beruf beinahe an den Nagel gehängt hätte. Er hatte nicht vor, diese Welt für irgendeine posthume Ehre zu verlassen. Wenn er in einem gefährlichen Auftrag unterwegs war, steckte er sich daher manchmal einen Sechsschüsser in den Gürtel. Zum Teufel mit den Vorschriften!

Sein jüngerer Bruder J. C. »Doc« White war ebenfalls ein ehemaliger Texas Ranger, der sich dem Büro angeschlossen hatte. Er war ein schroffer Kerl, der gerne viel trank, einen Revolver mit knöchernem Griff trug und – sicherheitshalber – noch ein Messer im Stiefelschaft stecken hatte. Er war raubeiniger als Tom – ein Verwandter bezeichnete ihn gar als »ungehobelt«.[5] Die Gebrüder White waren Teil eines kleinen Kontingents von Grenz-Gesetzeshütern, die innerhalb des Büros nur »die Cowboys« genannt wurden.

Tom White hatte keine formelle Polizeiausbildung genossen und hatte Mühe, mit den modernen wissenschaftlichen Methoden zurechtzukommen, etwa dem Entziffern der geheimnisvollen Kringel und Schlingen von Fingerabdrücken. Doch hatte er seit jungen Jahren das Gesetz verteidigt und dabei einiges Geschick als Ermittler erworben – etwa die Fähigkeit, verborgene Muster zu erkennen und aus verstreuten Fakten eine in sich stimmige Geschichte zusammenzusetzen. Trotz seiner Vorsicht hatte er wilde Schießereien erlebt. Im Gegensatz zu seinem Bruder – dessen Berufsweg »von Kugeln durchsiebt« sei, wie ein Kollege sagte[6] – hatte Tom die fast perverse Angewohnheit, *nicht* zu schießen, und war stolz darauf, noch niemanden unter die Erde gebracht zu haben. Es war, als fürchtete er sich vor seinen eigenen dunklen Instinkten. Er spürte, dass sich zwischen einem guten und einem schlechten Menschen nur eine dünne Linie befand.

Tom White hatte viele seiner Kollegen im Büro diese Linie übertreten sehen. Während der Harding-Administration Anfang der 20er-Jahre war das Justizministerium voll mit politischen Kumpanen und skrupellosen Beamten, darunter befand sich auch der Leiter des Büros, der berüchtigte Privatdetektiv William Burns.[7] Nach seiner Ernennung zum Direktor im Jahr 1921 hatte Burns Gesetze gebeugt und zwielichtige Agenten eingestellt, darunter einen Bauernfänger, der an Mitglieder der Unterwelt Schutz und Straferlass verhökerte. Bald nannte man das Justizministerium »Ministerium der lockeren Sitten«.

Im Jahr 1924 brachten Ermittlungen ans Licht, wie verkommen das Rechtssystem in den Vereinigten Staaten war. Zuvor hatte ein Kongressmitglied aufgedeckt, dass der Ölbaron Harry Sinclair den Innenminister bestochen hatte, um auf dem staatlichen Erdölfeld Teapot Dome bohren zu können (dessen Name seitdem mit dem Skandal assoziiert wird). Als der Kongress begann, das Justizministerium genauer unter die Lupe zu nehmen, setzten Burns und der Justizminister ihre ganze Macht und sämtliche Instrumente der Strafverfolgung ein, um die Untersuchung zu vereiteln und die Justiz zu behindern. Mitglieder des Kongresses wurden beschattet. In ihre Büros wurde eingebrochen, ihre Telefone hat man angezapft. Ein Senator beklagte die zahlreichen »illegalen Ränke, Gegenanschläge, Spionagemaßnahmen, Täuschungs- und Abhörmanöver«, die nicht dazu dienten, »Verbrechen aufzudecken und zu verfolgen, sondern … um Profiteure, bestechliche Beamte und Günstlinge zu schützen«.[8]

Im Sommer 1924 hatte Hardings Nachfolger, Calvin Coolidge, Burns entlassen und einen neuen Justizminister ernannt: Harlan Fiske Stone. Angesichts des Wachstums des Landes und der Fülle an Bundesgesetzen schloss Stone, dass eine nationale Polizeitruppe unumgänglich sei. Doch um dieser Notwendigkeit nachzukommen, musste das Büro von oben bis unten neu strukturiert werden.

Zur Überraschung vieler Kritiker des Ministeriums setzte Stone den erst neunundzwanzigjährigen J. Edgar Hoover, den stellvertretenden Direktor des Büros, als kommissarischen Direktor ein, solange er nach einem dauerhaften Ersatzmann suchte. Zwar hatte Hoover sich an der Teapot Dome-Affäre nicht die Finger schmutzig machen wollen, doch hatte er die skrupellose Geheimdienstabteilung des Büros geleitet, die Einzelpersonen allein aufgrund ihrer politischen Ansichten ausgespäht hatte. Außerdem war Hoover selbst nie Detektiv gewesen, hatte sich an keiner Schießerei beteiligt und keine Verhaftungen vorgenommen. Sein Großvater und sein Vater, beide verstorben, hatten für die Bundesregierung gearbeitet, und Hoover, der noch bei seiner Mutter wohnte, war ein Geschöpf der Bürokratie – ihres Klatschs, ihres Fachjargons, ihrer unausgesprochenen Regeln und ihrer ebenso blutleeren wie brutalen Territorialkriege.

Hoover, der die Leitungsposition dazu nutzen wollte, sein eigenes bürokratisches Reich zu errichten, verschwieg Stone das Ausmaß seiner Beteiligung an häuslichen Überwachungsoperationen und versprach, die Geheimdienstabteilung aufzulösen. Mit großem Eifer setzte er die von Stone geforderten Reformen um, was auch seinem eigenen Wunsch entsprach, ein modernes Machtinstrument aus dem Büro zu machen. In einem Memo teilte Hoover Stone mit, er habe begonnen, die Personalakten durchzusehen und inkompetente oder unlautere

Agenten ausfindig zu machen, die man feuern solle. Des Weiteren ließ Hoover Stone wissen, dass er – dessen Wünschen entsprechend – die Einstellungsvoraussetzungen für neue Agenten verschärft habe und nun eine gewisse rechtliche Ausbildung oder buchhalterische Kenntnisse fordere. »Die Angestellten des Büros unternehmen jede Anstrengung, die Moral zu stärken und Ihre Politik buchstabengetreu umzusetzen«, schrieb Hoover.[9]

Im Dezember 1924 gab Stone Hoover den Job, nach dem er sich gesehnt hatte. Hoover sollte das Büro rasch zu einem gewaltigen Machtapparat umgestalten – einem Machtapparat, den er im Laufe seiner fast fünf Jahrzehnte währenden Amtszeit als Direktor nicht nur im Kampf gegen das Verbrechen, sondern mehrfach auch zu ungeheurem Machtmissbrauch einsetzte.

* * *

Hoover hatte White bereits mit Ermittlungen in einem der ersten Korruptionsfälle im Zusammenhang mit dem Teapot-Skandal betraut. White nahm eine Stelle als Direktor der Bundeshaftanstalt in Atlanta an, wo er eine verdeckte Operation leitete, um Beamte zu überführen, die Häftlingen gegen Schmiergeld zu besseren Haftbedingungen und vorzeitigen Entlassungen verhalfen. Im Laufe der Ermittlungen ertappte White eines Tages einige Wärter dabei, wie sie zwei Gefangene verprügelten. White drohte, die Wärter zu entlassen, sollten sie jemals wieder einen Insassen misshandeln. Daraufhin bat einer der Gefangenen, White vertraulich sprechen zu dürfen. Wie um seine Dankbarkeit auszudrücken, zeigte der Gefangene White eine Bibel, dann rieb er eine Mischung aus Jod und Wasser vorsichtig auf deren leeres Deckblatt. Wie durch Zauberhand erschienen dort Worte. Geschrieben mit unsichtbarer Tinte, verrieten sie den Aufenthaltsort eines Bankräubers, der vor Whites Amtsantritt entflohen war. Die geheime Botschaft führte zur Ergreifung dieses Bankräubers. Auch andere Gefangene begannen nun, Informationen preiszugeben, was es White gestattete, ein System »käuflicher Günstlingswirtschaft und Millionärs-Immunität« aufzudecken.[10] Er sammelte genügend Beweismaterial, um eine Verurteilung des ehemaligen Direktors herbeizuführen, der dann als Gefangener Nr. 24207 in derselben Strafanstalt inhaftiert wurde. Ein Vertreter des Büros, der das Gefängnis besuchte, schrieb in einem Bericht: »Mir fiel sofort auf, wie die Insassen über Tom Whites Vorgehen und Verhalten dachten. Offenbar herrscht ein allgemeines Gefühl der Befriedigung und Zuversicht, ein Gefühl, dass sie nun fair behandelt werden.«[11] Nach der Untersuchung schickte Hoover White ein Anerkennungsschreiben, in dem es hieß: »Sie haben nicht nur sich selbst, sondern dem Dienst, der uns allen am Herzen liegt, zu Ehre und Ansehen verholfen.«[12]

Nun traf White im Hauptquartier ein, das sich damals auf zwei gemieteten Stockwerken eines Gebäudes an der Ecke K Street und Vermont Avenue befand. Hoover hatte viele der ehemaligen Grenz-Gesetzeshüter aus dem Büro entfernt, und auf seinem Weg zu Hoovers Büro konnte White die neue Sorte Agenten sehen – die College-Boys, die schneller tippten, als sie schossen. Veteranen verspotteten sie als »Pfadfinder« mit »studierten Plattfüßen«, womit sie nicht ganz falschlagen. Ein Agent räumte später ein: »Wir waren ein Haufen Grünschnäbel, die keine Ahnung hatten, was wir eigentlich taten.«[13]

Man führte White in Hoovers blitzblankes Büro, in welchem ein imposanter hölzerner Schreibtisch stand. An der Wand hing eine Karte, auf der die Standorte der Außendienststellen verzeichnet waren. Und dort, vor White, stand der Chef höchstpersönlich. Hoover war damals auffällig schlank und

Hoover im Bureau of Investigation, Dezember 1924.

wirkte jungenhaft. Auf einem Foto, das sieben Monate vorher entstanden war, trägt er einen schicken schwarzen Anzug. Er hat dichtes, welliges Haar, ein markantes Kinn und presst die Lippen zusammen. Seine braunen Augen zeigen einen wachsamen Blick, als wäre er derjenige, der durch die Kamera sieht.

White und sein Cowboyhut überragten den schmächtigen Hoover, der hinsichtlich seiner Statur so empfindlich war, dass er selten größere Agenten ins Hauptquartier beförderte und später ein erhöhtes Podest hinter seinem Schreibtisch installieren ließ, auf dem er stehen konnte. Sollte Hoover durch den Furcht einflößenden Anblick des Texaners eingeschüchtert gewesen sein, so ließ er sich dies jedenfalls nicht anmerken: Er sagte White, er müsse eine Angelegenheit von äußerster Dringlichkeit mit ihm besprechen. Es habe mit den Morden an den Osage zu tun. White wusste bereits, dass der sensationelle Fall eine der ersten großen Mordermittlungen des Büros war, kannte jedoch keine Details. Daher hörte er still zu, während Hoover seine sprachlichen Staccato-Salven abfeuerte – eine Strategie, die er sich in seiner Jugend zugelegt hatte, um ein schweres Stottern zu überwinden.

Im Frühling des Jahres 1923, nachdem der Stammesrat der Osage seine Resolution mit der Bitte, das Justizministerium anzurufen, eingereicht hatte, stellte der damalige Direktor des Büros, Burns, einen Agenten ab, um die inzwischen mindestens vierundzwanzig Morde an Osage-Indianern zu untersuchen. Der Agent verbrachte ein paar Wochen in Osage County, dann befand er, dass »alle weiteren Ermittlungen nutzlos« seien.[14] In der Folge wurden noch andere Agenten entsandt, doch auch ihre Ermittlungen blieben fruchtlos. Man hatte die Osage gezwungen, einen Teil der Bundesermittlung aus eigener Tasche zu finanzieren. Die Summe erreichte schließlich eine Höhe von zwanzigtausend Dollar, was einer heutigen Kaufkraft von fast dreihunderttausend Dollar entspricht. Trotz dieser Aufwendungen hatte Hoover nach seinem Amtsantritt als Chef des Büros beschlossen, den Fall an die staatlichen Behörden zurückzuspielen, um der Verantwortung für ein Scheitern aus dem Weg zu gehen. Der FBI-Agent, der die Zweigstelle in Oklahoma leitete, hatte Hoover versichert, dass sich diese Übergabe ohne »negative Kommentare« in der Presse bewerkstelligen lasse.[15] Das war jedoch zu einem Zeitpunkt, bevor das Büro Blut an den Händen hatte. Ein paar Monate zuvor hatten Agenten den Gouverneur von Oklahoma dazu überredet, den Gesetzlosen Blackie Thompson freizulassen, der wegen Bankraubes festgenommen und inhaftiert worden war, damit er als Geheimagent für das Büro arbeiten und Beweise in den Osage-Mordfällen sammeln könnte. In ihren Berichten vermerkten die Agenten, dass ihr »Undercover-Mann« seine Arbeit unter »den Gaunern der Ölfelder« begonnen habe und nun »die Beweise besorgt, die er uns versprochen hat«.[16] Die Agenten verkündeten: »Wir erwarten ausgezeichnete Ergebnisse.«[17]

Sie sollten Blackie zwar unter ständiger Beobachtung behalten, doch verloren sie ihn in den Osage Hills aus den Augen. Kurz darauf raubte er erneut eine Bank aus und tötete einen Polizeibeamten. Die Behörden brauchten Monate, um ihn wieder zu fassen, und »etliche Beamte mussten hohe Risiken eingehen, um diesen Fehler zu korrigieren«, wie Hoover bemerkte.[18] Bislang war es Hoover gelungen, die Rolle des Büros aus der Presseberichterstattung herauszuhalten. Hinter den Kulissen jedoch gab es wachsenden politischen Unmut. Der Attorney General des Bundesstaates hatte Hoover ein Telegramm geschickt, in dem er andeutete, dass er das Büro »für das Versagen [bei den Ermittlungen] für verantwortlich« halte.[19] John Palmer, der bekannte Rechtsbeistand des Stammes, schickte ein wütendes Telegramm an Charles Curtis, Senator in Kansas. Darin unterstellte er, dass die Ermittlungen des Büros durch Korruption untergraben worden seien: »Ich schließe mich der allgemeinen Annahme an, dass die Mörder sowohl skrupellos genug als auch politisch wie finanziell in der Lage sind, ehrliche und fähige Beamte entfernen oder versetzen zu lassen und daneben unehrliche Beamte ruhigzustellen, deren Pflicht es war und ist, die Verantwortlichen für diese schrecklichen Verbrechen zu verfolgen.«[20] Comstock, der Rechtsanwalt aus Oklahoma, der als Vormund für mehrere Osage fungiert hatte, hatte Senator Curtis persönlich über die katastrophale Stümperei in Kenntnis gesetzt, die im Büro herrschte.

Als Hoover White empfing, waren seine Machtbefugnisse noch recht bescheiden, und er sah sich plötzlich mit der einen Sache konfrontiert, die zu vermeiden er seit seinem Amtsantritt alles unternommen hatte: einem Skandal. Die Situation in Oklahoma, so glaubte Hoover, war »schwierig und delikat«.[21] So kurz nach dem Teapot Dome konnte selbst die Ahnung eines Fehlverhaltens seiner Karriere ein Ende setzen. Nur Wochen zuvor hatte er an White und andere Sonderermittler ein »vertrauliches« Memo geschickt, in dem er betonte, dass sich »dieses Büro einen öffentlichen Skandal nicht leisten« könne.[22]

Als White Hoover zuhörte, wurde offenbar, warum man ihn herbeordert hatte. Hoover brauchte White – einen seiner wenigen erfahrenen Agenten, einen der Cowboys –, um den Fall der Osage-Morde zu lösen und ihm damit seinen Job zu retten. »Ich möchte, dass Sie die Ermittlungen leiten«, sagte Hoover.[23]

Er wies White an, nach Oklahoma City aufzubrechen und die Leitung der dortigen Zweigstelle zu übernehmen. Später betonte er, dass diese Zweigstelle aufgrund der in der Region herrschenden Gesetzlosigkeit »vermutlich mehr Arbeit bereitet als jede andere Zweigstelle im Land und deshalb unter der Leitung eines durch und durch kompetenten und erfahrenen Ermittlers stehen muss, der mit Menschen umgehen kann«.[24] White wusste, dass ein Umzug nach Oklahoma eine schwere Belastung für seine Familie bedeuten würde. Er begriff jedoch die Dringlichkeit seiner Mission, also antwortete er Hoover: »Ich bin menschlich genug und ehrgeizig genug, um das zu wollen.«[25]

White hatte keinerlei Zweifel daran, was passieren würde, wenn er erfolglos bliebe: Agenten, die zuvor mit dem Fall zu tun gehabt hatten, waren auf entlegene Außenposten verbannt oder ganz aus dem Büro entfernt worden. Hoover hatte gesagt: »Für … ein Versagen kann es keine Entschuldigung geben.«[26] White war sich darüber hinaus bewusst, dass mehrere von denjenigen, die versucht hatten, die Mörder zu fangen, selbst getötet worden waren. Von dem Augenblick an, als er Hoovers Büro verließ, war er ein gezeichneter Mann.

9. Die Undercover-Cowboys

Nachdem White im Juli 1925 die Leitung der Zweigstelle in Oklahoma City übernommen hatte, ging er das umfassende Aktenmaterial über die Osage-Morde nochmals durch, welches das Büro in den vergangenen zwei Jahren angehäuft hatte. Mordfälle, die nicht rasch gelöst werden, werden häufig nie gelöst. Beweisquellen versiegen, Erinnerungen verblassen. Seit den Morden an Anna Brown und Charles Whitehorn waren inzwischen über vier Jahre vergangen. In der Regel gibt es nur eine einzige Chance, solche Fälle doch noch zu knacken – wenn sich in den ursprünglichen Aufzeichnungen ein bislang übersehener Hinweis findet.

Die Akten über die Osage-Morde enthielten Geschichte in Rohform, ein wildes Durcheinander aufgesaugter Informationen ohne jede Chronologie oder einen Erzählstrang, also wirkte dies wie ein Roman, dessen Seiten in Unordnung geraten waren. In diesem Durcheinander suchte White nach einem verborgenen Muster. Obwohl er im Grenzland mit gewaltsamen Todesfällen zu tun gehabt hatte, war die in den Berichten geschilderte Brutalität atemberaubend. Ein Agent schrieb etwa: »Die beiden Frauen waren auf der Stelle tot. Ihre Körper wurden zerfetzt. Später fand man hundert Meter entfernt an einer Hauswand Stücke ihres Fleischs kleben.«[1] Zuvor hatten sich die Agenten auf die sechs Fälle konzentriert, deren Lösung am wahrscheinlichsten schien: die Bombenmorde an

Rita Smith, ihrem Ehemann Bill Smith und ihrer Hausangestellten Nettie Brookshire sowie die tödlichen Schüsse auf Anna Brown, Henry Roan und Charles Whitehorn. White hingegen versuchte, Verbindungen zwischen sämtlichen zwei Dutzend Morden zu finden, doch nur weniges war offensichtlich: Die Opfer waren reiche Osage-Indianer, von denen drei – Anna Brown, Rita Smith und ihre Mutter Lizzie – blutsverwandt waren. Überraschenderweise hatten die Agenten nicht mit Lizzies überlebender Tochter Mollie Burkhart gesprochen. Ermittler waren darin geschult, die Welt mit den Augen anderer zu sehen. Doch wie sollte White ermessen, was diese Frau gesehen hatte – von ihrer Geburt in einer Hütte auf der wilden Prärie über ein plötzliches Leben in Reichtum bis hin zu dem Schrecken, als ihre Familie und andere Osage einer nach dem anderen umgebracht wurden? Die Akten boten kaum Erkenntnisse über Mollies Leben, außer dass sie an Diabetes litt und sich in ihr Haus zurückgezogen hatte.

Einige Details in den Akten schienen jedoch vielversprechend. Wiederholungstäter neigen in der Regel dazu, ein bestimmtes Muster beizubehalten, doch die Morde an den Osage wurden mit einer verwirrenden Vielzahl unterschiedlicher Methoden ausgeführt. Es gab keine eindeutige Handschrift. Dies, zusammen mit der Tatsache, dass die Leichen in verschiedenen Teilen von Staat und Bezirk auftauchten, legte nahe, dass es sich nicht um die Taten eines Serienmörders handelte. Stattdessen musste es einen mittelbaren Täter hinter den Morden geben, der sich zur Ausführung seiner Taten mehrerer Handlanger bedient hatte. Das Wesen der Morde gab auch einen gewissen Aufschluss über den Drahtzieher: Es handelte sich gewiss nicht um einen impulsiven Mörder, sondern um einen geschickten Ränkeschmied, der zumindest so intelligent war, dass er sich mit toxischen Substanzen auskannte, und zugleich so berechnend, dass er seinen teuflischen Plan über einen Zeitraum von mehreren Jahren verfolgte.

Als White die Berichte studierte, ergaben sich daraus alle möglichen, in sich plausiblen Geschichten. Bei genauerer Untersuchung führten die Informationen jedoch ausnahmslos zu denselben zweifelhaften Quellen: Privatdetektive und örtliche Gesetzeshüter, deren Meinungen auf kaum mehr gründeten denn auf Hörensagen. In Anbetracht dessen, dass sämtliche Institutionen in Osage County von Korruption unterwandert schienen, war es gut möglich, dass diese Quellen absichtlich Falschinformationen streuten, um das wahre Komplott zu verschleiern. White erkannte, dass das größte Problem im Hinblick auf die bisherigen Ermittlungen nicht darin bestanden hatte, dass es den Agenten nicht gelungen wäre, Spuren zu entdecken, sondern vielmehr, dass es *zu viele* Spuren gab. Die Agenten gingen einer Fährte nach, dann gaben sie entweder schlicht auf, konnten einen Verdacht nicht erhärten oder nicht endgültig ausschließen. Selbst wenn sich die Agenten offenbar auf der richtigen Spur befunden hatten, war es ihnen nicht gelungen, Beweise zu sammeln, die vor Gericht zugelassen gewesen wären.

Da White ein moderner Ermittler sein wollte, hatte er viele neue Techniken zu erlernen, doch die nützlichste von allen war zeitlos: die nüchterne, methodische Trennung von Hörensagen und beweisbaren Fakten. Er wollte keinen Mann hängen, bloß weil sich eine scheinbar stimmige Geschichte konstruieren ließ. Nach Jahren dahindümpelnder, möglicherweise beeinflusster Ermittlungen in den Osage-Mordfällen musste White die Halbwahrheiten aussondern und unzweifelhafte Narrative erstellen, die sich auf eine, wie er es nannte, »lückenlose Beweiskette« stützten.[2]

* * *

White zog es vor, allein zu ermitteln. Angesichts der schieren Zahl von Morden und zu verfolgenden Spuren wurde ihm jedoch klar, dass er ein Team zusammenstellen musste. Doch selbst ein Team könnte eines der wesentlichen Hindernisse nicht überwinden, das die bisherigen Ermittlungen in eine Sackgasse geführt hatte: die Weigerung von Zeugen zu kooperieren – sei es aufgrund von Vorurteilen, Korruption oder einer »fast durchweg bestehenden Angst, ›ausradiert‹ zu werden«, wie sich ein Agent ausdrückte.[3] Also beschloss White, selbst das öffentliche Gesicht der Ermittlungen zu sein, während die meisten Agenten verdeckt ermittelten.

Hoover versprach ihm: »Ich werde Ihnen so viele Männer zuteilen, wie Sie brauchen.«[4] Da sich Hoover der Grenzen seiner College-Jungs bewusst war, hatte er eine Handvoll weiterer Cowboys in seinem Mitarbeiterstamm behalten, darunter Whites Bruder Doc. Diese Agenten mussten die wissenschaftliche Vorgehensweise erst noch erlernen und sich daran gewöhnen, ihre Berichte mit der Schreibmaschine zu verfassen.[5] Doch White beschloss, dass diese Männer die Einzigen waren, die für einen derartigen Auftrag infrage kamen: Es war der Einsatz in einem wilden Landstrich, bei dem sie mit Gesetzlosen zu tun hatten, Verdächtige beschatten und tagelang ohne Schlaf auskommen mussten; auch unter Druck durften sie ihre Tarnung nicht aufgeben und, wenn nötig, mussten sie mit der Schusswaffe umgehen können. White machte sich daran, einen Trupp Cowboys zusammenzustellen, wobei er seinen Bruder Doc jedoch ausließ: Seit dem Dienst bei den Rangers hatten er und sein Bruder es stets vermieden, am selben Fall zu arbeiten. So wurde die Familie davor bewahrt, möglicherweise zwei ihrer Mitglieder auf einmal zu verlieren.

Als Ersten rekrutierte White einen ehemaligen Sheriff aus New Mexico, der mit seinen fünfundsechzig Jahren das älteste

Zu Whites Team gehörte ein ehemaliger Texas Ranger, der sich angeblich in Gefahrensituationen am besten bewährte.

Mitglied seines Teams wurde.[6] Obwohl dieser sehr zurückhaltend, ja fast schüchtern wirkte, war er doch besonders geschickt darin, zur Tarnung fremde Identitäten anzunehmen. Vom Viehtreiber bis zum Geldfälscher war er bereits in alle möglichen Rollen geschlüpft. Anschließend stellte White einen stämmigen blonden und geschwätzigen ehemaligen Texas Ranger ein,[7] der sich einem Vorgesetzten zufolge am besten in Situationen bewährte, »in denen es ein Gefahrenmoment gibt«.[8] Zusätzlich warb White einen erfahrenen Geheimagenten an, der eher wie ein Versicherungskaufmann aussah – vielleicht, weil er das früher einmal gewesen war.[9]

White befand, dass ein Agent aus der bisherigen Ermittlungsarbeit behalten werden sollte: John Burger. Er besaß umfassende Kenntnisse über den Fall – von den Verdächtigen bis hin zu den Spuren, die handfeste Beweise versprachen – und hatte ein ausgedehntes Informanten-Netzwerk geknüpft, zu dem auch viele Gesetzlose gehörten. Da Burger in Osage County bereits gut bekannt war, würde er offen mit White zusammenarbeiten. Gleiches galt für einen weiteren Agenten, den Texaner Frank Smith, der als Interessen folgende angab: »Schießübungen mit Pistole und Gewehr – Großwildjagd – Sportfischen – Bergsteigen – Abenteuer – Menschenjagd.«[10] In Hoovers Büro wurde Smith als »ungeschulter Agent des älteren Typs« geführt.[11]

Schließlich holte White noch den exzentrischen John Wren hinzu. Der einstige Spion für die Revolutionsführer in Mexiko stellte innerhalb des Büros eine Seltenheit dar: Er war Indianer (möglicherweise der einzige). Wren war zum Teil Yuta (ein Stamm, der im Gebiet des heutigen Colorado und Utah weit verbreitet war), hatte schwarze Augen und trug einen gezwirbelten Schnauzbart. Er war ein begabter Ermittler, hatte das Büro jedoch unlängst verlassen müssen, weil er Berichte nicht eingereicht und Regeln missachtet hatte. Ein leitender Sonderagent hatte sich verärgert über ihn geäußert: »Er ist in seiner Ermittlungsarbeit ausgesprochen geschickt und in vielerlei Hinsicht ein ausgezeichneter Mitarbeiter. Doch was nützen die vielen Nächte und Tage harter Pflichterfüllung, wenn die Ergebnisse nicht in schriftlichen Berichten festgehalten werden? Er hat sämtliche Informationen im Kopf, bringt sie aber einfach nicht zu Papier.«[12]

Im März 1925 hatte Hoover Wren wiedereingestellt, ihn jedoch zuvor gewarnt: »Sollten Sie den mittlerweile in diesem Büro geltenden Anforderungen nicht nachkommen, werde ich mich gezwungen sehen, Ihre Entlassung zu fordern.«[13] White wusste, dass Wren die Ermittlungsarbeit des Teams um eine wichtige Perspektive bereichern konnte. Manche der bisher mit dem Fall betrauten Agenten, darunter auch Burger, hatten den Osage gegenüber jene Art sorgloser Vorurteile gepflegt, die damals an der Tagesordnung waren. In einem gemeinsamen Bericht hatten Burger und ein weiterer Agent festgestellt: »Die Indianer sind allgemein faul, pathetisch, feige und zügellos.«[14] Burgers Kollege bestand obendrein darauf, der einzige Weg, »einen dieser verlotterten, sturen Osage zum Reden zu bringen, damit er sagt, was er weiß, ist es, ihnen das Taschengeld zu streichen … oder, falls nötig, sie ins Gefängnis zu werfen«.[15]

Eine solche Verachtung hatte das Misstrauen der Osage gegenüber den Bundesagenten verstärkt und die Ermittlungen behindert. Doch Wren, der sich selbst als einen von Hoovers »Tapferen« bezeichnete, hatte bereits viele heikle Fälle in Reservaten bearbeitet.

White ließ Hoover wissen, welche Männer er haben wollte. Diejenigen, die nicht bereits für die Zweigstelle in Oklahoma arbeiteten, erhielten aus dem Hauptquartier dringende, kodierte Befehle: »Melden Sie sich verdeckt und unverzüglich bei dem leitenden Agenten Tom White.«[16] Als das Team einmal beisammen war, schnappte White sein Gewehr und machte sich auf den Weg nach Osage County – noch so ein Reisender im Nebel.

10. Das Unmögliche ausschließen

Einer nach dem anderen tauchten die Fremden in Osage County auf.[1] Der ehemalige Sheriff erschien in der Tarnung eines stillen, älteren Rinderzüchters aus Texas. Dann folgte der redselige ehemalige Texas Ranger, der sich ebenfalls als Rancher ausgab. Bald darauf eröffnete der einstige Versicherungsmakler ein Geschäft in der Innenstadt von Fairfax und bot gutgläubigen Kunden Policen an. Schließlich traf Agent Wren als indianischer Medizinmann ein, der behauptete, er suche nach seinen Verwandten.[2]

White hatte seine Männer angewiesen, ihre Tarnungen schlicht zu halten, damit sie sich nicht verrieten. Die beiden Mitarbeiter, die als Viehzüchter auftraten, freundeten sich bald mit William Hale an, der sie für solche texanischen Cowboys hielt, wie er selbst einer war, und sie mit vielen Mitgliedern der städtischen Oberschicht bekannt machte. Unter dem Vorwand, ihnen Policen andrehen zu wollen, klopfte der Versicherungsmakler bei zahlreichen Verdächtigen zu Hause an. Agent Wren schuf sich seine eigenen Zugänge, indem er Stammesversammlungen besuchte und Informationen von Osage sammelte, die mit einem weißen Gesetzeshüter nicht gesprochen hätten. »Wren hatte unter den Indianern gelebt… sodass man ihm seine Tarnung auf bemerkenswerte Weise abnahm«, schrieb White an Hoover und fügte hinzu, seine verdeckten Ermittler schienen in der Lage zu sein, »der Härte des Lebens standzuhalten«.[3]

Für White war es schwer herauszufinden, wo er mit seiner Untersuchung ansetzen sollte. Die Aufzeichnungen aus der gerichtsmedizinischen Untersuchung des Todes von Anna Brown waren auf geheimnisvolle Weise verschwunden. »Mein Schreibtisch wurde aufgebrochen, und die Zeugenaussagen wurden entwendet«, sagte der Friedensrichter in Fairfax.[4]

Von den zahlreichen Tatorten waren praktisch keine Beweise erhalten, im Fall von Anna hatte der Bestatter jedoch heimlich ein Objekt aufbewahrt: ihren Schädel. Die etwa melonengroße, hohle Kammer lag verstörend leicht auf der Hand. Der Wind blies hindurch, als wäre es eine von der Sonne gebleichte Muschel. White untersuchte den Schädel und sah das Loch im Hinterkopf, wo die Kugel eingetreten war. Wie die Ermittler zuvor auch, schloss er daraus, dass das Geschoss aus einer kleinkalibrigen Waffe stammen musste – aus einer 32er- oder vielleicht aus einer 38er-Pistole. Auch ihm fiel auf, dass es auf der Vorderseite von Annas Schädel keine Austrittsöffnung gab, was bedeutete, dass die Kugel im Inneren des Kopfes stecken geblieben sein musste. Bei der Autopsie wäre sie unmöglich zu übersehen gewesen. Jemand am Tatort – ein Verschwörer oder sogar der Mörder selbst – musste sie an sich genommen haben.

Der Friedensrichter gab zu, selbst bereits einen ganz ähnlichen Verdacht gehegt zu haben. Der Agent ließ nicht locker: War es denkbar, dass, sagen wir, die beiden Ärzte David und James Shoun die Kugel entfernt hatten? »Ich weiß nicht«, sagte er.[5]

Als David Shoun befragt wurde, stimmte er zu, dass es keine Austrittswunde gab, blieb jedoch dabei, er und sein Bruder hätten »eine gründliche Suche« nach der Kugel unternommen. James Shoun äußerte sich entsprechend.[6] White war überzeugt, dass jemand Veränderungen am Tatort vorgenommen hatte. Angesichts der Anzahl von Personen, die bei der Autopsie anwesend waren – darunter die örtlichen Gesetzeshüter, der Bestatter und Mathis, der Eigentümer der Big Hill Trading Company –, schien es jedoch unmöglich zu sagen, wer der Schurke gewesen war.

* * *

Um die Fakten von bloßem Hörensagen zu unterscheiden, welches sich in den Akten des Büros fand, besann sich White auf eine simple, aber wirksame Methode. Er wollte versuchen, das Alibi jedes einzelnen Verdächtigen methodisch zu überprüfen – getreu dem berühmten Satz von Sherlock Holmes: »Wenn man das Unmögliche ausgeschlossen hat, muss das, was übrig bleibt, die Wahrheit sein, so unwahrscheinlich sie auch klingen mag.«[7]

Dabei war White auf Agent Burger angewiesen, der für ihn Licht ins Dunkel der bisherigen Ermittlungen der Bundesbehörden bringen sollte. Burger arbeitete bereits seit anderthalb Jahren an dem Fall und hatte in dieser Zeit viele Spuren verfolgt, denen auch die von Hale, Mathis und Mollies Familie beauftragten Privatdetektive nachgegangen waren. Da er auf die Erkenntnisse von Agent Burger aufbaute, war White in der Lage, zahlreiche Verdächtige rasch auszuschließen, darunter auch Annas Exmann Ada Brown. Sein Alibi – dass er mit einer anderen Frau zusammen gewesen sei – war stichhaltig. Somit zeigte sich, dass der Fälscher, der Brown angeschwärzt hatte, seine Geschichte frei erfunden hatte, weil er hoffte, dadurch bei den Strafverfolgungsbehörden bessere Haftbedingungen für sich aushandeln zu können. Durch weitere Ermittlungen konnten schließlich noch mehr Verdächtige ausgeschlossen werden, etwa die rüpelhaften Ölarbeiter, die der geschasste Sheriff Harve Freas im Visier gehabt hatte.

Agent John Burger

Dann ging White dem Gerücht nach, Rose Osage hätte Anna getötet, weil Anna versucht hätte, ihren Freund Joe Allen zu verführen (Rose und Joe hatten inzwischen geheiratet). White erfuhr von der Aussage, die Privatdetektiv Nr. 28 von der Kaw-Frau erhalten hatte und laut welcher Rose angeblich gestanden hatte, die Mörderin zu sein. In einem Bericht stellte ein Agent des Büros fest: »Es ist allgemein bekannt, dass Rose … von gewalttätigem und eifersüchtigem Charakter war.«[8] Der Marshall von Fairfax informierte die Agenten über ein weiteres verdächtiges Detail: Um die Zeit des Mordes an Anna habe er auf dem Rücksitz von Rose' Wagen einen dunklen Fleck entdeckt. Es habe ausgesehen wie Blut, sagte er.

Agent Burger informierte White darüber, dass er Rose Osage und Joe einmal zum Verhör ins Büro des Sheriffs gebracht habe. Die beiden Verdächtigen wurden in getrennte Zimmer geführt, wo man sie zunächst eine Weile schmoren ließ. Als Agent Burger Rose vernahm, beharrte sie darauf, nichts mit Annas Ermordung zu tun zu haben. »Zwischen mir und Anna kam es nie zu einem Streit oder einer Handgreiflichkeit«, sagte sie.[9] Anschließend befragte Agent Burger Joe, der nach den Worten des Agenten sehr »verschlossen, düster und boshaft wirkte«.[10] Ein anderer Ermittler hatte Joe unabhängig davon gefragt: »Hatten Sie Krach mit Annie?«[11]

»Nein, das hatte ich nie«, antwortete er.

Joe gab dasselbe Alibi wie Rose: Am Abend des 21. Mai 1921 seien sie zusammen in Pawnee gewesen, knapp dreißig Kilometer südwestlich von Gray Horse, und seien dort in einer Herberge abgestiegen. Der Eigentümer der Herberge – eines jener verruchten Etablissements, in denen es oft buchstäblich nach Sex und Schwarzgebranntem stank – bestätigte Joes und Rose' Behauptungen. Den Ermittlern entging jedoch nicht, dass sich die Geschichten von Joe und Rose beinahe aufs Wort glichen, als hätten sie diese einstudiert.

Rose und Joe wurden wieder auf freien Fuß gesetzt. Danach suchte Agent Burger die Hilfe eines Informanten – des Schwarzbrenners und Drogendealers Kelsie Morrison, der eine ideale Quelle für geheime Informationen zu sein schien. Er war früher einmal mit einer Osage verheiratet gewesen und stand Rose und anderen Verdächtigen nahe. Bevor Agent Burger mit Morrison in Kontakt kommen konnte, musste er ihn jedoch erst einmal finden. Morrison war aus Osage County geflohen, nachdem er einen örtlichen Prohibitionsbeamten angegriffen hatte. Burger und andere Agenten stellten Nachforschungen an und erfuhren, dass sich Morrison unter dem falschen Namen Lloyd Miller in Dallas, Texas, aufhielt. Die Agenten stellten ihm eine Falle. Sie schickten ein Einschreiben an das unter Millers Namen eingetragene Postfach. Als Morrison den Brief abholen wollte, schnappten sie ihn. »Wir befragten ›Lloyd Miller‹, der etwa eine Stunde lang abstritt, Kelsie Morrison zu sein, dies aber schließlich doch zugab«, berichtete Agent Burger.[12]

Morrison, den Agent Burger als einen »ungewöhnlich durchtriebenen, rücksichtslosen und unbelehrbaren Kriminellen« beschrieb, war gekleidet wie ein Ganove aus einem Tanzlokal.[13] Groß, mit Schussnarben, kleinen Augen und zappelig, schien er von innen heraus zu verkümmern – daher sein Spitzname: Slim. »Redet und raucht viel«, vermerkte Agent Burger in einem Bericht. »Zieht fast andauernd die Nase hoch und bewegt seinen Mund wie ein Kaninchen, insbesondere wenn aufgeregt.«[14]

Die Bundesbehörden machten einen Deal mit Morrison: Im Gegenzug dafür, dass sie den Haftbefehl gegen ihn fallen ließen, würde er als Informant bei der Untersuchung der Osage-Morde arbeiten. Agent Burger informierte das Hauptquartier: »Dieses Arrangement ist streng geheim. Unter keinen Umständen darf jemand außerhalb des Büros davon erfahren.«[15]

Es bestand das Risiko, dass sich Morrison aus dem Staub machte. Deshalb sorgte Agent Burger vor seiner Entlassung dafür, dass er der sogenannten Bertillonage unterzogen wurde. Die von dem französischen Kriminologen Alphonse Bertillon 1879 entwickelte strenge Untersuchung war die erste wissenschaftliche Methode zur Identifizierung von Wiederholungstätern. Mit einem Messschieber und anderen Spezialwerkzeugen nahm Agent Burger mithilfe der Polizei von Dallas insgesamt elf Körpermaße Morrisons, darunter die Länge seines linken Fußes, die Breite und Höhe seines Kopfes sowie den Durchmesser seines rechten Ohres.

Nachdem Agent Burger Morrison über den Zweck dieser Maßnahmen in Kenntnis gesetzt hatte, ließ er außerdem noch ein erkennungsdienstliches Foto machen, ebenfalls eine Neuerung, die auf Bertillon zurückging. Im Jahr 1894 schrieb Ida Tarbell, eine der Gründerfiguren des investigativen Journalismus, dass jeder Gefangene, der Bertillons System durchlaufe, für immer »erkennbar« sei: »Er kann seine Tätowierungen entfernen lassen, seine Brust einschnüren, sein Haar färben, sich die Zähne ziehen lassen, seinem Körper Narben zufügen, seine Größe verbergen. Es ist nutzlos.«[16]

Die Bertillonage wurde damals jedoch bereits von einer noch wirksameren erkennungsdienstlichen Methode verdrängt, die die wissenschaftliche Ermittlungsarbeit revolutionierte: Fingerabdrücke. In manchen Fällen konnte man nun einen Verdächtigen an einem Tatort nachweisen, selbst wenn keine Zeugen zugegen gewesen waren. Als Hoover zum kommissarischen Leiter des Büros ernannt wurde, schuf er die Identification Division (Identifikationsabteilung), ein zentrales Archiv für die Fingerabdrücke verhafteter Krimineller aus dem ganzen Land.[17] Solche wissenschaftlichen Methoden seien eine große Hilfe für »die Hüter der Zivilisation im Angesicht der gemeinen Gefahr«, verkündete Hoover.[18]

Agent Burger ließ Morrisons Fingerkuppen mit Tinte einfärben. »Für den Fall, dass wir Grund zu seiner Festnahme haben, verfügen wir über sein Foto, seine Beschreibung, seine Maße und Fingerabdrücke«, teilte er dem Hauptquartier mit.[19]

Dann gab er Morrison etwas Spesengeld. Dieser versprach, sowohl Rose Osage und Joe Allen aufzusuchen als auch Mitglieder der Unterwelt, um zu sehen, was er von ihnen über die Morde erfahren könnte. Morrison warnte, dass es seinen sicheren Tod bedeuten würde, sollte jemand herausfinden, dass er für die Bundesbehörden arbeite.

Er meldete, dass er Rose zu Annas Ermordung befragt habe.[20] »Warum hast du das getan?«, fragte er. Sie entgegnete: »Du hast keine verdammte Ahnung davon, Slim. Ich habe Anna nicht umgebracht.«[21]

In einem Memo schrieb Agent Burger über seinen geschätzten Informanten: »Wenn er nicht zu früh aus dem Weg geräumt wird, kann er uns noch sehr nützlich sein.«[22]

* * *

Danach studierte White sämtliche Informationen, die Morrison und die Agenten über Rose Osage und Joe Allen zusammengetragen hatten. Angesichts der Aussage von Rose gegenüber Morrison und der Tatsache, dass der Herbergsbetreiber das Alibi von Rose und Joe bestätigt hatte, erschien die Aussage der Kaw-Indianerin, Rose habe ihr den Mord gestanden, etwas verwirrend. Insbesondere ein Detail war seltsam. So, wie die Kaw-Indianerin Rose' Geständnis wiedergab, befand sich Anna im Auto, als Rose sie erschoss, und ihr Körper wurde anschließend in den Three Mile Creek geworfen, wo sich Rose zudem ihrer eigenen blutbefleckten Kleidung entledigte.

Die Erkenntnisse der Autopsie waren aufschlussreich. Die Kriminologen wussten, dass sich das Blut nach dem Tod am tiefsten Punkt des Körpers sammelt und dort dunkle Flecken auf der Haut hervorruft. Treten diese Flecken bei einem Leichenfund an höheren Stellen auf, ist dies ein sicheres Zeichen dafür, dass jemand den Toten bewegt hat. In Annas Fall hatten die Ärzte nichts von derartigen Anzeichen berichtet, und in keiner einzigen Tatortbeschreibung war etwas über Blutspuren vom Wagen bis hinunter zum Bach vermerkt worden.

Es hatte den Anschein, dass die Zeugin log und Rose und Joe demnach unschuldig waren. Dies würde auch erklären, warum die Abhöraktion der Privatdetektive, die für Mollie Burkharts Familie arbeiteten, keinerlei belastende Aussagen erbracht hatte, und warum man Rose' Kleider nie in dem Bach gefunden hatte. Als Agenten die Kaw-Indianerin ins Verhör nahmen, war nicht viel nötig, um sie zum Einknicken zu bringen.

Sie gab zu, dass Rose ihr nie eine solche Geschichte über den Mord erzählt habe. Vielmehr sei ein fremder weißer Mann zu ihrem Haus gekommen, der die Aussage aufgeschrieben und sie gezwungen habe, diese zu unterschreiben, obwohl nichts davon wahr sei. White erkannte, dass die Verschwörer nicht nur Beweismaterial vernichteten – sie schufen auch Beweise.

11. Der dritte Mann

Hoover drängte White, ihn lückenlos über die Entwicklung des Falles auf dem Laufenden zu halten. Als White einmal unterwegs war und nicht sofort antwortete, tadelte Hoover ihn und sagte: »Ich verstehe nicht, warum Sie mir am Ende des Tages nicht telegrafisch über Entwicklung und allgemeine Lage umfassend Bericht erstatten konnten.«[1] Hoovers Aufmerksamkeit für den Fall schien über die Jahre schwankend gewesen zu sein, doch nun war er angesichts wachsender Kritik aus Oklahoma so aufgebracht, dass er vor Whites Eintreffen selbst begonnen hatte, in der Angelegenheit zu ermitteln. Wenngleich er nicht derjenige war, der sich vor Ort die Hände schmutzig machte (er hatte eine Bakterien-Phobie und hatte sich zu Hause ein spezielles Luftfiltersystem installieren lassen), saß er doch in seinem Büro und brütete über den eingehenden Berichten der Agenten – sie entsprachen seinen Augen und Ohren in der bedrohlichen Welt.

Als Hoover die Berichte über die Osage-Morde studierte, bezeichnete er es als eine »interessante Beobachtung«, dass Anna Brown und Roan beide durch einen Schuss in den Hinterkopf getötet worden seien. »Nach sorgfältiger Abwägung sämtlicher Gesichtspunkte« gelangte er zu der Erkenntnis, dass eine weiße Frau namens Necia Kelly, die mit einem Osage verheiratet war, möglicherweise der Schlüssel zu dem Fall sei.[2] Kenny hatte den Agenten erzählt, dass A.W. Comstock – der Anwalt, der

A. W. Comstock mit einer Osage-Indianerin.

als Vormund mehrerer Osage eingesetzt worden war – wahrscheinlich zu den Verschwörern gehöre. Hoover hatte nicht vergessen, dass Comstock das Büro kritisiert und gedroht hatte, ihn bei Senator Curtis anzuschwärzen – was Comstock in Hoovers Augen zu einer *böswilligen Ratte* machte. »Ich bin überzeugt, dass Mrs. Kenny ziemlich sicher auf der richtigen Spur ist«, sagte Hoover zu einem seiner Agenten.

Kenny blickte auf eine Biografie mentaler Instabilität zurück – sie behauptete, von Zaubern besessen zu sein – und hatte einmal sogar versucht, einen anderen ortsansässigen Anwalt umzubringen. Trotzdem ließ Hoover sie in Washington befragen, und zwar nicht nur ein-, sondern zweimal. Zudem ließ er einen Regierungsexperten für »Geisteskrankheiten« kommen, der sich ein Bild von ihr machen sollte. Der Arzt schloss zwar, sie sei paranoid, merkte Hoover zufolge jedoch an, dass sie »Dinge erkennt, die dem Auge des Durchschnittsbeobachters entgingen«. Daher sei Kenny, so Hoover, »im Rahmen der Spurensuche von größerem Nutzen für uns denn als mögliche Zeugin«.

White war es nicht gelungen, Kennys Hinweise zu bestätigen, doch war auch er nicht sicher, was er von Comstock halten sollte. Bewaffnet mit seinem englischen Bulldog-Revolver war Comstock einer der wenigen prominenten weißen Bürger in Osage County, die gewillt schienen, den Ermittlern zur Seite zu stehen. Er hatte den Agenten gesagt, er sei gewiss, dass er entscheidendes Beweismaterial sicherstellen könne – wenn er denn nur Zugang zu den Akten des Büros hätte. White verweigerte ihm den Einblick in die geheimen Unterlagen. Trotzdem suchte Comstock White nach wie vor regelmäßig auf, teilte ihm hilfreiche Einzelheiten mit und erkundigte sich nach dem Stand der Ermittlungen. Dann verschwand er mit seinem blank polierten englischen Bulldog wieder auf die Straße.

* * *

Ende Juli 1925 wandte White seine volle Aufmerksamkeit dem letzten Verdächtigen auf der Liste im Mordfall Anna Brown zu: Bryan Burkhart, Mollies Schwager. White erfuhr, dass Bryan während der Untersuchung im Jahr 1921 ausgesagt hatte, dass er Anna am Abend ihres Verschwindens direkt von Ernests und Mollies Haus nach Hause gebracht habe, wo er sie zwischen 16.30 Uhr und 17.30 Uhr abgesetzt habe.

Dann fuhr er weiter nach Fairfax, wo er zusammen mit Hale, Ernest sowie seinem Onkel und seiner Tante gesehen wurde, die zu Besuch in der Stadt waren. Gemeinsam sahen sie sich das Musical *Bringing Up Father* an. Bryan hätte also gar nicht die Zeit gehabt, zum Bach zu gehen, Anna zu erschießen und rechtzeitig zum Vorstellungsbeginn wieder in der Stadt zu sein. Sein Alibi schien wasserdicht. Um es zu überprüfen, waren Agent Burger und ein Kollege bereits nach Campbell gereist, eine Stadt im Norden von Texas, wo der Onkel und die Tante von Ernest und Bryan lebten. Die Agenten rasten an den alten Pfaden vorbei, die einst von den Cowboys benutzt worden waren und wo nun kreischende Lokomotiven Viehwaggons zogen. Die Agenten entdeckten, dass Hale nur wenige Kilometer von Campbell entfernt in einem Waldstück aufgewachsen war. Als er drei Jahre alt war, verstarb seine Mutter – auch der König der Osage Hills hatte eine Vergangenheit, die ihn belastete.

In Campbell hielten die Agenten vor dem bescheidenen Haus von Bryans Onkel und Tante. Der Onkel war nicht da, doch die Tante bat die Besucher herein und begann wüst darüber zu wettern, dass Ernest eine dieser roten Millionärinnen geheiratet habe. Burger fragte sie nach dem Abend von Annas Verschwinden. O ja, sie habe die Gerüchte wohl gehört, dass Bryan für den Mord an dieser versoffenen Indianerin verantwortlich sei, sagte sie. Nichts davon sei jedoch wahr. Nachdem er Anna abgesetzt habe, sei Bryan in Fairfax zum Rest der Gesellschaft gestoßen.

Plötzlich erschien der Onkel an der Vordertür. Offensichtlich missfiel ihm, dass er zwei Bundesagenten in seinem eigenen Haus antraf. Er sprach nur widerwillig, bestätigte jedoch, dass Bryan sich mit ihnen in Fairfax getroffen habe, nachdem er Anna zu Hause abgesetzt habe. Er fügte hinzu, er und seine Frau hätten nach der Aufführung den Abend mit Bryan im selben Haus verbracht, und Bryan sei die ganze Zeit über anwesend gewesen; er komme schlicht nicht als Mörder infrage. Dann machte der Onkel unmissverständlich klar, dass sich die Agenten nun zum Teufel scheren sollten.

* * *

Im August 1925 schickte White seine Geheimagenten aus, um sich in der Stadt Ralston umzuhören. White wollte, dass sein Team eine Spur wieder aufnahm, die man nicht konsequent verfolgt hatte: Aus Berichten ging hervor, dass eine Gruppe weißer Männer, die an der Hauptstraße von Ralston vor einem Hotel gesessen hatten, Anna Brown am Abend ihres Verschwindens möglicherweise in einem Auto gesehen hatten. Frühere Ermittler, darunter örtliche Gesetzeshüter und Privatdetektive, hatten mit diesen wertvollen Zeugen gesprochen, dann jedoch offenbar für sich behalten, was sie erfahren hatten. Wenigstens einer der Zeugen war seitdem verschwunden, und White war überzeugt, dass solche Leute »von den Verdächtigen bezahlt wurden, damit sie weggingen und wegblieben«, wie es ein Agent formulierte.[3]

White und seine Männer versuchten, einige der Zeugen ausfindig zu machen, die vor dem Hotel gesessen hatten, darunter einen älteren Farmer, der zuvor schon von einem Agenten befragt worden war. Bei diesem ersten Verhör schien der Farmer zunächst an Demenz gelitten zu haben: Er hatte den Agenten nur ausdruckslos angestarrt. Nach einer Weile jedoch war er munter geworden. Er erinnere sich gut, hatte er erklärt; er wolle nur ganz sichergehen, dass die Agenten auch seien, wofür sie sich ausgäben. Wenn man mit der falschen Person über diese Morde spreche, laufe man Gefahr, irgendwo verscharrt zu werden.

Nun redete der Farmer mit White und seinen Leuten. Einer Zeugenaussage zufolge, die er später unter Eid machte, erinnerte er sich gut an jenen Abend, weil er häufig mit Freunden darüber gesprochen hatte, die sich regelmäßig an dem Hotel trafen.[4] »Wir Alten verbringen viel Zeit in der Stadt, und dort setzen wir uns gerne hin«, sagte er. Das Auto, so erinnerte er sich, habe vor dem Gebäude gehalten, und durch das geöffnete

Fenster habe er Anna sehen können – direkt vor sich. Sie sagte Hallo, und jemand aus der Gruppe erwiderte: »Hallo, Annie.«

Die Frau des Farmers, die ihn an jenem Abend nach Ralston begleitet hatte, war ebenfalls sicher, dass die Frau im Wagen Anna gewesen sei, wenngleich sie nicht mit ihr gesprochen habe. »Dort gab es so viele Indianer«, sagte sie aus.[5] »Manchmal sprach ich mit einem, manchmal nicht. Manchmal, wenn ich einen ansprach, sprach er nicht mit mir.« Auf die Frage, ob Anna betrunken und vornübergekippt gewesen sei, entgegnete sie: »Sie saß so, wie sie alle sitzen, etwa so.« Nun richtete sie sich auf und nahm eine starre, statuenhafte Sitzposition ein, ihre Version eines stoischen Indianers.

An einem Punkt fragte man sie, ob jemand bei Anna im Auto gewesen sei.

»Ja, Sir«, sagte die Frau des Farmers.

»Wer?«

»Bryan Burkhart.«

Bryan habe das Auto gefahren und einen Cowboyhut getragen, sagte sie. Ein anderer Zeuge sagte, auch er habe Bryan mit Anna im Wagen gesehen. »Von dort fuhren sie direkt nach Westen durch die Stadt, und ich weiß nicht, wohin sie dann weiterfuhren«, erinnerte sich der Zeuge.[6]

Das war die erste nachweisliche Unstimmigkeit in Bryans Alibi. Es mochte sein, dass er Anna nach Hause gebracht hatte, doch war er später wieder mit ihr ausgegangen. In der Folge hieß es in dem Bericht eines Agenten: »[Bryan] leistete einen Meineid, als er im Rahmen der gerichtsmedizinischen Ermittlungen in Fairfax schwor … er habe Anna zwischen 16.30 Uhr und 17 Uhr sicher zu Hause abgesetzt.«[7]

* * *

White musste nun herausfinden, wohin die beiden gefahren waren, nachdem sie Ralston verlassen hatten. Er setzte Einzelheiten zusammen, die frühere Informanten von Agent Burger und Zeugen, die vom Undercover-Team lokalisiert worden waren, geliefert hatten. Somit gelang es ihm, einen zeitlichen Ablauf zu rekonstruieren. Bryan und Anna hatten ganz in der Nähe an einer Flüsterkneipe gehalten und waren dort bis etwa 22 Uhr geblieben. Dann brachen sie zu einer anderen Kaschemme auf, die einige Kilometer nördlich von Fairfax lag. Bryans Onkel wurde mit ihnen gesehen, also hatte der Onkel möglicherweise Agent Burger belogen, um nicht nur Bryan, sondern auch sich selbst zu decken. Der Eigentümer des Lokals sagte den Agenten, dass Bryan und Anna dort bis etwa 1 Uhr getrunken hätten.

Die Berichte darüber, wohin Bryan und Anna danach gegangen waren, gingen inhaltlich auseinander. Ein Zeuge sagte, sie hätten – alleine – eine weitere, näher an Fairfax gelegene Flüsterkneipe besucht. Andere berichteten, sie hätten Bryan und Anna in Begleitung eines »dritten Mannes« gesehen, der nicht der Onkel gewesen sei. »Dritter Mann soll sich in Gesellschaft von Anna Brown und Bryan Burkhart befunden haben«, vermerkte Agent Burger.[8] Das letzte Mal, dass Anna und Bryan zusammen gesehen wurden, war den Erkenntnissen der Ermittler zufolge um etwa 3 Uhr in der Früh. Eine Zeugin, die sie beide kannte, sagte, sie habe in der Nähe ihres Hauses in Fairfax ein Auto halten hören. Ein Mann, den sie für Bryan gehalten hatte, habe geschrien: »Jetzt sei doch nicht so albern, Annie, und steig in diesen Wagen.«[9]

Danach verlor sich Annas Spur. Bryans Nachbar sah diesen jedoch, als er bei Sonnenaufgang nach Hause zurückkam. Später wies Bryan den Nachbarn an, kein Wort darüber zu sagen, und gab ihm Geld, damit er den Mund hielt.

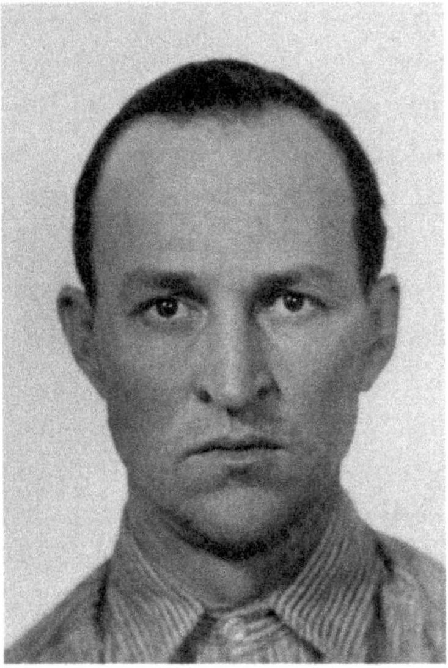

Bryan Burkhart

White hatte sich auf einen Hauptverdächtigen eingeschossen. Doch wie bei vielen Rätseln tat sich bei jeder Antwort eine neue Frage auf. Wenn Bryan Anna getötet hatte, was war dann sein Motiv? Hatte er auch etwas mit den anderen Morden zu tun? Und wer war der dritte Mann?

12. Eine Wildnis voller Spiegel

Gegen Ende jenes Sommers begann White zu vermuten, dass es unter den Ermittlern einen Maulwurf gab. Als einer seiner Agenten einen schmierigen örtlichen Anwalt befragte – der einem Informanten zufolge versuchte, den Untersuchungen der Regierung »die Luft abzudrücken«[1] – bewies dieser eine erschreckende Kenntnis der inneren Zusammenhänge des Falles. Schließlich räumte er ein, er habe »die Berichte des Büros zum Teil gesehen … und die Möglichkeit gehabt, noch weitere einzusehen«.[2]

Die Ermittlungen des Büros hatten lange Zeit an Informationslecks und Sabotage gelitten. Ein Agent klagte, dass »in Berichten enthaltene Informationen sofort in die Hände nicht autorisierter und skrupelloser Personen gelangt« seien.[3] Daneben entdeckte ein United States Attorney, dass die ihm vom Büro zur Verfügung gestellten Berichte aus seinem Amtszimmer verschwunden waren. Diese Lücken bedrohten das Leben von Agenten und ließen hässliche Zweifel aufkommen. Bald stellten die Beamten die Loyalität ihrer Kollegen infrage. Ein Bundesanwalt verlangte, dass keine Abschrift seines Berichts »an einen Vertreter des Staates Oklahoma ausgehändigt wird«.[4]

Der größte Schaden entstand aber vermutlich dadurch, dass zwei Privatdetektive – darunter ein Angestellter der Agentur Burns – versuchten, den Hauptinformanten des Büros, Kelsie Morrison, zu enttarnen. Die Privatdetektive ließen an mehrere

Der ehemalige Sheriff aus New Mexico, der in Whites Team den Viehzüchter gab.

örtliche Beamte durchsickern, dass Morrison mit dem Büro kooperiere, und gingen sogar so weit, ihn unter falscher Anklage wegen Raubes festzunehmen. Agent Burger sagte, das Verhalten eines der beiden Detektive sei »tadelnswert« und »schadet auf jeden Fall unseren Ermittlungen«.[5] Behinderung, so bemerkte er, sei das »einzige Motiv« der Privatdetektive, woraus er schloss: »Offenbar bezahlt sie irgendjemand dafür.«[6] Ein Agent berichtete, Morrison habe nach seiner Haftentlassung »zu Tode verängstigt« gewirkt.[7] Bei einer Besprechung flehte er die Agenten an, die »Hurensöhne« zu fassen, die die Morde verübt hätten, bevor sie ihn schnappten.[8] Agent Burger warnte Morrison: »Seien Sie auf der Hut vor Doppelspielen und Fallen.«[9]

Des Nachts traf sich White gelegentlich mit seinem Team

auf dem Lande. Wie Flüchtige kauerten sich die Männer in der Dunkelheit zusammen. In der Vergangenheit hatten Agenten gespürt, dass man sie verfolgte, daher gab ihnen White folgende Anweisung, sollte ihre Tarnung auffliegen: »Bleiben Sie ruhig, vermeiden Sie Gewalttätigkeiten, sofern möglich.«[10] Er gab die klare Anweisung, eine Waffe zu tragen, und fügte hinzu: »Wenn Sie jedoch um Ihr Leben kämpfen müssen, dann machen Sie es richtig.«

* * *

White kam es so vor, als irre er durch eine Wildnis voller Spiegel – seine Arbeit glich eher der Spionage denn einer Kriminaluntersuchung. Es gab Maulwürfe und Doppelagenten und vielleicht sogar Dreifachagenten. Niemand hatte mehr Verdacht erregt als der Privatdetektiv Pike. Einmal hatte ein Herr aus Osage County Agent Burger angesprochen und sich als Mittelsmann für Pike vorgestellt. Die Agenten wussten, dass Pike 1921 von William Hale eingestellt worden war, um die Osage-Morde aufzuklären, den Fall jedoch aufgegeben hatte, nachdem es ihm nicht gelungen war, auch nur die geringsten Fortschritte zu verzeichnen.

Der Mittelsmann indes sagte, Pike habe eine entscheidende Information zurückgehalten, die er im Rahmen seiner Ermittlungen erlangt habe: Er kenne die Identität des dritten Mannes, der mit Bryan und Anna um den Zeitpunkt ihres Todes gesehen worden sei. Agent Burger schrieb, dass Pike »diesen dritten Mann [offenbar] kannte und mit ihm sprach«.[11] Der Mittelsmann stellte jedoch klar, dass Pike dieses Wissen nur unter einer Bedingung preisgeben werde: wenn er fürstlich dafür entlohnt werde. »Hier ist ganz offensichtlich etwas faul«, schrieb Agent Burger in einem Bericht.[12]

Über den Mittelsmann forderten die Agenten von Pike, er solle mit der Information herausrücken. Und doch kooperierte er abermals nicht. Offenbar ging es ihm darum, Geld aus der Sache zu schlagen und die Justiz zu behindern. Die Agenten starteten eine Suche nach Pike, dessen letzte bekannte Adresse in Kansas City lag. »Pike muss ausfindig gemacht und festgenommen werden«, schrieb Agent Burger.[13] »Kurz nachdem bekannt wurde, dass wir uns mit ihm befassen, wechselte er seine Adresse in Kansas City. Wir sind uns sicher, dass man ihn dafür bezahlt hat zu verschwinden.«

Kurz darauf wurde Pike angeblich bei einem Landstraßenraub in Tulsa erwischt. Unter Druck gesetzt, verriet er den Namen eines örtlichen Glücksspielers. Die Agenten konnten herausfinden, dass der Spieler in der Nacht vom 21. Mai zusammen mit Bryan und Anna in einer der Flüsterkneipen beim Trinken gesehen worden war. Weitere Ermittlungen ergaben jedoch, dass der Spieler zu früh nach Hause gegangen war, um der dritte Mann sein zu können.

Es hatte den Anschein, dass die Agenten erneut hinters Licht geführt worden waren. Sie ließen trotzdem nicht von Pike ab und setzten ihn weiter unter Druck. Nach einer Weile begann er, Stück für Stück eine verborgene Dimension des Falles zu enthüllen. Er gestand, dass man ihn eigentlich nicht eingestellt habe, um den Mordfall Anna Brown zu lösen; vielmehr habe man ihn gebeten, Bryans Aufenthaltsort in der Nacht des Verbrechens zu verschleiern. Pike erzählte den Agenten, er habe falsche Beweise und falsche Zeugen beschaffen sollen – um »ein Alibi zu basteln«, wie er sich ausdrückte.[14] Darüber hinaus behauptete er, seine Anweisungen direkt von William Hale erhalten zu haben.

Pike erklärte, Hale habe sorgsam darauf geachtet, niemals explizit zu sagen, dass Bryan an Annas Ermordung beteiligt gewesen sei, doch sei dies angesichts dessen, was Hale von ihm verlangt habe, offensichtlich. Wenn Pike die Wahrheit sagte, bedeutete dies, dass Hale – was Recht und Gesetz anbelangte, ein augenscheinliches Vorbild, ein Mann, der sich als treuester Beschützer von Mollie Burkhart dargestellt hatte – im Zusammenhang mit Annas Ermordung all die Jahre gelogen haben musste. Pike konnte jedoch nicht beantworten, was White am dringendsten wissen wollte: Schützte Hale Bryan nur, oder war er Teil eines komplexeren, schändlicheren Komplotts?

Pike berichtete den Agenten jedoch noch etwas, das äußerst sonderbar war. Wenn er sich mit Hale und Bryan getroffen habe, sei manchmal eine weitere Person mit dabei gewesen: Ernest Burkhart. Pike fügte hinzu, Ernest sei sehr darauf bedacht gewesen, dass »in Gegenwart von Mollie Burkhart [niemals] über diesen Fall diskutiert oder mit ihm darüber gesprochen wurde«.[15]

13. Der Sohn eines Henkers

Als Tom White zum ersten Mal gesehen hatte, wie ein Verbrecher hingerichtet wurde, war er noch ein Junge – und der Henker sein Vater – gewesen. Im Jahr 1888 wurde sein Vater, Robert Emmett White, zum Sheriff von Travis County, Texas, gewählt, wo auch Austin lag, damals eine Stadt von weniger als fünfzehntausend Einwohnern. Emmett, wie sich Toms Vater gerne nennen ließ, war arm, streng, arbeitsam und fromm. Im Jahr 1870 zog er im Alter von achtzehn Jahren von Tennessee in das immer noch wilde Grenzland in Zentraltexas. Vier Jahre darauf heiratete er Toms Mutter, Maggie. Das Paar lebte in einer Blockhütte in der kargen Hügellandschaft um Austin herum, wo sie Vieh hielten und anbauten, was der Boden eben hergab. Der 1881 geborene Tom war das dritte von fünf Kindern. Unter ihnen war auch Doc, der Jüngste, und Dudley, Toms aufbrausender älterer Bruder, der ihm besonders nahestand. Die nächste Schule – mit nur einem Raum und einem einzigen Lehrer für acht Klassenstufen – lag fast fünf Kilometer entfernt. Um dorthin zu gelangen, mussten Tom und seine Geschwister zu Fuß gehen.

Als Tom sechs war, starb seine Mutter, offenbar durch Komplikationen nach einer Geburt. Ihr Leichnam wurde auf einem Stück Land beigesetzt, wo Tom zusehen konnte, wie das Gras über sie wuchs. Emmett war nun alleinerziehender Vater von Tom und seinen Geschwistern, die alle unter zehn Jahre alt

Tom (links stehend) und seine Brüder, darunter auch Doc (auf dem Esel) und Dudley (ganz rechts).

waren. In einem im 19. Jahrhundert erschienenen Buch über die Biografien herausragender Texaner heißt es über Emmett: »Mr. White gehört zu jener Sorte solider, bodenständiger Farmer, auf die Travis County stolz sein kann … Er ist im Bezirk gut bekannt, und die Menschen haben in seine Kraft und seine Charakterstärke größtes Vertrauen.«[1] Im Jahr 1888 ersuchte eine Bürgerdelegation Emmett, für das Amt des Sheriffs zu kandidieren. Das tat er und gewann ohne Schwierigkeiten die Wahl. So wurde Toms Vater zum Vertreter des Gesetzes.

Als Sheriff unterstand Emmett auch das Bezirksgefängnis in Austin, also zog er mit seinen Kindern in ein Haus neben dem Gebäude. Mit ihren Gitterfenstern, steinernen Gängen und gestaffelten Zellenreihen glich die Haftanstalt einer Festung. In Emmetts erstem Jahr im Amt waren dort fast dreihundert

Gefangene inhaftiert, darunter vier Mörder, fünfundsechzig Diebe, zwei Brandstifter, vierundzwanzig Einbrecher, zwei Fälscher, fünf Vergewaltiger und vierundzwanzig Insassen, die als Irre eingestuft wurden. Tom erinnerte sich später: »Ich wuchs praktisch im Gefängnis auf. Wenn ich aus meinem Zimmerfenster sah, blickte ich auf einen Gefängnisflur und die Türen zu einigen Zellen.«[2]

Es war, als würde sich die Bibel vor seinen Augen auftun: Gut und Böse, Erlösung und Verdammnis. Einmal brach im Gefängnis ein Tumult aus. Während Sheriff White versuchte, den Aufstand niederzuschlagen, rannten seine Kinder zu dem nahe gelegenen Gerichtsgebäude, um dort Hilfe zu holen. Der *Austin Weekly Statesman* brachte eine Geschichte über den Zwischenfall. Die Schlagzeile lautete: »Blut, Blut, Blut.«[3] Das Bezirksgefängnis wurde zu einem regelrechten Schlachthaus. Der Reporter schilderte eine Szene, deren Zeuge auch der junge Tom war: »Der Autor hat im Rahmen seiner journalistischen Tätigkeit schon viele blutige und ekelerregende Szenen gesehen, aber keine davon erreichte auch nur annähernd den widerwärtigen Anblick, der sich ihm bot, als er gestern Nachmittag um etwa halb sechs das Bezirksgefängnis betrat. In welche Richtung er sich auch wandte, nichts als Blut war dort zu sehen.«

Nach dem Zwischenfall, bei dem fünf Männer schwer verletzt wurden, wurde Emmett White zu einem harten, unnachgiebigen Sheriff. Dennoch war er weiterhin auf bemerkenswerte Weise um die Menschen in seiner Obhut besorgt und lehnte es ab, bei Verhaftungen seinen Revolver zu gebrauchen. Er philosophierte nicht über das Gesetz oder seine Pflichten, doch Tom bemerkte, dass er mit allen Gefangenen auf dieselbe Weise umging, ganz gleich, ob es sich um Schwarze, Weiße oder Mexikaner handelte. Damals gehörte außergerichtliche

Lynchjustiz, insbesondere an den Schwarzen des Südens, zu den abscheulichsten Defekten des amerikanischen Rechtssystems. Wann immer Emmett davon hörte, dass Einwohner planten, eine »Krawattenparty« zu veranstalten, machte er sich auf, diesem Treiben Einhalt zu gebieten. »Wenn ein Mob versucht, [dem Sheriff] den Neger wegzuschnappen«, schrieb ein Reporter in einem Fall, »dann gibt es Schwierigkeiten.«[4] Emmett lehnte es ab, im Gefängnis junge, nicht gewalttätige Häftlinge mit älteren, gefährlicheren Insassen zusammenzulegen, und da es sonst keinen anderen Platz für sie gab, ließ er sie zusammen mit seinen Kindern in seinem eigenen Haus wohnen. Ein Mädchen blieb wochenlang bei ihnen. Tom erfuhr nie, warum sie in Haft war, und sein Vater sprach auch nicht darüber.

Tom rätselte oft darüber, warum Verbrecher ihre Taten begingen. Manche Gefängnisinsassen wirkten durch und durch schlecht, als wäre der Teufel in sie hineingeboren. Manche schienen krank im Kopf und sahen Dinge, die andere Menschen nicht sahen. Viele Gefangene jedoch waren zu einer Verzweiflungstat getrieben worden – zu etwas Gewalttätigem und Verabscheuungswürdigem. Danach zeigten sie Reue und suchten Vergebung. Wenn man über sie nachdachte, gehörten diese Häftlinge in gewisser Weise zu den erschreckendsten Fällen, weil sie demonstrierten, dass das Böse von jedem Besitz ergreifen konnte. Mit seiner Familie besuchte Tom eine örtliche Baptistenkirche, und der Priester sagte, dass jeder ein Sünder sei – selbst Emmett, der Garant des Rechts. Das waren Rätsel, die Tom vielleicht niemals lösen würde, wenngleich er es während des größten Teils seines Lebens zu versuchen schien.

* * *

Tom sah seinem Vater bei der Arbeit zu. Zu jeder Tageszeit, auch am Sabbat, wurde Emmett zur Menschenjagd beordert. Die Kriminologie steckte noch in den Kinderschuhen: Emmett schnappte sein Gewehr, stellte fest, wer möglicher Tatzeuge war, bestieg sein Pferd und nahm die Verfolgung auf. Obendrein hielt er ein Rudel Bluthunde, die er manchmal bei der Verbrecherjagd einsetzte.

An einem Sommertag im Jahr 1892, als Tom elf Jahre alt war, brach sein Vater eilig mit den Bluthunden auf: Ein Familienvater war beim Reiten von seinem Pferd geschossen worden. Toms Vater bemerkte, dass dreißig Schritte von der Stelle, an der das Opfer lag, die Erde niedergetrampelt worden war. Dort lag auch ein verbrannter Munitions-Filzpfropfen. Es war die Stelle, wo der Mörder gestanden hatte. White ließ die Hunde los, welche die Fährte des Mörders aufnahmen, die seltsamerweise direkt zum Haus des toten Mannes führte. Als Sheriff White Zeugenbeweise sammelte, erfuhr er, dass der eigene Sohn des Opfers auch der Täter war.

Toms Vater unterstand das Bezirksgefängnis in Austin.

Ein paar Wochen später rief man Toms Vater erneut herbei, diesmal zur Verfolgung eines Vergewaltigers. Eine Schlagzeile im *Statesman* lautete: »Am helllichten Tage geschändet ... Mrs. D.C. Evans aus ihrer Kutsche gezerrt, brutal angegriffen und dann misshandelt – Beamte sind dem brutalen Halunken dicht auf den Fersen.«[5] Trotz umfassender Suche gelang es dem Vergewaltiger zu entwischen. In solchen Fällen zog sich Toms Vater in sich selbst zurück, als plagte ihn ein entsetzliches Leiden. Einmal, bevor er einen Flüchtigen festnahm, beobachtete ein Reporter: »Um die Wahrheit zu sagen, dachte Sheriff White Tag und Nacht [an diesen Mann]«, bis »seine Gefangennahme schließlich zu einem Teil von Sheriff Whites Dasein wurde.«[6]

Jedes Mal, wenn der Sheriff in die Dunkelheit aufbrach und die Bluthunde heulten, musste Tom mit der grausigen Ungewissheit leben, dass sein Vater möglicherweise nicht wieder zurückkam – dass er, wie Toms Mutter, für immer aus seiner Welt verschwinden könnte. Obwohl enormer Mut und große Tugendhaftigkeit nötig war, zum Schutz der Gesellschaft das eigene Leben aufs Spiel zu setzen, beinhaltete eine solche Selbstlosigkeit, zumindest aus Sicht der Angehörigen, auch eine gewisse Grausamkeit.

Einmal hielt ein Desperado Emmett eine Pistole an den Kopf; irgendwie gelang es ihm, die Waffe von sich abzuwenden. Ein anderes Mal zog ein Häftling im Gefängnis ein Messer und versuchte, seinen Vater hinterrücks zu erstechen. Tom konnte sehen, wie das Messer aus dem Rücken seines Vaters herausragte und das Blut auf den Boden strömte. Es war verblüffend, wie viel Blut sich in einem Menschen – in seinem Vater – befand. Der Gefangene versuchte, das Messer zu drehen, und sein Vater schien schon fast am Ende, da steckte er plötzlich seinen Finger in das Auge des Häftlings, das dadurch aus seiner Höhle quoll – Tom sah es heraushängen. Sein Vater bezwang den Häftling, doch die Szene ließ Tom sein gesamtes Leben lang nicht mehr los. Wie sollte er einem Sünder vergeben, der versucht hatte, seinen Vater umzubringen?

* * *

Die erste Hinrichtung, der Tom beiwohnte, fand im Januar 1894 statt. Ein neunzehnjähriger Mann namens Ed Nichols war der Vergewaltigung eines Mädchens für schuldig befunden und dazu verurteilt worden, »am Halse aufgehängt zu werden, bis er tot ist«[7]. Die Durchführung einer Exekution – etwas, das im Bezirk seit einem Jahrzehnt nicht mehr der Fall gewesen war – oblag dem Sheriff.

Toms Vater bestellte einen Schreiner, der nahe der Südmauer des Gefängnisses einen Galgen baute. Es war die einzige Stelle, an der die Decke eine ausreichende Höhe besaß. Der Ort lag etwas über drei Meter von Nichols' Zelle entfernt, sodass der verurteilte Mann – der bis zuletzt seine Unschuld beteuerte und auf eine Begnadigung durch den Gouverneur hoffte – hören konnte, wie die Bretter gesägt und genagelt wurden, gesägt und genagelt, und immer schneller. Aus Barmherzigkeit war Toms Vater bestrebt, die Hinrichtung rasch vonstattengegen zu lassen, und sobald die Apparatur fertiggestellt war, probierte er sie mehrere Male mit Sandsäcken aus.

Der Gouverneur lehnte Nichols' letztes Gnadengesuch ab und sagte: »Nehme das Recht nun seinen Lauf.«[8] Toms Vater überbrachte Nichols die Nachricht, der in seiner Zelle ins Gebet vertieft war. Nichols versuchte, ruhig zu bleiben, doch seine Hände zitterten. Er sagte, zu seiner Verabredung mit dem Tod wolle er glatt rasiert erscheinen und einen guten schwarzen Anzug tragen. Toms Vater versprach, seinen Wünschen nachzukommen.

Am Tag der Hinrichtung stand Tom, der damals zwölf war, im Innern des Gefängnisses auf einer Trittstufe. Niemand scheuchte ihn davon, nicht einmal sein Vater, sodass er Nichols sehen konnte, der in seinem neuen Anzug von Toms Vater aufs Schafott geführt wurde. Mit jedem Schritt und jedem Atemzug lief seine Zeit ab. Tom lauschte, wie der Pfarrer Nichols' letzte Worte verlas: »Sheriff White war mir gegenüber sehr zuvorkommend. Ich bin bereit, dem Tod zu begegnen. Meine Seele ist mit allen Menschen im Reinen.«[9] Dann sprach der Pfarrer seine eigenen heiligen Worte: »Ed Nichols wird gleich in die Ewigkeit schwingen«, sagte er. »Sheriff Tod sitzt schon auf seinem schwarzen Ross, er ist nicht weit entfernt und kommt, um die Seele dieses Mannes zu verhaften, der vor ein höheres Gericht treten wird, wo Gott persönlich der oberste Richter, sein Sohn Jesus der Attorney und der Heilige Geist der Staatsanwalt ist.«[10]

Als der Pfarrer geendet hatte, vernahm Tom eine vertraute Stimme. Es war sein Vater, der das Todesurteil verlas. Nichols wurde die Schlinge um den Hals gelegt und eine schwarze Kapuze über das Gesicht gezogen. Tom konnte Nichols' Gesicht nun nicht mehr sehen, aber er sah seinen Vater, der den Hebel für die Falltür in der Hand hielt. Um zwei Minuten vor vier an jenem Nachmittag öffnete sein Vater die Falltür. Der Körper fiel, dann schnellte er ruckartig wieder in die Höhe. Ein Raunen des Erstaunens und des Entsetzens ging durch die Menge. Trotz der sorgfältigen Konstruktion bewegte sich Nichols noch, nach wie vor zitternd vor Leben. »Er strampelte und zuckte noch lange Zeit herum«, erinnerte sich Tom später.[11] »Es schien, als würde er niemals aufgeben und sterben.« Schließlich hörte der Körper doch auf, sich zu bewegen, und wurde vom Strick geschnitten.

Vielleicht, weil er dieser und anderen Hinrichtungen beigewohnt hatte, vielleicht auch, weil er die Wirkung dieser Pflicht auf seinen Vater beobachtet hatte, oder vielleicht, weil er fürchtete, dass das System einen Unschuldigen ins Verderben stürzen könnte, wurde Tom zu einem Gegner dessen, was man damals bisweilen als »gerichtliche Tötung« bezeichnete. Außerdem betrachtete er das Gesetz bald als einen Kampf, gewalttätige Leidenschaft nicht nur in anderen, sondern auch in sich selbst zu unterdrücken.

* * *

Im Jahr 1905, als Tom vierundzwanzig war, verpflichtete er sich bei den Texas Rangers. Die im 19. Jahrhundert als freiwillige Bürgermiliz im Kampf gegen die Indianer im Grenzland und später gegen die Mexikaner an der Grenze gegründeten Rangers hatten sich zu einer Art staatlicher Polizeitruppe entwickelt. Indianern und Mexikanern waren die Rangers wegen ihrer brutalen, schießwütigen Methoden schon seit Langem verhasst. Unter weißen Texanern hingegen waren sie ein Mythos. Wie Lyndon B. Johnson später sagte: »Jeder Schuljunge in Texas ist scharf auf Geschichten über die Texas Rangers. Ich war da keine Ausnahme.«[12]

Toms Bruder Dudley, vom Ranger-Mythos nicht weniger begeistert, trat der Truppe im selben Jahr bei wie Tom, und bald stieß auch Doc dazu. Später trat Toms Bruder Coley auch noch in die Fußstapfen des Vaters, denn er wurde Sheriff von Travis County. Doc erinnerte sich an den einfachen Rat, den ihm sein Vater erteilte, als er ein Gesetzeshüter wurde: »Sammle so viele Beweise, wie du kannst, mein Sohn. Dann versetze dich in die Lage des Verbrechers. Denke dich hinein. Stopfe diese Löcher, mein Sohn.«[13]

Wie Doc und Dudley, die jeweils in unterschiedlichen Ranger-Einheiten dienten, erhielt auch Tom ein mageres Gehalt von vierzig Dollar im Monat – »so viel wie ein Kuhtreiber«, wie er sich ausdrückte.[14] In einem Camp etwa hundert Kilometer westlich von Abilene stieß Tom zu seiner Kompanie. Ein anderer Ranger hatte sein Eintreffen im Lager einmal folgendermaßen geschildert: »Dort bot sich ein Anblick, der eine Bleistiftzeichnung wert gewesen wäre. Gruppen von Männern mit langen Bärten und Schnurrbärten, angetan mit einer bunten Vielfalt unterschiedlichster Kleidungsstücke – mit Ausnahme des Schlapphutes, der unverwechselbaren Uniform der Texas Rangers – und Pistolengurten um die Hüften, waren damit beschäftigt, ihre Decken zu trocknen oder ihre Waffen zu säubern oder zu reparieren; manche kochten über mehreren offenen Feuern, während wieder andere ihre Pferde versorgten. Einen wilderen Haufen hatten wir noch nicht gesehen.«[15]

Tom lernte sein Handwerkszeug, indem er dem Beispiel der geschicktesten Gesetzeshüter folgte.[16] Wenn man sorgsam beobachtete und sich nicht allzu sehr dem Trinken oder der Hurerei hingab (was viele Ranger taten), konnte man lernen, wie man der Spur eines Pferdes durchs Unterholz folgte – selbst wenn die Diebe die Hufeisen umgedreht hatten, um in die falsche Richtung zu weisen, wie Tom einmal feststellte. Man schnappte kleine Tricks auf: Jeden Morgen die Stiefel umkehren, um sicherzugehen, dass kein Skorpion oder anderes Getier hineingekrochen war; abends vor dem Schlafengehen die Decke ausschütteln, falls Klapperschlangen darin waren. Man lernte, wie man Treibsand vermied und in einem ansonsten ausgedörrten Land Wasserläufe fand. Man begriff, dass es besser war, wie eine Personifizierung des Bösen in schwarzer Montur auf einem schwarzen Pferd zu reiten, damit einen mögliche Heckenschützen nachts nicht sahen.[17]

Bald erhielt Tom den Befehl zu einer seiner ersten Missi-

Hintere Reihe, von links nach rechts: Toms Brüder Doc, Dudley und Coley. Vorn: Toms Vater, sein Großvater und Tom selbst.

onen: Er sollte seinen Hauptmann und seinen Feldwebel bei der Verfolgung von Viehdieben in Kent County begleiten, das nördlich von Abilene lag. Unterwegs machten Tom und der Feldwebel an einem Geschäft halt, um Proviant zu kaufen. Sie banden ihre Pferde an und gingen gerade hinein, als der Feldwebel Tom fragte, wo denn sein Winchester-Gewehr sei. Tom sagte, es befinde sich noch in seiner Gewehrtasche auf seinem Pferd. Der Feldwebel, ein Mann von explosivem Temperament, schrie ihn an: »Tu das nie wieder! Hol sofort deine Winchester, nimm sie mit hinein und behalte sie stets bei dir.«[18]

Der so gescholtene Tom holte sein Gewehr, und es dauerte nicht lange, bis er die Aufregung des Feldwebels verstand: Sie wurden von den Viehdieben verfolgt, die mehrere Male versuchten, sie zu erschießen. Schließlich aber konnte die Bande gefasst werden.

Tom wurde im Umgang mit dem, was er »Gaunergesin-

Eine Gruppe texanischer Gesetzeshüter, darunter Tom White (Nr. 12) und seine drei Brüder, Doc (Nr. 6), Dudley (Nr. 7) und Coley (Nr. 13).

del« nannte, zunehmend geschickter. Gemeint waren Viehdiebe, Pferdediebe, Taugenichtse, Zuhälter, Schmuggler, Postkutschenräuber, Desperados und andere Missetäter. Als man ihn zusammen mit einem anderen Ranger, Oscar Roundtree, entsandte, um in der gesetzlosen Stadt Bowie aufzuräumen, schrieb danach ein Pastor an Whites Hauptmann und teilte diesem mit, er sei Zeuge gewesen, wie »das gesetzlose Element von den beiden Rangers, die Sie uns geschickt haben, vollständig aus der Stadt vertrieben wurde«.[19]

Während seiner Zeit als Ranger ermittelte Tom in mehreren Mordfällen. Toms Bruder Doc erinnerte sich: »Wir hatten nichts – nicht einmal Fingerabdrücke. Wir mussten uns hauptsächlich auf Augenzeugen verlassen, und an die war bisweilen schwer heranzukommen.«[20] Noch störender war, dass mancher Ranger keine Geduld hatte, sich auf die Feinheiten des Gesetzes einzulassen. Ein Mitglied aus Toms Kompanie suchte sich den ruchlosesten Bösewicht der Stadt und brach dann einen Streit vom Zaun, um ihn erschießen zu können. Tom, der die Meinung vertrat, ein Gesetzeshüter könne in der Regel »eine Tötung verhindern, wenn man nicht den Kopf verlor«, sagte einem Schriftsteller gegenüber später, dass er hitzige Diskussionen mit diesem Ranger geführt habe.[21] Es erschien ihm nicht recht, dass ein Einzelner gleichzeitig die Rollen des Richters, der Geschworenen und des Henkers ausfüllte.

* * *

Im Jahr 1908 war Tom in Weatherford stationiert, einer östlich von Abilene gelegenen Stadt. Dort begegnete er einer jungen Frau namens Bessie Patterson. Sie war zierlich, zumindest im Vergleich zu ihm, hatte kurzes braunes Haar und ehrliche Augen. Tom, der einen Großteil seines Lebens in Gesellschaft von Männern verbracht hatte, war hingerissen von ihr. War er ein eher stiller Mensch, so war sie ausgesprochen offen und ein regelrechter Wirbelwind. Sie kommandierte ihn in einer Art und Weise herum, wie es nur wenige gewagt hätten, doch das schien ihm nichts auszumachen. Ausnahmsweise einmal musste er nicht die Welt um sich herum oder seine eigenen Gefühle beherrschen. Sein Beruf war jedoch denkbar schlecht für die Ehe geeignet. Docs Hauptmann sagte einmal: »Ein Offizier, der gefährliche Verbrecher jagt, sollte auf Frau und Kinder verzichten.«[22]

Es dauerte nicht lange, da wurde Tom von ihr getrennt. Gemeinsam mit dem Ranger N.P. Thomas, einem seiner engsten Freunde, schickte man ihn nach Amarillo in der Texas Panhandle, um dort für Ordnung zu sorgen. Ein Ranger berichtete, dass einige der größten Gauner der gesamten Gegend in der Stadt lebten, und dass das Büro des Sheriffs nichts dazu beitrage, diesen Zustand zu beseitigen; vielmehr, so bemerkte der Ranger, »hat der Sheriff zwei Söhne, die im Hurenhaus wohnen«.[23]

Thomas war bereits mehrere Male mit dem Hilfssheriff aneinandergeraten. Eines Morgens im Januar 1909 saß Thomas im Büro des Bezirksstaatsanwalts, als der Hilfssheriff seine Waffe auf ihn richtete und ihm ins Gesicht schoss. Thomas kippte vornüber. Blut strömte aus seinem Mund. Als die Sanitäter eintrafen, atmete er zwar noch, doch sie konnten die Blutung nicht stoppen und er starb qualvoll.

Viele der Männer, mit denen Tom bei den Rangers gedient hatte, fanden einen frühen Tod. Tom sah sowohl unerfahrene Männer als auch Veteranen sterben. Er sah verantwortungslose Gesetzeshüter sterben, aber auch pflichtbewusste. Roundtree, der zum Hilfssheriff ernannt wurde, bekam von einem reichen Landbesitzer eine Kugel in den Kopf. Der Ranger, mit dem Tom sich über den Missbrauch von Recht und Gesetz gestritten hatte, schloss sich einer Bürgerwehr an und wurde versehentlich von einem seiner eigenen Männer erschossen. Toms Feldwebel wurde von einem Angreifer sechsmal getroffen, ein Schaulustiger zweimal. Als der Feldwebel blutend auf dem Boden lag, bat er um ein Stück Papier, auf das er eine Nachricht an das Ranger-Hauptquartier kritzelte: »Ich wurde zusammengeschossen. Sonst alles ruhig.«[24] Irgendwie überlebte er seine Verwundungen, doch der unbeteiligte Schaulustige starb. Später wurde ein neuer Rekrut aus Toms Kompanie niedergeschossen, als er versuchte, einen Angriff abzuwehren. Tom nahm den noch warmen Leichnam des Rangers und brachte ihn zu dessen Eltern, die nicht begreifen konnten, warum ihr Junge nun in einer Kiste lag und Futter für die Maden war.

N.P. Thomas' Tod stürzte Tom in eine Sinnkrise. Er zweifelte an seiner eigenen Gesetzestreue. Ein Freund von Tom, der einen kurzen Abriss über dessen Leben verfasste, schrieb: »Toms emotionales Ringen war kurz, aber heftig. Sollte er … versuchen, [Thomas'] Tod zu rächen?«[25] Tom beschloss stattdessen, die Rangers zu verlassen und Bessie zu heiraten. Der Generaladjutant schrieb an Toms Hauptmann und lobte Tom als »hervorragenden Offizier«; er würde es »bedauern, wenn er den Dienst quittierte«.[26] Doch seine Entscheidung war endgültig.

Er und Bessie ließen sich in San Antonio nieder, wo der erste ihrer beiden Söhne zur Welt kam. Tom wurde Eisenbahndetektiv, und das regelmäßige Einkommen ermöglichte es ihm, eine Familie zu ernähren. Zwar verfolgte er immer noch Banditen zu Pferde, doch die Arbeit war in aller Regel weniger gefährlich. In vielen Fällen ging es darum, Personen zu entlarven, die falsche Erstattungsansprüche geltend machten. Tom hielt solche Leute für Feiglinge und verachtete sie daher noch mehr als die Desperados, die bei einem Zugraub ihr Leben riskierten.

Tom war ein hingebungsvoller Familienvater, doch wie seinen Vater zog auch ihn die Finsternis an. Im Jahr 1917 schwor er den Eid als Sonderermittler des Bureau of Investigation. Dabei sprach er folgende Worte: »Ich werde die Verfassung der Vereinigten Staaten gegen alle Feinde unterstützen und verteidigen … SO WAHR MIR GOTT HELFE.«

* * *

Im Juli 1918, nicht lange, nachdem Tom dem Büro beigetreten war, brach sein Bruder Dudley gemeinsam mit einem anderen Ranger auf, um in einem entlegenen, bewaldeten Gebiet namens Big Thicket im Osten von Texas zwei Deserteure festzunehmen. Eine schwere Dürre herrschte gerade, und inmitten von Staub und Hitze durchsuchten Dudley und sein Part-

Toms Bruder Dudley

ner ein Bretterhaus, das den beiden Gesuchten mutmaßlich als Versteck diente. Die Verdächtigen waren nicht anwesend, also beschlossen Dudley und sein Partner, auf der Veranda zu warten. Um drei Uhr in der Früh wurde die Dunkelheit plötzlich von grellem Mündungsfeuer erleuchtet. Die Deserteure hatten ihnen aufgelauert. Dudleys Partner wurde zweimal getroffen, und als er verletzt auf der Veranda lag, konnte er Dudley sehen, wie er dastand und einen seiner Sechsschüsser abfeuerte. Dann fiel Dudley, als hätte ihm jemand den Boden weggezogen, und sein schwerer Körper krachte auf die Dielen. Sein Partner erinnerte sich später, dass er »fiel und nicht wieder aufstand«[27]. Eine Kugel hatte Dudley in der Nähe des Herzens getroffen.

Tom war tief erschüttert, als er davon erfuhr. Sein Bruder – verheiratet und Vater von drei Kindern unter acht Jahren – war ihm stets unverwundbar erschienen. Die beiden Deserteure wurden geschnappt und wegen Mordes angeklagt. Toms Vater war an jedem Prozesstag so lange anwesend, bis beide Männer verurteilt waren.

Nach der Schießerei wurde Dudleys Leichnam nach Hause gebracht. In einem Ranger-Bericht stand nüchtern: »Ein Wagenlaken, ein Bettlaken, ein Kissen beim Transport von Ranger Whites Leiche verwendet.«[28] Tom und seine Familie holten Dudleys Habseligkeiten ab, darunter das stahlummantelte Bleispitzgeschoss, das ihn getötet hatte. Er wurde auf einem Friedhof in der Nähe der Ranch beigesetzt, auf der er geboren worden war. Wie in der Bibel geschrieben stand: »Staub bist du, und zum Staub wirst du zurückkehren.« Ein Obelisk neben seinem Grab trug die Inschrift:

* * *

JOHN DUDLEY WHITE, SR
Texas Rangers Hauptquartier
Gefallen in Erfüllung seiner Pflicht
Am 12. Juli 1918

* * *

Zwei Wochen nach der Beerdigung fiel ein kühler Regen, der die Prärie überschwemmte. Zu diesem Zeitpunkt war Tom bereits zum Bureau of Investigation zurückgekehrt.

14. Letzte Worte

Im September 1925, als White herauszufinden versuchte, welche Geheimnisse William Hale und seine Neffen Ernest und Bryan verbargen, fragte er sich, ob eine bestimmte Person diese nicht schon zuvor aufgedeckt hatte: Mollie Burkharts Schwager Bill Smith. Smith war es gewesen, der als Erster den Verdacht geäußert hatte, Lizzie sei vergiftet worden, und der Frage nachgegangen war, ob es ein größeres Komplott im Zusammenhang mit dem Ölreichtum der Familie gab. Wenn man Smith aufgrund seiner Erkenntnisse umgebracht hatte, dann waren diese Informationen möglicherweise der Schlüssel zu dem Fall.[1]

Nachdem das Haus der Smiths durch die Explosion zerstört worden war, befragten Agenten die zur Zeit von Bills Behandlung im Krankenhaus diensthabende Schwester, ob er hinsichtlich der Morde irgendetwas erwähnt habe. Sie sagte, Bill habe in seinem fiebrigen Schlaf häufig Namen gemurmelt, doch habe sie diese nicht verstanden. Manchmal, wenn er erwacht sei, habe er besorgt gewirkt, dass er etwas im Schlaf gesagt habe – etwas, dass er besser nicht gesagt hätte. Die Schwester erinnerte sich, dass Bill kurz vor seinem Tod Besuch von seinen Ärzten – James und David Shoun – und seinem Anwalt bekommen habe. Die Ärzte baten die Schwester, das Zimmer zu verlassen. Es war unmissverständlich, dass sie nicht wollten, dass jemand ihre Unterhaltung mit Bill verfolgte, und sie nahm an, dass er ihnen etwas darüber mitgeteilt habe, wer für das Sprengstoffattentat verantwortlich sei.

White, der die Shouns bereits aufgrund der fehlenden Kugel im Fall Anna Brown verdächtigte, begann mit der Befragung sämtlicher Personen, die bei Bill im Zimmer gewesen waren. Später wurden diese Männer auch von Bundesbeamten befragt. Einer Verhör-Abschrift zufolge sagte David Shoun, er und sein Bruder hätten den Rechtsanwalt bestellt, weil sie geglaubt hätten, dass Bill möglicherweise seine Mörder nennen würde, doch sei nichts dabei herausgekommen. »Wenn Bill Smith tatsächlich wusste, wer ihn in die Luft gejagt hatte, dann sagte er es jedenfalls nie«, erinnerte sich der Arzt.

Ein Beamter hakte nach, warum es denn so wichtig gewesen sei, dass die Krankenschwester den Raum verlassen habe. Shoun erklärte, dass Schwestern »oft das Zimmer verlassen, wenn Ärzte es betreten«[2].

»Dann lügt sie also, wenn sie sagt, Sie hätten sie darum gebeten?«[3]

»Nein, Sir, wenn sie das sagt, dann habe ich das wohl getan.« Shoun sagte, er würde dutzendmal schwören, dass Bill seine Mörder nicht genannt habe. Er deutete auf seinen Hut und fügte hinzu: »Diesen Hut hat mir Bill geschenkt; er ist mein Freund.«

David Shouns Bruder James zeigte sich ebenso undurchdringlich und erklärte gegenüber dem Staatsanwalt: »Er sagte nie, wer ihn in die Luft gejagt hatte.«

»Er muss doch darüber gesprochen haben.«

»Er sagte nie, wer ihn in die Luft gejagt hatte.«[4]

»Hat er denn darüber gesprochen, wer ihn in die Luft gejagt hat?«

»Er hat nicht darüber gesprochen, wer ihn in die Luft gejagt hat.«

Als man Bill Smiths Anwalt befragte, beharrte auch er darauf, dass er keine Ahnung habe, wer für das Bombenattentat im Hause der Smiths verantwortlich sei. »Meine Herren, das Ganze ist mir ein Rätsel«, sagte er.[5] Als man ihn jedoch ins Kreuzverhör nahm, verriet er, dass Bill Smith im Krankenhaus gesagt habe: »Wissen Sie, ich hatte auf der Welt nur zwei Feinde«, und dass diese zwei Feinde William K. Hale, der König der Osage Hills, und sein Neffe Ernest Burkhart gewesen seien.[6]

Die Ermittler verhörten dazu auch James Shoun, und auch dieser rückte schließlich mit der Wahrheit heraus: »Ich kann nicht mit Bestimmtheit sagen, dass er sagte … dass Bill Hale ihn in die Luft gesprengt habe, aber er sagte, dass Bill Hale sein einziger Feind sei.«[7]

»Was sagte er über Ernest Burkhart?«, wollte ein Staatsanwalt wissen.

»Er sagte, das seien die beiden einzigen Feinde, von denen er wisse.«

Die Shouns standen Hale und den Burkharts sehr nahe, da sie seit langer Zeit die Ärzte ihrer Familien waren. Nicht lange nach dem Gespräch im Krankenhaus teilte einer der Shouns der Schwester mit, Bryan Burkhart sei krank. Shoun bat sie, Burkhart zu Hause zu besuchen, und sie willigte ein. Während sie dort war, tauchte Hale auf. Er unterhielt sich vertraulich mit Bryan, dann wandte er sich an die Schwester. Nach einer oberflächlichen Unterhaltung fragte er sie, ob Bill Smith vor seinem Tod seine Mörder genannt habe. Die Krankenschwester entgegnete: »Hätte er das getan, würde ich es für mich behalten.«[8] Offenbar wollte Hale feststellen, ob sie etwas wusste, und ihr für diesen Fall drohen, besser kein Wort zu sagen.

* * *

Als sich White und seine Agenten dann intensiver mit der im Krankenhaus gemachten Aussage beschäftigten, beschlich sie der Verdacht, dass die Ärzte das private Treffen mit Bill Smith nicht wegen einer Zeugenaussage, sondern vielmehr aus anderweitigen Motiven anberaumt hatten. Während des Besuchs wurde James Shoun zum Verwalter des Nachlasses von Bill Smiths ermordeter Frau Rita ernannt, was ihm gestattete, ihren letzten Willen zu vollstrecken. Eine solche Position wurde stets Weißen zuerkannt, weil dabei unglaublich hohe Gebühren anfielen und es mannigfache Möglichkeiten gab, Vermögenswerte zu verschieben.

Als Whites Team diesen Plan durchschaute, befragte einer der Staatsanwälte David Shoun dazu. »Als Mediziner wissen Sie um die Voraussetzungen einer letzten Aussage«, sagte er. »Sie haben nicht versucht, etwas derartiges zu bekommen?«[9]

»Nein«, antwortete Shoun kleinlaut.

Nun war es klar, warum die Ärzte nicht den Sheriff oder einen Staatsanwalt, sondern Bill Smiths Rechtsanwalt hinzugezogen hatten. Sie hatten ihn gebeten, die Papiere mitzubringen, die Bill vor seinem Tod noch unterzeichnen sollte.

Ein anderer Staatsanwalt fragte David Shoun, ob Bill klaren Geistes genug gewesen sei, um eine solche Entscheidung zu treffen.

»Wusste er, was er unterschrieb?«[10]

»Ich denke schon; ich glaube, er war bei Verstand.«

»Sie sind Arzt; war er bei Verstand?«

»Er war bei Verstand.«

»Und er traf die Vorkehrungen für die Einsetzung Ihres Bruders als Nachlassverwalter seiner Ehefrau?«

»Ja, Sir.« Nach einem weiteren Verhör räumte er ein: »Ein sehr umfangreicher Nachlass.«

Je genauer White den Geldfluss aus den Ölrechten der Osage

verfolgte, auf desto mehr Schichten der Korruption stieß er. Manche Vormunde und Verwalter versuchten zwar, im besten Interesse des Stammes zu handeln, zahllose andere hingegen missbrauchten das System, um diejenigen zu betrügen, die sie angeblich beschützten. Viele Vormunde etwa kauften für ihre Mündel Waren zu überhöhten Preisen in ihren eigenen Geschäften. (Ein Vormund erwarb für zweihundertfünfzig Dollar ein Auto und verkaufte es dann für eintausendzweihundertfünfzig Dollar an sein Mündel weiter.) Andere lenkten sämtliche Geschäfte ihrer Mündel auf bestimmte Geschäfte und Banken und erhielten dafür entsprechende Gegenleistungen. Oder sie behaupteten, für ihre Mündel Häuser und Land zu kaufen, während sie diese in Wahrheit für sich selbst kauften. Oder sie bestahlen ihre Mündel ganz einfach. Eine Studie der Regierung schätzte, dass bis zum Jahr 1925 mindestens acht Millionen Dollar unrechtmäßig von den beschränkten Konten der Osage-Mündel abgehoben wurden. »Das schwärzeste Kapitel in der Geschichte dieses Staates wird die Vormundschaft über diese indianischen Vermögen sein«, sagte ein Osage-Häuptling und fuhr fort: »Millionen – nicht Tausende, sondern Millionen – von Dollar, die eigentlich den Osage gehörten, wurden von den Vormunden selbst ausgegeben und vergeudet.«[11]

Wie White feststellte, war dieses sogenannte Indianergeschäft eine raffinierte kriminelle Operation, in der verschiedenste Bereiche der Gesellschaft zusammenwirkten. Die verbrecherischen Vormunde und Verwalter von Osage-Vermögen fanden sich typischerweise unter den prominentesten weißen Bürgern: Geschäftsleute, Rancher, Anwälte und Politiker gehörten dazu. Dasselbe galt für die Gesetzeshüter, Strafverfolger und Richter, die den Schwindel ermöglichten und vertuschten (und bisweilen selbst als Vormunde und Verwalter fungierten). Im Jahr 1924 führte die Indian Rights Association, eine Orga-

Der Osage-Häuptling Bacon Rind beklagte, dass »alle hierherkommen und etwas von diesem Geld haben wollen«.

nisation zum Schutz der Interessen indigener Gemeinschaften, eine Untersuchung dessen durch, was sie als »Orgie von Betrug und Ausbeutung« bezeichnete.[12] Die Organisation dokumentierte, wie reiche Indianer in Oklahoma »auf systematische und rücksichtslose Weise schamlos und offen beraubt« wurden[13] und dass Vormundschaften »die Rosinen« seien, »die an die treuen Freunde der Richter als Belohnung für ihre Unterstützung bei den Wahlen verteilt wurden«.

Es war allgemein bekannt, dass manche Richter zu Bürgern sagten: »Wenn du für mich stimmst, werde ich zusehen, dass du eine gute Vormundschaft bekommst.« Eine weiße Frau, die einen Osage geheiratet hatte, schilderte einem Reporter, wie die Ortsansässigen vorgingen: »Es bildete sich ein Gruppe von Händlern und Rechtsanwälten, die bestimmte Indianer als ihre Beute ausmachten ... Diese Männer hatten ein Abkommen miteinander. Sie sagten kaltblütig: ›Du nimmst diesen und jenen, ich nehme diese da.‹ Sie suchten gezielt Indianer aus, die über volle Bodenrechte verfügten und große Farmen besaßen.«[14]

Manche dieser Komplotte waren im Höchstmaß verkommen. Die Indian Rights Association schilderte den Fall einer Witwe, deren Vormund sich mit einem Großteil ihres Besitzes abgesetzt hatte. Daraufhin teilte er der Frau, die inzwischen von Osage County weggezogen war, fälschlicherweise mit, dass sie über keinerlei Geld mehr verfüge. Gänzlich verarmt, musste sie nun allein ihre Kinder aufziehen. »Sie und ihre beiden kleinen Kinder hatten nicht einmal ein Bett oder etwas zu essen im Haus«, sagte der Ermittler.[15] Als das Baby der Witwe erkrankte, weigerte sich der Vormund dennoch, ihr etwas von ihrem Geld auszuzahlen, obwohl sie ihn darum anflehte. »Ohne anständige Nahrung und medizinische Versorgung starb das Baby«, sagte der Ermittler.

Die Osage waren sich solcher Komplotte zwar bewusst, hatten jedoch nicht die Möglichkeit, etwas dagegen zu unternehmen. Nachdem die Witwe ihr Baby verloren hatte, legte man einem Bezirksrichter Beweise für den Betrug vor, die jedoch einfach ignoriert wurden. »Es gibt keine Hoffnung auf Gerechtigkeit, solange man diese Zustände weiter zulässt«, schloss der Ermittler.[16] »Der menschliche Schrei dieser Frau ... ist ein Aufruf an ganz Amerika.« Ein Osage, der mit einem Reporter über die Vormunde sprach, sagte: »Unser Geld zieht sie an, und man ist absolut hilflos. Sie haben das Recht und den gesamten Apparat auf ihrer Seite. Wenn Sie Ihre Geschichte schreiben, sagen Sie allen Leuten, dass hier draußen unsere Seelen skalpiert werden.«[17]

15. Das verborgene Gesicht

An einem Tag in jenem September hielt der Geheimagent, der sich als Versicherungsmakler ausgab, an einer Tankstelle in Fairfax und begann eine Unterhaltung mit einer Frau, die dort arbeitete. Als der Agent ihr sagte, er wolle sich in der Nähe nach einem Haus umsehen, erwähnte sie, dass William Hale in dieser Gegend »alles kontrolliert«.[1] Sie sagte, von Hale habe sie auch ihr eigenes Haus gekauft, das am Rande seiner Weidefläche liege. Eines Abends, so erinnerte sie sich, seien Tausende Hektar von Hales Land in Flammen aufgegangen. Nichts als Asche sei zurückgeblieben. Die meisten Menschen wüssten nicht, wer den Brand gelegt habe, sie jedoch schon: Hales Arbeiter hätten auf Geheiß ihres Chefs das Land in Brand gesetzt, damit dieser die Versicherungssumme habe kassieren können – insgesamt dreißigtausend Dollar.

White versuchte auch über eine andere verdächtige Angelegenheit mehr Informationen zu bekommen: Wie war Hale zum Begünstigten von Henry Roans Lebensversicherung in Höhe von fünfundzwanzigtausend Dollar geworden? Als Roan 1923 mit einer Kugel im Hinterkopf aufgefunden wurde, hatte Hale ein offensichtliches Motiv. Trotzdem hatte der Sheriff niemals Nachforschungen in diese Richtung angestellt, ebenso wenig wie andere örtliche Gesetzeshüter – ein Versehen, das nicht mehr zufällig erschien. White machte den Versicherungskaufmann ausfindig, der Roan die Police 1921 verkauft hatte. Hale hatte stets darauf gepocht, dass Roan, einer seiner engsten Freunde, ihn als Begünstigten eingesetzt habe, da er Roan über die Jahre eine Menge Geld geliehen habe. Der Makler erzählte jedoch eine ganz andere Geschichte.

Soweit er sich erinnerte, hatte sich Hale unabhängig um die Police bemüht und gesagt: »Verdammt noch mal, das ist ja, als spießte man Fische aus einer Wassertonne.«[2]

Hale hatte versprochen, für eine solche Police eine zusätzliche Provision zu zahlen, und der Makler hatte erwidert: »Gut, wir könnten sie über zehntausend Dollar ausschreiben.«

»Nein, ich hätte gerne fünfundzwanzigtausend Dollar«, sagte Hale.

Der Versicherungsmakler hatte Hale erklärt, dass er als Nicht-Verwandter nur dann Roans Begünstigter werden könne, wenn ihm dieser Geld schulde. Daraufhin hatte Hale entgegnet: »Nun, er schuldet mir eine ganze Menge Geld, er schuldet mir zehntausend oder zwölftausend Dollar.«

White fand es schwer zu glauben, dass diese Angaben stimmten. Hätte Roan Hale tatsächlich diese Summe geschuldet, hätte dieser doch lediglich einen Schuldnachweis bei den Verwaltern von Roans beträchtlichem Vermögen vorzulegen brauchen, und wäre dann entschädigt worden. Es bestand keine Notwendigkeit, eine Lebensversicherung für seinen Freund abzuschließen – eine Police, die Hale keinerlei finanzielle Vorteile gebracht hätte, wäre Roan, damals Ende dreißig, nicht plötzlich verstorben.

Der Versicherungsmakler, der mit Hale gut bekannt war, gab zu, dass ihm kein Schuldnachweis vorliege und er schlicht seine Provision im Auge gehabt habe. Er gehörte zu denjenigen, die ins »Indianergeschäft« verwickelt waren. Roan ahnte von diesen Machenschaften offenbar nichts; er vertraute darauf, dass Hale, sein angeblich bester Freund, ihm helfen wollte.

Ein Problem blieb bei Hales Plan jedoch bestehen: Ein Arzt musste Roan untersuchen – einen schweren Trinker, der im Rausch einmal sein Auto zu Schrott gefahren hatte – und ihn für die Versicherungsgesellschaft als Nicht-Risikoperson einstufen. Obwohl ein Arzt sagte, dass niemand diesem »besoffenen Indianer« etwas Entsprechendes bescheinigen werde,[3] suchte Hale so lange, bis er einen Arzt in Pawhuska fand, der bereit war, eine Empfehlung für Roan auszustellen. Auch einer der scheinbar allgegenwärtigen Shoun-Brüder, James, empfahl Roan.

White stellte fest, dass die Versicherungsgesellschaft den ersten Antrag abgelehnt hatte. Ein Unternehmensvertreter merkte zu Hales Versuch, sich eine Police über fünfundzwanzigtausend Dollar zu sichern, später trocken an: »Ich glaube nicht, dass das regulär erschien.«[4] Unbeirrt wandte Hale sich an eine andere Versicherungsgesellschaft. Im Antrag wurde gefragt, ob Roan bereits von einem Konkurrenten abgelehnt worden sei. Als Antwort hatte man »Nein« eingetragen. Ein Versicherungsagent, der den Antrag später prüfte, teilte den Behörden mit: »Ich wusste, dass die Fragen im Antrag falsch beantwortet waren.«[5]

Diesmal hatte Hale einen Schuldschein präsentiert, um zu beweisen, dass ihm Roan Geld schuldete. Die Summe, die Hale ursprünglich mit zehntausend bis zwölftausend Dollar beziffert hatte, war unerklärlicherweise auf fünfundzwanzigtausend Dollar angewachsen, was exakt der gewünschten Versicherungssumme entsprach. Der angeblich von Roan unterzeichnete Schuldschein trug das Datum »Janr 1921«; dies war wichtig, zeigte es doch, dass der Schuldschein vor den ersten Versicherungsanträgen ausgestellt worden war, und ließ Hales Ansinnen somit legitim erscheinen.

Graphologie und Dokumentenanalyse waren aufkommende Instrumente auf dem Gebiet krimineller Ermittlungen. Obwohl die neuen forensischen Wissenschaften von vielen mit Ehrfurcht begrüßt wurden und man ihnen eine beinahe göttliche Macht zuschrieb, waren sie doch häufig für menschlichen Irrtum anfällig. Im Jahr 1894 legte der französische Kriminologe Bertillon eine vollkommen falsche graphologische Analyse vor und trug so zum Fehlurteil über Alfred Dreyfus wegen Landesverrats bei.

Sorgfältig und klug angewandt, waren Dokumenten- und Handschriftenanalyse jedoch durchaus hilfreich. In dem berüchtigten Mordfall gegen Nathan Leopold und Richard Loeb im Jahr 1924 hatten die Ermittler tatsächliche Ähnlichkeiten zwischen Leopolds maschinengeschriebenen Studienunterlagen und der ebenfalls maschinengeschriebenen Lösegeldforderung festgestellt.

Agenten, die in Roans Mordfall ermittelten, dankten später einem Analysten des Finanzministeriums, der als »Prüfer fragwürdiger Dokumente« bekannt war. Dieser fand heraus, dass das ursprüngliche, maschinengeschriebene Datum auf dem Dokument »Juni« gelautet hatte und jemand nachträglich das *u* und das *i* sorgfältig entfernt hatte. »Bei schräg einfallender Beleuchtung angefertigte Fotografien zeigen eindeutig, dass die Papierfasern im Bereich des Datums aufgrund mechanischer Einwirkung aufgeraut und erhaben sind«, schrieb der Untersuchende.[6] Er stellte fest, dass jemand das *u* durch ein *a* und das *i* durch ein *r* ersetzt hatte, damit das Datum auf »Janr« lautete.

White verdächtigte Hale, dass er das Dokument aufgesetzt hatte, um die Versicherungssumme zu kassieren, und es dann nachträglich geändert hatte, als ihm sein Fehler beim Datum aufgefallen war. Später befragte ein Bundesbeamter den Mann, von dem Hale behauptete, er habe das Dokument verfasst. Er stritt ab, es je gesehen zu haben. Als man ihn fragte, ob Hale log, antwortete er: »Absolut.«[7]

Die zweite Versicherungsgesellschaft gab dem Antrag statt, nachdem Hale mit Roan abermals den Arzt in Pawhuska aufgesucht hatte, um die erforderliche medizinische Untersuchung durchführen zu lassen. Der Arzt erinnerte sich, dass er Hale gefragt hatte: »Bill, was hast du vor, willst du diesen Indianer umbringen?«[8]

Lachend sagte Hale: »Verdammt, ja.«[9]

* * *

White erfuhr, dass die örtlichen Gesetzeshüter Hale als Verdächtigen mehr als übersahen, nachdem er bei Roans Beerdigung als Sargträger fungiert hatte. Stattdessen versuchten sie, eine Schuldzuweisung gegen Roy Bunch zu konstruieren, jenen Mann, der eine Affäre mit Roans Frau gehabt hatte. White und seine Agenten sprachen mit Bunch, der seine Unschuldsbehauptung aufrechterhielt und eine seltsame Geschichte über Hale erzählte. Nach dem Mord an Roan habe sich Hale an ihn gewandt und gesagt: »Wenn ich du wäre, würde ich besser aus der Stadt verschwinden.«[10]

»Warum sollte ich weglaufen? Ich habe es nicht getan.«

»Die Leute glauben aber, dass du es warst«, habe Hale erwidert.

Er bot Bunch Geld für seine Flucht an. Danach sprach Bunch mit einem Freund, der ihn davon überzeugte, nicht zu fliehen, da dies nur wie ein Schuldeingeständnis wirken würde. »Wenn du abhaust, hängen sie dich ganz sicher«, sagte sein Freund.

White und seine Männer stellten gründliche Ermittlungen zu Bunch an und schlossen ihn als Verdächtigen aus. Ein Agent notierte: »Die Beziehung zwischen Bunch und Roans Ehefrau wurde gezielt hochgespielt, um [von den wahren Mördern] abzulenken.«[11] Derjenige, der das größte Interesse daran hatte, dass Bunch als Schuldiger dastand, war der König der Osage Hills. Nach dem Mord an Roan hatte Hale mehrere Male dessen Witwe aufgesucht und versucht, sie zur Unterschrift zahlreicher Papiere im Zusammenhang mit Forderungen gegen Roans Nachlass zu bewegen. Einmal ließ Hale ihr eine Flasche Whiskey als Geschenk da. Da sie wusste, auf welche Weise viele Osage umgekommen waren, weigerte sie sich, den Schwarzbrand zu versuchen: Sie fürchtete, dass er vergiftet war.

* * *

Obwohl White nun eindeutige Hinweise dafür vorlagen, dass Hale mit dem Mord an Roan in Verbindung stand, hatte der Fall immer noch gewaltige Lücken. Es gab keinerlei Beweise – weder Fingerabdrücke noch glaubhafte Augenzeugenberichte – dafür, dass Hale Roan selbst erschossen oder einen seiner Neffen oder einen anderen Helfershelfer mit der Tat beauftragt hatte. Zudem schien die verdächtige Lebensversicherung Hale zwar mit Roans Ermordung in Verbindung zu bringen, doch bot sie kein Motiv für die anderen Osage-Morde.

Nachdem sich White eingehender mit Roans Fall befasst hatte, fiel ihm jedoch ein Detail auf: Bevor Hale die Lebensversicherung für Roan abschloss, hatte er versucht, Roans Headrights zu erwerben – seinen Anteil am Mineralölkonzern des Stammes, der kostbarer war als jedes Gold- oder Diamantenvorkommen. Hale wusste, dass es rechtlich unmöglich war, ein Headright zu kaufen oder zu verkaufen, doch war er zuversichtlich, dass ein entsprechender Druck seitens einflussreicher Weißer dieses Verbot bald beseitigen würde. Tatsächlich sagte er einmal: »Wie viele andere gute Männer glaubte ich, dass es nur kurze Zeit dauern würde, bis der Kongress ein Gesetz erließ, das es jedem gebildeten Indianer mit Befähigungsnachweis gestattet, seine oder ihre Mineralrechte zu veräußern, an wen er oder sie auch will.«[12] Doch das Gesetz war nicht geändert worden, und White nahm an, dass dieser Rückschlag Hale dazu gebracht hatte, das Versicherungs-Mordkomplott zu schmieden.

Einen legalen Weg gab es allerdings, wie jemand ein Headright erwerben konnte – nämlich durch Erbschaft. Als White die Testamentsabschriften vieler Mordopfer durchsah, zeigte sich, dass mit jedem weiteren Todesfall immer mehr Headrights in die Hände einer Person fielen – Mollie Burkhart, die zufällig mit Hales Neffen Ernest verheiratet war, einem Mann, der »vollkommen von Hale gesteuert wurde«, wie ein Agent in einem Bericht schrieb.[13] Der Schwarzbrenner und Informant Kelsie Morrison sagte gegenüber Agenten aus, dass sowohl Ernest als auch Bryan Burkhart genau das täten, was ihr Onkel ihnen sage. Morrison fügte hinzu, Hale sei »zu allem fähig«.[14]

White studierte die Muster der Todesfälle in Mollies Familie. Nicht einmal die Chronologie schien mehr zufällig, sondern Teil eines ruchlosen Plans zu sein. Anna Brown, geschieden und kinderlos, hatte fast ihr gesamtes Vermögen ihrer Mutter Lizzie vermacht. Indem der Mörder Anna zuerst umbrachte, stellte er sicher, dass ihr Headright nicht zwischen mehreren Erben aufgeteilt wurde. Da Lizzie ihrerseits den größten Teil ihres Headrights ihren überlebenden Töchtern Mollie und Rita vererbt hatte, wurde sie das nächste logische Ziel. Dann folgten Rita und ihr Ehemann Bill Smith. White erkannte, dass die ungewöhnliche Methode des letzten Mordes – ein Bombenattentat – ebenfalls eine grausige Logik besaß. Die Testamente von Rita und Bill legten nämlich fest, dass im Falle eines gemeinsamen Ablebens ein großer Teil von Ritas Headright ihrer überlebenden Schwester Mollie zufallen sollte. Hier hatte sich der Drahtzieher jedoch verrechnet: Da Bill seine Frau un-

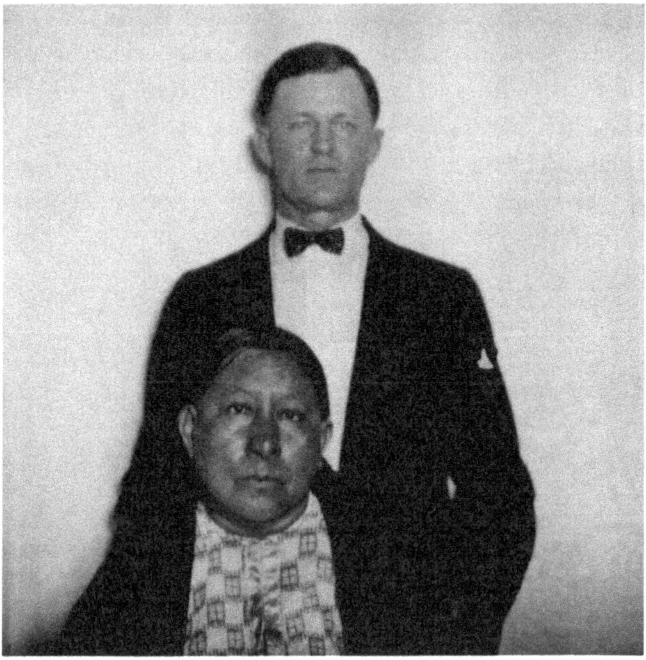

Ernest und Mollie Burkhart.

erwartet um einige Stunden überlebte, erbte er einen Großteil ihres Vermögens, und nach seinem Tod ging das Geld an seine Verwandtschaft. Der Löwenanteil der im Familienbesitz befindlichen Headrights war jedoch bereits Mollie Burkhart zugefallen, deren Vermögen von Ernest kontrolliert wurde. White war sich sicher, dass Hale über seinen dienstbaren Neffen indirekten Zugriff auf dieses Vermögen hatte. Wie White später Hoover berichtete: »MOLLIE scheint für HALE das geeignete Vehikel gewesen zu sein, sich über die BURKHARTS die Anteile der gesamten Familie anzueignen.«[15]

White konnte nicht feststellen, ob Ernests Heirat mit Mollie – vier Jahre vor dem Mord an Anna – von Anfang an Teil des

Komplotts gewesen war, oder ob Hale seinen Neffen erst nach der Heirat gedrängt hatte, sie zu betrügen. In jedem Fall war der Plan so dreist, so abgrundtief böse, dass das Ganze kaum vorstellbar war. Es bedeutete, dass Ernest das Bett mit Mollie teilte und Kinder mit ihr aufzog, obwohl er die ganze Zeit gegen ihre Familie verschworen war. Wie Shakespeare in *Julius Caesar* schrieb:

* * *

O denn, bei Tag, wo willst du eine Höhle
Entdecken, dunkel g'nug, es zu verlarven,
Dein schnödes Antlitz? – Verschwörung, suche keine!
In Lächeln hüll' es und in Freundlichkeit![16]

* * *

16. Zur Verbesserung des Büros

White und seine Männer spürten, dass sie zunehmend Fortschritte machten. Ein Staatsanwalt des Justizministeriums sandte Hoover eine Nachricht, in der es hieß, dass in den wenigen Monaten, seit White die Leitung der Ermittlungen übernommen habe, »erfolgreich viele neue Aspekte dieser Fälle entwickelt wurden« und »ein neuer und enthusiastischer Geist unser aller Herzen zu durchdringen scheint«.[1]

Trotzdem stand White bei seiner Untersuchung der Morde an Mollie Burkharts Familie demselben Problem gegenüber wie schon bei den Ermittlungen im Falle von Roans Tod. Es gab keine objektiven Beweise oder Zeugenaussagen, um zu belegen, dass Hale auch nur einen der Morde begangen oder in Auftrag gegeben hatte. Ohne einen wasserdichten Fall, das wusste White, war es aber völlig unmöglich, diesen Mann zu überführen, der sich hinter hoch angesehenen Rechtsanwälten verschanzte, sich selbst »Pastor« nannte und eine gut vernetzte Vetternwirtschaft nutzte, um den Sheriff, Staatsanwälte, Richter und einige der höchsten Staatsdiener zu beeinflussen.

In einem erschütternden Bericht stellten die Agenten fest, dass Scott Mathis, Eigentümer der Big Hill Trading Company sowie Vormund von Anna Brown und Lizzie, »ein Gauner« sei, der »offensichtlich unter Hales Einfluss steht«.[2] Ein Partner von Mathis diene als »Spion für Bill Hale und die Big Hill Trading Company und treibt ein abgekartetes Spiel bei ihren betrügerischen Geschäften, mit denen sie die Indianer ausbeuten«. Der Polizeichef von Ponca City habe »Geld von Bill Hale angenommen«, der Polizeichef von Fairfax wiederum werde »nichts unternehmen, was Hale schaden könnte«. Ein örtlicher Unternehmer und Vormund »wird sich nicht gegen die Hale-Bande aussprechen, weil Hale zu viel gegen ihn in der Hand hat«. Der Bürgermeister von Fairfax, ein »Erzgauner«, sei ein enger Freund Hales. Der altgediente Bezirksstaatsanwalt sei ein Teil von Hales politischer Maschinerie, »nicht gut«, »korrupt«, und selbst ein Bundesbeamter des Indianerbüros befinde sich »in der Hand von Bill Hale und wird tun, was Hale sagt«.

White erkannte, dass er mit seinem Kampf um Gerechtigkeit gerade erst am Anfang stand. In einem Bericht des Büros hieß es dazu: »[Hale] beherrschte die Lokalpolitik und konnte offenbar nicht bestraft werden.«[3] Hoover hatte White zuvor gelobt und gesagt, seit er den Fall übernommen habe, seien »die Zustände friedlich, und ich habe keinerlei Anlass zu Klage oder Kritik, was eine große Erleichterung für mich bedeutet«.[4] Hoover, den ein Reporter als »schlankes Knäuel hoch aufgeladener Elektrokabel« bezeichnete,[5] wurde jedoch zunehmend ungeduldig.

* * *

Hoover wollte die neuen Ermittlungen zu einem Vorzeigeprojekt für sein Büro machen, an dessen Umstrukturierung er weiterhin arbeitete.[6] Um dem schäbigen Bild, das Burns und die alte Riege korrupter Detektive hinterlassen hatten, etwas entgegenzusetzen, übernahm Hoover einen progressiven Denkansatz, der rücksichtslos effiziente Managementsysteme forderte. Diese Systeme basierten auf den Theorien von Frederick Winslow Taylor, einem Ingenieur aus der Industrie, der argumentierte, Unternehmen sollten »wissenschaftlich« geführt und jeder Arbeitsschritt minutiös analysiert und quantifiziert werden. Die Progressivisten übertrugen diese Methode auf ein neues Regierungsmodell, das mit der Tradition korrupter Parteichefs aufräumte, welche die Regierungsbehörden, darunter auch die Strafverfolgung, mit Günstlingen und Mitläufern besetzten. Stattdessen sollte eine neue Klasse technokratischer Beamter die aufstrebenden Bürokratien leiten – ganz im Stil von Herbert Hoover, dem »großen Ingenieur«, der durch sein Engagement in Hilfsaktionen während des Ersten Weltkrieges rasch den Ruf eines Helden erworben hatte. Wie der Historiker Richard Gid Powers feststellt, fand J. Edgar Hoover im Progressivismus einen Ansatz, in dem sich sein eigener Organisations- und Sozialkontrollwahn widerspiegelte. Darüber hinaus bot er dem Schreibtischtäter Hoover die Möglichkeit, sich selbst als Lichtgestalt darzustellen – als Kreuzfahrer des modernen Wissenschaftszeitalters. Die Tatsache, dass er noch nie einen Schuss abgegeben hatte, untermauerte dieses Image nur. Journalisten sprachen davon, dass die »Tage der ›alten Spürnasen‹ nun vorüber« seien[7] und Hoover »die alten Traditionen des Bureau of Investigation, also ›Gummischuhe, Blendlaterne und falscher Schnurrbart‹, über Bord warf und stattdessen neue Vorgehensweisen aus der Wirtschaft einführte«.[8] In einem Artikel stand: »Er spielt Golf. Wer könnte sich das bei einem Schnüffler alter Schule vorstellen?«[9]

Unter dem Reformeifer des Progressivismus schlummerte jedoch oft eine gewisse Hässlichkeit. Viele Progressivisten, meist weiße Protestanten aus der Mittelschicht, hegten tiefe Vorurteile gegenüber Immigranten und Schwarzen und waren von ihrer eigenen tugendhaften Autorität derart überzeugt, dass sie demokratische Verfahren ablehnten. Diese Seite des Progressivismus spiegelte Hoovers dunkelste Impulse wider.

Während er das Büro radikal straffte, überlappende Abteilungen abschaffte und Autorität zentralisierte, erhielten White und andere leitende Sonderermittler größere Befugnisse, was ihre Mitarbeiter vor Ort betraf. Dafür trugen sie Hoover gegenüber aber auch eine höhere Verantwortung für alles, was die Agenten taten, sei es nun gut oder schlecht. White musste regelmäßig Formulare zur Effizienzevaluation ausfüllen, auf denen Agenten in Kategorien wie »Wissen«, »Urteilsvermögen«, »persönliches Auftreten«, »Büroarbeit« und »Loyalität« mit einem Punktesystem von 0 bis 100 bewertet wurden. Der Durchschnittswert wurde zur Gesamtnote eines Agenten. Einmal teilte White Hoover mit, dass er kürzlich einen Agenten mit 100 Punkten bewertet habe. Hoover schrieb spitz zurück: »Bedauerlicherweise kann ich mir nicht vorstellen, dass ein Agent in der Zuständigkeit des Büros eine vollkommene 100%-Bewertung verdient hätte.«[10]

Hoover, der die Ansicht vertrat, seine Männer sollten ihre Unzulänglichkeiten auf dieselbe Weise überwinden, wie er als Kind sein Stottern überwunden hatte, entledigte sich aller, die seinen hohen Ansprüchen nicht gerecht wurden. »Ich habe die Entlassung einer beträchtlichen Anzahl Mitarbeiter aus dem Dienst veranlasst«, teilte er White und seinen Sonderermittlern mit.[11] »Manchen mangelte es an einer entsprechenden Bildung, anderen fehlte es an moralischem Stehvermögen.« Oft predigte Hoover die Maxime: »Entweder man verbessert sich, oder man verkommt.«[12]

Obwohl Hoover einräumte, dass ihn mancher für einen »Fanatiker« halten könnte, reagierte er auf Regelverstöße mit großem Zorn. Im Frühjahr 1925, als White noch in Houston arbeitete, brachte Hoover ihm gegenüber seine Verärgerung darüber zum Ausdruck, dass manche Agenten in der Zweigstelle San Francisco Schnaps tränken. Unverzüglich entließ er diese Agenten und befahl White, der im Gegensatz zu seinem

Bruder Doc und vielen anderen »Cowboys« kein großer Trinker war, seinen gesamten Mitarbeiterstamm davon in Kenntnis zu setzen, dass ihnen ein ähnliches Schicksal blühe, sollte man sie beim Trinken erwischen. Er teilte White mit: »Wenn ein Mann Teil der Belegschaft dieses Büros wird, so bin ich der Überzeugung, dass er sich so weit im Griff haben muss, auch die geringste Möglichkeit von Kritik oder Angriffen auf das Büro auszuschließen.«[13]

Die neuen Regeln, die zu einem dicken Handbuch, der Bibel von Hoovers Büro, zusammengefasst wurden, gingen weit über das Betragen hinaus. Sie schrieben vor, wie die Agenten Informationen zu sammeln und zu verarbeiten hatten. In der Vergangenheit hatten die Agenten ihre Berichte per Telefon oder Telegramm durchgegeben oder persönlich einen Vorgesetzten unterrichtet. Als Folge davon gingen häufig wertvolle Informationen verloren, darunter ganze Fallakten.

Bevor er ans Justizministerium kam, hatte Hoover in der Kongressbibliothek gearbeitet – »Ich bin sicher, er wäre Bibliotheksleiter geworden, wenn er bei uns geblieben wäre«, sagte ein Kollege[14] – und dort gelernt, mittels des Dewey-Dezimalsystems Unmengen von Daten zu klassifizieren. Ein ähnliches Modell mit Klassifikationen und nummerierten Unterteilungen verwendete Hoover nun, um die »Abteilung Zentralkartei und allgemeine Kennziffern« des Büros zu organisieren. (Hoovers »Personalakte«, die Informationen enthielt, mit denen sich Politiker erpressen ließen, wurde in seinem Sekretariat separat aufbewahrt.) Von den Agenten wurde nun erwartet, dass sie ihre Berichte in standardisierter Form auf einzelnen Papierbögen einreichten. Dies reduzierte nicht nur den Papierkram – ein weiteres statistisches Maß für Effizienz –, sondern auch die Zeit, die ein Staatsanwalt benötigte, um zu entscheiden, ob er einen Fall verfolgen sollte oder nicht.

Tom White und Hoover.

White konnte selbst ein anspruchsvoller Vorgesetzter sein. Ein Agent, der in Oklahoma für ihn gearbeitet hatte, erinnerte sich, dass jeder seiner Männer »wissen musste, was und wie er es zu tun hatte«.[15] Ein anderer Mann, der später für White arbeitete, sagte, er sei bisweilen »so ehrlich gewesen, dass es wehtat«.[16] Andererseits verzieh White menschliche Schwächen eher als Hoover und versuchte oft, seine Männer vor dem Zorn seines Chefs zu schützen. Als sich Hoover aufregte, weil einer von Whites Agenten bei seinem Bericht im Fall der Osage-Morde das Eins-Seiten-Format nicht eingehalten hatte, sagte White zu Hoover: »Ich glaube, dass ich allein an der Sache schuld bin, weil ich diesen Bericht gelesen und genehmigt habe.«[17]

Unter Hoover wurden die Agenten nunmehr als austauschbare Zahnrädchen betrachtet, wie die Angestellten eines großen Unternehmens. Dies war eine scharfe Abkehr von der traditionellen Polizeiarbeit, bei der Gesetzeshüter typischerweise Produkte ihrer eigenen Gemeinschaften waren. Dieser Wandel trug dazu bei, Agenten von örtlicher Korruption und Versuchung zu isolieren. Das Ergebnis war eine wahrhaft nationale Truppe, doch wurden regionale Unterschiede dabei ignoriert. Die ständige Entwurzelung der Mitarbeiter hatte zudem etwas Entmenschlichendes. White, der ausschließlich »die Verbesserung des Büros im Sinne« hatte,[18] schrieb an Hoover, er glaube, dass ein mit der Region und ihren Menschen vertrauter Agent effektiver arbeiten könne. Er bemerkte, dass einer seiner Agenten, der im Osage-Fall als texanischer Rancher verdeckt gearbeitet habe, ideal für den Einsatz im Grenzland geeignet sei – »versetzt man ihn aber nach Chicago, New York oder Boston, dann ist er so gut wie wertlos«. Hoover blieb ungerührt. Wie einer seiner Jasager in einem Memo schrieb: »Ich stimme Herrn White in dieser gesamten Angelegenheit nicht zu. Ein Agent, der nur die Charakteristika eines Landesteils kennt, sollte sich besser eine andere Arbeit suchen.«[19]

In einer provisorischen Ausbildungsstätte in New York wurden die Agenten nach den neuen Regeln und Methoden geschult. (Hoover machte das Programm später zur Grundlage einer Akademie in Quantico, Virginia.) In zunehmendem Maße wurden die Agenten in einer Methode unterrichtet, die

Hoover als »wissenschaftliche Polizeiarbeit« pries und die nun auch Fingerabdrücke und ballistische Techniken umfasste. Daneben brachte man den Agenten formale Regeln der Beweissicherung bei, um zu vermeiden, dass Fälle zu den Akten gelegt oder eingestellt wurden, wie es mit der ersten Osage-Ermittlung geschehen war.

Manchen Agenten, insbesondere den älteren, waren Hoover und seine Edikte geradezu verhasst. Ein Veteran riet Neuzugängen Folgendes: »Zunächst einmal müsst ihr alles vergessen, was sie euch am Regierungssitz beigebracht haben. Dann vergesst diese ganzen verdammten Handbücher.«[20] Im Jahr 1929 quittierte ein Agent den Dienst und beklagte, Hoovers Initiativen seien »eher gegen das Personal als gegen die Verbrecher gerichtet«.[21] Auch White stieß sich bisweilen an Hoovers Regeln und Launen, doch genoss er es eindeutig, zum Büro dazuzugehören, wo er an Ereignissen teilhatte, die größer waren als er selbst. Er gab sich Mühe, seine Berichte sauber mit Schreibmaschine abzufassen, und vertrat die Vorzüge wissenschaftlicher Polizeiarbeit. Später tauschte er seinen Cowboyhut gegen einen weichen Filzhut und begann wie Hoover mit dem Golfspiel. Nun schlug er den Ball über makellos grüne Rasenflächen, auf denen sich die neuen amerikanischen Männer von Geld, Macht und Muße trafen. Bald war White von Hoovers College-Jungs nicht mehr zu unterscheiden.

17. Der Schnellschütze, der Schränker und der Suppenmann

Im Herbst des Jahres 1925 versuchte White Hoover zu versichern, dass er genügend Beweise sammeln werde, um Hale und seine Komplizen hinter Gitter zu bringen. Er schickte Hoover eine Nachricht, in der er ihm mitteilte, dass sich momentan ein verdeckter Ermittler auf Hales Ranch befinde, um diesen auszuspionieren. In der kurzen Zeit, seit er mit dem Fall betraut war, hatte White jede Nacht die Lichter um die Häuser der Osage brennen sehen. Er hatte zugesehen, dass Mitglieder der Gemeinde ihre Kinder nicht mehr allein in die Stadt gehen ließen, und mit ansehen müssen, wie immer mehr Anwohner ihre Häuser verkauften und in ferne Bundesstaaten oder sogar andere Länder wie Kanada und Mexiko zogen. (Ein Osage sprach später von einer »Diaspora«[1].) Die Verzweiflung unter den Osage war unübersehbar, ebenso wie ihre Skepsis gegenüber den Ermittlungen. Was hatte die US-Regierung bislang für sie getan? Warum mussten sie, im Gegensatz zu anderen Amerikanern, ihr eigenes Geld aufwenden, um eine Ermittlung des Justizministeriums zu finanzieren? Ein Osage-Häuptling sagte: »Ich machte meinen Frieden mit dem weißen Mann und legte meine Waffen für immer nieder, doch nun müssen meine Stammesbrüder leiden.«[2]

White hatte begriffen, dass voreingenommene und korrupte weiße Bürger keinen der Ihren wegen Mordes an Indianern anklagen würden, also beschloss er, seine Strategie zu ändern.

Stattdessen wollte er versuchen, eine neue Quelle aufzutun, und zwar unter den verrufensten, gefährlichsten Männern ganz Oklahomas: den Gesetzlosen der Osage Hills. Berichte von Agenten und Informanten wie Morrison legten nahe, dass einige dieser Desperados etwas über die Morde wussten. White erwartete nicht, dass diese Männer weniger rassistisch waren, doch da einige von ihnen in jüngster Zeit verhaftet oder verurteilt worden waren, konnte er zumindest einen gewissen Druck auf sie ausüben. Immer wieder fiel dabei der Name eines Gesetzlosen: Dick Gregg war ein dreiundzwanzigjähriger Räuber und ehemaliges Mitglied der Al-Spencer-Bande, der nun in einem Gefängnis in Kansas einsaß, wo er eine zehnjährige Haftstrafe wegen Raubes verbüßte.

Gregg hatte zu Agent Burger einmal gesagt, dass er etwas über die Morde wisse, wenngleich er sich mit der Begründung bedeckt gehalten hatte, niemanden verraten zu wollen. In einem Bericht hatte Agent Burger seine Frustration darüber zum Ausdruck gebracht: »Gregg ist zu hundert Prozent kriminell und wird so wenig sagen wie möglich.«[3] Der Anwalt und Vormund Comstock kannte Greggs Vater gut und beriet die Familie in rechtlichen Angelegenheiten. Hoover vertraute Comstock noch immer nicht, doch war es dieser, der seine Verbindung zu Greggs Vater nutzte, um den jungen Gesetzlosen zur Zusammenarbeit mit dem Büro zu überreden.

Schließlich traf sich White mit Gregg persönlich. White prägte sich die Verbrecher, die er kennenlernte, stets genau ein, um sie besser im Gedächtnis zu behalten – eine Fähigkeit, die noch aus seinen Zeiten im Grenzland stammte, wo er sich nicht auf Fahndungsfotos und Fingerabdrücke verlassen konnte. Als White Jahrzehnte später gebeten wurde, Gregg zu beschreiben, notierte er mit bemerkenswerter Präzision: »Ein sehr kleiner Mann, ich denke, etwa 1,65 Meter groß und etwas über sech-

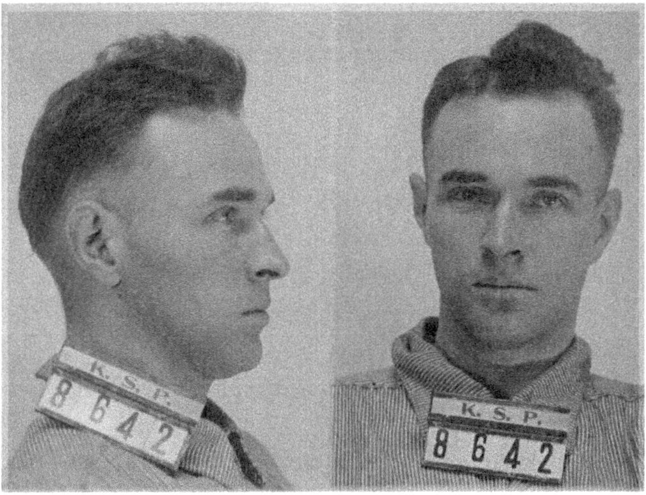

Dick Gregg war Mitglied der Al-Spencer-Bande.

zig Kilo schwer, helle Haut, blaue Augen und hellbraunes Haar. Ein gutaussehender junger Mann.«[4] Greggs gutes Aussehen sei verführerisch gewesen, meinte ein Staatsanwalt, der ihn als »kalten, grausamen und berechnenden Verbrechertypus« beschrieb, der »nicht zögern würde, einen Mord zu begehen«.[5] Aus Whites Sicht jedoch fiel Gregg in jene Kategorie Gesetzloser, die nicht von Grund auf schlecht waren und es mit einer entsprechenden Ausbildung sogar hätten »zu etwas bringen« können.[6]

Obwohl Gregg als kaltblütiger Räuber bekannt war, zögerte er, Hale gegen sich aufzubringen. Wenn dieser davon Wind bekäme, sagte Gregg, »wäre mein Leben keinen Pfifferling mehr wert«.[7] In der Hoffnung, seine Haftstrafe wegen Raubes zu verkürzen, willigte er jedoch ein, White und anderen Agenten mitzuteilen, was er wusste. Irgendwann im Sommer 1922, so erinnerte er sich, habe der Gesetzlose Al Spencer ihm gesagt, dass sich Hale mit der Bande treffen wolle. Also seien Spencer, Gregg und einige weitere Mitglieder zu einer von Hales Weiden in der Nähe von Fairfax geritten. Hale sei zu Pferd aus dem hohen Präriegras auf sie zugeprescht gekommen. Die Gruppe habe sich an einem Bachufer niedergelassen und etwas Whiskey miteinander getrunken. Dann habe Hale Al Spencer gebeten, mit ihm beiseitezutreten, und die beiden hätten sich zu einem Gespräch entfernt. Nach ihrer Rückkehr und dem Ende des Treffens habe Spencer von ihrer Unterredung berichtet.

Hale sagte zu Spencer, er wolle ihm und seiner Bande mindestens zweitausend Dollar für den Auftragsmord an einem Paar zahlen – einem alten Mann und seiner »Decke«, womit eine indianische Frau gemeint war. Spencer fragte Hale, wen sie töten sollten. »Bill Smith und seine Frau«, sagte dieser.[8] Spencer sagte Hale, er sei vielleicht kaltblütig, doch werde er keinen Auftragsmord an einer Frau begehen. »Das ist nicht mein Stil«, wie er sich ausdrückte.[9] Hale sagte, er hoffe, dass wenigstens Gregg für die Sache zu gewinnen sei, doch Gregg war derselben Meinung wie Spencer.

White fand, Gregg sei »ehrlich«[10] und dass ihn seine Weigerung, einen Auftragsmord zu begehen, als »Gesetzlosen mit einem gewissen Ehrgefühl« ausweise.[11] Obwohl Greggs Zeugenaussage einen eindeutigen Hinweis lieferte, dass Hale die Morde angeordnet hatte, war er unter juristischen Gesichtspunkten doch nur von begrenztem Wert. Schließlich stammte die Aussage von einem Ganoven, der sich eine Verkürzung seiner Haftstrafe davon versprach, und Spencer – der Einzige, der Greggs Aussage hätte bekräftigen können – war zwischenzeitlich von einem Suchtrupp niedergeschossen worden. (Der *Pawhuska Daily Capital* hatte berichtet: »Berühmter Bandit stirbt mit Zehntausend-Dollar-Pfandbriefen in der einen und

Foto von Al Spencer, nachdem man ihn erschossen hatte.

der Winchester in der anderen Hand in den Hügeln, die ihm im Leben Zuflucht boten und nun zu seiner Grabstätte werden.«)

Während eines seiner Verhöre sagte Gregg, die Agenten sollten Curley Johnson ausfindig machen, einen Gesetzlosen, der mit dem Räuber Blackie Thompson gemeinsame Sache mache. »Johnson weiß alles über das Bombenattentat bei den Smiths und wird singen, wenn man ihn in die Mangel nimmt«, versprach Gregg.[12] Dann stellte sich jedoch heraus, dass Johnson ebenfalls schon unter der Erde war. Weniger als ein Jahr zuvor war er plötzlich verstorben – die Rede war von vergiftetem Alkohol.

Whites verzweifelte Suche nach Zeugen führte ihn schließlich zu Henry Grammer, dem Rodeostar, Revolverhelden und Schwarzbrenner, der, so schien es, etwa einmal pro Jahr im Streit gegen einen anderen Mann zog. (»Henry Grammer schießt wieder«, lautete eine Schlagzeile.[13]) Wenngleich sich

Grammer und Hale normalerweise in unterschiedlichen Kreisen bewegten, fand White doch heraus, dass sich die beiden seit Jahren kannten – seit Hale um die Jahrhundertwende im Gebiet der Osage aufgetaucht war. Bei einem Rodeo-Wettbewerb im Jahr 1909 waren sie mit den Osage Cowboys gegen die Cherokee Cowboys angetreten. »Cherokees kein Gegner für die Osage-Lassowerfer«, erklärte der *Muskogee Times-Democrat.*[14] Im Jahr 1925 hatte Hale seine Vergangenheit längst abgelegt, doch es blieb ein verblasstes Foto von diesem Wettbewerb. Darauf zu sehen sind Hale und Grammer, die stolz auf ihren Pferden sitzen und aufgerollte Lassos in die Höhe halten.

Kurz bevor das Haus der Smiths in die Luft geflogen war, hatte Hale seinen Freunden gesagt, er werde die Stadt verlassen, um sich die Fat Stock Show in Fort Worth, Texas, anzusehen. White überprüfte Hales Alibi und stellte fest, dass Grammer ihn begleitet hatte. Ein Zeuge hatte mitgehört, wie Hale von

Hale (vierter von links) und Grammer (dritter von links) bei einem Lasso-Wettbewerb im Jahr 1909.

den Morden mit Grammer gesprochen und etwas davon gemurmelt habe, dass er nun »für diese Indianergeschichte« bereit sei.[15]

Wie der andere potenzielle Zeuge gegen Hale war jedoch auch Grammer tot. Am 14. Juni 1923, drei Monate nach der Zerstörung des Smith'schen Hauses, war Grammer ums Leben gekommen, als sein Cadillac außer Kontrolle geraten war und sich überschlagen hatte. Der legendäre Schnellschütze war auf einer einsamen Landstraße verblutet.[16]

Schließlich nannte ein Schränker – ein Safeknacker – White und seinen Leuten den Namen eines weiteren Zeugen des Bombenattentats: Asa Kirby war der Gesetzlose mit den Goldzähnen, ein ehemaliger Komplize Grammers. Der Schränker sagte, Kirby sei der »Suppenmann« – der Sprengstoffexperte –, der die Bombe gebastelt habe. Es stellte sich jedoch heraus, dass auch Kirby keine Aussage mehr machen konnte. Ein paar Wochen nach Grammers tödlichem Autounfall war er mitten in der Nacht in ein Geschäft eingebrochen, wo er ein Diamantenversteck ausräumen wollte. Dort wurde er von dem Ladeninhaber bereits erwartet, der im Vorfeld einen Hinweis bekommen hatte und mit seiner Flinte Kaliber 12 auf der Lauer lag. Von einem Augenblick auf den anderen wurde Kirby ins Jenseits befördert. Es war William K. Hale gewesen, der den Ladeninhaber vor dem Einbruch gewarnt hatte. White war nicht sonderlich überrascht.

Durch die Vereitelung des Juwelendiebstahls bestärkte Hale seinen Ruf als Hüter von Recht und Gesetz. Ein anderer Gesetzloser sagte White jedoch, dass Hale den Raub überhaupt erst angezettelt habe – dass er Kirby von den Diamanten erzählt und eine ideale Zeit für den Einbruch vorgeschlagen habe. Offensichtlich war es ein Plan gewesen, der zu einem größeren Komplott gehörte. White wurde angesichts der Liste toter Zeugen nun plötzlich misstrauisch. Er stellte Erkundungen über Grammers Autounfall an. Menschen, die ihn kannten, meinten, dass Lenkrad und Bremsen seines Cadillacs manipuliert worden seien. Curley Johnsons Witwe wiederum war sicher, dass man ihren Mann ermordet habe. Er sei von Hale und seinen Schergen absichtlich vergiftet worden. Als White schließlich von einem möglichen Zeugen im Mordfall Roan erfuhr, stellte er fest, dass man den Betreffenden zu Tode geprügelt hatte. Es hatte den Anschein, dass jeder, der Hale gefährlich werden konnte, aus dem Weg geräumt wurde. Der Schränker sagte, Hale »kümmert sich um zu viele Leute«, und fügte hinzu: »Möglicherweise kümmert man sich auch um mich.«[17]

Da es ihm nicht gelungen war, lebende Zeugen ausfindig zu machen, waren White die Hände gebunden. Hale schien indes zu wissen, dass ihm die Agenten auf der Spur waren. »Hale weiß alles«, hatte der Informant Morrison zu den Agenten gesagt. Anzeichen sprachen dafür, dass Morrison möglicherweise selbst ein Doppelspiel spielte.[18] Die Agenten erfuhren, dass Morrison einem Freund gesagt hatte, er wisse alles über die Morde und habe Hale bislang »seinen verdammten Hals« gerettet.[19]

Um seine Macht zu sichern, hatte Hale begonnen, eine noch größere Gönnerschaft an den Tag zu legen. In einem Bericht schrieb Agent Wren, Hale betreibe »so viel Propaganda, wie er kann, um sich bei allen möglichen Leuten beliebt zu machen; er verteilt Geschenke, ganze Anzüge und selbst Darlehen«.[20] Hale verschenke sogar »Ponys an kleine Jungs«.

Der als texanischer Viehzüchter getarnte verdeckte Ermittler hatte sich allmählich mit Hale angefreundet. Sie erzählten sich Geschichten über die alten Cowboytage, und der Agent begleitete Hale bei der Inspektion seiner Viehherden. Er berichtete, dass Hale sich offenbar über die Ermittler lustig mache. »Ich

William Hale

bin zu schlau und zu kühn, um erwischt zu werden«, habe Hale geprahlt.[21]

White sah Hale in den Straßen von Fairfax, mit Krawatte und hoch erhobenem Kinn – die Inkarnation dessen, was White und seine Brüder und vor ihnen ihr Vater ein Leben lang verfolgt hatten. Er benahm sich, »als gehörte ihm die Welt«, dachte White.[22]

Wenn der Druck zu groß wurde und jede vielversprechende Spur in eine Sackgasse mündete, nahm White manchmal seine Flinte und verschwand aufs Land. Sobald er eine Ente oder irgendeine andere fliegende Beute erspähte, zielte er und feuerte, bis die Luft von Qualm erfüllt und der Boden mit Blut getränkt war.

18. Der Spielstand

Unverhofft erhielt White einen Tipp. Ende Oktober 1925 hatte er ein Treffen mit dem Gouverneur von Oklahoma, bei dem der Fall diskret besprochen wurde. Im Anschluss daran sagte ein Assistent des Gouverneurs zu White: »Wir haben Informationen von einem Häftling in [der staatlichen Strafanstalt] McAlester erhalten, der behauptet, eine ganze Menge über die Osage-Morde zu wissen. Sein Name ist Burt Lawson. Vielleicht sollte man mit dem Mann einmal sprechen.«[1]

In der Hoffnung auf eine neue Spur brachen White und Agent Frank Smith sofort nach McAlester auf. Sie wussten nicht viel über Lawson, nur, dass er aus Osage County stammte und schon mehrere Male mit dem Gesetz in Konflikt geraten war. Im Jahr 1922 war er des Mordes an einem Fischer angeklagt worden, hatte jedoch einen Freispruch erlangt, weil er behauptete, der Fischer sei zuvor mit einem Messer auf ihn losgegangen. Keine drei Jahre später wurde Lawson wegen eines Einbruchs zweiten Grades angeklagt und zu sieben Jahren Haft verurteilt.

Gern vernahm White eine Person an einem ihr nicht vertrauten Ort, um sie aus der Reserve zu locken, also ließ er Lawson in ein Zimmer, das dem Büro des Gefängnisdirektors gegenüberlag, bringen. White musterte den Mann, der vor ihm erschien: klein, beleibt, mittleren Alters, mit gespenstischem, langem weißem Haar. Lawson bezeichnete White und Smith wiederholt als die »scharfen Feds«.[2]

White sagte zu ihm: »Vonseiten des Gouverneurs hören wir, dass Sie etwas über die Osage-Morde wissen.«

»So ist es«, erwiderte Lawson und fuhr fort: »Ich möchte reinen Tisch machen.«[3]

In einer Reihe von Verhören erklärte Lawson, dass er 1918 als Hilfsarbeiter auf Bill Smiths Ranch angefangen und dabei Hale und seine Neffen Ernest und Bryan Burkhart kennengelernt habe. In einer unterzeichneten Aussage bekannte Lawson: »Anfang 1921 bemerkte ich eine Vertrautheit zwischen meiner Frau und … Smith, die schließlich dazu führte, dass meine Familie zerbrach und ich meine Stelle bei Smith aufgeben musste.«[4] Ernest wusste von Lawsons Hass auf Smith, ein Jahr später suchte er ihn auf. Lawson erinnerte sich, dass Ernest »sich an mich wandte und sagte: ›Burt, ich möchte dir einen Vorschlag machen.‹ Ich fragte: ›Was denn, Ernest?‹ Ernest sagte: ›Ich möchte, dass du Bill Smith und seine Frau umbringst.‹«

Als sich Lawson nicht darauf einlassen wollte, suchte auch Hale ihn auf und versprach ihm fünftausend Dollar in bar für die Tat. Hale sagte, er könne Nitroglycerin verwenden und müsse lediglich eine Zündschnur unter dem Haus der Smiths anbringen. Lawson erinnerte sich: »Dann zog Hale ein etwa einen Meter langes Stück weiße Zündschnur aus der Tasche und sagte: ›Ich zeige dir, wie man damit umgeht.‹ Er nahm sein Taschenmesser und schnitt ein etwa fünfzehn Zentimeter langes Stück ab … dann zog er ein Streichholz aus der Tasche und zündete das Ende an.«

Lawson sagte trotzdem Nein, doch kurz nachdem er für die Tötung des Fischers inhaftiert worden war, besuchte ihn Hale – der als Hilfssheriff im Gefängnis ein und aus gehen konnte – erneut und sagte: »Burt, du wirst recht bald ein paar Anwälte brauchen, und ich weiß, dass du kein Geld hast, sie zu bezahlen, und ich möchte, dass dieser Job erledigt wird.«

Lawson sagte: »Also gut, Bill. Ich erledige das.«

Lawson erinnerte sich, dass eines Abends, nicht lange darauf, ein anderer Hilfssheriff seine Zelle öffnete und ihn zu Hale führte, der draußen in einem Auto saß. Hale fuhr Lawson zu einem Gebäude in Fairfax, wo Ernest bereits auf sie wartete.

Hale sagte zu Ernest, er solle »die Kiste« holen, und Ernest brachte ein hölzernes Behältnis nach draußen. Darin befand sich ein mit Nitroglycerin gefüllter Steinkrug, aus dessen Öffnung eine lange, aufgerollte Zündschnur hing. Nachdem sie die Kiste vorsichtig in den Wagen geladen hatten, machten sich die drei zum Haus der Smiths auf. »Ich stieg aus, nahm die Kiste und die Zündschnur, und Hale und Ernest fuhren davon«, erzählte Lawson. »Dann ging ich durch den Hintereingang hinein und stieg in den Keller der Smiths. Dort stellte ich die Kiste in die hinterste Ecke und legte die Zündschnur, wie Hale es mir gezeigt hatte … Dann setzte ich mich im Dunkeln hin und wartete.«

Lawson fuhr fort: »Ich sah, dass das Licht eingeschaltet wurde. Ich glaube, sie zogen sich alle aus und gingen zu Bett, denn bald darauf ging das Licht aus. Ich saß noch eine Weile still da, ohne zu wissen, wie spät es war, doch ich schätzte, es war etwa eine Dreiviertelstunde. Als ich annahm, dass alle schliefen, steckte ich ein kurzes Stück Zündschnur an … Sobald das Ende qualmte, machte ich mich davon, so schnell ich konnte.« Er hörte, wie das Haus zusammenstürzte. Hale und Ernest lasen ihn in der Nähe auf und brachten ihn zurück ins Gefängnis, wo ihn der andere Hilfssheriff wieder in seine Zelle sperrte. Bevor Hale ging, warnte er Lawson noch: »Wenn du uns jemals bei irgendjemandem verpfeifst, bringen wir dich um.«

White und Agent Smith verspürten eine plötzliche Erregung. Doch immer noch blieb vieles offen. So hatte Lawson nichts über die Beteiligung von Kirby gesagt, dem Suppenmann. Kirby hätte die Bombe jedoch auch ohne Lawsons Zutun für Hale bauen können. Diese ungelösten Fragen musste White nun klären, aber wenigstens hatte sich endlich ein Zeuge gefunden, der Hale direkt mit der Verschwörung in Zusammenhang bringen konnte.

Am 24. Oktober 1925, drei Monate nachdem White den Fall übernommen hatte, schickte er ein Telegramm an Hoover, in dem er ein gewisses Siegesgefühl nicht verbergen konnte: »Habe Geständnis von Burt Lawson, dass er den Sprengstoff, mit dem Bill Smiths Haus in die Luft gejagt wurde, dort platziert und gezündet hat; dass er von Ernest Burkhart und W. K. Hale dazu überredet und angestiftet wurde sowie Tatbeihilfe erhielt.«[5]

Hoover war hocherfreut. Per Telegramm ließ er White umgehend eine Nachricht zukommen: »Gratuliere.«[6]

* * *

Während White und seine Männer daran arbeiteten, die Einzelheiten von Lawsons Geständnis zu überprüfen, verspürten sie einen wachsenden Drang, Hale und seine Neffen aus dem Verkehr zu ziehen. Der Anwalt und Vormund Comstock bekam inzwischen Morddrohungen, da er den Ermittlern half. White hatte keinen Zweifel mehr daran, dass er Zeugen zum Reden brachte. Er schlief nun in seinem Büro in der Innenstadt von Pawhuska, seinen englischen 44er Bulldog-Revolver jederzeit griffbereit. »Einmal, als er ein Fenster öffnen wollte, fand er ein paar Stangen Dynamit hinter dem Vorhang«, erinnerte sich ein Verwandter. Es gelang ihm, den Sprengstoff zu beseitigen. Doch »Hale und sein Haufen waren fest entschlossen, ihn umzubringen«, fuhr der Verwandte fort.[7]

Große Sorgen bereitete White auch das Schicksal von Mollie Burkhart. Obwohl er wusste, dass sie an Diabetes litt, war er misstrauisch. Hale hatte, Leiche für Leiche, alles sorgfältig so arrangiert, dass Mollie den Großteil des Familienvermögens erbte. Doch dieses Komplott schien noch unvollendet: Zwar hatte Hale über Ernest Zugriff auf Mollies Vermögen, doch sein Neffe verfügte eben nicht direkt darüber. Dies wäre erst der Fall, wenn Mollie stürbe und es ihm vermachte. Eine Hausangestellte hatte einem Agenten berichtet, Ernest habe eines Abends in trunkenem Zustand zu ihr gesagt, er fürchte, dass Mollie etwas passieren könne. Selbst Ernest schien es vor dem unvermeidlichen Ausgang des Komplotts zu grausen.

John Wren, der Yuta-Agent, hatte unlängst mit Mollies Pfarrer gesprochen, der bemerkte, sie gehe nicht mehr zur Kirche, was ungewöhnlich für sie sei. Er habe gehört, dass andere Familienmitglieder sie gewaltsam davon abhielten. Der Geistliche war zwar äußerst beunruhigt darüber, dass er das Gebot der Verschwiegenheit gebrochen hatte. Kurz darauf berichtete er jedoch, dass er eine geheime Botschaft von Mollie erhalten habe: Sie habe Angst, dass jemand sie zu vergiften versuche. In Anbetracht dessen, dass vergifteter Whiskey eine der bevorzugten Methoden der Mörder darstellte, schickte der Geistliche Mollie eine Antwort, in der er sie warnte, »unter keinen Umständen Alkohol zu trinken, welcher Art auch immer«.[8]

Offenbar bot jedoch Mollies Diabetes eine Möglichkeit, ihr das Gift auf noch hinterhältigere Weise zu verabreichen. Einige Ärzte aus der Stadt, darunter die Gebrüder Shoun, hatten Mollie seit einer Weile angeblich Insulin gespritzt. Mollies Zustand verbesserte sich jedoch nicht, sondern schien sich eher noch zu verschlechtern. Auch Regierungsbeamte des Amtes für Indianerangelegenheiten waren besorgt, dass Mollie möglicherweise nach und nach vergiftet wurde. Ein Beamter des

Justizministeriums hatte bemerkt, dass ihr »Krankheitsbild, gelinde gesagt, äußerst merkwürdig ist«.[9] Es sei dringend angezeigt, so fuhr der Beamte fort, »diese Patientin zur Diagnose und Behandlung in ein seriöses Krankenhaus zu bringen, wo sie dem Einfluss ihres Ehemannes entzogen ist«.

Ende Dezember 1925 befand White, dass er nicht länger warten könne. Die Überprüfung der Einzelheiten von Lawsons Geständnis war längst nicht abgeschlossen, und es blieben nach wie vor gewisse Widersprüche. Lawson hatte nicht nur Kirby unerwähnt gelassen, sondern auch darauf beharrt, Hale sei zum Zeitpunkt der Explosion in Fairfax gewesen statt in Fort Worth mit Grammer, wie manche Zeugen behauptet hatten. Nichtsdestotrotz beantragte White eilig Haftbefehle für Hale und Ernest Burkhart wegen der Morde an Bill und Rita Smith sowie an deren Hausangestellten Nettie Brookshire. Am 4. Januar 1926 wurden die Haftbefehle ausgestellt. Da die Agenten selbst keine Festnahmen vornehmen durften, schwärmten sie mit US-Marshalls und anderen Gesetzeshütern aus, darunter Sheriff Freas, der nach seiner Amtsenthebung wiedergewählt worden war.

Ein paar Gesetzeshüter machten Ernest Burkhart rasch in seiner Lieblingskneipe ausfindig, einem Billardsalon in Fairfax, und brachten ihn ins Gefängnis nach Guthrie, etwa hundertdreißig Kilometer südwestlich von Pawhuska. Hale indes war nicht zu finden. Agent Wren erfuhr, dass er einen neuen Anzug bestellt und gesagt hatte, er plane, die Stadt unmittelbar zu verlassen. Die Behörden fürchteten bereits, Hale sei auf immer verschwunden, da spazierte er plötzlich in Sheriff Freas' Büro. Er sah aus, als wäre er zu einer formellen Party unterwegs: Er trug einen vollendet gebügelten Anzug, auf Hochglanz polierte Schuhe, einen Filzhut und einen Mantel, an dessen Revers seine diamantbesetzte Freimaurer-Nadel prangte.

»Habe gehört, ich werde gesucht«, sagte er und erklärte, er sei gekommen, um sich zu stellen – die Jungs brauchten also nicht extra auszurücken.[10]

Als man ihn ins Gefängnis nach Guthrie brachte, wurde er von einem Lokalreporter angesprochen. Hales tief liegende Augen glühten, und er bewegte sich, dem Reporter zufolge, »wie ein angebundenes Tier«.[11]

Der Reporter fragte ihn: »Haben Sie etwas zu sagen?«

»Wer sind Sie?«, wollte Hale wissen, der es nicht gewohnt war, dass man ihn befragte.

»Ein Zeitungsmann.«

»Ich verhandle meinen Fall nicht in den Zeitungen, sondern vor den Gerichten dieses Bezirks.«

In der Hoffnung, Hale werde wenigstens etwas über sich selbst preisgeben, fragte der Reporter: »Wie alt sind Sie?«

»Ich bin einundfünfzig Jahre alt.«

»Wie lange sind sie schon in Oklahoma?«

»Seit fünfundzwanzig Jahren, mehr oder weniger.«

»Sie sind ziemlich bekannt, oder?«

»Kann sein.«

»Haben Sie viele Freunde?«

»Ich hoffe doch.«

»Hätten die nicht gern eine Stellungnahme von Ihnen, selbst, wenn Sie nur sagten, ›Ich bin unschuldig‹?«

»Ich verhandle meinen Fall vor Gericht, nicht in der Zeitung. Kalt heute Abend, nicht wahr?«

»Ja. Wie läuft das Viehgeschäft derzeit?«

»Ganz gut.«

»Es ist ein weiter Weg von Pawhuska, oder?«

»Ja, aber wir hatten ein Auto mit zugezogenen Vorhängen.«

»Wie steht's nun mit einer Stellungnahme?«

Hale winkte erneut ab und wurde von den Beamten abge-

Hale vor dem Gefängnis in Guthrie.

führt. Es mochte sein, dass Hale kurzzeitig unsicher gewesen war, doch als White mit ihm sprach, hatte er seine Selbstsicherheit wiedergewonnen – er wirkte sogar recht großspurig, offensichtlich überzeugt, dass er unantastbar blieb. Er warf White vor, einen Fehler begangen zu haben. Es machte den Eindruck, als wäre White derjenige, der Schwierigkeiten hatte, nicht Hale.

White vermutete, dass Hale seine Sünden niemals eingestehen würde, ganz sicher keinem Gesetzeshüter gegenüber und vielleicht noch nicht einmal vor dem Gott, den er so häufig beschwor. Die einzige Hoffnung auf ein Geständnis lag daher bei Ernest Burkhart. »Man sah ihn sich an und erkannte sofort, dass er ein schwacher Charakter war«, beobachtete White.[12] Ein Staatsanwalt, der mit White zusammenarbeitete, äußerte sich noch etwas direkter: »Unsere Wahl fiel auf Ernest Burkhart, weil er einknicken würde.«[13]

* * *

Burkhart wurde in ein Zimmer im zweiten Stock eines Bundesgebäudes in Guthrie gebracht, das als provisorischer Verhörraum diente: die sogenannte »Kiste«. Er trug dieselben Kleider wie zum Zeitpunkt seiner Verhaftung, und White fand, er sehe aus wie ein »Kleinstadt-Dandy, gut angezogen im Western-Stil, teure Cowboystiefel, grelles Hemd, auffälliger Schlips und ein teurer Maßanzug«.[14] Er ging nervös umher und leckte sich die Lippen.

White und Agent Frank Smith verhörten ihn. »Wir möchten mit Ihnen über die Morde an Bill Smiths Familie und Anna Brown sprechen«, sagte White.[15]

»Verdammt, darüber weiß ich gar nichts«, beharrte Burkhart.

White erklärte, dass sie im Knast mit einem Mann namens Burt Lawson gesprochen hätten, der etwas anderes gesagt habe – nämlich, dass Burkhart eine ganze Menge über die Morde wisse. Die Erwähnung von Lawsons Namen schien Burkhart nicht zu beeindrucken, der felsenfest dabeiblieb, nie etwas mit ihm zu tun gehabt zu haben.

»Er sagt, Sie seien bei dem Bombenattentat auf die Smiths der Kontaktmann gewesen«, sagte White.

»Er lügt«, antwortete Burkhart mit Nachdruck. White kamen nun Zweifel, die vielleicht irgendwo tief in seinem Innern geschlummert hatten, aber unterdrückt gewesen waren: Was, wenn Lawson log und schlicht Informationen von anderen Gesetzlosen im Gefängnis aufgeschnappt hatte, die Gerüchte über den Fall gehört hatten? Vielleicht log Lawson, weil er hoffte, dass die Strafverfolgungsbehörden im Gegenzug für eine Zeugenaussage seine Haftzeit verkürzen würden. Vielleicht war das ganze Geständnis auch von Hale arrangiert worden, ein weiteres kleines Komplott im Rahmen eines großen Plans. White wusste immer noch nicht so ganz, was er glauben sollte. Doch sollte Lawson tatsächlich gelogen haben, wäre es umso wichtiger, ein Geständnis von Burkhart zu bekommen; ansonsten würde der ganze Fall in sich zusammenstürzen.

In der engen, heißen Kammer gingen White und Smith stundenlang die Indizien durch, die sie zu jedem einzelnen Mord zusammengetragen hatten, und versuchten, Burkhart eine Falle zu stellen. White glaubte, ein gewisses Element der Reue in ihm bemerkt zu haben, als wollte er sich etwas von der Seele reden, um seine Frau und seine Kinder zu schützen. Sobald White oder Smith jedoch den Namen Hale erwähnten, erstarrte er auf seinem Stuhl. Augenscheinlich fürchtete er seinen Onkel mehr als das Gesetz.

»Ich rate Ihnen, alles zu erzählen«, sagte White fast flehentlich.

»Es gibt nichts zu erzählen«, sagte Burkhart.

Nach Mitternacht gaben White und Smith auf und ließen Burkhart in seine Zelle zurückbringen. Am nächsten Tag sah sich White mit weiteren Problemen konfrontiert. Hale verkündete, er könne beweisen, dass er zum Zeitpunkt der Explosion in Texas gewesen sei, da er dort ein Telegramm erhalten und dafür unterschrieben habe. Sofern das wahr wäre – und White war geneigt, dies zu glauben –, hätte Lawson tatsächlich die ganze Zeit über gelogen. In seiner Verzweiflung, an Hale heranzukommen, hatte White die Todsünde eines Ermittlers begangen und trotz offenkundiger Widersprüche geglaubt, was er hatte glauben wollen. White wusste, dass ihm nur Stunden blieben, bis Hales Rechtsanwälte eine Kopie des

Telegramms präsentierten und Hale zusammen mit Burkhart herausholten – Stunden, bis sich herumsprechen würde, dass sich das Büro blamiert hatte und diese Nachricht schließlich auch Hoover erreichen würde. Wie einer von Hoovers Assistenten über seinen Dienstherrn sagte: »Wen er nicht mochte, den vernichtete er.«[16] Hales Anwälte informierten prompt einen Reporter, der eine Story über Hales »perfektes« Alibi brachte und feststellte: »Er hat keine Angst.«[17]

Verzweifelt wandte sich White an den Mann, der Hoover bloßgestellt hatte und der in den Augen der Ermittler zum Paria geworden war: Blackie Thompson war der Gesetzlose mit Cherokee-Blut, der zu Beginn der Ermittlungen durch das Büro als Informant aus der Haft entlassen worden war und dann einen Polizisten umgebracht hatte. Seit seiner Festnahme saß er im Staatsgefängnis ein, ein Schandfleck für das Büro, den man am besten nicht zu sehen bekam.

Aus den frühen Berichten des Büros über den Fall ging für White jedoch hervor, dass Blackie möglicherweise entscheidende Informationen über die Morde besaß. Ohne Hoover zu konsultieren, ließ White ihn nach Guthrie überstellen. Wenn irgendetwas schiefging, zum Beispiel wenn Blackie entkam oder jemandem Schaden zufügte, wäre dies das Ende von Whites Karriere. Daher sorgte White dafür, dass Luther Bishop – ein Bundespolizist, der Al Spencer niedergeschossen hatte – den Gefangenentransport überwachte. Als Blackie an dem Bundesgebäude eintraf, war er in Ketten gelegt und wurde von einer kleinen Armee flankiert. Auf einem nahe gelegenen Dach hatte White einen Scharfschützen postiert, der Blackie durch ein Fenster im Visier behielt.

Blackie war zwar noch immer feindselig, mürrisch und unangenehm, doch als White ihn nach Hales und Burkharts Rolle hinsichtlich der Osage-Morde fragte, schien sich seine Stimmung zu wandeln. Als Mann voller Missgunst und Bigotterie hatte er sich einmal darüber beklagt, Hale und Ernest Burkhart seien »zu jüdisch – sie wollen alles für nichts«.[18]

Die Agenten teilten Blackie mit, dass sie kein Geschäft mit ihm machen könnten, um seine Strafe zu verkürzen. Daher sprach er anfangs nur widerwillig über die Morde, doch nach und nach gab er immer mehr preis. Er sagte, Burkhart und Hale hätten ihn und seinen Kumpel Curley Johnson damit beauftragt, Bill und Rita Smith umzubringen. Als Teilzahlung hätten sie vorgeschlagen, dass Blackie Burkharts Wagen stehlen sollte. Eines Nachts, als dieser mit Mollie zu Bett gegangen sei, habe er das Auto aus der Garage entwendet. Später sei er von der Polizei wegen Autodiebstahls festgenommen worden und habe den Mordplan nicht weiterverfolgt.

Es war nicht klar, ob sich Blackie jemals bereit erklären würde, in dieser Angelegenheit vor Gericht auszusagen, doch White hoffte, dass er nun genügend Informationen hatte, um den Fall noch zu retten. Er ließ Blackie im Gewahrsam der Wärter. Dann beraumten er und Agent Smith eilig ein weiteres Verhör mit Burkhart an.

Zurück in der »Kiste«, sagte White zu Burkhart: »Wir sind mit den Antworten, die Sie uns gestern Abend gegeben haben, nicht zufrieden. Wir glauben, dass Sie uns eine ganze Menge verschwiegen haben.«

»Alles, was ich weiß, entspricht dem Gerede der Leute«, sagte Burkhart.

White und Agent Smith setzten nun alles auf eine Karte: Sie erzählten Burkhart, dass sie einen weiteren Zeugen hätten, der über seine Beteiligung an dem Komplott zur Ermordung von Bill und Rita Smith aussagen werde.

Burkhart wusste, dass man schon einmal geblufft hatte, und sagte, er glaube ihnen nicht.

Der Gesetzlose Blackie Thompson

»Also gut, ich kann ihn ja holen gehen, wenn Sie nicht glauben, dass wir ihn haben«, sagte Agent Smith.

»Bringen Sie ihn her«, sagte Burkhart.

White und Smith holten Blackie und führten ihn ins Zimmer. Während ihn der Schütze auf dem Dach durchs Fenster im Visier behielt, setzte er sich dem verblüfft wirkenden Burkhart gegenüber.

Agent Smith wandte sich an Blackie und sagte: »Blackie, haben Sie mir … die Wahrheit über das Angebot gesagt, das Ihnen Ernest Burkhart gemacht hat?«[19]

Blackie erwiderte: »Ja, Sir.«

Agent Smith ergänzte: »Bill Smith zu töten?«

»Ja, Sir.«

»Stimmt es, dass Ernest Ihnen als Teilzahlung für diesen Auftrag ein Automobil versprochen hat?«

»Ja, Sir.«

Blackie, der das Ganze offensichtlich genoss, blickte Burkhart direkt ins Gesicht: »Ernest, ich habe ihnen alles gesagt.«

Burkhart wirkte geschlagen. Nachdem man Blackie weggebracht hatte, dachte White, dass Burkhart nun bereit wäre, ein Geständnis abzulegen und Hale zu belasten. Doch jedes Mal, wenn Burkhart kurz davor stand, brach er ab. Gegen Mitternacht beließ White Burkhart in der Obhut der anderen Agenten und kehrte in sein Hotelzimmer zurück. Er war mit seinem Latein am Ende. Erschöpft und mutlos fiel er auf sein Bett und schlief ein.

Kurz darauf wurde White vom Telefon geweckt. Da er fürchtete, etwas anderes könnte schiefgelaufen sein (etwa, dass Blackie Thompson entwischt war), hob er den Hörer ab. Er vernahm die erregte Stimme eines seiner Agenten. »Burkhart ist bereit, seine Geschichte zu erzählen«, sagte dieser. »Aber nicht uns. Er sagt, er will nur mit Ihnen reden.«

* * *

Als White die Kammer betrat, saß Burkhart dort zusammengesunken auf seinem Stuhl, müde und resigniert. Burkhart sagte zu White, er habe all diese Menschen nicht umgebracht, wisse jedoch, wer es getan habe. »Ich möchte aussagen«, sagte er.

White erinnerte Burkhart an seine Rechte, und dieser unterzeichnete ein Papier, in dem es hieß: »Nachdem ich dergestalt unterrichtet wurde und man mir keinerlei Immunität vor der Strafverfolgung versprochen hat, mache ich aus meinem eigenen freien Willen die folgende Aussage.«[20]

Burkhart begann über William Hale zu sprechen – wie er ihn als Junge bewundert habe, wie er alle möglichen Arbeiten für ihn erledigt und stets seine Anweisungen befolgt habe. »Ich verließ mich auf Onkel Bills Urteil«, sagte er.[21] Hale sei ein

Drahtzieher, sagte Burkhart, und wenngleich er die Ränke seines Onkels nicht in allen Einzelheiten kenne, so habe ihm dieser doch ein mörderisches Vorhaben mitgeteilt: Dass er Rita und Bill Smith umbringen wolle. Burkhart sagte, er habe protestiert, als Hale ihm seinen Plan geschildert habe, das Haus mitsamt seinen Bewohnern in die Luft zu sprengen, darunter seine eigenen Verwandten. Hale habe nur entgegnet: »Was kümmert dich das? Deine Frau wird das Geld bekommen.«

Burkhart sagte, er habe Hales Plan zugestimmt, wie er es immer getan habe. Hale habe sich zunächst an die Gesetzlosen Blackie Thompson und Curley Johnson gewandt, die das Blutbad für ihn anrichten sollten. (In einer späteren Aussage erinnerte sich Burkhart: »Hale sagte mir, ich solle mich mit Curley Johnson treffen und herausfinden, wie hartgesotten er tatsächlich sei, und ob er etwas Geld verdienen wolle; er wies mich an, Johnson mitzuteilen, dass es darum gehe, einen Squaw-Mann aus dem Weg zu räumen« – gemeint war Bill Smith.[22]) Als Johnson und Blackie den Job nicht übernehmen konnten, verfiel Hale auf Al Spencer. Da sich dieser aber weigerte, sprach Hale mit dem Schwarzbrenner und Rodeo-Star Henry Grammer, der versprach, einen Mann für den Job zu besorgen. »Nur wenige Tage vor dem Attentat sagte Grammer zu Hale, dass Acie [Asa Kirby] es machen wolle«, erinnerte sich Burkhart. »Das hat Hale mir erzählt.«[23]

Burkhart sagte, Lawson habe nichts mit der Explosion zu tun, und erklärte: »Sie haben den falschen Mann am Wickel.«[24] (Später räumte Lawson gegenüber White ein: »Meine Geschichte war von vorn bis hinten erlogen. Alles, was ich über das Bombenattentat auf die Smiths weiß, habe ich im Knast aufgeschnappt … ich habe einen Fehler gemacht und gelogen.«[25])

Tatsächlich deutete Burkhart an, dass Hale mit Grammer nach Fort Worth gegangen sei, um ein Alibi zu haben. Vor seiner Abreise beauftragte Hale Burkhart damit, John Ramsey eine Nachricht zu überbringen – dem Viehdieb und Schwarzbrenner, der für Henry Grammer arbeitete. Die Nachricht für Ramsey lautete, dass er Kirby sagen solle, es sei nun an der Zeit, »den Job« zu erledigen. Burkhart überbrachte die Nachricht und war am Abend der Explosion mit Mollie zu Hause. »Als es passierte, war ich mit meiner Frau im Bett«, erinnerte er sich. »An der Nordseite sah ich ein Licht. Meine Frau ging zum Fenster und blickte hinaus.« Sie hat gesagt, sie glaube, dass jemandes Haus brenne. »Als sie das sagte, wusste ich, was es war.«[26]

Burkhart lieferte zudem wichtige Details darüber, wie Hale den Mord an Roan arrangiert hatte, um an das Geld aus der Versicherung zu kommen. »Ich weiß, wer Henry Roan umgebracht hat«, sagte Burkhart und nannte den Viehdieb Ramsey als Todesschützen.[27]

Der Fall hatte nun eine entscheidende Wendung genommen. White rief Agent Smith an, der vor Ort im Einsatz war. »Dort gibt es einen Verdächtigen namens John Ramsey«, sagte er zu ihm. »Nehmen Sie ihn unverzüglich in Gewahrsam.«[28]

Ramsey wurde festgenommen und zum Verhör gebracht. Seine große, dünne Gestalt war in einen Overall gekleidet; sein schwarzes Haar war fettig, und er ging mit einem leichten, irgendwie bedrohlichen Hinken. Ein Reporter sagte, er wirkte »wie ein nervöser und vielleicht gefährlicher Mensch«.[29]

Den Berichten von White und anderen Agenten zufolge blickte Ramsey die Agenten misstrauisch an und beharrte darauf, dass er nichts wisse. Dann legte White ihm Burkharts Aussage vor. Ramsey starrte auf das Papier, als wolle er dessen Echtheit überprüfen. So, wie White und Smith Burkhart mit Blackie konfrontiert hatten, so brachten sie nun Burkhart herein, um seine Aussage vor Ramsey zu bestätigen. Ramsey hob die Hände und sagte: »Ich nehme an, jetzt habe ich den Kopf in der Schlinge. Holt eure Bleistifte.«[30]

Seiner beeidigten Aussage und anderen Zeugenaussagen zufolge hatte Grammer irgendwann im Jahr 1923 zu Ramsey gesagt, Hale wolle »einen kleinen Job erledigt haben«.[31] Als Ramsey wissen wollte, worum es sich handele, sagte Grammer, dass Hale einen Indianer aus dem Weg räumen lassen wolle. Ramsey, der das Komplott als »Spielstand« bezeichnete, willigte schließlich ein und lockte Roan in den Canyon, indem er ihm Whiskey versprach. »Wir saßen auf dem Trittbrett seines Wagens und tranken«, berichtete Ramsey. »Dann stieg der Indianer in den Wagen, um zu gehen, und ich schoss ihm in den Hinterkopf. Ich schätze, ich schoss aus einer Entfernung von einem oder zwei Fuß. Dann ging ich zu meinem Auto zurück und fuhr nach Fairfax.«

White fiel auf, dass Ramsey beharrlich von »dem Indianer« sprach, anstatt Roans Namen zu nennen. Als wollte er sein Verbrechen rechtfertigen, sagte Ramsey: »Weiße Menschen in Oklahoma denken sich [heutzutage] nicht mehr dabei, einen Indianer zu töten, als im Jahr 1724.«[32]

* * *

White hatte noch weitere Fragen, und zwar zum Mord an Mollies Schwester Anna Brown. Hinsichtlich der Rolle seines Bruders Bryan hielt sich Ernest Burkhart allerdings bedeckt, weil er ihn offensichtlich nicht belasten wollte. Er gab jedoch die Identität des mysteriösen dritten Mannes preis, der mit Anna kurz vor deren Tod gesehen worden war. Es war jemand, den die Agenten kannten, und zwar nur zu gut kannten: Kelsie Morrison, ihr Undercover-Informant, der angeblich mit den Agenten zusammengearbeitet hatte, um den dritten Mann zu *identifizieren.* Morrison war also nicht nur ein Doppelagent gewesen, der Hale und seinen Schergen Informationen zugespielt hatte. Morrison sei es auch gewesen, der Anna Brown die tödliche Kugel in den Kopf geschossen habe, sagte Ernest.

* * *

Die Behörden fassten Morrison und sorgten dafür, dass Mollie Burkhart von einem Arzt untersucht wurde. Sie schien dem Tode nahe. Angesichts ihrer Symptome waren sich die Behörden sicher, dass jemand sie heimlich vergiftet haben musste – ganz langsam, um keinen Verdacht zu erregen. In einem späteren Bericht notierte ein Agent: »Es ist eine erwiesene Tatsache, dass sie ihre Gesundheit sofort wiedererlangte, als man sie aus der Gewalt von Burkhart und Hale befreite.«[33]

Burkhart gestand niemals, etwas davon gewusst zu haben, dass Mollie vergiftet wurde. Vielleicht war es die eine Sünde, die er nicht eingestehen konnte. Vielleicht hatte Hale ihm aber auch nicht zugetraut, die eigene Frau umzubringen.

Die Brüder Shoun wurden einbestellt und dazu verhört, womit genau sie Mollie behandelt hatten. Einer der Staatsanwälte, die mit White zusammenarbeiteten, fragte James Shoun: »Haben Sie ihr nicht Insulin gegeben?«[34]

»Das mag sein«, sagte Shoun.

Der Staatsanwalt wurde ungeduldig. »Hat man sie nicht Ihrer Behandlung entzogen und nach Pawhuska ins Krankenhaus gebracht? Haben Sie ihr denn kein Insulin verabreicht?«

Shoun sagte, er habe sich möglicherweise unklar ausgedrückt: »Ich möchte hier nicht durcheinandergeraten und mich um Kopf und Kragen reden.«

Der Staatsanwalt fragte abermals, ob er ihr Medikamente injiziert habe.

»Ja, ich habe ihr etwas gegeben.«

»Wogegen.«

»Gegen Zucker, Diabetes.«

»Und es ging ihr daraufhin schlechter?«

»Ich weiß nicht.«

»Es ging ihr schließlich so schlecht, dass man sie Ihrer Obhut entzog und ins Krankenhaus nach Pawhuska brachte, wo sich ihr Zustand unter der Behandlung eines anderen Arztes augenblicklich besserte?«

James Shoun und sein Bruder stritten jegliches Fehlverhalten ab, und White konnte nicht beweisen, wer für die Vergiftung verantwortlich war. Als es Mollie besser ging, wurde sie ebenfalls von den Behörden befragt. Mollie war jemand, der sich ungern in der Opferrolle sah, doch einmal gab sie zu, dass sie Angst habe und verwirrt sei. Manchmal bediente sie sich eines Dolmetschers, der ihr mit ihrem Englisch half – eine Sprache, die nun die Geheimnisse jenseits aller Vorstellungskraft zu bergen schien. Ein Anwalt, der als Assistent der Staatsanwaltschaft fungierte, erklärte ihr: »Wir sind alle Ihre Freunde und arbeiten für Sie.«[35] Er teilte ihr mit, dass ihr Ehemann, Ernest, gestanden habe, etwas über die Mordfälle zu wissen, und dass Hale offenbar der Drahtzieher dahinter sei, auch hinter dem Bombenattentat auf das Haus ihrer Schwester Rita stehe.

»Bill Hale und Ihr Ehemann sind Verwandte, oder?«, fügte er hinzu.

»Ja, Sir«, entgegnete sie.

Einmal fragte sie der Anwalt, ob Hale um den Zeitpunkt der Explosion in ihrem Haus gewesen sei.

»Nein, er war nicht da. Nur mein Ehemann und meine Kinder, sonst war niemand im Haus.«

»An jenem Abend kam niemand zu Ihnen?«

»Nein.«

»War Ihr Mann den ganzen Abend über zu Hause?«

»Ja, den ganzen Abend.«

Er fragte sie, ob Ernest ihr je von Hales Komplott erzählt habe. Sie antwortete: »Er erzählte mir nie etwas davon.« Alles, was sie wolle, sei, dass die Männer bestraft würden, die ihrer Familie dies angetan hätten.

»Und es macht keinen Unterschied, wer sie sind?«, fragte der Anwalt.

»Nein«, sagte sie entschieden. Sie konnte, *wollte* jedoch nicht glauben, dass Ernest in ein solches Komplott verstrickt war. In einem Bericht wurde sie später folgendermaßen zitiert: »Mein Ehemann ist ein guter Mann, ein lieber Mann. Er hätte so etwas nicht getan. Er hätte niemandem Schaden zugefügt, und er hätte mir niemals wehgetan.«[36]

Nun fragte der Anwalt sie: »Sie lieben Ihren Ehemann?«

Nach einem Augenblick sagte sie: »Ja.«

Gewappnet mit den Aussagen von Ernest Burkhart und Ramsey nahm sich White nun Hale vor. White saß dieser Gestalt gegenüber, die wie ein Gentleman wirkte, seiner Überzeugung nach aber fast sämtliche Mitglieder von Mollies Familie sowie etliche Zeugen und Mitverschwörer auf dem Gewissen hatte. Zudem hatte White noch eine weitere beunruhigende Entwicklung entdeckt: Wenn man einigen Leuten glaubte, die Anna Brown nahegestanden hatten, dann hatte Hale eine Affäre mit ihr gehabt und war der Vater ihres Babys. Stimmte dies, so bedeutete es, dass Hale sein eigenes ungeborenes Kind getötet hatte.

White versuchte, die gewalttätigen Impulse in seinem Innern zu unterdrücken, als Hale ihn und Agent Smith mit derselben Höflichkeit begrüßte, die er schon bei seiner Verhaftung an den Tag gelegt hatte. Burkhart beschrieb Hale einmal als den freundlichsten Menschen, »den man je getroffen hatte, bis man ihn näher kennenlernte«, und ergänzte: »Man konnte ihm begegnen und sich geradezu in ihn verlieben. Mit den Frauen war das genauso. Doch wenn man länger in seiner Gesellschaft blieb, ging er einem auf die Nerven. Er traktierte einen irgendwie.«[37]

White verlor keine Zeit. Wie er sich später erinnerte, sagte er zu Hale: »Wir haben unstrittige Aussagen, die Sie als Kopf in den Mordfällen Henry Roan und der Familie Smith belasten. Wir haben Beweise, um Sie zu verurteilen.«[38]

Doch selbst als White die überwältigenden Beweise gegen ihn in allen Einzelheiten darlegte, schien Hale unbeeindruckt zu bleiben, als behielte er immer noch die Oberhand. Kelsie Morrison hatte den Agenten zuvor gesagt, Hale sei sich gewiss, dass »man mit Geld in Osage County jeden Mann, ungeachtet seines Verbrechens, vor Strafverfolgung schützen oder freisprechen lassen kann«.[39]

White konnte nicht vorhersehen, welch erbitterte, sensationelle Prozessschlacht entbrennen würde – die dann sogar am Obersten Gerichtshof diskutiert werden und ihn fast die Karriere kosten sollte. Da er immer noch hoffte, den Fall so sauber und rasch wie möglich in trockene Tücher zu bringen, unternahm er einen letzten Versuch, Hale zu einem Geständnis zu bewegen. »Wir glauben nicht, dass Sie [Ihre Familie] einem langen Verfahren mit all seinen schlimmen Zeugenaussagen, der Schande und der Blamage aussetzen wollen«, sagte White.[40]

Hale starrte White mit hämischem Eifer an. »Ich werde kämpfen«, sagte er.[41]

19. Ein Verräter seines eigenen Blutes

Die Enthüllungen infolge der Festnahmen und das Grauen der Verbrechen hielten die Nation in Atem. Die Presse berichtete über »eine offenbar gut organisierte Bande, teuflisch in ihrer Ruchlosigkeit, welche die Erben der ölreichen Osage-Ländereien mit Kugeln, Gift und Bomben vernichten wollte«;[1] über Verbrechen, die »einem das Blut mehr gefrieren lassen als [die Taten] in den alten Pioniertagen«;[2] außerdem wurde über die Bemühungen der Bundesregierung berichtet, den angeblichen »König der Killer« seiner gerechten Strafe zuzuführen.[3]

White hatte sich bislang vorrangig mit den Fällen um Roan und Mollie Burkharts Familie befasst, sodass er und seine Leute noch nicht in der Lage gewesen waren, Hale mit allen vierundzwanzig Osage-Morden oder den Todesfällen von Vaughan und dem Ölmagnaten McBride in Verbindung zu bringen. Doch konnten White und sein Team nachweisen, dass Hale von mindestens zwei dieser anderen Morde profitierte. Der erste war die mutmaßliche Vergiftung von George Bigheart, des Osage, der vor seinem Tod Informationen an den Anwalt Vaughan weitergegeben hatte. Von Zeugen erfuhr White, dass Hale zusammen mit Bigheart gesehen worden war, kurz bevor man diesen ins Krankenhaus eingeliefert hatte, und dass Hale nach Bighearts Tod unter Vorlage eines gefälschten Schuldscheins sechstausend Dollar aus dessen Nachlass gefordert hatte. Ernest Burkhart gestand, dass er den Schein ausgefüllt und zuvor geübt habe, damit seine Handschrift wie die Bighearts aussehe. Zudem wurde Hale im Zusammenhang mit der mutmaßlichen Vergiftung des Osage-Indianers Joe Bates im Jahr 1921 verdächtigt. Nachdem Bates, ein verheirateter Mann mit sechs Kindern, unerwartet verstorben war, hatte Hale eine zweifelhafte Urkunde über dessen Land präsentiert. Bates' Witwe schrieb später einen Brief an das Amt für Indianerangelegenheiten, in dem es hieß: »Hale sorgte dafür, dass mein Ehemann über ein Jahr lang ständig betrunken war. Immer wieder kam er zu unserem Haus und bat ihn, seine ererbten Landanteile zu verkaufen. Joe lehnte ab, ganz gleich, wie betrunken er auch sein mochte. Ich glaubte nie daran, dass er das Land verkauft hatte. Noch wenige Tage vor seinem Tod sagte er zu mir, das werde er niemals tun … Doch schließlich bekam Hale das Land.«[4]

Trotz der Brutalität der Verbrechen machten viele Weiße keinen Hehl aus ihrer Begeisterung über die schreckliche Geschichte. »Spannende Verschwörung um Morde an Osage-Indianern«, titelte die *Reno Evening Gazette*.[5] Unter der Schlagzeile »Der alte Westen ist im Land der Osage-Morde noch lebendig«[6] verbreitete ein landesweiter Nachrichtendienst, die Angelegenheit sei zwar »ungeheuer bedrückend, aber nichtsdestotrotz durchweht von einem Hauch des romantischen, draufgängerischen Wilden Westens, den wir verloren glaubten. Außerdem ist es eine spannende Geschichte. So spannend, dass man sich fragt, ob so etwas im modernen Amerika des 20. Jahrhunderts überhaupt passieren kann.« Ein Nachrichtenfilm über die Morde mit dem Titel »Die Tragödie der Osage Hills«[7] wurde in den Kinos gezeigt. »Die Wahrheit über die unglaublichste Mordserie in der Kriminalgeschichte«, hieß es auf einem Flugblatt zu dem Film. »Eine Geschichte von Liebe, Hass und der menschlichen Gier nach Gold. Basierend auf den wahren Fakten, enthüllt durch Burkharts verblüffendes Geständnis.«

Inmitten dieser Sensationsmache achteten die Osage darauf, dass Hale und seine Komplizen keinen Weg fanden, sich aus der Sache herauszuwinden – was immerhin viele befürchteten. Bates' Witwe sagte: »Wir Indianer bekommen vor solchen Gerichten nicht unser Recht, und ich habe überhaupt keine Chance, dieses Land für meine Kinder zu bewahren.«[8] Am 15. Januar 1926 erließ die Society of Oklahoma Indians folgende Resolution:

* * *

> Mitglieder des Stammes der Osage wurden ihrer Landrechte wegen hinterhältig ermordet … Die Verantwortlichen für diese mutmaßlichen Verbrechen verdienen, rücksichtslos strafverfolgt und im Falle einer Verurteilung mit der vollen Härte des Gesetzes bestraft zu werden … Deshalb erklärt diese Gesellschaft, dass wir das Bemühen der Bundes- und Staatsbehörden gutheißen, die für diese grausigen Taten verantwortlichen Verbrecher aufzuspüren und zu belangen.[9]

* * *

White wusste jedoch, dass sowohl die Rechtsinstitutionen Amerikas als auch die Polizei von Korruption durchsetzt waren. Viele Anwälte und Richter nahmen Schmiergelder. Zeugen wurden eingeschüchtert, Geschworene beeinflusst. Selbst Clarence Darrow, der große Fürsprecher der Entrechteten, war des Bestechungsversuchs designierter Geschworener angeklagt worden. Ein Redakteur der *Los Angeles Times* erinnerte sich, dass Darrow einmal zu ihm gesagt hatte: »Wenn man es mit einem Haufen Gauner zu tun bekommt, muss man ihr Spiel mitspielen. Warum sollte ich das nicht tun?«[10] Hale hatte enormen Einfluss auf die instabilen rechtlichen Institutionen Oklahomas. Ein Reporter, der die Gegend besuchte, berichtete: »Menschen in der Stadt – die aus allen Schichten stammen – sprechen mit verhaltenem Atem über ihn. Sein Einfluss und der seiner Verbündeten ist überall spürbar.«[11]

Aufgrund von Hales Macht gab ein Bundesanwalt zu bedenken, es sei »nicht nur sinnlos, sondern geradezu gefährlich«, ihn im Rahmen des staatlichen Rechtssystems zur Verantwortung zu ziehen.[12] Wie bei vielen Verbrechen gegen Indianer war die Frage der rechtlichen Zuständigkeit jedoch auch im Fall der Osage-Morde verwirrend. Wenn im Indianergebiet ein Mord geschah, konnten die Bundesbehörden die Jurisdiktion für sich beanspruchen. Das Osage-Territorium war jedoch aufgeteilt worden, und ein großer Teil des Bodens, auf dem die Morde begangen worden waren (darunter auch der Mord an Anna Brown), stand nicht mehr unter der Kontrolle des Stammes. Diese Fälle, so schlossen die Vertreter des Justizministeriums, könnten nur vom Staat verhandelt werden.

Als die Behörden die zahlreichen Fälle durchgingen, glaubten sie jedoch, eine Ausnahme gefunden zu haben. Henry Roan wurde auf einer Parzelle umgebracht, die noch nicht an die Weißen verkauft worden war; obendrein stand der Landeigentümer, ein Osage, unter Vormundschaft und galt als Mündel der Bundesregierung. Strafverfolger, die mit White zusammenarbeiteten, beschlossen, seinen Fall als Ersten in Angriff zu nehmen. Hale und Ramsey wurden vor einem Bundesgericht des Mordes an Roan angeklagt. Ihnen drohte die Todesstrafe.

Das zusammengestellte Strafverfolgerteam war beeindruckend. Es umfasste zwei hochrangige Beamte aus dem Justizministerium, den jungen frischgebackenen United States Attorney Roy St. Lewis sowie einen ortsansässigen Rechtsanwalt namens John Leahy, der mit einer Osage-Indianerin verheiratet war und vom Stammesrat eingestellt worden war, um bei den zahlreichen Verfahren zu assistieren.

Hale wurde von seiner eigenen Anwaltsriege vertreten – darunter waren einige der »fähigsten Rechtsexperten Oklahomas«, wie in einer Zeitung zu lesen stand.[13] Zu diesen gehörte Sargent Prentiss Freeling, ein ehemaliger Attorney General von Oklahoma und unumstößlicher Verfechter staatlicher Rechte. Er war oft in der Gegend herumgereist und hatte eine Vorlesung mit dem Titel »Das Verfahren gegen Jesus Christus aus Sicht eines Juristen« gehalten. Darin warnte er: »Wenn sich ein böser Mensch mit aller Kraft der Schurkerei hingibt und dabei so weit geht, wie es ihm sein verabscheuungswürdiges Wesen gestattet, dann bedient er sich zu seiner Hilfe eines unehrba-

Der US-Attorney Roy St. Lewis sieht die zahlreichen Osage-Mordfälle durch.

ren Rechtsbeistandes.«[14] Zur Verteidigung von John Ramsey, Roans mutmaßlichem Mörder, bestellte Hale einen Anwalt namens Jim Springer, der als Problemlöser galt. Auf Springers Rat widerrief Ramsey alsbald sein Geständnis und behauptete: »Ich habe niemanden getötet.«[15] Ernest Burkhart sagte White, Hale habe Ramsey zuvor versichert, »dass er sich keine Sorgen zu machen brauche, da er – Hale – vom Straßenaufpasser bis zum Gouverneur alles unter Kontrolle« habe.[16]

Anfang Januar, kurz nach Verfahrensbeginn vor dem Großen Geschworenengericht, wurde einer von Hales Kumpanen, ein Pastor, des Meineides angeklagt. Bei einer späteren Verhandlung wurde ein anderer Komplize verhaftet, weil er versucht hatte, Zeugen zu vergiften. Als sich der Termin der Verhandlung näherte, begannen verbrecherische Privatdetektive, Zeugen nachzustellen, und versuchten sogar, diese verschwinden zu lassen. Das Büro veröffentlichte die Personenbeschreibung eines Privatermittlers, der nach Befürchtungen der Agenten als Auftragskiller angeheuert worden war:[17] »Langes Gesicht… grauer Anzug und heller Filzhut… mehrere Goldzähne… steht im Ruf, sehr raffiniert und ›aalglatt‹ zu sein.«[18]

Ein anderer Killer wurde gedungen, Kelsie Morrisons Exfrau Katherine Cole umzubringen, eine Osage, die sich bereiterklärt hatte, vor Gericht auszusagen. Der Killer erinnerte sich: »Kelsie sagte, er wolle etwas arrangieren, um seine Frau Katherine loszuwerden, weil sie zu viel über den Mord an Anna Brown wisse. Kelsie sagte, er werde mir eine Nachricht für Bill Hale geben, und dass Hale sich um die Sache kümmern werde.«[19] Hale bezahlte den Schützen und riet ihm: »Mach sie betrunken und werde sie dann los.«[20] Doch in letzter Minute wurde das Ganze vereitelt, und nachdem man den Killer wegen Raubes festgenommen hatte, berichtete er den Behörden von dem Plan. Das Komplott bestand jedoch weiter.

White, der seine Männer aus Sicherheitsgründen angewiesen hatte, in Zweiergruppen zu arbeiten, ging dem Tipp nach, ein ehemaliges Mitglied der Al-Spencer-Bande sei in Pawhuska aufgetaucht, um Bundesagenten zu töten. White sagte zu Agent Smith: »Das biegen wir besser ab.«[21] Bewaffnet mit 45er Automatikpistolen, stellten sie den Mann in dem Haus, in dem er sich aufhielt. »Wie wir hören, haben Sie gedroht, uns aus der Stadt zu jagen«, sagte White.

Der Gesetzlose musterte die Gesetzeshüter und sagte: »Ich bin nur ein Freund von Bill Hale. Rein zufällig in der Stadt, das ist alles.«

Daraufhin teilte White Hoover mit: »Bevor dieser Mann mit seiner ›schmutzigen‹ Arbeit beginnen konnte, verließ er die Stadt … da ihm begreiflich gemacht wurde, dass es andernorts gesünder für ihn ist.«[22]

White machte sich große Sorgen um Ernest Burkhart. Hale sagte später zu einem Verbündeten, Burkhart sei der einzige Zeuge, vor dem er sich fürchte. »Was immer du tust, schnapp dir Ernest«, wies er ihn an. Ansonsten sei er »ein ruinierter Mann«.[23]

Am 20. Januar 1926 sagte Burkhart – der noch nicht unter Regierungsanklage stand, da man zunächst das Ausmaß seiner Beteiligung ermitteln wollte – zu White, er sei sicher, man werde ihn demnächst »aus dem Weg räumen«.[24]

»Sie erhalten jeglichen Schutz von mir, den die Regierung bieten kann«, versprach ihm White. »Alles, was notwendig ist.«[25]

White veranlasste, dass Agent Wren und ein anderes Mitglied seines Stabes Burkhart aus dem Staat schmuggelten und ihn bis zum Prozessbeginn bewachten. Die Agenten schrieben Burkhart nie unter seinem wahren Namen in Hotels ein, sondern nannten ihn »E. J. Ernest«. White berichtete Hoover später: »Wir halten es für wahrscheinlich, dass sie versuchen werden, Burkhart zu töten. Natürlich werden sämtliche Maßnahmen unternommen, einen solchen Schritt zu verhindern, doch gibt es viele Möglichkeiten, die Tat auszuführen. Freunde von Ramsey und Hale könnten ihm etwa Gift beibringen.«[26]

Derweil wollte Mollie immer noch nicht glauben, dass Ernest »absichtlich schuldig« sei.[27] Als er einige Tage lang nicht nach Hause kam, geriet sie in Panik. Große Teile ihrer Familie waren schon getötet worden, und nun schien es, als hätte sie auch noch ihren Ehemann verloren. Ein Anwalt, der die Strafverfolgungsbehörden unterstützte, fragte, ob es ihr besser ginge, wenn die Agenten ein Treffen mit Ernest arrangierten.

»Das war alles, was ich wollte«, sagte sie.[28]

Daraufhin traf sich White mit Mollie. Er versprach, dass Ernest bald wieder zurück sei. Bis dahin wolle er dafür sorgen, dass die beiden in Verbindung bleiben könnten.

Nachdem Mollie einen Brief von Ernest erhalten hatte, in welchem er ihr mitteilte, er sei sicher und wohlauf, antwortete sie: »Lieber Ehemann, ich habe Deinen Brief heute Morgen bekommen und war sehr froh, von Dir zu hören. Uns geht es allen gut, und Elizabeth besucht wieder die Schule.« Sie erwähnte, dass sie nicht mehr so krank sei. »Es geht mir jetzt besser«, schrieb sie. An der Illusion ihrer Ehe festhaltend, schloss sie mit den Worten: »Nun, Ernest, ich muss meinen kurzen Brief beenden. Hoffe, bald von Dir zu hören. Es grüßt Dich herzlich, Deine Frau, Mollie Burkhart.«[29]

* * *

Am 1. März 1926 erlitten White und die gesamte Ermittlung einen katastrophalen Rückschlag. Der Richter stimmte einem Einwand der Verteidigung zu und verfügte, dass Roan zwar auf einer einzelnen Osage-Parzelle ermordet worden, diese jedoch nicht mit einem Stammesgebiet gleichzusetzen sei, und der Fall deshalb unter die staatliche Gerichtsbarkeit falle. Die Strafverfolger gingen mit dieser Entscheidung umgehend vor den Obersten Gerichtshof, doch da hier in den nächsten Monaten keine Entscheidung zu erwarten war, mussten Hale und Ramsey auf freien Fuß gesetzt werden. »Es hatte den Anschein, als hätten Bill Hales Anwälte – ganz so, wie seine Freunde vorhergesagt hatten – das Räderwerk der Regierung gut geschmiert«, stellte ein Schreiber fest.[30]

Hale und Ramsey feierten gerade im Gerichtssaal, als sich Sheriff Freas an sie wandte. Er schüttelte Hale die Hand, dann sagte er: »Bill, ich habe einen Haftbefehl gegen dich.«[31] White und die Staatsanwälte hatten mit dem Attorney General von Oklahoma zusammengearbeitet, damit Hale und Ramsey hinter Gittern blieben, und zu diesem Zweck ein staatliches Klageverfahren wegen des Bombenattentats beantragt.

White und den Staatsanwälten blieb keine andere Wahl, als das staatliche Verfahren in Pawhuska einzuleiten, dem Sitz der Bezirksverwaltung von Osage County und einer Hochburg von Hale. »Sehr wenige, wenn überhaupt jemand, glauben, dass es uns je gelingen wird, ein Gericht in Osage County zu finden, vor welchem diese Fälle verhandelt werden«, schrieb White an Hoover. »Man wird auf Tricksereien und alle möglichen Formen der Täuschung zurückgreifen.«[32]

Bei einer Voruntersuchung am 12. März drängten sich Männer und Frauen vom Stamm der Osage im Gerichtssaal, um Zeugen des Verfahrens zu sein. Viele waren Verwandte der Opfer. Hales Frau, seine achtzehnjährige Tochter und seine vielen übermütigen Anhänger versammelten sich hinter dem Tisch der Verteidigung. Die Journalisten hatten Mühe, noch einen Platz zu bekommen. »Selten, falls überhaupt jemals, hat sich in einem Gerichtssaal eine derartige Menge eingefunden«, schrieb ein Reporter der *Tulsa Tribune.*[33] »Hier sieht man wohlsituierte Geschäftsleute, die mit Tunichtguten um einen Stehplatz rangeln. Dort sitzen Frauen der Gesellschaft neben indianischen Squaws in farbenfrohen Decken. Cowboys mit breitkrempigen Hüten und Osage-Häuptlinge in perlenbesetztem Gewand saugen die Zeugenaussagen förmlich auf. Schulmädchen recken ihre Hälse, um sie zu hören. Die gesamte weltbürgerliche Bevölkerung des reichsten Fleckens der Erde – des Königreichs der Osage – findet sich ein, um das Drama um Blut und Gold mitzuerleben.« Ein lokaler Historiker behauptete später, der Prozess um die Osage-Morde habe ein größeres Medienecho hervorgerufen als der sogenannte »Affenprozess« im Vorjahr in Tennessee. Bei diesem war es darum gegangen, ob es rechtens sei, in einer staatlich finanzierten Schule die Evolutionstheorie zu lehren.

Viele Menschen auf der Galerie tuschelten über eine Osage-Frau, die still und einsam auf einer der Bänke saß. Es war Mollie Burkhart, ausgestoßen aus beiden Welten, zwischen denen sie stets einen Spagat versucht hatte: Die Weißen standen hinter Hale und wichen ihr aus, während sie von vielen Osage dafür ausgegrenzt wurde, dass sie die Mörder in den Stamm gebracht und zu Ernest gehalten hatte. Reporter stellten sie als »unwissende Squaw« dar. Die Presse drängte sie um eine Stellungnahme, doch sie weigerte sich. Später machte ein Reporter einen Schnappschuss, auf dem sie trotzig dreinblickte, und sofort wurde ein »neues und exklusives Bild von Mollie Burkhart«[34] um die Welt geschickt.

Hale und Ramsey wurden in den Gerichtssaal geführt. Ramsey wirkte gleichgültig, doch Hale begrüßte seine Frau, seine Tochter und seine Anhänger zuversichtlich. »Hale ist ein Mensch mit magnetischer Persönlichkeit«, schrieb der

Reporter der *Tribune.*[35] »In jeder Ecke des Gerichts drängen sich Freunde, und Männer wie Frauen begrüßen ihn mit aufmunternden Rufen.« Im Gefängnis hatte Hale aus dem Gedächtnis folgende Zeilen eines Gedichts aufgeschrieben:

* * *

> Du sollst nicht richten! Die Wolken scheinbarer Schuld mögen den Ruhm deines Bruders trüben, *denn Ruhm kann auf den hellsten Namen den Schatten des Verdachts werfen.*[36]

* * *

White nahm am Tisch der Anklage Platz. Sofort sagte einer von Hales Rechtsanwälten: »Euer Ehren, ich verlange, dass T.B. White dort drüben, Leiter des Bureau of Investigation in Oklahoma City, nach Schusswaffen durchsucht und des Gerichtssaales verwiesen wird.«[37]

Hales Anhänger applaudierten und stampften mit den Füßen. White erhob sich und öffnete seinen Mantel, um zu zeigen, dass er nicht bewaffnet war. »Ich werde gehen, wenn das Gericht es anordnet«, sagte er. Der Richter sagte, das sei nicht notwendig. White setzte sich wieder, und die Menge verstummte. Die Anhörung verlief dann ohne nennenswerte Zwischenfälle, bis an jenem Nachmittag ein Mann den Gerichtssaal betrat, den man in Osage County seit Wochen nicht gesehen hatte: Ernest Burkhart. Mollie sah zu, wie ihr Ehemann unsicher den langen Gang zum Zeugenstand ging. Hale warf seinem Neffen, den einer von Hales Anwälten als »Verräter seines eigenen Blutes« verunglimpft hatte,[38] böse Blicke zu. Nur Minuten zuvor hatte Burkhart einem Staatsanwalt anvertraut, dass »sie mich umbringen werden«, wenn er aussage. Als

Burkhart im Zeugenstand Platz nahm, war klar zu erkennen, dass nun alle Kraft von ihm wich, die er für seine Aussage gesammelt hatte.

Einer von Hales Rechtsanwälten erhob sich und verlangte, vertraulich mit Burkhart sprechen zu dürfen. »Dieser Mann ist mein Mandant!«, sagte er.[39] Der Richter fragte Burkhart, ob diese Person tatsächlich sein Rechtsvertreter sei, und Burkhart sagte, mit einem Seitenblick zu Hale: »Er ist zwar nicht mein Anwalt … aber ich bin bereit, mit ihm zu sprechen.«[40]

White und die Vertreter der Anklage sahen ungläubig zu, wie Burkhart den Zeugenstand verließ und mit Hales Anwälten in den Hinterzimmern des Richters verschwand. Fünf Minuten vergingen, dann zehn, dann zwanzig; schließlich wies der Richter den Gerichtsdiener an, sie zu holen. Hales Rechtsanwalt Freeling trat aus der Kammer und sagte: »Euer Ehren, ich möchte das Gericht bitten, Herrn Burkhart zu gestatten, sich bis morgen mit der Verteidigung ins Benehmen zu setzen.« Der Richter willigte ein. Im Gerichtssaal sprach Hale einen Moment lang persönlich mit Burkhart. Diesmal entspann sich das Komplott direkt vor Whites Augen. Leahy, der vom Stammesrat der Osage eingestellte Anwalt, bezeichnete das Ganze als »selbstherrlichstes und ungewöhnlichstes Gebaren, dessen ich je von anwaltlicher Seite Zeuge wurde«.[41] Als Burkhart den Saal verließ, versuchte White, seine Aufmerksamkeit zu erregen, doch Burkhart wurde von einem Mob erfasst, der sich aus Hales Anhängern zusammensetzte.

* * *

Am nächsten Morgen im Gerichtssaal verkündete einer der Staatsanwälte, was White und jedermann auf der übervollen Galerie bereits ahnte: Ernest Burkhart weigerte sich, vor dem staatlichen Gericht auszusagen. In einem Memo an Hoover erklärte White, dass Burkhart »die Nerven verlor, nachdem man ihm gestattet hatte, sich mit Hale zu treffen, welcher ihn nun erneut so beherrscht, dass keine Hoffnung auf eine Zeugenaussage seinerseits mehr besteht«.[42] Stattdessen trat Burkhart jetzt als Zeuge der Verteidigung auf. Einer von Hales Anwälten fragte ihn, ob er mit Hale jemals über den Mord an Roan oder an anderen Osage gesprochen habe.

»Das habe ich niemals«, murmelte Burkhart.[43]

Als der Anwalt wissen wollte, ob Hale ihn jemals gebeten habe, einen Auftragsmörder für Roan zu bestellen, sagte Burkhart ebenfalls: »Das habe ich niemals.«

Schritt für Schritt, mit stiller, monotoner Stimme, widerrief Burkhart sein Geständnis. Die Anklage versuchte, den Fall noch zu retten, indem sie separate Vorwürfe gegen Burkhart geltend machte und ihn als Mitverschwörer des Bombenattentats auf das Haus der Smiths beschuldigte. In der Hoffnung, die Position gegen Hale und Ramsey durch eine frühe Verurteilung Burkharts zu festigen, setzte die Staatsanwaltschaft seinen Prozess als Ersten an. Doch die beiden wichtigsten Säulen im Beweisverfahren gegen Hale – die Geständnisse von Burkhart und Ramsey – waren in sich zusammengestürzt. White erinnerte sich, dass »Hale und Ramsey uns [im Gerichtssaal] triumphierend angrinsten«, und fügte hinzu: »Der König war wieder obenauf.«[44]

Als Burkharts Prozess Ende Mai begann, fand sich White inmitten einer noch schwereren Krise wieder. Hale betrat den Zeugenstand und sagte unter Eid aus, White und seine Agenten, darunter Smith, hätten während seines Verhörs auf brutale Weise versucht, ein Geständnis von ihm zu erzwingen. Hale sagte, die Männer des Büros hätten zu ihm gesagt, sie verfügten über Mittel und Wege, jemanden zum Sprechen zu bringen. »Ich wandte mich um«, fuhr Hale fort.[45] »Der Grund dafür war, dass ich eine Pistole direkt hinter mir klicken hörte. In dem Moment, als ich mich umsah, sprang Smith quer durchs Zimmer, packte mich bei den Schultern und hielt mir eine große Schusswaffe vors Gesicht.«

Hale sagte, Smith habe gedroht, ihn zusammenzuschlagen, und White habe gesagt: »Wir müssen Sie wohl auf den heißen Stuhl setzen.« Daraufhin hätten ihn die Agenten gewaltsam auf einen besonderen Stuhl gesetzt, Kabel an seinen Körper angeschlossen, ihm eine schwarze Kapuze aufgesetzt und eine Art Catcher-Maske übers Gesicht gezogen. »Sie redeten davon, mir ordentlich Saft zu verpassen und mich elektrisch hinzurichten, und gaben mir Elektroschocks«, sagte Hale.

Burkhart und Ramsey sagten aus, sie hätten einen ähnlichen Missbrauch erlitten, welcher der einzige Grund für ihre Geständnisse gewesen sei. Als Hale im Zeugenstand war, gestikulierte er wild, um zu illustrieren, wie der Strom seinen Körper angeblich zum Zucken gebracht hatte. Ein Agent, so behauptete er, habe sogar in der Luft geschnuppert und gerufen: »Merkt ihr nicht, dass es nach verbranntem Menschenfleisch riecht?«

* * *

Eines Morgens Anfang Juni befand sich Hoover in Washington. Zum Frühstück aß er gerne pochiertes Ei auf Toast. Ein Verwandter stellte einmal fest, Hoover sei »in Sachen Essen ein ziemlicher Tyrann« und lasse sein Ei regelmäßig zurückgehen, wenn auch nur eine geringe Menge Dotter austrete.[46] An diesem Morgen war es jedoch nicht das Essen, woran er sich störte. Als er die *Washington Post* zur Hand nahm, entdeckte er über der Faltung voller Verblüffung folgende Schlagzeile:

* * *

> Häftling klagt Gebrauch von Strom durch Justizvertreter an … Versuch, ihn zum Mordgeständnis vor Gericht zu zwingen. Es geht um siebenundzwanzig Todesfälle von Indianern; Beamte hätten »brennendes Fleisch« gerochen, sagt er.[47]

* * *

Hoover nahm es mit den Feinheiten des Gesetzes zwar selbst nicht so genau, doch konnte er offenbar nicht glauben, dass White einer solchen Taktik fähig war. Was Hoover besorgt machte, war der Skandal oder – um den von ihm bevorzugten Begriff zu gebrauchen – die »Beschämung«. Er schickte ein dringendes Telegramm an White, in welchem er eine Erklärung verlangte. Obwohl White die »lächerlichen« Anspielungen eigentlich keines Wortes würdigen wollte,[48] antwortete er sofort und bestand darauf, die Vorwürfe seien »von Anfang bis Ende frei erfunden, da keinerlei gewaltsame Methoden des Kreuzverhörs angewandt wurden. Solcher Taktiken habe ich mich in meinem ganzen Leben nie bedient.«[49]

White und seine Agenten traten als Zeugen auf, um diese Vorwürfe zu entkräften. Trotzdem begann der US-Senator William B. Pine – ein reicher Ölbaron aus Oklahoma und obendrein ein Verfechter des Vormundschaftssystems –, sich bei Regierungsvertretern dafür stark zu machen, dass man White und seine Männer aus dem Büro entließ.

Bei Ernest Burkharts Verhandlung erhitzten sich die Gemüter. Als ein Anwalt der Verteidigung andeutete, dass die Regierung einen Betrug begangen habe, rief ein Staatsanwalt: »Der Mann, der das sagt, soll sich mit mir draußen auf dem Hof treffen.«[50] Die beiden Männer mussten voneinander getrennt werden.

Da die Sache der Regierung nunmehr ins Wanken geriet, bestellte die Staatsanwaltschaft schließlich einen Zeugen ein, der, so glaubte man, die Geschworenen günstig stimmen könnte: den Schwarzbrenner und ehemaligen Informanten des Büros, Kelsie Morrison. White und seine Männer hatten Morrison schon zuvor zur Rede gestellt, nämlich nachdem sie von seinem Doppelspiel erfahren hatten. Offenbar ließ sich Morrison ausschließlich von seinen eigenen Interessen leiten. Als er dachte, Hale wäre mächtiger als die US-Regierung, diente er dem König der Osage Hills als Doppelagent; als er geschnappt wurde und erkannte, dass sein Schicksal nunmehr in der Hand der Regierung lag, wechselte er die Seiten und gestand seine Rolle in der Verschwörung ein.

Draußen vor dem Gerichtsgebäude regnete und donnerte es, als Morrison aussagte, dass Hale geplant habe, sämtliche Mitglieder von Mollies Familie umzubringen. Hale habe ihn wissen lassen, er wolle »das ganze verdammte Pack« loswerden, damit »Ernest alles bekäme«.[51] Was Anna Brown angehe, so habe Hale ihn beauftragt, »diese Squaw zu beseitigen«, und darum habe er ihm eine Waffe gegeben – eine .380 Automatik.[52] Bryan Burkhart habe als Komplize fungiert.

Nachdem sie dafür gesorgt hatten, dass Anna sturzbetrunken war, fuhren sie hinaus zum Three Mile Creek. Morrisons damalige Frau Cole war bei ihnen, und er sagte ihr, sie solle im Wagen bleiben. Dann zerrten er und Bryan Anna aus dem Fahrzeug. Sie sei zu betrunken gewesen, um selbst zu gehen, erinnerte sich Morrison. Also trugen sie Anna in die Schlucht hinab. Schließlich half Bryan Anna, sich auf einem Felsbrocken am Bach aufzusetzen. »Er richtete sie auf«, sagte Morrison.[53] Ein Anwalt der Verteidigung fragte: »Er zog sie nach oben?«

»Ja, Sir.«

Anna Brown

Im Gerichtssaal war es still. Mollie Burkhart blickte nach vorn und hörte zu.

Der Anwalt fuhr fort. »Sagten Sie ihm, in welcher Position er sie halten sollte, während Sie ihr in den Kopf schossen?«

»Ja, Sir.«

»Sie standen also da und wiesen ihn an, wie er diese betrunkene, hilflose Indianerin am Grund der Schlucht zu halten hätte, während Sie sich darauf vorbereiteten, ihr eine Kugel ins Gehirn zu schießen?«

»Ja, Sir.«

»Als er sie dann in die Position gebracht hatte, in der Sie sie haben wollten, feuerten Sie eine Kugel aus dieser .380 Automatik ab?«

»Ja, Sir.«

»Bewegten Sie die Frau, nachdem Sie sie erschossen hatten?«

»Nein, Sir.«

»Was geschah, nachdem Sie sie erschossen hatten?«

»Wir ließen sie los, und sie kippte hintenüber.«

»Kippte einfach um?«

»Ja, Sir.«

»Gab sie einen Schrei oder sonst etwas von sich?«

»Nein, Sir.«

»Es genügte Ihnen also, dass Sie ihr mit dieser Waffe eine Kugel in den Kopf geschossen und sie damit getötet hatten, nicht wahr?«

»Ja, Sir.«

Auf die Frage, was er nach dem Mord getan habe, antwortete er: »Ich ging nach Hause zum Abendbrot.«

Morrisons Ex-Frau Cole – die sagte, sie habe sich deshalb nicht sofort gemeldet, weil Morrison ihr gedroht habe, sie »zu Tode zu prügeln« – bestätigte seine Aussage. Sie sagte: »Ich blieb etwa fünfundzwanzig oder dreißig Minuten allein im Wagen, dann kehrten sie zurück. Anna Brown war nicht bei ihnen, und ich sah sie niemals lebend wieder.«[54]

* * *

Am 3. Juni wurde Mollie aus der laufenden Verhandlung gerufen. Ihre jüngere Tochter Anna – die sie mit Ernest hatte und die seit der Verschlechterung von Mollies Zustand bei Verwandten aufgewachsen war –, war inzwischen verstorben. Sie war vier Jahre alt geworden. Die »kleine Anna«, wie sie genannt wurde, war in letzter Zeit nicht recht gesund gewesen, und die Ärzte hatten ihren Tod einer Erkrankung zugeschrieben, da es offenbar keine Hinweise auf Fremdeinwirkung gab. Inzwischen bezweifelten die Osage jedoch jeden Todesfall, jeden dieser vermeintlichen Akte Gottes.

Mollie ging zur Beerdigung. Sie hatte ihre Tochter zu einer

anderen Familie in Pflege gegeben, damit sie in Sicherheit wäre; nun aber musste sie zusehen, wie die kleine Anna in einer schlichten, engen Kiste in ihrem Grab verschwand. Immer weniger Osage kannten die alten Totengebete. Wer würde jeden Morgen bei Sonnenaufgang für sie singen?

Nach dem Begräbnis ging Mollie direkt zum Gerichtsgebäude – jenem kalten Steinbau, der die Geheimnisse ihrer Trauer und Verzweiflung zu bergen schien. Sie nahm allein auf der Galerie Platz und sagte kein Wort, sondern hörte nur zu.

Am 7. Juni, wenige Tage nach dem Tod seiner Tochter, wurde Ernest Burkhart aus dem Gerichtssaal und zurück ins Bezirksgefängnis geführt. Als niemand hinsah, steckte er dem Hilfssheriff eine Notiz zu. »Lesen Sie das erst später«, flüsterte er.[55]

Als der Hilfssheriff den Zettel später entfaltete, stellte er fest, dass er an den bestellten Klageanwalt John Leahy gerichtet war. Die Nachricht lautete schlicht: »Besuchen Sie mich heute Abend im Bezirksgefängnis. Ernest Burkhart.«

Der Hilfssheriff gab die Nachricht an Leahy weiter, der Burkhart rastlos in seiner Zelle auf und ab gehend antraf. Er hatte tiefe Ringe unter den Augen, als hätte er seit Tagen nicht geschlafen. »Ich bin fertig mit dem Lügen, Richter«, sagte Burkhart, während die Worte aus ihm heraussprudelten. »Ich halte dieses Verfahren nicht länger aus.«[56]

»Da ich aufseiten der Anklage stehe, kann ich Ihnen hierzu keinen Rat erteilen«, sagte Leahy. »Warum sprechen Sie nicht mit Ihren Anwälten?«

»Das geht nicht«, sagte Burkhart.

Leahy musterte Burkhart, unsicher, ob das bevorstehende Geständnis nicht doch nur ein weiterer Trick war. Allerdings wirkte Burkhart entschlossen. Der Tod seiner Tochter, der durchdringende Blick seiner Frau an jedem Tag des Prozesses, die Erkenntnis, dass sich die Beweislage gegen ihn erhärtete –

all das war zu viel für ihn. »Ich bin vollkommen hilflos«, sagte Burkhart. Er flehte Leahy an, den ihm bekannten Anwalt Flint Moss zu bitten, dass er ihn aufsuche.

Leahy willigte ein, und am 9. Juni kehrte Burkhart in den Gerichtssaal zurück, nachdem er mit Moss gesprochen hatte. Diesmal setzte sich Burkhart nicht zu Hales Rechtsanwälten an den Tisch der Verteidigung, sondern ging nach vorn zum Richter und flüsterte diesem etwas zu. Dann trat er zurück und sagte schwer atmend: »Ich möchte die Anwälte der Verteidigung ihrer Pflichten entbinden. Mr. Moss wird mich von nun an vertreten.«[57]

Vonseiten der Verteidigung gab es zwar Proteste, doch der Richter gab dem Antrag statt. Moss stand neben Ernest und erklärte: »Mr. Burkhart möchte seine Unschuldserklärung zurückziehen und sich stattdessen für schuldig bekennen.«

Ein Raunen ging durch den Gerichtssaal. »Ist das Ihr Wunsch, Mr. Burkhart?«, fragte der Richter.

»Ja.«

»Haben staatliche oder Bundesbehörden Ihnen Immunität oder Strafbefreiung zugesichert, falls Sie Ihr Plädoyer ändern?«

»Nein.«

Er hatte beschlossen, sich auf Gedeih und Verderb der Gnade des Gerichts auszuliefern. Zu Moss hatte er gesagt: »Ich bin das alles leid … Ich will alles gestehen, was ich getan habe.«[58]

Dann verlas Burkhart eine Stellungnahme, in der er zugab, Ramsey eine Nachricht von Hale überbracht zu haben. Diese habe besagt, Ramsey solle Kirby wissen lassen, dass es nun an der Zeit sei, das Haus der Smiths in die Luft zu jagen. »Ich erkenne jetzt, dass ich das nur getan habe, weil Hale mich darum bat, der ja mein Onkel ist«, sagte er.[59] »Die Wahrheit über das, was ich tat, habe ich vielen Männern erzählt. Meiner Meinung nach war es eine Frage der Ehrlichkeit und der Ehre, diese Verhandlung zu beenden und die Wahrheit anzuerkennen.«

Der Richter sagte, bevor er dieses Plädoyer annehmen könne, müsse er eine Frage stellen: Hatten Bundesagenten Burkhart mit vorgehaltener Waffe oder unter Androhung von Elektroschocks gezwungen, ein Geständnis zu unterzeichnen? Burkhart sagte, abgesehen davon, dass sie ihn lange wach gehalten hätten, sei er von den Mitgliedern des Büros tadellos behandelt worden. (Später sagte Burkhart, einige von Hales Anwälten hätten ihn gedrängt, im Zeugenstand zu lügen.)

Der Richter sagte: »Dann wird Ihr Plädoyer auf schuldig angenommen.«[60]

Der Gerichtssaal explodierte förmlich. Die *New York Times* berichtete auf der Titelseite: »Burkhart gesteht Oklahoma-Morde – gibt zu, Mann für Bombenattentat auf Smith-Haus angeheuert zu haben … sagt, Onkel sei Kopf der Verschwörung.«[61]

White sandte eine Nachricht an Hoover. Burkhart, berichtete er, »war äußerst verstört und berichtete mir mit Tränen in den Augen, dass er gelogen habe und nun die Wahrheit sagen wolle … und dazu vor jedem Gericht der Vereinigten Staaten eine Aussage machen würde«.[62]

Burkharts Geständnis setzte allen Bestrebungen, White und seine Männer zu entlassen, ein Ende. Der Attorney General von Oklahoma sagte: »Diesen Herren kann man nicht genug danken.«[63]

Dennoch war damit nur ein Bruchteil des Falles abgeschlossen. White und die Behörden mussten immer noch die anderen Verschwörer überführen, darunter Bryan Burkhart und Ramsey – und natürlich vor allem Hale, was sich als besonders schwierig erwies. Nach den Trickserein in Ernests Prozess war sich White nicht mehr so sicher, dass Hale verurteilt

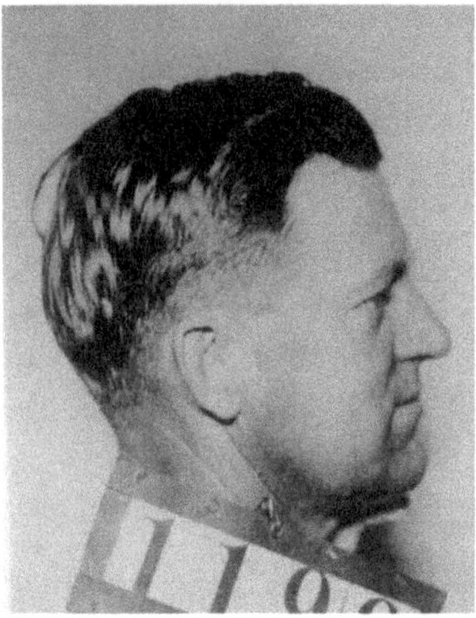

Polizeifoto von Ernest Burkhart.

werden könnte. Doch wenigstens erreichte ihn eine ermutigende Nachricht: Der Oberste Gerichtshof hatte entschieden, dass der Tatort des Mordes an Roan tatsächlich Indianerland sei. »Damit waren wir zurück vor den Bundesbezirksgerichten«, notierte White.[64]

Am 21. Juni 1926 wurde Burkhart zu lebenslanger Haft und Schwerarbeit verurteilt. Die Menschen um ihn herum bemerkten trotzdem eine Erleichterung in seinem Gesicht. Ein Staatsanwalt sagte, er sei jetzt jemand, »dessen Geist im Reinen ist, weil er seine geplagte Seele von einem grausigen Geheimnis befreit hat und nun Buße und Vergebung sucht«.[65] Bevor man ihn in Eisen ins Staatsgefängnis abführte, wandte sich Burkhart noch einmal um und lächelte Mollie unsicher an. Ihre Miene blieb jedoch regungslos, vielleicht sogar kalt.

20. Gott helfe Ihnen!

In der letzten Juliwoche des Jahres 1926, als die Hitze des Sommers höllische Temperaturen erreichte, begann in dem roten Backstein-Gerichtsgebäude in Guthrie der Prozess gegen Hale und Ramsey wegen Mordes an Henry Roan. »Die Spannung steigt: Der Vorhang tut sich auf für die große Tragödie der Osage – das lang erwartete Bundesverfahren gegen zwei Cowboys aus alter Zeit«, berichtete die *Tulsa Tribune*.[1] »Das Verfahren gegen Ernest Burkhart, wenngleich es auf melodramatische Weise mit seinem Geständnis des Mordkomplotts gegen die Smiths endete, durch welches auch Hale belastet wurde, war lediglich ein Prolog zu der Tragödie um Leben und Tod, die heute auf dic Bühnc kommt.«

White stationierte zusätzliche Wachen im Gefängnis, nachdem versucht worden war, die Gesetzlosen zu befreien, die gegen Hale aussagen sollten. Später, als Hale auf einer anderen Etage untergebracht war als Blackie Thompson, schickte er diesem eine Botschaft durch ein Loch in der Zellendecke, wo ein Heizungsrohr verlief. Blackie gestand den Agenten, dass Hale ihn gefragt habe, was er dafür fordere, »wenn ich nicht gegen ihn aussage«.[2] Blackie fuhr fort: »Ich schrieb eine Nachricht, dass ich nicht gegen ihn aussagen würde, wenn er mich hier rausholt.«

Hale schrieb zurück und versprach, seine Flucht im Gegenzug für eine weitere Sache zu organisieren – dass Blackie dann

Hale (zweiter von links) und Ramsey (dritter von links) mit zwei US-Marshalls.

Ernest Burkhart kidnappte und ihn verschwinden lasse, bevor er aussagen könne.

»Er wollte, dass ich Ernest Burkhart nach Mexiko bringe«, sagte Blackie und fügte hinzu, Hale habe nicht gewünscht, »dass man Burkhart hier im Lande tötet, wo man ihn finden würde«.

Angesichts der überwältigenden Beweise gegen Hale und Ramsey glaubte White, dass eine Verurteilung nun zum Großteil von der Integrität der Zeugen und Geschworenen abhänge. Im Prozess gegen Ernest Burkhart wurde die erste Runde designierter Geschworener ihres Amtes wieder enthoben, als sich herausstellte, dass Hale sie zu bestechen versucht hatte. Bevor die Geschworenen ausgewählt wurden, prüften die Strafverfolger daher mögliche Kandidaten, um herauszufinden, ob jemand mit ihnen Kontakt aufgenommen hatte. Dann bat der Richter die zwölf auserwählten Geschworenen, einen Eid darauf zu leisten, nach Gesetz und Beweislage ein wahrhaftes Urteil zu fällen – »Gott helfe Ihnen!«

Es gab eine Frage, die Richter, Staatsanwälte und die Verteidigung den Geschworenen nie stellten, welche aber eine zentrale Bedeutung für das Verfahren besaß: Würde ein Geschworenengericht aus zwölf weißen Männern einen anderen weißen Mann für die Tötung eines Indianers überhaupt bestrafen? Ein skeptischer Reporter bemerkte: »Die Haltung des Viehzüchters und Pioniers gegenüber dem Vollblutindianer … ist deutlich erkennbar.«[3] Ein prominentes Mitglied des Osage-Stammes drückte sich etwas drastischer aus: »Ich persönlich stelle mir die Frage, ob diese Geschworenen einen Mordfall diskutieren oder nicht. Für sie geht es darum zu entscheiden, ob es Mord ist, wenn ein Weißer einen Osage tötet – oder nur Tierquälerei.«[4]

Als am 29. Juli die ersten Zeugenaussagen erwartet wurden, bildeten sich schon früh Trauben von Zuschauern, die einen Sitzplatz ergattern wollten. Die Außentemperatur betrug ungefähr 32 Grad Celsius, und im Gerichtssaal bekam man kaum Luft. Der Anwalt John Leahy erhob sich, um seine Klageeröffnung zu verlesen: »Ehrenwerte Herren Geschworene«, sagte er. »William K. Hale wird beschuldigt, den Mord an Henry Roan begünstigt und gefördert zu haben, wohingegen John Ramsey der eigentliche Tötungsvorwurf trifft.«[5]

Mit nüchterner Stimme umriss Leahy das mutmaßliche Mordkomplott zugunsten des Versicherungsbetrugs. Ein Prozessbeobachter stellte fest, dass »der Veteran juristischer Schlachten nicht auf Feuerwerk und Schauspielkunst setzt, sondern durch seine stille Art umso überzeugender argumentiert«.[6]

Hale verfolgte das Geschehen mit dünnem Lächeln, während Ramsey sich auf seinem Stuhl zurücklehnte, an einem Zahnstocher kaute und sich Luft zufächelte.

Am 30. Juli rief die Anklage Ernest Burkhart in den Zeugenstand. Es gab Spekulationen, Burkhart werde erneut umschwenken und seinem Onkel den Rücken stärken, doch diesmal beantwortete er sämtliche Fragen des Staatsanwaltes geradeheraus. Burkhart erinnerte sich, dass Hale und Henry Grammer einmal davon gesprochen hätten, Roan aus dem Weg räumen zu wollen. Der ursprüngliche Plan habe nicht vorgesehen, dass Ramsey Roan erschoss, sagte Burkhart. Stattdessen habe Hale beabsichtigt, eine seiner anderen Lieblingsmethoden anzuwenden – vergifteter schwarzgebrannter Whiskey.

Durch Burkharts Zeugenaussage gelangte an die Öffentlichkeit, was die Osage seit Langem wussten: Mitglieder des Stammes waren mit absichtlich kontaminiertem Alkohol systematisch umgebracht worden. Im Fall von Roan, sagte Burkhart, habe Hale am Ende beschlossen, ihn erschießen zu lassen, doch sei er außer sich gewesen, als er später erfuhr, dass Ramsey nicht seinen Anweisungen gemäß die Kugel frontal in den Kopf gefeuert und die Waffe am Tatort belassen habe. »Hale sagte zu mir, wenn John Ramsey es so gemacht hätte, wie er es ihm erklärt habe, dann wäre niemand auf die Idee gekommen, dass Roan nicht Selbstmord begangen habe«, erinnerte sich Burkhart.[7]

Am 7. August ruhte die Anklage, und die Verteidigung berief Hale in den Zeugenstand. Der richtete sich an die Geschworenen mit »meine Herren« und beharrte darauf, dass »ich niemals einen Plan ausgeheckt habe, Roan ermorden zu lassen. Ohnehin habe ich nie seinen Tod gewünscht«.[8]

Obwohl Hale recht überzeugend auftrat, war White sicher, dass die Regierung den Fall bewiesen hatte. Abgesehen von Burkharts Zeugenaussage hatte White Ramseys Geständnis bezeugt, und andere Zeugen hatten geschildert, wie Hale sich die Versicherungspolice erschwindelt hatte. Der Staatsanwalt Roy St. Lewis nannte Hale »den ruchlosen Freibeuter des Todes«.[9]

Ein anderer Staatsanwalt sagte: »Der reichste Indianerstamm der Erde ist zur unrechtmäßigen Beute weißer Männer geworden. Der Indianer verschwindet. Bei diesem Fall geht es um ein großes Prinzip. Die Bürger der Vereinigten Staaten verfolgen ihn über die Presse. Es ist nun an der Zeit, dass Sie Ihre Pflicht tun, meine Herren.«[10]

Am 20. August, einem Freitag, begannen die Geschworenen mit ihren Beratungen. Stunden vergingen. Am Tag darauf herrschte immer noch Stillstand. Die *Tulsa Tribune* schrieb, obwohl die Beweise der Regierung stark seien, liefen in Guthrie Wetten »fünf zu eins, dass die Geschworenen zu keiner Einigung gelangen«.[11] Nach fünftägiger Beratung rief der Richter die Parteien in den Sitzungssaal. Er fragte die Geschworenen: »Besteht die Möglichkeit einer Einigung auf einen Urteilsspruch?«[12]

Der Sprecher erhob sich und sagte: »Es gibt keine.«

Der Richter fragte, ob sich die Regierung dazu äußern wolle, und St. Lewis stand auf. Sein Gesicht war rot, und seine Stimme zitterte. »Unter den Geschworenen sind einige gute Männer und einige, die nicht gut sind«, sagte er und fügte hinzu, dass er aus sicherer Quelle wisse, dass mindestens ein Mitglied der Geschworenen bestochen worden sei.

Der Richter dachte einen Augenblick lang nach, dann entband er die Geschworenen ihrer Pflichten und ordnete an, dass die Angeklagten für die weitere Prozessdauer inhaftiert bleiben sollten.

White war sprachlos. Mehr als ein Jahr seiner Arbeit, mehr als drei Jahre Arbeit des Büros hatten nun in eine Sackgasse geführt. Auch als Bryan Burkhart des Mordes an Anna Brown angeklagt wurde, kamen die Geschworenen zu keinem Ergebnis. Es schien unmöglich, zwölf weiße Männer zu finden, die bereit waren, einen der Ihren wegen des Mordes an einem

Indianer zu verurteilen. Die Osage waren außer sich, und es kursierten Gerüchte, dass sie die Gerechtigkeit in ihre eigenen Hände nehmen wollten. Auf einmal musste White Agenten zum Schutz Hales abstellen, jenes Mannes, den er unbedingt seiner gerechten Strafe zuführen wollte.

Die Regierung bereitete sich derweil darauf vor, Hale und Ramsey abermals des Mordes an Roan anzuklagen. Im Rahmen dieser Bemühungen wurde White vom Justizministerium gebeten, wegen Korruption im ersten Prozess gegen Hale zu ermitteln. Bald deckte er auf, dass es ein geheimes Komplott zur Behinderung der Justiz gegeben hatte, das unter anderem Schmiergeldzahlungen und Meineide umfasst hatte. Einem Zeugen zufolge hatte ihm ein Anwalt der Verteidigung, Jim Springer, Geld geboten, um im Zeugenstand zu lügen. Als er sich geweigert habe, habe Springer etwas in seiner Tasche auf ihn gerichtet, das wie eine Pistole ausgesehen habe, und gesagt: »Dann bringe ich dich um.«[13] Anfang Oktober empfahl ein Großes Geschworenengericht wegen, wie es hieß, offenkundiger Versuche der Justizbehinderung, Klage gegen Springer und mehrere Zeugen zu erheben. Das Große Geschworenengericht gab eine Stellungnahme heraus: »Derartige Praktiken sollten nicht geduldet werden, sonst wären unsere Gerichte eine Farce und das Recht geschlagen.«[14] Mehrere Zeugen wurden beschuldigt und verurteilt, doch die Strafverfolger beschlossen, auf eine Anklage Springers zu verzichten, weil er sonst beantragt hätte, das zweite Verfahren gegen Hale und Ramsey so lange zu vertagen, bis sein eigener Fall abgeschlossen gewesen wäre.

Vor der Neuaufnahme des Verfahrens gegen Hale und Ramsey wegen Mordes an Roan wandte sich Ende Oktober ein Vertreter des Justizministeriums an den Staatsanwalt St. Lewis und sagte: »Diese ganze Verteidigung ist ein Lügengebäude,

Hale beim Verlassen des Gerichtsgebäudes.

und es ist an uns, die Fakten auf den Tisch zu legen.«[15] Er fuhr fort: »Wenn es ihnen gelingt, diese Geschworenen für sich zu gewinnen, haben wir uns das selbst zuzuschreiben.« Daraufhin wurden Whites Männer beauftragt, die Geschworenen abzusichern.

Die Anklage präsentierte im Grunde denselben Fall, wenngleich in etwas abgespeckter Form. Zur Überraschung des Gerichtssaals rief Hales Anwalt Freeling kurzzeitig Mollie in den Zeugenstand.

»Wie lautet Ihr Name, bitte?«, frage er sie.[16]

»Mollie Burkhart.«

»Sind Sie gegenwärtig die Ehefrau von Ernest Burkhart?«

»Ja, Sir.«

Daraufhin offenbarte er ein Geheimnis, das sie lange Zeit vor Ernest geheim gehalten hatte, und fragte: »Waren Sie davor einmal mit Henry Roan verheiratet?«

»Ja, Sir«, sagte sie.

Die Anklage protestierte, dass die Frage irrelevant sei, und der Richter gab dem statt. Tatsächlich schien Freeling damit keinen anderen Zweck zu verfolgen, als ihr Leid zu vergrößern. Nachdem sie Roan auf einem Foto identifiziert hatte, verließ sie den Zeugenstand und kehrte auf die Galerie zurück.

Als Ernest Burkhart im Zeugenstand war, befragte ihn Klageanwalt Leahy zu seiner Ehe mit Mollie. »Ihre Frau ist eine Osage-Indianerin?«, wollte er wissen.[17]

»Ja, das ist sie«, antwortete Ernest.

In einem früheren Verfahren hatte man ihn nach seinem Beruf gefragt, worauf er entgegnet hatte: »Ich arbeite nicht. Ich habe eine Osage geheiratet.«[18]

Nun fragte ihn einer von Hales Anwälten, ob er sich schuldig bekannt habe, die Schwester seiner Frau ermordet zu haben, indem er ihr Haus gesprengt habe, während sie sich darin aufgehalten habe.

»Das stimmt«, sagte er.

In der Hoffnung, Ernest die alleinige Schuld für die Morde in die Schuhe schieben zu können, nannte Hales Anwalt nacheinander die Namen von Mollies ermordeten Familienmitgliedern. »Hat Ihre Frau außer Ihren beiden gemeinsamen Kindern noch überlebende Verwandte?«

»Nein, das hat sie nicht.«

Ein Raunen ging durch den Gerichtssaal, als Mollie hinabsah. Nun entkam man ihrem Blick nicht mehr. Nach nur achttägiger Zeugenvernehmung kamen beide Parteien zum Ende. Ein Staatsanwalt sagte in seinem Schlussplädoyer: »Die Zeit ist nun gekommen, dass Sie, meine Herren, für Recht, Ordnung und Anstand eintreten. Es ist Zeit, diesen König zu entthronen. Als mutige, anständige Männer sollten Sie in Ihrem Urteil verlangen, dass [die Angeklagten] so lange am Hals aufzuhängen sind, bis der Tod eintritt.«[19] Der Richter ermahnte die Geschworenen, jegliche Sympathien oder Vorurteile gegenüber den Parteien abzulegen. Er sagte: »Nie ist ein Land auf dieser Erde gescheitert, es sei denn dieser eine Punkt wurde erreicht … an dem seine Bürger sagen: ›In unseren Gerichten wird kein Recht gesprochen‹.«[20] Am Abend des 28. Oktober begannen die Geschworenen, sich zu beraten. Am nächsten Morgen hieß es, sie seien zu einer Entscheidung gelangt, und der Gerichtssaal füllte sich mit den üblichen Zuschauern.

Der Richter fragte den Sprecher, ob die Geschworenen tatsächlich zu einem Urteilsspruch gelangt seien. »Ja, Sir«, antwortete dieser und reichte dem Richter einen Zettel. Der Richter sah kurz darauf und reichte ihn dann weiter an den Gerichtsschreiber. Im Sitzungssaal war es so still, dass man das Ticken einer Wanduhr deutlich hören konnte. Ein Reporter beobachtete später: »Hales Gesicht trug einen Ausdruck gespannter Erwartung; das von Ramsey glich einer Maske.«[21] Der Schreiber stand vor dem schweigenden Zuschauerraum und verlas, dass die Geschworenen John Ramsey und William K. Hale des heimtückischen Mordes für schuldig befunden hatten.

Hale und Ramsey wirkten schockiert. Der Richter sagte zu ihnen: »Ein Geschworenengericht hat sie des Mordes an einem Mitglied des Stammes der Osage für schuldig befunden, Mr. Hale und Mr. Ramsey, daher ist es meine Pflicht, die Strafe zu verhängen. Dem Gesetz nach können die Geschworenen Sie für schuldig befinden, was im Falle eines Mordes die Todesstrafe bedeuten kann. Diese Geschworenen jedoch haben sich für lebenslange Haft entschieden.«[22] Die Geschworenen waren bereit, die Männer für die Ermordung eines Indianers zu bestrafen, aber sie wollten nicht, dass sie dafür hängen. Der Richter wandte sich an Hale und Ramsey. »Treten Sie vor die Richterbank.« Hale erhob sich rasch, Ramsey zögernd. Der Richter erklärte, dass er sie »für die Dauer ihres natürlichen Lebens« zur Zuchthaushaft verurteile. Dann fragte er: »Haben Sie noch etwas zu sagen, Mr. Hale?«

Hale starrte ihn mit leerem Blick an. »Nein, Sir«, sagte er.

»Und Sie, Mr. Ramsey?«

Ramsey schüttelte nur den Kopf.

Eilig verließen die Reporter den Sitzungssaal, um ihre Berichte durchzugeben. In der *New York Times* etwa stand zu lesen: »›König der Osage Hills‹ des Mordes schuldig.«[23] Der Rechtsanwalt Leahy pries den Prozessausgang später als »eine der großartigsten Manifestationen von Recht und Gesetz, die je in diesem Land erreicht wurden«.[24] Mollie begrüßte die Verurteilung, und doch gab es, wie White wusste, einiges, das keine erfolgreiche Ermittlung, kein Rechtssystem je wiedergutmachen konnte.

Als ein Jahr später der Mord an Anna Brown verhandelt wurde, wohnte Mollie dem Verfahren bei. Inzwischen hatte Morrison sein Geständnis widerrufen. Er hatte erneut die Seiten gewechselt, weil er hoffte, dass Hale ihn dafür entlohnen würde. Die Behörden hatten eine Nachricht abgefangen, die er Hale ins Gefängnis geschickt hatte. Darin hatte er versprochen, die Behörden »niederzubrennen, wenn ich je die Chance dazu bekomme«.[25] Die Strafverfolgung gestand Bryan Burkhart Immunität zu, da man glaubte, dass dies notwendig sei, um eine Verurteilung Morrisons zu erreichen. Während des Prozesses lauschte Mollie ein weiteres Mal den grausigen Einzelheiten, wie ihr Schwager Bryan ihre Schwester betrunken gemacht und sie dann aufrecht gehalten hatte, als Morrison ihr in den Hinterkopf geschossen hatte – oder, wie Bryan sich ausdrückte, sie »bewässert« hatte.[26]

Bryan erinnerte sich, dass er eine Woche nach dem Mord mit Mollie und ihrer Familie an den Tatort zurückgekehrt sei, um Annas verwesende Leiche zu identifizieren. Mollie hatte dies nie vergessen, doch erst jetzt konnte sie das Ganze vollständig begreifen: Bryan hatte neben ihr gestanden, auf sein Opfer geblickt und Trauer geheuchelt.

»Gingen Sie dorthin, um die Leiche anzusehen?«, wollte ein Anwalt von Bryan wissen.[27]

»Das war der Grund, weshalb wir alle dorthin gingen«, sagte dieser.

Der entsetzte Anwalt fragte weiter: »Sie wussten doch, dass Annas Leichnam dort draußen lag, oder?«

»Ja, Sir.«

Auch Morrison hatte zu dieser Gesellschaft gehört, ebenso wie Ernest, der Mollie getröstet hatte, obwohl er wusste, dass Annas beide Mörder nur einige Schritte von ihnen entfernt standen. Ernest hatte auch sofort gewusst, wer verantwortlich war, als Rita und Bill Smiths Haus in die Luft flog; er hatte die Wahrheit gekannt, als er später an jenem Abend mit Mollie zu Bett gegangen war, und er hatte es die ganze Zeit über gewusst, während sie so verzweifelt nach den Mördern gesucht hatte. Nachdem Morrison für den Mord an Anna verurteilt worden war, konnte Mollie Ernest nicht mehr ansehen. Bald darauf ließ sie sich scheiden, und wann immer der Name ihres Exehemannes fiel, zuckte sie vor Entsetzen zusammen.

* * *

Für Hoover wurde der Osage-Mordfall zum Paradestück des ›modernen Büros‹. Wie er gehofft hatte, demonstrierte der Fall vielen Menschen im ganzen Land die Notwendigkeit einer nationalen, professionelleren und wissenschaftlich geschulten Polizeitruppe. Der *St. Louis Post-Dispatch* schrieb über die Morde: »Sheriffs ermittelten und unternahmen nichts. State

Attorneys ermittelten und unternahmen nichts. Der Attorney General ermittelte und unternahm nichts. Erst als die Regierung Agenten des Justizministeriums nach Osage County schickte, wurde das Recht zu einer hoheitlichen Angelegenheit.«[28]

Hoover achtete darauf, dass die anfängliche Stümperei des Büros nicht publik wurde. Er verschwieg geflissentlich, dass Blackie Thompson unter den Augen des Büros entwischt war und einen Polizisten getötet hatte oder dass sich durch die vielen Fehlstarts bei den Untersuchungen weitere Morde ereignet hatten. Stattdessen schuf Hoover eine makellose Entstehungsgeschichte, einen Gründungsmythos, bei dem das Büro unter seiner Leitung die Gesetzlosigkeit der letzten wilden amerikanischen Grenze überwunden hatte. Er erkannte, dass es möglich war, durch die neuen Mittel der Öffentlichkeitsarbeit seine bürokratische Macht zu erweitern und einen Personenkult zu begründen. Daher bat er White um Informationen, die man der Presse übermitteln könne: »Wie Sie sicher verstehen werden, gibt es einen Unterschied zwischen rechtlichen Aspekten und öffentlichem Interesse. Die Vertreter der Presse interessieren sich mehr für die menschliche Seite, daher möchte ich Sie bitten, einen Schwerpunkt auf diesen Blickwinkel zu legen.«[29]

Hoover verfütterte die Story an sympathisierende Journalisten – sogenannte Freunde des Büros. Ein Artikel über den Fall, der von William Randolph Hearsts Unternehmen verbreitet wurde, posaunte hinaus:

> »NIE ZUVOR BERICHTET! –
> Wie die Regierung mit dem gigantischsten Fingerabdrucksystem der Welt mit unerhörter wissenschaftlicher Raffinesse gegen das Verbrechen kämpft; lesen Sie, wie kluge Ermittler eine Herrschaft von Mord und Schre-

cken in den einsamen Hügeln des Osage-Indianerlandes beendeten und dabei die grausamste Bande der Nation schnappten.«[30]

Im Jahr 1932 begann das Büro mit der Radiosendung *The Lucky Strike Hour* zusammenzuarbeiten, um seine Fälle zu dramatisieren. Auf Hoovers Bitte hatte Agent Burger einige fiktionale Szenen verfasst, die den Produzenten der Sendung übermittelt wurden. In einer von diesen zeigt Ramsey Ernest Burkhart die Waffe, mit der er Roan zu erschießen plant, und sagt: »Sieh sie dir an, ist sie nicht hübsch?«[31] Die Radiosendung schloss mit den Worten: »So endet eine weitere Geschichte, und die Moral ist dieselbe wie bei allen anderen Geschichten … [der Verbrecher] ist in dieser Schlacht des Geistes kein Gegner für den Bundesagenten aus Washington gewesen.«[32]

Hoover sprach White und seinen Männern für die Ergreifung Hales und seiner Bande zwar sein persönliches Lob aus und billigte den Agenten eine leichte Gehaltserhöhung zu – »eine kleine Anerkennung ihrer Leistung und ihres Pflichteifers«.[33] In der Werbung mit dem Fall indes tauchten sie namentlich nicht auf. Sie entsprachen nicht ganz dem Profil der College-gebildeten Neuzugänge, die zu einem Teil von Hoovers Mythologie wurden. Außerdem wollte Hoover auf keinen Fall von seinen eigenen Leuten in den Schatten gestellt werden.

Der Stammesrat der Osage war das einzige Verwaltungsgremium, das White und sein Team – inklusive der Geheimagenten – öffentlich würdigte. In einer Resolution, in der jeder der Männer namentlich genannt wurde, hieß es: »Hiermit bringen wir unsere aufrichtige Dankbarkeit für die hervorragende Arbeit zum Ausdruck, die im Zuge der Ermittlungen gegen die angeklagten Parteien und für deren Verurteilung geleistet worden ist.«[34] Die Osage hatten inzwischen eigene Schritte zum

Schutz vor künftigen Komplotten unternommen und den Kongress dazu gedrängt, ein neues Gesetz zu erlassen. Wer nicht wenigstens zur Hälfte ein Osage war, konnte nun keine Landrechte von einem Stammesmitglied mehr erben.

* * *

Kurz nach der Verurteilung von Hale und Ramsey hatte White vor einer weitreichenden Entscheidung gestanden. Der stellvertretende Attorney General der Vereinigten Staaten, dem das Strafvollzugssystem des Bundes unterstand, hatte White gefragt, ob er die Leitung des Gefängnisses Leavenworth in Kansas übernehmen wolle. Die älteste Bundeshaftanstalt galt damals als eines der berüchtigtesten Gefängnisse des Landes. Es gab Gerüchte, dass innerhalb der Anstalt Korruption herrsche, und der stellvertretende Attorney General hatte Hoover gesagt, dass White die ideale Besetzung für diesen Posten sei: »Ich möchte mir die Möglichkeit nicht entgehen lassen, einen Anstaltsleiter zu bekommen, der so gut ist wie Mr. White.«[35]

Hoover wollte nicht, dass White das Büro verließ. Er teilte dem stellvertretenden Attorney General mit, dass dies einen ungeheuren Verlust darstellen würde. Dennoch sagte Hoover: »Ich finde, es wäre [White] gegenüber unfair, wenn ich seiner Beförderung im Weg stünde. Wie Sie wissen, habe ich persönlich und dienstlich die größte Hochachtung vor ihm.«[36]

Nach qualvollen Überlegungen entschloss White sich am Ende, das Büro zu verlassen. Der Posten bot ihm ein höheres Gehalt und bedeutete, dass seine Frau und die beiden kleinen Jungs nicht länger entwurzelt wären. Nicht zuletzt eröffnete er aber auch die Möglichkeit, eine Haftanstalt zu leiten, ebenso wie sein Vater es getan hatte, allerdings in weit größerem Maßstab.

Am 17. November 1926 – White war noch in der Einarbeitungsphase – führten US-Marshalls zwei neue Insassen die hufeisenförmige Zufahrt des Gefängnisses hinauf. Die Häftlinge nahmen ihren tristen Bestimmungsort in Augenschein: Leavenworth war eine vierunddreißigtausend Quadratmeter große Festung, die sich aus den umliegenden Maisfeldern erhob wie ein »riesiges Mausoleum, verlassen auf einem großen Meer des Nichts«, wie sie ein Gefangener einmal beschrieb.[37] Als sich die beiden Insassen in Fußfesseln dem Eingang näherten, ging White ihnen entgegen. Ihre Gesichter waren durch den Mangel an Sonnenlicht bleich geworden, doch er erkannte sie sofort: Es waren Hale und Ramsey.

»Oh, hallo, Tom«, sagte Hale zu White.[38]

»Hallo, Bill«, entgegnete White.

»Tag«, sagte Ramsey.

White schüttelte den beiden Häftlingen die Hand, dann wurden sie zu ihren Zellen gebracht.

21. Das Gewächshaus

Es war wie ein Streifzug durch die Katakomben der Erinnerung. Als White die Zellenkorridore entlangschritt, sah er Gestalten aus seiner Vergangenheit, deren Augen zwischen Gitterstäben hindurchblickten und deren Körper vor Schweiß glänzten. Er sah Hale und Ramsey. Er begegnete Mitgliedern der alten Al-Spencer-Bande und dem ehemaligen Leiter des Veterans Bureau, der sich während der skandalösen Harding-Administration der Schmiergeldnahme schuldig gemacht hatte. White entdeckte auch die beiden Deserteure, die seinen älteren Bruder Dudley umgebracht hatten, wenngleich er diese Verbindung niemals erwähnte, um ihnen unnötige Angst zu ersparen.

White lebte mit seiner Familie auf dem Gelände der Haftanstalt. Seine Frau fand anfänglich keinen Schlaf, weil sie sich beständig die Frage stellte: »Wie soll man in einer solchen Umgebung zwei kleine Jungs großziehen?«[1] Die Leitung der Anstalt – die für zwölfhundert Insassen ausgelegt war, stattdessen aber die dreifache Anzahl Häftlinge beherbergte – bedeutete eine gewaltige Herausforderung. Im Sommer stiegen die Temperaturen auf bis zu 46 Grad Celcius, weshalb Leavenworth von den Häftlingen später »das Gewächshaus« genannt wurde. An einem Augusttag im Jahr 1929, an dem es so brennend heiß war, dass in der Gefängnisküche die Milch sauer wurde, brach in der Kantine ein Krawall aus. Der berüchtigte Safeknacker Red Rudensky erinnerte sich, dass ein »entsetzlicher, tödlicher

Hass« geherrscht habe[2] und White eilig eingeschritten sei, um den Aufstand niederzuschlagen: »Direktor White bewies Mut und kam bis auf ein paar Fuß an mich heran, obwohl Hackebeile und scharfkantige zerbrochene Flaschen nur wenige Zentimeter von ihm entfernt waren.«[3]

White versuchte daraufhin, die Haftbedingungen zu verbessern.[4] Ein Aufseher, der später unter ihm arbeitete, erinnerte sich: »Der Direktor war streng zu den Insassen, duldete aber keinerlei Misshandlung oder Bedrängnis.«[5] Einmal sandte White eine Nachricht an Rudensky, in der es hieß: »Man braucht ganz schön Mumm, um einen Kurs zu ändern, auf dem Sie sich seit vielen Jahren befinden – vielleicht sogar mehr, als mir bewusst ist. Aber wenn das in Ihnen steckt, ist jetzt die Zeit, es zu beweisen.« Durch Whites Unterstützung, so erinnerte sich Rudensky, »sah ich einen Lichtstreif am Horizont«.[6]

Obwohl White Rehabilitationsbemühungen förderte, machte er sich hinsichtlich vieler Insassen des Gewächshauses keine falschen Hoffnungen. Im Jahr 1929 prügelte Carl Panzram – ein mehrfacher Mörder, der gestanden hatte, einundzwanzig Menschen erschlagen zu haben, und darauf beharrte, er habe »kein Gewissen«[7] – einen Vollzugsangestellten zu Tode. Er wurde dazu verurteilt, im Gefängnis erhängt zu werden, und White, wenngleich ein Gegner der Todesstrafe, fiel die grausige Pflicht zu, die Hinrichtung zu leiten – ganz ähnlich, wie es sein Vater in Texas getan hatte.

Am 5. September 1930, als sich die Sonne über die Kuppel der Anstalt erhob, holte White Panzram aus seiner Zelle und führte ihn zu dem neu errichteten Galgen. White achtete darauf, dass die beiden Jungs nicht dabei waren, als man Panzram die Schlinge um den Hals legte. Dieser rief seinen Henkern zu, sie sollten sich beeilen: »Während ihr hier herumtrödelt, könnte ich locker ein Dutzend Männer hängen.«[8] Um 6.03 Uhr öffnete sich die Falltür, und Panzram stürzte in den Tod. Es war das erste Mal, dass White daran beteiligt gewesen war, einem Menschenleben ein Ende zu setzen.

* * *

Nach seiner Ankunft in Leavenworth wurde William Hale zum Dienst auf der Tuberkulose-Station eingeteilt. Später schuftete er auf der Gefängnisfarm, wo er Schweine und andere Tiere versorgte, wie er es in seinen frühen Jahren im Grenzland bereits getan hatte. In einem Gefängnisbericht hieß es: »Im Umgang mit dem Vieh ist er äußerst gewandt und in der Lage, Operationen wie das Aufschneiden von Abszessen oder Kastrationen von Tieren selbstständig durchzuführen.«[9]

Im November 1926 schrieb ein Reporter an White, weil er Klatsch und Tratsch über Hale erfahren wollte. Doch White verweigerte jegliche Auskunft und teilte ihm mit, Hale werde »behandelt wie alle anderen Gefangenen auch«.[10] White legte größten Wert darauf, dass sich Hales Frau und Tochter von den Vollzugsbeamten niemals geringschätzig behandelt fühlten. Einmal schickte Hales Frau White einen Brief, in dem sie ihn fragte: »Wäre es vermessen, Ihre Erlaubnis zu erbitten, meinen Ehemann am kommenden Montag zu besuchen? Dann werden seit meinem letzten Besuch fast drei Wochen vergangen sein. Mir ist freilich bewusst, dass Ihre Regeln nur einen einzigen Besuch im Monat vorsehen, aber … wenn Sie mir dies bitte gewähren würden, wäre ich Ihnen sehr verbunden.«[11] White schrieb zurück, man werde sie gern in der Anstalt empfangen.

In all den Jahren gab Hale nie zu, auch nur einen der Morde in Auftrag gegeben zu haben: weder den Mord an Roan, für den er verurteilt worden war, noch einen der zahllosen anderen Morde, die er der Beweislage nach zwar eingefädelt hatte, für die man ihn jedoch nach seiner Verurteilung zu lebenslanger Haft nicht weiter strafverfolgt hatte. Trotz seiner Weigerung, diese Verantwortung zu übernehmen, äußerte er sich während einer Zeugenbefragung ziemlich kaltschnäuzig zu einem anderen Versuch, sich ein Bodenrecht zu erschwindeln. Es war eine Aussage, die sein Ethos zu offenbaren schien: »Für mich war das rein geschäftlich.«[12]

Hatte White sich früher einmal an Geistliche gewandt, um das Ding der Finsternis zu erhellen, suchte er nun auch nach einer wissenschaftlichen Erklärung. Im Gefängnis wurde Hale einer neurologischen und psychologischen Untersuchung unterzogen. Im Gutachten stand, Hale zeige keine erkennbaren Hinweise »auf eine Verdrängung oder eine offene Psychose«,[13] doch weise seine Persönlichkeitsstruktur nichtsdestotrotz »extrem bösartige Komponenten« auf. Hale verbarg seine Brutalität unter dem Deckmäntelchen eines zivilisierten Verhaltens und stellte sich als amerikanischer Pionier dar, der geholfen hatte, aus der feindlichen Wildnis eine Nation zu schmieden. Der Gutachter stellte fest: »Sein geringes Vermögen, eigenes Verhalten zu beurteilen, äußert sich zudem in der fortwährenden Zurückweisung seiner offensichtlichen Schuld. Sein Gemütszustand ist nicht entsprechend ... Er hat jegliches Gefühl der Scham oder der Reue, das er vielleicht einmal verspürt hat, hinter sich gelassen.« White las das psychologische Gutachten über Hale, doch gab es etwas Böses, das jenseits des wissenschaftlichen Spektrums zu liegen schien. Obwohl sich Hale an die Gefängnisregeln hielt, arbeitete er doch weiterhin an seiner Entlassung. Angeblich sorgte er dafür, dass ein Berufungsgericht bestochen wurde, und als ihm dieser Versuch nicht die ersehnte Freiheit bescherte, prahlte er dem Gutachter zufolge mit seiner »bevorstehenden Entlassung dank des Einflusses von Freunden«.[14]

Mollie Burkhart

Zum ersten Mal seit langer Zeit jedoch gedieh das Leben in Osage County ohne seine übermächtige Präsenz. Mollie Burkhart ging wieder unter Menschen und besuchte die Kirche. Schließlich verliebte sie sich in einen Mann namens John Cobb, der halb Weißer und halb Creek war. Verwandten zufolge war es wahre Liebe, und 1928 heirateten die beiden.

Es gab noch eine weitere dramatische Veränderung in Mollies Leben: Sie und die Osage hatten für die Abschaffung des korrupten Vormundschaftssystems gekämpft. Am 21. April 1931 entschied ein Gericht, dass Mollie nicht länger ein Mündel des Staates sei: »Des Weiteren wird vom Gericht angeordnet, geurteilt und verkündet, dass besagte Mollie Burkhart, Osage-Anteilhaberin Nr. 285 … hiermit vollumfängliche Handlungskompetenz zugesprochen wird. Die Anordnung, durch welche sie als nicht handlungsfähige Person eingestuft wurde, gilt als aufgehoben.«[15] Mit vierundvierzig Jahren konnte Mollie endlich ihr Geld ausgeben, wie es ihr beliebte, und wurde als vollwertige amerikanische Bürgerin anerkannt.

* * *

Am 11. Dezember 1931 war White gerade in seinem Büro, als er ein Geräusch hörte.[16] Er stand auf und ging zur Tür, wo er plötzlich in eine Gewehrmündung starrte. Sieben der gefährlichsten Verbrecher – darunter zwei Mitglieder der Al-Spencer-Bande und ein wegen seiner Größe Boxcar (Viehwaggon) genannter Bandit – versuchten auszubrechen. Die Gruppe war mit einem Winchester-Gewehr, einer abgesägten Schrotflinte und sechs Stangen Dynamit bewaffnet, die man ins Gefängnis geschmuggelt hatte. Die Verbrecher nahmen White und acht seiner Mitarbeiter als Geiseln und nutzten sie auf ihrem weiteren Weg nach draußen als menschliche Schutzschilde. Einmal vor dem Eingangstor angelangt, ließen die Häftlinge die anderen Geiseln frei und machten sich allein mit White – den sie ihre Lebensversicherung nannten – zur Hauptstraße auf. Die Ausbrecher winkten ein vorbeifahrendes Auto heraus, zwangen White hinein und rasten davon.

Whites Geiselnehmer warnten ihn, dass, sollte etwas schiefgehen, von ihm nichts übrig bleibe, was man beerdigen könne. Alles ging schief.

Der Wagen kam von der schlammigen Straße ab und blieb stecken, was die Gefangenen zwang, ihre Flucht zu Fuß fortzusetzen. Soldaten aus Fort Leavenworth schlossen sich der Suche an. Flugzeuge kreuzten am Himmel. Die Häftlinge rannten in ein Bauernhaus und schnappten sich ein achtzehnjähriges Mädchen und ihren Bruder. Verzweifelt bat White die

Verbrecher um Nachsicht: »Ich weiß, dass ihr mich töten werdet. Aber lasst die beiden am Leben – sie haben nichts mit der Sache zu tun.«[17]

Boxcar und ein weiterer Häftling machten sich auf die Suche nach einem neuen Fahrzeug und nahmen White mit. Irgendwann sah White, dass sich das Mädchen befreit hatte und wegrannte. Die Bande schien bereit zu schießen, also ergriff White den Lauf des Gewehrs, das einer seiner Geiselnehmer hielt. Der schrie Boxcar zu: »Erschieß ihn! Er hat meine Knarre.«[18] Als Boxcar seine Waffe aus nächster Nähe auf Whites Brust richtete, hob dieser den linken Arm, um sich zu schützen.

Dann hörte er den Knall und spürte, wie das Geschoss seinen Arm durchbohrte, durch Fleisch und Blut und Knochen, wie sich das Schrot verteilte und einige Kugeln sogar durch seinen Arm hindurch in seine Brust drangen. Doch White blieb stehen. Es war wie ein Wunder; man hatte ihn in Stücke geschossen, und doch atmete er noch in der kalten Dezemberluft. Dann aber spürte er, wie der Gewehrkolben in sein Gesicht krachte. Er sackte zusammen – seine ganzen hundertzwölf Kilo – und fiel in einen Graben, wo er langsam verblutete und zum Sterben liegen gelassen wurde.

* * *

Fast ein Jahrzehnt später, im Dezember 1939, besuchte der gefeierte Zeitungsreporter Ernie Pyle das Gefängnis La Tuna in der Nähe von El Paso, Texas. Er bat um eine Unterredung mit dem Direktor und wurde zu Tom White gebracht, der inzwischen fast sechzig Jahre alt war. »White bat mich, zum Mittagessen zu bleiben«, schrieb Pyle später. »Also blieb ich. Wir saßen beisammen und unterhielten uns, und schließlich erzählte er mir die Geschichte, worauf ich die ganze Zeit über gehofft hatte. Die Geschichte seines linken Arms.«[19]

White berichtete, wie er, nachdem Boxcar ihn niedergeschossen hatte, in dem Graben gefunden worden und eilig ins Krankenhaus gebracht worden war. Einige Tage lang war nicht sicher gewesen, ob er überleben würde, und die Ärzte überlegten, ob sie seinen Arm amputieren sollten. Doch irgendwie überstand er es und behielt sogar seinen Arm, wenngleich sich immer noch einige Geschossteile darin befanden und er nutzlos am Körper herabhing. Ein Detail erwähnte White gegenüber Pyle jedoch nicht: Das Mädchen, das als Geisel genommen worden war, dankte White dafür, dass er sie und ihren Bruder gerettet hatte. »Ich bin mir sicher, dass sie uns alle töten wollten, und nur durch den Mut von Direktor White wurden wir gerettet«, sagte sie.[20]

Keinem der Häftlinge gelang die Flucht. Sie glaubten, wenn man sich an einem Vollzugsbeamten vergriff, insbesondere an einem Direktor, wäre es besser, nicht mehr »zurückzukehren, denn wenn man es tut, hat man es sehr, sehr schwer«, wie einer von ihnen sich ausdrückte.[21] Aus diesem Grund erschoss Boxcar, als die Behörden ihn und die anderen Ausbrecher stellten, seine beiden Kumpane, bevor er sich selbst eine Kugel in den Kopf jagte. Die anderen Häftlinge wollten mithilfe des Dynamits Suizid begehen, doch bevor sie die Zündschnur in Brand setzen konnten, wurden sie festgenommen. Einer von ihnen sagte: »Das Lustige daran ist, dass man niemals gegen uns handgreiflich wurde, als wir wieder in der Anstalt waren. Direktor White war ein großartiger Mann. Er erließ die strikte Anordnung: ›Finger weg von diesen Leuten, lasst sie in Frieden. Behandelt sie wie alle anderen Gefangenen auch.‹« Und er fuhr fort: »Ansonsten hätte man uns bestimmt den Schädel eingeschlagen.«[22]

White erfuhr, dass Rudensky bei der Flucht hatte helfen sollen, sich jedoch geweigert hatte. »Allmählich entwickelte er ein Verantwortungsbewusstsein«, sagte White zu einem anderen Autor. »Er erkannte, dass ich fair zu ihm gewesen war und aufrichtig versuchte, wieder ein ›rechtschaffenes‹ Mitglied der Gesellschaft aus ihm zu machen.«[23] Im Jahr 1944 kam Rudensky auf Bewährung frei und begann eine erfolgreiche Laufbahn als Schriftsteller und Geschäftsmann.

Als White einigermaßen wiederhergestellt war, übernahm er die Leitung des La Tuna, eine weniger aufreibende Stellung. Pyle schrieb über die Schießerei: »Die Erfahrung ging nicht spurlos an Direktor White vorbei, da bildete er keine Ausnahme. Er wurde zwar nicht ängstlich, aber nervös und irgendwie ruhelos.« Pyle fuhr fort: »Ich kann nicht verstehen, wie man nach einer solchen Erfahrung etwas anderes als Hass einem Häftling gegenüber empfinden kann. Aber Direktor White ist da anders. Was seinen Beruf angeht, ist er durch und durch professionell. Er ist ein ernsthafter, angenehmer Mensch, der gelernt hat, seine Gefühle unter Kontrolle zu halten.«[24]

* * *

Hatte J. Edgar Hoover die Ermittlungen im Fall der Osage-Morde noch als Paradestück für das Büro genutzt, so schürte in den 30er-Jahren eine Serie sensationeller Verbrechen die Ängste der breiten Öffentlichkeit. Dies versetzte Hoover in die Lage, seine Organisation zu dem mächtigen Apparat auszubauen, als den man sie heute kennt. Die Verbrechen umfassten die Entführung von Charles Lindberghs Baby und das sogenannte Kansas-City-Massaker, das sich während eines Transports von Frank »Jelly« Nash, einem Mitglied der Al-Spencer-Bande, ereignete. Es kam zu einer Schießerei, bei der mehrere

Gesetzeshüter erschossen wurden. Auch Whites alter Kollege, Agent Frank Smith, gehörte zu dem Konvoi, überlebte jedoch. (Der Journalist Robert Unger berichtete später, wie Smith und ein anderer Agent, die ursprünglich behauptet hatten, sie könnten die Schützen nicht identifizieren, sich auf Druck Hoovers plötzlich lebhaft an diese erinnerten.) Infolge dieser Vorfälle verabschiedete der Kongress eine Reihe von Reformen zum New Deal, die der Bundesregierung das erste umfassende Strafgesetzbuch und dem Büro weitreichende Befugnisse bescherten. Den Agenten war es nunmehr gestattet, Festnahmen vorzunehmen und Feuerwaffen zu tragen, und bald erhielt das Büro auch einen neuen Namen: Federal Bureau of Investigation. »Die Tage des kleinen Büros waren vorüber«, stellte der Hoover-Biograf Curt Gentry fest. »Vorüber waren auch die Tage, in denen Spezialagenten bloße Ermittler waren.«[25] Whites Bruder Doc war in dieser Zeit an vielen der größten Fälle des Büros beteiligt – von der Jagd auf Staatsfeinde wie John Dillinger bis zur Erschießung von Ma Barker und ihres Sohnes Freddie. Tom Whites Sohn war inzwischen ebenfalls in das Büro eingetreten; er vertrat die dritte Generation von White-Gesetzeshütern.

Hoover achtete darauf, dass die Identität des Büros untrennbar mit seiner eigenen verbunden war. Präsidenten kamen und gingen, doch dieser Bürokrat blieb, inzwischen mit Fettansatz um die Taille und Wangen, die denen einer Bulldogge glichen. »Ich blickte auf und sah J. Edgar Hoover auf seinem Balkon, hoch und entrückt und still, der mit seinem nebulösen Königreich im Rücken alles beobachtete, von Präsident zu Präsident und von Jahrzehnt zu Jahrzehnt«, schrieb ein Reporter der Zeitschrift *Life*.[26] Die zahllosen Einzelheiten über Hoovers Machtmissbrauch wurden erst nach seinem Tod im Jahr 1972 bekannt. Trotz all seiner Wachsamkeit war White blind für die

Großmannssucht seines übermächtigen Chefs, der das Büro politisierte und paranoide Komplotte gegen eine stetig wachsende Liste vermeintlicher Feinde schmiedete, darunter auch indianische Aktivisten.

Über die Jahre schrieb White regelmäßig an Hoover. Einmal lud er ihn auf die Ranch eines Verwandten ein: »Auf seiner Ranch muss man nicht auf Komfort verzichten, denn er verfügt über alle Annehmlichkeiten – außer einer Klimaanlage, aber die braucht man auch nicht.«[27] Hoover lehnte jedoch höflich ab. Er war mittlerweile viel zu beschäftigt und benötigte einen eigenen Hinweis, um von seinem ehemaligen Star-Agenten Notiz zu nehmen. Als White im Alter von siebzig Jahren sein Amt als Direktor des La Tuna niederlegte, schickte ihm Hoover erst in dem Augenblick eine Karte, als ihn ein anderer Agent darauf hingewiesen hatte, wie sehr sich White »über eine persönliche Mitteilung des Direktors zu seinem Dienstausscheiden freuen würde«.[28]

Ende der fünfziger Jahre erfuhr White, dass Hollywood einen Film mit dem Titel *Die FBI-Story* drehen wollte, in dem James Stewart einen aufrechten Gesetzeshüter mimte. Der Streifen enthielt auch eine Passage über die Osage-Morde. White schickte Hoover einen Brief, in dem er fragte, ob die Filmemacher nicht mit ihm über den Fall sprechen wollten. »Es wäre mir eine Freude, mit Informationen zu dienen, da ich den Fall schließlich von Anfang bis Ende kenne«, schrieb White.[29] Hoover antwortete, er werde dies »auf jeden Fall im Kopf behalten«, kam jedoch nie darauf zurück.[30] Stattdessen hatte er selbst einen kleinen Auftritt in dem Film, der 1959 in die Kinos kam und ihn noch fester in der öffentlichen Wahrnehmung verankerte.

Der Film war zwar ein Erfolg, doch der Osage-Fall verblasste in der Erinnerung, überschattet von neuen, spektakulären Fäl-

J. Edgar Hoover

len. Bald hatten ihn die meisten Amerikaner vollständig vergessen. Ende der Fünfziger überlegte White, eine Geschichte zu schreiben, um den Fall zu dokumentieren. Er wollte die Verbrechen gegen die Osage festhalten und dafür sorgen, dass die Agenten, die mit ihm zusammengearbeitet hatten, ihren verdienten Platz in der Geschichte bekamen. Allesamt waren sie inzwischen unbekannt und nicht selten arm gestorben. Als einer der Geheimagenten starb, schrieb seine Frau, sie wünschte, sie hätte eine Rente, und ein Agent, der ihn kannte, ließ Hoover wissen, dass die Familie nun »mit einer äußerst tristen Situation konfrontiert« sei.[31]

Mehrere Jahre nach den Ermittlungen im Fall der Osage-Morde wurde der Yuta-Agent Wren erneut aus dem Büro ausgeschlossen, diesmal dauerhaft. Als er ging, fluchte er und fegte Gegenstände von seinem Schreibtisch. Man sei, so schrieb er später an Hoover, »ungerecht und unbegründet unfair« mit ihm umgegangen.[32] Schließlich jedoch verflog sein Zorn, und kurz vor seinem Tod im Jahr 1939 schrieb er Hoover einen Brief, in dem er sagte: »Wenn ich über Sie und Ihre Männer lese, erfüllt mich dies oft mit Freude und Stolz. Dann erinnere ich mich an alte Zeiten. Ich bin sehr stolz auf Sie und kann Sie immer noch meinen alten Chef nennen.« Dann fuhr er fort: »Viele meiner alten Freunde sind in die ewigen Jagdgründe eingegangen. Viele der prächtigen, hohen Bäume wurden vernichtet, viele wurden vom weißen Mann gefällt. Der wilde Truthahn, das Rotwild, die wilden Pferde und die wilden Rinder sind fort und leben nicht länger in den schönen Hügeln.«[33]

Freilich wollte White nicht nur die Verdienste anderer Agenten dokumentieren, sondern hoffte zweifellos, auch sich selbst einen kleinen Platz in der Geschichte zu sichern, wenngleich er dies nie zugab. Er verfasste ein paar gespreizte Seiten, aus denen nachfolgender Auszug stammt:

> Nachdem mich der Direktor, Mr. J. Edgar Hoover, über die Bedeutung des Falles unterrichtet hatte, wies er mich an, nach Houston zurückzukehren, meine Zelte dort abzubrechen und so bald wie möglich das Büro in Oklahoma City zu übernehmen. Er sagte, ich solle die Ermittler, die ich in diesem Fall benötigte, unter den Männern wählen, von denen ich wisse, dass sie am besten für eine solche Arbeit geeignet seien … Die Notwendigkeit von verdeckt arbeitenden Ermittlungen wurde umso offenkundiger für uns, als wir vor Ort eintrafen und erkannten, unter welchen Angstzuständen die Indianer dort lebten.«[34]

White erkannte, dass er nicht zum Schriftsteller taugte, daher schloss er sich 1958 mit Fred Grove zusammen, einem Verfasser von Western-Romanen, der zur Hälfte Osage war und zum Zeitpunkt des Attentats auf die Smiths als Junge in Fairfax gelebt hatte. Es war ein Erlebnis, das ihn immer noch belastete. Während Grove an dem Buch arbeitete, bat ihn White in einem Brief, die Erzählung in der dritten Person zu halten. »Ich möchte das große ›Ich‹ gern so weit als möglich aus der Angelegenheit heraushalten, weil man sonst meinen könnte, die ganze Geschichte drehte sich ausschließlich um mich«, erklärte er. »Hätte ich bei meiner Arbeit nicht so gute Agenten zur Seite gehabt, hätten wir es nie geschafft. Auch unseren Chef J. Edgar Hoover, den Direktor des FBI, darf man hier keinesfalls vergessen.«[35]

In einem Brief an Hoover fragte White, ob ihm das Büro für die Vorbereitung des Buches einige der alten Fallakten freigeben könne. Außerdem bat er Hoover darum, ein kurzes Vorwort zu schreiben. »Ich hoffe, damit verlange ich nicht zu viel von Ihnen«, schrieb White. »Ich glaube, für uns alle, die wir damals wie heute großes Interesse an unserer hervorragenden Organisation haben, dem Federal Bureau of Investigation, wäre es von unschätzbarem Wert. Sie und ich sind inzwischen mehr oder weniger die letzten übrig gebliebenen Originale.«[36] In einem internen Memo sagte der stellvertretende Direktor des Büros, Clyde Tolson, ein langjähriger Wegbegleiter Hoovers, dem man sogar eine romantische Beziehung zu seinem Chef nachsagte: »Wir sollten nur begrenztes, routinemäßiges Material zur Verfügung stellen, wenn überhaupt.«[37]

Whites Körper ließ ihn allmählich im Stich. Er hatte Arthritis. Er stolperte beim Gehen und verletzte sich. Im September 1959 sagte seine Frau zu Grove: »Jede Art von Gebrechen ist entsetzlich für ihn und bringt ihn vollkommen aus der Fassung. Wir hoffen immer noch, dass sich sein Zustand bessert, damit er Ende Oktober nach Dallas gehen und dort an dem landesweiten Treffen ehemaliger FBI-Agenten teilnehmen

Tom White

kann.«[38] Selbst in seinem angeschlagenen Zustand assistierte White Grove beim Verfassen des Buches, als würde er von einem ungelösten Fall aufgezehrt werden, bis das Manuskript fertiggestellt war. In einem Brief an Grove schrieb White: »Ich hoffe, dass uns alles Glück der Welt in Gestalt eines guten Verlegers zuteilwird.« Er fügte hinzu, dass er dafür beide Daumen gedrückt halte.[39] Doch die Verleger fanden den Bericht nicht gerade fesselnd, und obwohl Grove schließlich eine fiktionalisierte Version mit dem Titel *Die Jahre der Angst* veröffentlichte, erschien der ursprüngliche historische Bericht nie. »Es tut mir aufrichtig leid, Ihnen in diesem Brief keine bessere Mitteilung machen zu können«, schrieb ein Herausgeber.[40]

* * *

Am 11. Februar 1969 verstarb Doc im Alter von vierundachtzig Jahren auf der Ranch, auf der er und Tom aufgewachsen waren. In einem Brief teilte White Hoover dies mit und bemerkte dazu noch, er und seine vier Geschwister seien »auf diesem Land geboren«. Dann fügte er wehmütig hinzu: »Und nun bin ich der Letzte.«[41]

Im Oktober 1971 erlitt White offenbar einen Schlaganfall. Er war neunzig, und nun gab es kein wundersames Entkommen mehr für ihn. In den frühen Morgenstunden des 21. Dezember hörte er auf zu atmen. Ein Freund sagte: »Er starb, wie er gelebt hatte, ruhig und mit stiller Würde.«[42] Ein Agent drängte Hoover, der Witwe ein Kondolenzschreiben zu senden, und betonte, dass sich nichts in Whites Akte finde, was »einem solchen Vorgehen widerspräche«.[43] Also schickte Hoover ein Blumenbukett, das man auf den Sarg legte, als dieser in die Erde hinabgelassen wurde.

Einen kurzen Augenblick lang, bevor auch er im Nebel der Geschichte verschwand, wurde White noch einmal als ein guter Mann gepriesen, der die Osage-Morde aufgeklärt hatte. Jahre später veröffentlichte das Büro einige Akten über die Osage-Ermittlungen, um den Fall in der nationalen Erinnerung wachzuhalten. In diesen und anderen historischen Berichten fehlte jedoch ein entscheidender Punkt, etwas, das selbst White entgangen war. Der Fall hatte nämlich noch eine weitere Dimension – es gab ein weitreichenderes, finstereres und sogar noch erschreckenderes Komplott, das das Büro nie enthüllt hatte.

DRITTE CHRONIK

Der Reporter

* * *

Es gibt ein paar überlieferte Geschichten. Aus alten Truhen, Kisten und Schubladen exhumieren wir Briefe ohne Gruß oder Signatur, in denen Männer und Frauen, die früher einmal gelebt und geatmet haben, nun nur noch bloße Initialen oder Kosenamen sind – aus einer Zuneigung heraus gewählt, die uns heute unbegreiflich erscheinen mag. Sie klingen in unseren Ohren wie Sanskrit oder Choctaw – und schemenhaft sehen wir Menschen vor uns, die Menschen, in deren lebendigem Blut und Samen wir selbst schlafend und wartend gelegen haben, in dieser schattenhaften Dämpfung einer Zeit, die inzwischen geradezu heroische Proportionen aufweist. Wir sehen sie ihre Akte einfacher Leidenschaft und schlichter Gewalt vollziehen, immun gegen die Zeit und … unerklärlich.

William Faulkner, *Absalom, Absalom!*

22. Geisterlandschaft

Vieles ist fort. Nachdem die riesigen Ölvorkommen zunehmend erschöpft waren, sind die großen Petroleumunternehmen und die Wälder von Bohrtürmen verschwunden. Verschwunden ist auch die Millionen-Dollar-Ulme. Verschwunden sind die Eisenbahnstrecken, darunter auch jene, an der Al Spencer und seine Bande im Jahr 1923 den letzten Zugüberfall in Oklahoma verübten. Verschwunden sind auch die Gesetzlosen, von denen viele ebenso spektakulär starben, wie sie gelebt hatten. Verschwunden sind ebenfalls praktisch sämtliche Boomtowns, in denen vom Morgen bis in die Nacht Leben herrschte. Von ihnen ist kaum mehr geblieben als verlassene Gebäude, die von Fledermäusen, Nagetieren, Tauben und Spinnen bevölkert sind. An Whizbang erinnern nur noch einige steinerne Ruinen, überwuchert von einem Meer aus Gras. Vor einigen Jahren klagte ein langjähriger Bewohner einer dieser Boomtowns: »Geschäfte weg, Post weg, Zug weg, Schule weg, Öl weg, Jungs und Mädels weg – alles weg, nur der Friedhof nicht, der wird größer.«[1]

Auch in Pawhuska stehen etliche verlassene Gebäude, doch es ist einer der wenigen Orte, die geblieben sind. Die Stadt hat dreitausendsechshundert Einwohner. Es gibt Schulen, ein Gerichtsgebäude (jenes, in dem einst Ernest Burkhart angeklagt wurde) und mehrere Restaurants, darunter einen McDonald's. Außerdem ist Pawhuska immer noch die Hauptstadt der pulsierenden Nation der Osage, die im Jahr 2006 eine neue Verfassung verabschiedete. Die Nation umfasst zwanzigtausend Personen und hat eine eigene gewählte Regierung. Die meisten Osage sind über andere Teile des Staates oder des Landes verstreut, doch etwa viertausend sind in Osage County ansässig, oberhalb des unterirdischen Reservats. Der Osage-Historiker Louis F. Burns stellte fest, dass, nachdem von seinem Volk »nur noch Fetzen und Bruchstücke übrig geblieben« seien, es sich »aus der Asche der Vergangenheit erhoben« habe.[2]

An einem Sommertag im Jahr 2012 besuchte ich Pawhuska zum ersten Mal. Ich war aus New York gekommen, wo ich als Journalist lebe und arbeite. Ich hoffte, Informationen über die Osage-Morde zu finden, die damals bereits fast ein Jahrhundert zurücklagen. Wie die meisten Amerikaner hatte ich aus den Schulbüchern nichts über die Morde erfahren; es war, als hätte man diese Verbrechen aus der Geschichtsschreibung gelöscht. Als ich über einen Hinweis auf die Morde stolperte, begann ich, Nachforschungen anzustellen. Seither versuchte ich wie besessen, offene Fragen zu beantworten, um die Lücken in den Ermittlungen des FBI zu schließen.

In Pawhuska machte ich beim Osage Nation Museum halt, wo ich mit der langjährigen Direktorin Kathryn Red Corn verabredet war. Sie war eine Frau in den Siebzigern, mit breitem Gesicht und kurzem ergrauendem Haar. Ihre freundliche, lehrerhafte Art verbarg eine innere Anspannung. Sie zeigte mir ausgestellte Fotografien von vielen der insgesamt 2229 am Stammeskonzern beteiligten Osage, darunter einige ihrer Verwandten, die im Jahr 1906 allesamt ein entsprechendes Bodenrecht erhalten hatten. In einer Glasvitrine entdeckte ich ein Bild von Mollie Burkhart, fröhlich im Kreise ihrer Schwestern sitzend. Ein anderes Foto zeigte ihre Mutter Lizzie, und wohin ich mich beim Besuch der Ausstellung auch wandte, ich

Eine inzwischen geschlossene Bar in Ralston, jener Stadt, wohin Bryan Burkhart mit Anna Brown am Abend ihrer Ermordung ging, um etwas zu trinken.

erkannte überall weitere Opfer der Schreckensherrschaft. Hier ein junger, beeindruckender George Bigheart mit Cowboyhut. Dort Henry Roan mit seinen langen Zöpfen. Da drüben ein schick gekleideter Charles Whitehorn mit Anzug und Fliege.

Das dramatischste Foto des Museums nahm eine komplette Wand ein. Die bei einer Zeremonie im Jahr 1924 entstandene Panoramaansicht zeigte Stammesmitglieder neben ortsbekannten weißen Geschäftsleuten und Prominenten. Als ich mir das Bild genauer ansah, stellte ich jedoch fest, dass ein Teil fehlte, als hätte man ihn mit der Schere herausgeschnitten. Ich fragte Red Corn, was mit diesem Teil des Fotos geschehen sei. »Es ist zu schmerzlich, ihn zu zeigen«, sagte sie. Als ich nach dem Grund dafür fragte, deutete sie auf die leere Fläche und sagte: »Genau dort stand der Teufel.«

Sie verschwand für einen Augenblick und kehrte dann mit einem kleinen, etwas verschwommenen Ausdruck des fehlenden Bildteils zurück: Es war William K. Hale, der mit kaltem Blick in die Kamera schaute. Die Osage hatten sein Bild nicht deshalb entfernt, um, wie die meisten Amerikaner, die Morde zu vergessen, sondern gerade, weil sie nicht vergessen können.

Vor einigen Jahren, so erzählte mir Red Corn, sei sie auf einer Party in Bartlesville von einem Mann angesprochen worden. »Er sagte, er habe den Schädel von Anna Brown«, erinnerte sie sich. Offenbar handelte es sich um den Teil von Browns Schädel, den der Leichenbestatter 1921 behalten hatte und den Agenten des Büros zur Untersuchung gegeben hatte. Außer sich sagte Red Corn zu dem Mann: »Der muss hier begraben werden.« Sie rief den Häuptling der Osage hinzu. Annas Schädel wurde also dem Stamm übergeben und mit ihren anderen sterblichen Überresten beigesetzt. Red Corn gab mir die Namen mehrerer Osage, die, wie sie glaubte, möglicherweise Informationen über die Morde hätten, und versprach, mir später eine überlieferte Geschichte über ihren Großvater zu erzählen. »Es fällt uns schwer, darüber zu sprechen, was während der Schreckensherrschaft geschehen ist«, erklärte sie. »Viele Osage haben eine Mutter, einen Vater, eine Schwester, einen Bruder oder einen Vetter verloren. Dieser Schmerz hört niemals auf.«

* * *

Über mehrere Wochenenden im Juni halten die Osage ihre zeremoniellen Tänze ab.[3] Diese Tänze, *I'n-Lon-Schka*, finden zu unterschiedlichen Zeiten an unterschiedlichen Orten statt – in Hominy, Pawhuska und Gray Horse, den drei Gebieten also, wo sich die Osage als Erstes niederließen, als sie in den 1870ern in das Reservat kamen. Sie tragen zum Erhalt der Traditionen bei und stärken das Gemeinschaftsgefühl. Von überallher kom-

Hale (ganz links), gekleidet mit Anzug, Mütze und Brille.

men die Osage, um den Tänzen beizuwohnen, die eine Gelegenheit bieten, alte Freunde und Verwandte wiederzusehen, gemeinsam zu kochen und in Erinnerungen zu schwelgen. Der Historiker Burns schrieb einmal: »Zu glauben, die Osage hätten ihr Martyrium unbeschadet überlebt, ist eine Illusion. Was sich bewahren ließ, wurde gerettet und ist unseren Herzen teurer, weil es überdauerte. Was verloren ist, wird gehegt, weil es war, was wir einst waren. Wir vereinen unsere Vergangenheit und unsere Gegenwart in den Tiefen unseres Seins und richten den Blick gen Morgen. Wir sind immer noch Osage. Wir leben und werden alt – für unsere Vorväter.«[4]

Bei einem Folgeaufenthalt in der Gegend fuhr ich nach Gray Horse, um mir die Tänze anzusehen und mit einem jener Menschen zu sprechen, von denen mir Red Corn gesagt hatte, dass ich sie dort antreffen würde. Das sollte jemand sein, der von den Morden tiefgehend betroffen war. Von der ursprünglichen Siedlung Gray Horse war so gut wie nichts mehr übrig, außer ein paar verrotteten Balken und Ziegeln, begraben unter dem Präriegras, das der Wind in gespenstischen Rhythmen kräuselte.

Um die Tänze veranstalten zu können, hatten die Osage inmitten der sich ausbreitenden Wildnis einen Pavillon mit einem pilzförmigen Blechdach und einem kreisrunden Lehmboden errichtet, um den herum man in konzentrischen Reihen hölzerne Bänke aufgestellt hatte. Als ich an einem Samstagmorgen dort eintraf, war der Pavillon angefüllt mit Menschen. In der Mitte waren mehrere männliche Musiker und Tänzer um eine heilige Trommel versammelt, durch die mit Wah'Kon-Tah gesprochen wurde. Umringt wurden sie von den sogenannten »Lady Singers«, und in einem weiteren Kreis befanden sich Dutzende männlicher Tänzer, jung und alt, in Leggings, farbenfrohen, mit Bändern verzierten Hemden und mit Schellen unterhalb der Knie; jeder dieser Tänzer trug einen Kopfputz, der typischerweise aus einer Adlerfeder, Stachelschweinhaaren und einem Rehschwanz bestand und wie ein Irokesenschnitt aufragte.

Zu den Klängen von Trommeln und Gesang beschrieben die Tänzer gegen den Uhrzeigersinn einen Kreis, der die Erddrehung symbolisierte. Ihre Füße stampften auf die weiche Erde, wobei ihre Schellen klingelten. Als Trommeln und Chorgesang anschwollen, beugten sie sich leicht vornüber, vollführten raschere Schritte und rückten äußerst geordnet näher zusammen.

Ein Mann nickte mit dem Kopf, während ein anderer seine Arme wie ein Adler ausbreitete. Wieder andere machten Bewegungen wie bei der Jagd oder beim Fährtenlesen.

Früher war es Frauen nicht erlaubt gewesen, bei diesen Veranstaltungen zu tanzen, doch mittlerweile nahmen sie ebenfalls daran teil. In Blusen, Baumwollröcken und handgewebten Gürteln bildeten sie einen langsameren, würdevollen Kreis um die männlichen Tänzer herum. Mit jedem Schritt hüpften sie auf und nieder und hielten Kopf und Oberkörper dabei gerade.

Viele Osage beobachteten das Treiben von den Bänken aus und fächelten sich in der Hitze Luft zu; einige warfen verstohlene Blicke auf ihre Mobiltelefone, doch die meisten sahen andächtig zu. Jede Bank trug den Namen einer Osage-Familie, und als ich mich auf der Südseite des Pavillons umsah, fand ich die Bank, nach der ich gesucht hatte: »Burkhart«.

Es dauerte nicht lange, da kam eine Osage auf mich zu. Sie war Anfang fünfzig, trug ein pastellblaues Kleid und eine modische Brille. Das lange glänzende Haar war zu einem Pferdeschwanz zusammengebunden. Ihr ausdrucksvolles Gesicht kam mir vage bekannt vor. »Hallo, ich bin Margie Burkhart«, sagte sie und streckte die Hand aus. Margie ist die Enkeltochter von Mollie Burkhart. Sie arbeitet in einem Gremium, das sich um die Gesundheitsversorgung der Osage kümmert, und war von ihrem Zuhause in Tahlequah, etwa hundertzehn Kilometer südwestlich von Tulsa, zu den Tänzen angereist. Begleitet wurde sie von ihrem Ehemann Andrew Lowe, einem Creek-Seminolen.

Wir nahmen zu dritt auf der Holzbank Platz, sahen den Tänzern zu und sprachen dabei über Margies Familie. Ihr in-

Margie Burkhart, die Enkelin von Mollie und Ernest.

zwischen verstorbener Vater war James »Cowboy« Burkhart – der Sohn von Mollie und Ernest Burkhart. Cowboy und seine ebenfalls verstorbene Schwester Elizabeth waren in der Höhle des Löwen zu Zeugen der Schreckensherrschaft geworden. Margie sagte über Ernest: »Er hat meinem Vater alles genommen – seine Tanten, seine Vettern und sein Vertrauen.« Cowboy plagte zwar das Wissen um Ernests Taten, Mollie hingegen verehrte er. »Er sprach stets voller Zuneigung von ihr«, erinnerte sich Margie. »Als er klein war, hatte er immer schlimme Ohrenschmerzen, und er sagte, dann habe sie in seine Ohren geblasen, um den Schmerz zu vertreiben.«

Nach der Scheidung von Ernest lebte Mollie mit ihrem neuen Mann John Cobb im Reservat. Margie erzählte man, es sei eine glückliche Ehe gewesen, ein glücklicher Lebensabschnitt für ihre Großmutter. Am 16. Juni 1937 war Mollie gestorben. Ihr Tod, den man nicht für verdächtig hielt, fand in der Presse kaum Beachtung. Der *Fairfax Chief* brachte einen kurzen Nachruf: »Mrs. Mollie Cobb, fünfzig Jahre alt ... verstarb am Mittwoch um 11 Uhr in ihrem Haus. Sie war seit einiger Zeit krank gewesen. Sie war eine Vollblut-Osage.«[5]

Später in demselben Jahr wurde Ernest Burkhart auf Bewährung freigelassen. Der Stammesrat der Osage verabschiedete eine Resolution, in der er protestierte, dass es »jemandem, der solch gemeiner und barbarischer Verbrechen schuldig gesprochen wurde, nicht gestattet sein sollte, an den Schauplatz dieser Verbrechen zurückzukehren«.[6] Die *Kansas City Times* schrieb in einem Leitartikel: »Die Entlassung von Ernest Burkhart aus dem Staatsgefängnis von Oklahoma erinnert an den vermutlich bemerkenswertesten Mordfall in der Geschichte des Südwestens – den Massenmord an Osage-Indianern wegen ihrer Ölrechte ... die Freilassung eines führenden Kopfes in einem derart kaltblütigen Komplott nach kaum mehr als zehn Jahren verbüßter Freiheitsstrafe offenbart eine der ärgsten Schwächen des Bewährungssystems.«[7]

Margie sagte, nach seiner Freilassung habe Ernest das Zuhause einer Osage-Familie ausgeraubt und sei wieder ins Gefängnis gesteckt worden. Im Jahr 1947, als Ernest noch in Haft war, wurde Hale entlassen, nachdem er zwanzig Jahre in Leavenworth verbüßt hatte. Die Bewährungskommission begründete ihren Beschluss mit Hales fortgeschrittenem Alter – er war inzwischen zweiundsiebzig – und seiner guten Führung. Ein Osage-Führer sagte, Hale »hätte man für seine Verbrechen aufhängen sollen«,[8] und Mitglieder des Stammes waren überzeugt, dass sich in der Entscheidung der Kommission das letzte Überbleibsel von Hales politischem Einfluss äußerte. Zwar durfte er seinen Fuß nie wieder nach Oklahoma setzen, aber

Verwandten zufolge besuchte er sie einmal und sagte: »Hätte dieser verdammte Ernest den Mund gehalten, wären wir heute alle reich.«

Margie sagte mir, sie sei Hale, der 1962 in einem Altersheim in Arizona verstarb, niemals begegnet. Ernest hingegen sah sie, als dieser 1959 erneut aus der Haft entlassen wurde. Da ihm die Einreise nach Oklahoma untersagt war, hatte er zunächst eine Arbeit auf einer Schaffarm in New Mexico angenommen, wo er fünfundsiebzig Dollar monatlich verdiente. Ein Journalist bemerkte damals: »Das ist bestimmt ein gewaltiger Unterschied zu den Tagen des Überflusses, als er noch Ehemann einer reichen Osage-Indianerin war.«[9] In der Hoffnung, nach Oklahoma zurückkehren zu können, reichte Ernest im Jahr 1966 ein Gnadengesuch ein. Die Aufzeichnungen existieren nicht mehr, doch sein Gesuch, das vor eine fünfköpfige Kommission in Oklahoma kam, gründete sich wenigstens teilweise auf seiner Kooperation im Rahmen der FBI-Ermittlungen. (White hatte es stets Burkharts Geständnis zugeschrieben, dass er den Fall noch hatte retten können.) Trotz heftiger Proteste der Osage entschied die Kommission drei zu zwei zugunsten einer Begnadigung, die der Gouverneur daraufhin gewährte. »Headrights-Killer begnadigt«, verkündete der *Oklahoman* und fuhr fort: »Osage entsetzt.«[10]

Gebeugt und mit schütterem Haar ging Ernest nach Osage County zurück, wo er zunächst bei seinem Bruder Bryan lebte. »Als ich Ernest begegnete, war ich gerade ein Teenager geworden«, erinnerte sich Margie. »Ich war sehr überrascht, dass er so großväterlich wirkte. Er war sehr schlank und hatte graues Haar; seine Augen sahen freundlich aus. Selbst nach all den Jahren im Gefängnis schien er nicht verroht. Ich konnte nicht fassen, dass dieser Mann all das getan hatte…« Ihre Stimme verlor sich im beharrlichen Schlag der Trommel. Nach einer

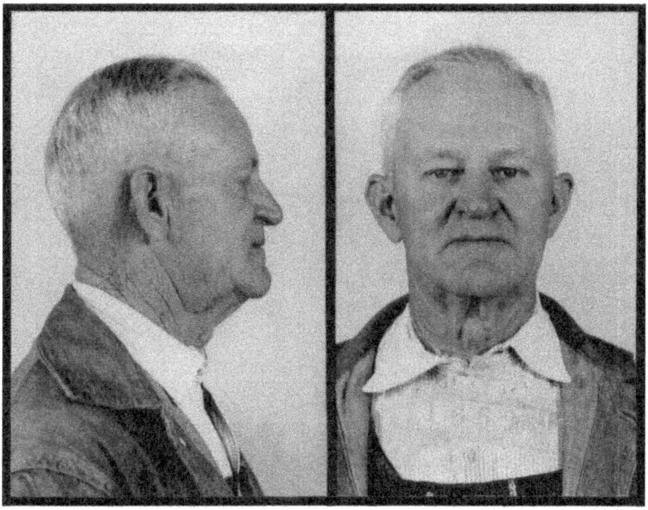

Ernest Burkhart

Weile fuhr sie fort: »Es war sehr schwer für meinen Vater. Er und Liz wurden vom Stamm geächtet, was äußerst schmerzhaft war. Sie brauchten eine Familie und Unterstützung, doch beides hatten sie nicht.«

Diese Erfahrung machte ihren Vater wütend – wütend auf die Welt. Margies Ehemann Andrew verwies darauf, dass auch Elizabeth schwer getroffen gewesen sei: »Sie war irgendwie paranoid«, sagte er.

Margie nickte und sagte: »Tante Liz konnte nicht an einem Ort bleiben und wechselte ständig ihre Adresse und ihre Telefonnummer.«

Elizabeth zeigte geringes Interesse daran, sich mit Ernest zu treffen, der schließlich in einen von Mäusen verseuchten Wohnwagen außerhalb von Osage County zog. Cowboy hingegen besuchte ihn gelegentlich. »Ich glaube, ein Teil von ihm sehnte sich nach einem Vater«, meinte Margie. »Aber er wusste, was sein Vater getan hatte. Er nannte ihn Old Dynamite.« Als Ernest 1986 starb, wurde er eingeäschert und die Überreste in einer kleinen Schachtel an Cowboy übergeben. Ernest hatte Cowboy instruiert, er wolle in den Osage Hills verstreut werden. »Diese Asche war tagelang im Haus, stand einfach herum«, erinnerte sich Margie. »Schließlich drehte mein Papa eines Abends total durch, schnappte die Schachtel und warf sie einfach von einer Brücke.«

* * *

In einer Tanzpause, gerade als die Sonne am Himmel sank, bot mir Margie an, mich in Gray Horse herumzuführen. Zu dritt stiegen wir in ihr Auto, und sie fuhr eine schmale stau-

Elizabeth und Cowboy mit ihrem Vater Ernest, dessen Gesicht Jahre später aus dem Foto gerissen wurde.

bige Straße entlang. Nicht weit von dem Pavillon entfernt, fast verborgen inmitten der Schwarzeichen, befand sich eines der wenigen Häuser, die in Gray Horse noch standen. »Dort bin ich aufgewachsen«, sagte Margie. Zu meiner Überraschung war es ein kleines, bescheidenes Holzhaus, das eher einer Hütte als einer Villa glich. Die Weltwirtschaftskrise hatte viele Osage-Vermögen vernichtet, die zuvor bereits von Vormunden und Dieben dezimiert worden waren. Margie sagte, Mollie habe hier keine Ausnahme gebildet. Der Preis für ein Barrel Öl, der in Zeiten des Booms auf über drei Dollar geklettert war, sank 1931 auf fünfundsechzig Cent, und die jährliche Rendite aus dem Headright fiel auf unter achthundert Dollar. Im Folgejahr brachte der *Literary Digest* einen Artikel mit der Überschrift »Ölreichtum der Osage schwindet«.[11] Darin hieß es: »Diese Indianer hatten sich an ein Leben in Saus und Braus gewöhnt. Nun jedoch … schwinden ihre Einkünfte aus dem Ölgeschäft rapide, und das war praktisch alles, was sie hatten.« Erschwerend kam hinzu, dass die Ölfelder ohnedies nach und nach erschöpft waren. Im Jahr 1929 berichtete eine landesweit erscheinende Zeitung noch vor dem Zusammenbruch des Aktienmarkts: »Wenn sich die Ölkarte weiter verschiebt, muss der Stamm in fünf Jahren möglicherweise wieder arbeiten.«[12]

Über die nächsten Jahrzehnte starben die meisten Boomtowns aus, darunter auch Gray Horse. »Als ich klein war, konnte ich die Ölpumpen hören«, erinnerte sich Margie. »Dann hörten sie eines Tages auf.« Heute gibt es über das ganze Reservat verstreut noch mehr als zehntausend Ölquellen, doch sind dies sogenannte »Schäl-Quellen«, die jeweils weniger als fünfzehn Barrel am Tag fördern. Als 2012 in Tulsa eine Auktion für die Öl-Pachtrechte von den Osage stattfand, kamen drei Pachtrechte für insgesamt weniger als fünfzehntausend Dollar unter den Hammer. Margie, die etwas mehr als die Hälfte

Die Gräber von Mollie und ihren ermordeten Familienmitgliedern.

eines Headrights von ihrem Vater geerbt hat, erhält aus ihrem Anteil an dem Mineralölkonzern immer noch vierteljährlich einen Scheck. Die Summe variiert dem Ölpreis entsprechend, belief sich in den letzten Jahren für gewöhnlich aber auf ein paar Tausend Dollar. »Das ist natürlich ein hübsches Zubrot, zum Leben reicht es allerdings nicht«, sagte Margie.

Die Osage haben neue Einnahmequellen erschlossen, etwa aus den sieben Casinos, die auf ihrem Territorium eröffnet wurden (und die früher den Namen Million Dollar Elm Casinos trugen). Diese bringen den Osage mehrere Millionen ein, mit denen sie ihre Verwaltung, Bildungsprogramme und Gesundheitsfürsorge finanzieren. Daneben gelang es den Osage, wenigstens einen Teil der durch die US-Regierung jahrzehntelang schlecht verwalteten Ölgelder zurückzuerlangen. Im Jahr 2011 erklärte sich die Regierung nach elfjähriger juristischer

Schlacht bereit, einen Rechtsstreit beizulegen, dem eine Klage der Osage auf Zahlung von dreihundertachtzig Millionen Dollar zugrunde lag.

Auf unserer Fahrt durch Gray Horse gelangten wir zu einer Waldlichtung mit einem alten Friedhof. Wir stiegen aus dem Wagen, und Margie hielt vor einem Grabstein an, der Mollie Burkharts Namen trug. Die Inschrift lautete: »Sie war eine gütige, liebende Ehefrau, eine treu sorgende Mutter und allen eine Freundin.« In der Nähe befanden sich die letzten Ruhestätten ihrer ermordeten Schwestern, ihres ermordeten Schwagers Bill Smith, ihrer ermordeten Mutter Lizzie und ihres ermordeten ersten Ehemannes Henry Roan. Margie blickte sich nach den Gräbern um und fragte: »Was für ein Mensch tut so etwas?«

Margie hatte die Gräber zuvor mit Blumen geschmückt. Nun beugte sie sich hinab und rückte eine davon gerade. »Ich achte immer darauf, dass die Gräber hübsch aussehen«, sagte sie.

Wir setzten unsere Reise fort und fuhren auf einer unbefestigten Straße durch die Prärie. Soweit das Auge sehen konnte, erstreckte sich eine üppige Graslandschaft, eine wogende grüne Weite, die nur dann und wann von wenigen kleinen, verrosteten Ölpumpen und vereinzelt grasenden Rindern durchbrochen wurde. Als ich nach Gray Horse gekommen war, hatte mich der Anblick der frei laufenden Bisons verblüfft, deren gebeugte Köpfe und gewaltige wollige Körper von unvorstellbar dünn wirkenden Beinen getragen wurden. Im 19. Jahrhundert wurden die Büffel in der Prärie ausgerottet, in jüngster Zeit jedoch machten Naturschützer sie dort wieder heimisch. Der Medienmogul Ted Turner hatte auf einer sechzehntausend Hektar großen Ranch zwischen Fairfax und Pawhuska Bisons gezüchtet – eine Ranch, die 2016 vom Volk der Osage erworben wurde.

Während Margie, ihr Ehemann und ich weiter über die Prärie fuhren, versank die Sonne langsam hinter dem Horizont – ein kräftiges orangefarbenes Rund, das erst zu einer halben und dann zu einer Viertelsonne wurde, bevor es mit einem gleißenden Lichtschauspiel verschwand. Margie sagte: »Ich mag es, wenn der Himmel so rosa wird wie jetzt.«

Scheinbar ziellos fuhren wir weiter durch die sanfthügelige Landschaft – wie ein den Wellen ausgeliefertes Schiff. Auf einer Anhöhe brachte Margie den Wagen plötzlich abrupt zum Stehen. In der Ferne lag eine Schlucht, an deren Grund sich ein Flüsschen dahinschlängelte. »Dort drüben haben sie Anna erschossen«, sagte Margie. »Mein Vater nahm mich einmal zu Pferd mit und zeigte mir den Ort. Ich war jung, und wir hatten nur unsere Pferde. Es war ziemlich gruselig.«

Im Jahr 2009 veröffentlichte eine Osage namens Elise Paschen ein Gedicht mit dem Titel »Wi'-dschi-e«, was auf Osage »Gebet« bedeutet. Erzählt aus Mollie Burkharts Sicht, handelt das Gedicht vom Mord an Anna Brown:

Weil sie starb, wo die Schlucht zum Wasser hin abfällt.
Weil sie sie zum Bach schleiften.
Im Tode trug sie ihren blauen Baumwollrock.
Obwohl Frost das Gras bedeckte, kühlte sie ihre Füße
in der Quelle.
Weil ich den Klotz mit meinem Fuß umdrehte.
Ihre Mokassins trieben stromabwärts zum Damm.
Weil die Jäger nach der Schneeschmelze ihren Leichnam
fanden.

Das Gedicht endet mit folgenden Zeilen:

> Im Xtha-cka Zhi-ga Tze-the, in der Zeit des Blumen
> tötenden Mondes.
> Werde ich den Fluss des Schwarzfischs, des Otters und
> des Bibers durchwaten.
> Ich werde das Ufer erklimmen, wo die Weide niemals
> stirbt.[13]

Als Margie dann weiterfuhr, war die Nacht über die Prärie hereingebrochen. Die staubige Straße wurde nur von den Lichtkegeln der Scheinwerfer erhellt. Margie sagte, ihre Eltern hätten ihr schon als Kind erzählt, was Ernest und Hale getan hatten. »Immer, wenn ich etwas Unartiges machte, sorgte ich mich, weil ich dachte: ›Was, wenn das Böse auch in mir steckt?‹«, erinnerte sie sich. Sie sagte, gelegentlich sei *The FBI Story* im örtlichen Fernsehen gelaufen. Dann hätten sie und ihre Familie den Film angesehen und geweint.

Während sie sprach, wurde mir klar, dass die Schreckensherrschaft ganze Generationen traumatisiert hatte – und immer noch traumatisierte. Ein Urgroßenkel von Henry Roan sprach einmal über das Vermächtnis der Morde: »Ich glaube, es findet sich irgendwo hinten in unserem Geist. Es mag uns nicht bewusst sein, doch es ist da, insbesondere wenn ein Familienmitglied ermordet wurde. Man hat es einfach im Hinterkopf, dass man niemandem vertraut.«[14]

Wir ließen die Prärie hinter uns und fuhren ins Zentrum von Fairfax. Offiziell war es zwar noch eine Stadt, schien jedoch an der Schwelle zur Vergessenheit zu stehen. Jahr für Jahr war die Bevölkerung zurückgegangen, die inzwischen bei weniger als eintausendvierhundert Einwohnern lag. Die Hauptstraße wurde von den während des Booms errichteten

Gebäuden im Western-Stil gesäumt, doch sie waren verlassen. Wir hielten an der größten Ladenfront, deren Fenster vor Schmutz und Spinnweben dunkel waren. »Das war die Big Hill Trading Company«, sagte Margie. »Als ich aufwuchs, war das Geschäft noch in Betrieb. Es war riesig und hatte diese großen Holzgeländer und alten Holzfußböden. Alles roch nach Holz.« Ich sah die Straße hinunter und versuchte mir vorzustellen, was Mollie Burkhart und Tom White gesehen hatten – die Pierce-Arrow-Automobile, die Cafés, die Ölleute und die aristokratischen Osage, die wilde Raserei, die dort einmal geherrscht hatte. Heute sei es selbst an einem Samstagabend nur »eine Geisterstadt«, sagte Margie.

Sie fuhr weiter und bog von der Hauptstraße in ein kleines Wohngebiet ab. Ein paar der alten Villen standen zwar noch, doch sie waren verlassen und dem Verfall preisgegeben. Manche waren vollständig mit Ranken überwuchert. Plötzlich verlangsamte Margie die Fahrt, als suchte sie etwas.

»Wonach suchst du?«, fragte ihr Ehemann.

»Die Stelle, wo sie das Haus in die Luft gejagt haben.«

»Liegt das nicht in der entgegengesetzten Richtung?«, fragte er.

»Nein, es ist – ah, hier ist es«, sagte sie und hielt vor dem Grundstück, auf dem mittlerweile ein anderes Haus errichtet worden war.

Dann erwähnte Margie etwas, das ich in keinem FBI-Bericht gelesen hatte. Ihr Vater habe ihr erzählt, dass er und seine Schwester Elizabeth am Abend der Explosion geplant hätten, im Haus der Smiths zu übernachten. Cowboy habe jedoch so starke Ohrenschmerzen gehabt, dass sie zu Hause geblieben seien. »Deshalb kamen sie mit dem Leben davon«, sagte Margie. »Es war reiner Zufall.« Es dauerte eine Weile, bis ich ganz begriff. »Mein Vater musste mit dem Wissen leben, dass sein Vater versucht hatte ihn zu töten«, sagte Margie.

Wir blieben noch eine Weile im Wagen sitzen und versuchten zu begreifen, was selbst nach all den Jahren unbegreiflich schien. Schließlich legte Margie den Vorwärtsgang ein und sagte: »Warum gehen wir eigentlich nicht zu dem Tanzvergnügen zurück?«

23. Der Fall ist nicht abgeschlossen

Die Geschichte ist ein gnadenloser Richter. Sie offenbart unsere tragischen Patzer, die törichten Fehltritte und stellt unsere intimsten Geheimnisse bloß, indem sie die Macht der Rückschau ausspielt – wie ein arroganter Detektiv, der die Lösung aller Rätsel von Anfang an zu kennen scheint. Als ich die historischen Aufzeichnungen sichtete, erkannte ich, was Mollie in Bezug auf ihren Ehemann nicht erkennen konnte. (Eine Osage hatte zu mir gesagt: »Würden Sie glauben, dass jemand Sie heiratet und dann wegen Ihres Geldes Ihre Familie umbringt?«) Ich konnte sehen, dass White nicht in der Lage war, Lawsons erdichtetes Geständnis oder Hoovers finstere Motive zu durchschauen. Als ich mich intensiver mit den Osage-Morden befasste – und mich in den Sumpf der Autopsien, Zeugenaussagen und Nachlassverzeichnisse begab –, entdeckte ich in den Ermittlungen des Büros gewisse Lücken.

Nachdem Hale und seine Mitverschwörer erst einmal zu lebenslangen Haftstrafen verurteilt waren, beharrten die Behörden darauf, dass sie die schuldigen Parteien gefunden hätten. Und nachdem White den Posten in Leavenworth übernommen hatte, wurden die Fälle abgeschlossen – mit großem Triumph, obwohl das Büro Hale gar nicht mit allen vierundzwanzig Morden in Verbindung hatte bringen können. War er tatsächlich für jeden einzelnen davon verantwortlich? Wer zum Beispiel hatte den Ölmagnaten McBride in Washington verschleppt oder W. W. Vaughan aus dem fahrenden Zug geworfen?

Hale ließ seine Bluttaten von anderen ausführen, doch es gab keinerlei Beweise dafür, dass seine üblichen Handlanger – darunter Bryan Burkhart, Asa Kirby, John Ramsey und Kelsie Morrison – McBride bis in die Hauptstadt der Nation verfolgt oder mit Vaughan denselben Zug bestiegen hatten. Wer immer diese Männer auf dem Gewissen hatte, er war offenbar ungeschoren davongekommen.

Im Fall McBride fand ich keine neuen Spuren, doch als ich eines Tages in Oklahoma City recherchierte, rief ich Martha Vaughan an, eine Enkelin von W. W. Vaughan. Sie war Sozialarbeiterin und lebte in Sallisaw, Oklahoma, etwa zweihundertfünfzig Kilometer von der Hauptstadt des Staates entfernt. Sie war gern bereit, mit mir über ihren Großvater zu sprechen und sich mit mir zu treffen. »Verabreden wir uns im Skirvin Hotel«, sagte sie. »Ich möchte Ihnen eine Ahnung davon vermitteln, welche Reichtümer das Öl Oklahoma gebracht hat.«

Als ich im Hotel eintraf, wusste ich, was sie meinte. Erbaut im Jahr 1910 von dem Ölmagnaten W. B. Skirvin, galt es früher einmal als das nobelste Hotel im Südwesten. Es verfügte über einen Ballsaal, der fünfhundert Personen Platz bot, ausgestattet mit Kronleuchtern und Säulen, die aus Österreich importiert worden waren und an deren Kapitellen Bacchus-Büsten prangten, dem griechischen Gott des Weines nachgebildet. Hales Anwalt Sargent Prentiss Freeling starb – offenbar an einer Hirnblutung – in einem dieser Hotelzimmer beim Solitaire-Spiel. Im Jahr 1988, inmitten eines verheerenden Öl-Abschwungs, machte das Hotel dicht und blieb jahrelang geschlossen. Fast zwei Jahrzehnte später jedoch – und nach einer fünfundfünfzig Millionen Dollar teuren Renovierung – wurde es als Teil der Hilton-Kette neu eröffnet.

Ich wartete auf Martha in der Lobby, immer noch mit dem gewölbten Holzeingang und den Bacchus-Figuren, die von der Decke auf einen herabschauen. Als Martha eintraf, war sie in Begleitung ihres Vetters Melville Vaughan, einem Biologieprofessor an der University of Central Oklahoma. »Er weiß eine Menge über Großvater Vaughan«, sagte Martha.

Melville hatte zwei dicke Aktenordner dabei. Wir setzten uns an die Bar, und er legte sie vor mich hin. Sie waren angefüllt mit Recherchematerial zum Mord an W.W. Vaughan, das die Familie über die Jahrzehnte wie besessen gesammelt hatte. In den Ordnern fanden sich vergilbte Zeitungsausschnitte (»Nackte Leiche von Mann aus Pawhuska gefunden«[1]), Vaughans Totenschein und die Aussage eines Informanten gegenüber dem FBI, dass Vaughan kurz vor seiner Ermordung erwähnt habe, er verfüge nun über »ausreichend Beweismaterial, um Bill Hale auf den elektrischen Stuhl zu bringen«.[2]

Martha und Melville sagten, Vaughans Witwe, Rosa, habe auf einmal mit zehn hungrigen Kindern und ohne Einkommen dagestanden. Sie mussten von ihrem zweigeschossigen Haus in eine Lagergarage umziehen. »Sie hatten nicht einmal genug Geld, um etwas zu essen zu kaufen«, sagte Martha. »Die Osage legten zusammen und halfen der Familie über die Runden.« Einige von Vaughans Kindern, darunter auch Marthas Vater, lebten später bei Osage-Familien, wo sie deren Sprache und traditionelle Tänze lernten. »Unter den Osage fühlte sich mein Vater sicher«, erzählte Martha.

Viele Mitglieder ihrer Familie glaubten zwar, dass Hale veranlasst habe, Vaughan zum Schweigen zu bringen, sagte sie. Doch vermuteten sie auch, dass noch mehr hinter dem Mord stecke. Sie fragten sich, wer der Täter sei, und wie der Mord hatte ausgeführt werden können. Wurde Vaughan getötet, bevor man ihn aus dem Zug warf, oder kam er durch den Sturz ums Leben? Jemand mit Einfluss hatte dafür gesorgt, dass die Ermittlungen im Sand verliefen – als Todesursache wurde »unbekannt« angegeben.

Eine Weile diskutierten wir die Elemente des Falles. Melville erklärte, Vaughan sei groß und stark gewesen, was bedeute, dass der Täter über erhebliche körperliche Kraft verfügt oder Helfer gehabt haben müsse. Vaughan, so erinnerte ich mich, hatte zu seiner Frau gesagt, dass er Beweise zu den Mordfällen und Geld für die Familie in einem Geheimversteck aufbewahre. Ich fragte Melville und Martha, wie der Mörder dieses Versteck gefunden haben könne. Martha sagte, es gebe nur zwei Möglichkeiten: Entweder habe der Mörder die Information aus Vaughan herausgepresst, bevor er ihn aus dem Zug geworfen habe, oder der Killer sei jemand gewesen, dem Vaughan so sehr vertraut habe, dass er ihm das Versteck verraten habe.

Melville sagte, nachdem Hale inhaftiert worden sei, habe ein Verwandter versucht, weiter in dem Fall zu ermitteln, jedoch eine anonyme Drohung erhalten, dass sie allesamt so enden würden wie W.W. Vaughan, wenn er und die Familie weitere Nachforschungen anstellten. Danach gab die Familie auf. Martha sagte: »Ich erinnere mich, wie ich einmal mit meinem ältesten Onkel gesprochen habe; meine Schwester und ich waren kurz vor seinem Tod bei ihm zu Besuch. Wir sagten: ›Wer hat Großvater Vaughan das angetan?‹ Er erwähnte die Warnung an die Familie und riet uns, nicht weiter zu fragen. Er hatte immer noch Angst.«

Ich fragte, ob Rosa oder sonst jemand aus der Familie jemals mögliche Verdächtige außer Hale erwähnt habe. Nein, sagte Martha. Es gebe jedoch einen Mann, der nach Großvater Vaughans Tod Geld aus dessen Nachlass unterschlagen habe, woraufhin er von Rosa zivilrechtlich verklagt worden sei. Ich fragte nach dem Namen des Mannes. »Irgendwas mit Burt«, antwortete Martha.

»Ja, H. G. Burt«, sagte Melville. »Er war Bankdirektor.«

Ich schrieb den Namen in mein Notizbuch. Als ich wieder aufsah, bemerkte ich die Anspannung in ihrem Blick. Plötzlich fürchtete ich, falsche Hoffnungen geweckt zu haben. »Es ist lange her«, sagte ich. »Aber ich will sehen, was sich herausfinden lässt.«

* * *

Der südwestliche Zweig des US-Nationalarchivs befindet sich in einem Lagerhaus in Fort Worth, Texas, das größer ist als die meisten Flugzeughangars. Darin befinden sich fast dreitausend Kubikmeter Akten, die bei kontrollierter Luftfeuchtigkeit in fünf Meter hohen Regalen gelagert werden. Sie umfassen Prozessabschriften der US-Bezirksgerichte von Oklahoma (1907–1969), Aufzeichnungen über den Hurrikan in Galveston im Jahr 1900, Material über das Attentat auf John F. Kennedy, Dokumente über die Sklaverei und die Phase nach dem Sezessionskrieg sowie Berichte aus zahlreichen Zweigstellen des Indianerbüros. Das Archiv zeugt von dem menschlichen Bestreben, jede Tat und jede Anweisung zu dokumentieren, um das Chaos aus Hungersnöten, Epidemien, Naturkatastrophen, Verbrechen und Kriegen mit einem Schleier administrativer Ordnung zu verhüllen. In diesen umfangreichen Akten hoffte ich, einen Hinweis im Mordfall W. W. Vaughan zu finden.

Ich hatte bereits Gerichtsakten über die Klage durchgesehen, die Rosa Vaughan gegen H. G. Burt eingereicht hatte. Auf den ersten Blick wirkte der 1923 begonnene Disput banal. Vaughan und Burt, Vorsitzender einer Bank in Pawhuska, galten als gut befreundet, und Vaughan hatte Burt lange Zeit anwaltlich vertreten. Rosa zufolge schuldete Burt ihrem verstorbenen Ehemann zehntausend Dollar, die sie nun wiederhaben wollte.

Der Teufel steckt bekanntlich im Detail. Nachdem ich mich näher mit der Angelegenheit befasst hatte, stellte ich fest, dass die strittige Summe mit einem anderen Opfer der Schreckensherrschaft in Verbindung stand: George Bigheart. Vaughan war auch Bighearts Anwalt gewesen. Bevor Bigheart Vaughan wichtige Informationen über die Morde anvertraut hatte – und bevor er im Krankenhaus in Oklahoma City infolge einer mutmaßlichen Vergiftung gestorben war –, hatte er bei den Behörden eine »Kompetenzbescheinigung« beantragt. Mit diesem Dokument hätte er seitens der Regierung keinen Vormund mehr zugewiesen bekommen und seine Zahlungen aus den Headrights nach eigenem Belieben ausgeben können. Vaughan hatte ihm erfolgreich bei der Antragstellung geholfen. Dafür, sowie für weitere anwaltliche Dienstleistungen, hatte ihm Bigheart die Summe von zehntausend Dollar zahlen wollen – fast hundertvierzigtausend Dollar in heutigem Geld. Irgendwie jedoch musste Burt an das Geld gelangt sein. Und nur wenige Tage später waren sowohl Bigheart als auch Vaughan tot gewesen.

Rosa Vaughans Klage gegen Burt, der von einer der Anwaltskanzleien vertreten wurde, die Hale im Mordprozess vertreten hatten, wurde von dem staatlichen Gericht zunächst abgewiesen. Martha hatte mir erzählt, die Familie sei sicher, dass man die Geschworenen bestochen habe. Im Rahmen einer Revision vor dem Obersten Gerichtshof Oklahomas wurde die Entscheidung schließlich gekippt und Burt dazu verurteilt, fünftausend Dollar plus Zinsen an Rosa Vaughan zu zahlen. »Was für ein Mensch versucht, eine mittellose Witwe mit zehn Kindern zu bestehlen?«, hatte Martha zu mir gesagt.

Durch das Studium zahlreicher Akten des Nationalarchivs sowie Informationen aus anderen Quellen gelang es mir, ein genaueres Bild von Burt zusammenzusetzen. Im Jahr 1874 war er als Sohn eines Farmers in Missouri geboren worden. Aus Volkszählungsdaten geht hervor, dass er 1910 in Pawhuska gelebt hat, einer der Legionen von habgierigen, träumenden, verzweifelten Siedlern. Er eröffnete ein Ladengeschäft und wurde später Direktor einer Bank. Eine Fotografie von 1926 zeigt ihn im selben Stil gekleidet wie Hale, mit schickem Anzug und Hut – ein zugereister Bauernsohn, der sich zu einem angesehenen Geschäftsmann gemausert hatte.

Ein Großteil seines Wohlstandes stammte jedoch aus dem zutiefst verdorbenen »Indianergeschäft« – dem Betrug an Osage-Millionären. Aus Gerichtsaufzeichnungen geht hervor, dass Burt gezielt Kredite an die Osage vergab. Bei einer Anhörung vor einer gemeinsamen Untersuchungskommission des Kongresses zur Ermittlung in Indianerangelegenheiten sagte ein Stammesanwalt, Burt borge Geld von anderen Weißen und verleihe es dann zu astronomischen Zinssätzen an die Osage. »Mr. Burt ist einer der Männer, von denen ich sage und weiß, dass sie in Pawhuska die Strippen ziehen«, sagte der Anwalt aus.[3] »Er erzählte mir, er zahle für dieses Geld nur sechs Prozent Zinsen und könne eine ganze Menge mehr damit verdienen, wenn er es an die Osage weiterverleihe.« Dann fuhr er fort: »Er bekommt das Geld also zu sechs Prozent und kann dafür – ich wage kaum zu raten, wie viel – aber wahrscheinlich irgendwo zwischen zehn und fünfzig Prozent verlangen.«

Um die Schröpfung der Osage zu vertuschen, wandte Burt bizarre buchhalterische Methoden an. Bei einer erbrechtlichen Verhandlung nach dem Tod von George Bigheart äußerte ein Anwalt seine Verwirrung darüber, dass angeblich von Burts Bank an die Osage vergebene Kredite von Burts Privatkonto abgegangen waren. Burt beharrte darauf, er habe »niemals Geschäfte getätigt, die ich hätte verschleiern müssen«.

»Das war nicht persönlich gemeint, Mr. Burt, aber es ist doch ein wenig ungewöhnlich.«

»Es ist so, wie ich es immer gemacht habe.«

Im Archiv in Fort Worth fand ich Akten aus dem Büro des für den westlichen Distrikt Oklahomas zuständigen US-Attorneys, die sich mit den Morden an den Osage befassten. Sie enthielten etwas, das ich noch nirgendwo zuvor gesehen hatte: die geheimen Zeugenaussagen des Großen Geschworenengerichts, das 1926 die Morde an den Osage untersuchte. Unter den Zeugen, die eine Aussage machten, waren viele der Hauptakteure des Falles, etwa Ernest Burkhart und Dick Gregg. Eine Aussage von Burt war nicht erwähnt. Der Lebensversicherungsmakler jedoch, der die Police für Henry Roan ausgestellt hatte, in der Hale als Begünstigter genannt wurde, sagte aus, dass Burt ihm noch einen anderen Indianer als Ziel eines Versicherungsbetruges empfohlen habe.

Später fand ich unter den Tausenden von Seiten an Berichten, die das Bureau of Investigation über die Morde zusammengetragen hatte, zwei weitere Verweise auf Burt. Der erste war der Bericht eines Agenten über ein Gespräch mit einem vertrauenswürdigen Informanten, der angedeutet habe, dass Burt und Hale »sehr enge« Verbündete seien.[4] Des Weiteren sagte der Informant, Hale und Burt hätten sich die von Bigheart erhaltene »Kohle geteilt« – also die Geldsumme.[5] Aus dem Bericht ging zwar nicht genau hervor, um welchen Betrag es sich handelte, doch das Büro hatte immerhin vermerkt, dass Hale nach Bighearts Tod unter Vorlage eines gefälschten Schuldscheins erfolgreich die Summe von sechstausend Dollar aus dessen Nachlass gefordert habe. Vielleicht umfasste »die Kohle« aber auch die zehntausend Dollar, die Burt an sich zu bringen versucht hatte.

Im Gegensatz zu den unschätzbaren Summen aus den

Headrights von Mollies ermordeten Familienangehörigen – oder den fünfundzwanzigtausend Dollar aus Roans Lebensversicherung – stellte jedoch keine dieser Summen ein ernst zu nehmendes Mordmotiv dar, insbesondere dann nicht, wenn man sie aufteilte. Dies könnte erklären, warum das Justizministerium Hale nie wegen des Mordes an Bigheart vor Gericht brachte und auch Burt nicht weiter strafrechtlich verfolgte. Dennoch war offenkundig, dass White und seine Männer einen starken Verdacht gegen Burt hegten. In einem zweiten Bericht, den ich unter den Akten des Büros fand, bezeichneten die Agenten Burt als »Mörder«.[6]

* * *

Einige Tage verbrachte ich in dem Archiv und suchte nach einem finanziellen Anreiz für den Mord an Bigheart. Ich wühlte mich durch Nachlassakten, um zu sehen, wer von seinem Tod profitiert haben könnte. In einer E-Mail hatte mir Martha geschrieben: »Wie Ol' Pappy immer sagte: ›Man braucht nur dem Geld zu folgen.‹« Es gab keinen Hinweis darauf, dass Hale oder Burt oder ein anderer Weißer Bighearts Vermögen geerbt hätte, das seiner Frau und seiner kleinen Tochter zugefallen war. Bighearts Tochter hatte jedoch einen Vormund, und dieser Mann musste Verfügungsgewalt über das Geld gehabt haben. Ich blätterte die Aufzeichnungen durch, bis ich auf den Namen des Vormundes stieß: H. G. Burt.

Ich spürte, wie sich mein Puls beschleunigte, als ich die Fakten überflog. Schließlich wusste ich, dass Burt ein enger Verbündeter Hales und in die systematische Ausbeutung der Osage verwickelt gewesen war. Ich wusste ebenso, dass Burt Zugang zu Bighearts Vermögen erlangt hatte, indem er Vormund von dessen Tochter geworden war. Aus Regierungsberichten wusste ich darüber hinaus, dass Burt auch der Vormund mehrerer anderer Osage gewesen war, von denen einer gestorben war. Ich wusste, dass Burt etwa um die Zeit bei Bigheart gewesen war, als dieser seiner offensichtlichen Vergiftung erlegen war. Ein örtlicher Gesetzeshüter hatte vermerkt, dass sowohl Hale als auch Burt Bigheart kurz vor dessen Tod besucht hatten. Und ich wusste außerdem, dass das Büro Burt für einen Mörder hielt.

Zudem brachten andere Beweise Burt mit einem Verbrechen in Verbindung. Gerichtsunterlagen zeigten, dass Burt Geld gestohlen hatte, welches Bigheart für Vaughan vorgesehen hatte, obwohl Burt behauptete, eng mit Vaughan befreundet zu sein. Vielleicht hatte Vaughan, der nichts von den Machenschaften seines Freundes ahnte, ihm gegenüber erwähnt, in welchem Fall er ermittelte, und den Ort des Geheimverstecks preisgegeben, wo sich sein Geld und die Beweise befanden. Als Vaughan dann Bigheart an dessen Totenbett besuchte, hatte dieser vielleicht nicht nur Hale, sondern auch Burt als Mittäter in den Mordfällen belastet.

Dennoch fußte die Theorie von Burts Verstrickung in die Morde an Bigheart und Vaughan lediglich auf Indizien. Ich wusste nicht einmal, wer bei Vaughan gewesen war, als man ihn aus dem Zug geworfen hatte. Dann stieß ich bei Recherchen in alten Zeitungen im *Pawhuska Daily Capital* auf einen Artikel über Vaughans Beerdigung. Etwa nach der Hälfte des Textes war erwähnt worden, dass Burt zusammen mit Vaughan in Oklahoma City den Zug bestiegen habe und an Bord gewesen sei, als Vaughan aus seiner Schlafkoje verschwunden sei. Einem anderen Beitrag in derselben Zeitung zufolge war es sogar Burt gewesen, der Vaughans Verschwinden gemeldet hatte.

Bevor ich das Nationalarchiv in Fort Worth verließ, entdeckte ich dort einen Ordner, in dem sich ein Interview mit einem Informanten des Büros befand, der Hale gut gekannt und in den anderen Mordfällen entscheidende Beweise gegen ihn geliefert hatte. Dieser Informant wurde gefragt, ob er etwas über den Mord an Vaughan wisse.

»Ja«, entgegnete er. »Ich glaube, das ist Herb Burt gewesen.«[7]

* * *

Mir war durchaus bewusst, wie unfair es war, einen Mann grausiger Verbrechen zu bezichtigen, wenn er keine Fragen beantworten und sich nicht selbst verteidigen konnte. Als ich Martha anrief, um ihr von meinen Erkenntnissen zu berichten, unterstrich ich die engen Schranken dessen, was man als gesichert bezeichnen konnte. Dann berichtete ich ihr von meinen Recherchen. Ich erwähnte dabei auch, dass ich in einer Bibliothek in New Mexico Notizen zu einem unveröffentlichten Interview mit dem Marshall von Fairfax aufgestöbert hatte, der in den Osage-Morden ermittelt hatte. Dieser hatte angedeutet, dass Burt etwas mit Vaughans Tod zu tun habe und der Bürgermeister einer Boomtown – ein harter Kerl – Burt geholfen habe, Vaughan aus dem Zug zu stoßen. Daneben hatte der Marshall berichtet, dass sich Burt 1925 während der FBI-Ermittlungen in den Mordfällen in solchen Angstzuständen befunden habe, dass er in Betracht gezogen habe zu fliehen. Tatsächlich war er in jenem Jahr unvermittelt nach Kansas gezogen. Als ich mit sämtlichen Einzelheiten fertig war, verstummte Martha. Dann schluchzte sie leise.

»Tut mir leid«, sagte ich.

»Nein, es ist eine Erleichterung. Das hat meine Familie schon so lange belastet.«

Während meiner Recherchen zu der Mordserie kam es mir oft so vor, als hastete ich einer Geschichte hinterher, die mir entglitt. Nicht lange nach unserem Gespräch erfuhr ich, dass Martha an Herzversagen gestorben war. Sie war erst fünfundsechzig Jahre alt gewesen. Ein tieftrauriger Melville sagte zu mir: »Wir haben ein weiteres Bindeglied zur Vergangenheit verloren.«

24. Zwischen zwei Welten

An einem Abend im Mai 2013 sollte im Constantine Theater in Pawhuska eigentlich die Videoaufzeichnung einer Aufführung des Osage-Balletts *Wahzhazhe* gezeigt werden. Die Osage stehen schon seit Langem mit der Welt des klassischen Balletts in Verbindung und haben zwei der größten Ballerinen hervorgebracht, die Schwestern Maria und Marjorie Tallchief. Maria, die als erste wichtige Primaballerina Amerikas gilt, wurde 1925 in Fairfax geboren. In ihrer Autobiografie erinnerte sie sich an den Ölboom und stellte fest, dass ihrem Vater, einem Osage, die ganze Stadt zu gehören schien: »Überall hatte er Immobilien. Das örtliche Kino an der Main Street und der Billardsalon gegenüber gehörten ihm. Unser Backsteinhaus mit zehn Zimmern stand oben auf einem Hügel, von dem aus man das Reservat überblicken konnte.«[1] Sie erinnerte sich außerdem daran, dass ein Haus in der Nachbarschaft »einem Brandbombenanschlag zum Opfer fiel und alle Bewohner umkamen, ermordet wegen ihrer Headrights«.

Wahzhazhe zeichnete die bewegte Geschichte der Osage nach, darunter auch die Phase der Schreckensherrschaft. *Wahzhazhe* bedeutet »Osage«. Ich war gespannt auf das Stück, auch wenn es nur eine Aufzeichnung war. Ich kaufte ein Ticket und begab mich ins Pawhuska Theater, auf dessen samtenen Sitzen einst auch Mollie und Ernest Burkhart gesessen hatten, und wo sich bei schlechtem Wetter die Ölbarone zu Auktionen versammelt hatten. Anfang der 1980er-Jahre stand das Haus kurz vor dem Abriss, doch eine Gruppe örtlicher Bürger renovierte es ehrenamtlich, beseitigte Spinnweben und Ungeziefer, polierte die Messingplaketten an der Eingangstür und befreite den Fußboden im Eingangsbereich von seinen vielen Schmutzschichten, unter denen schließlich ein sternförmiges Mosaik zum Vorschein kam.

Der Saal war voll. Ich fand meinen Platz, das Licht wurde gedämpft und der Film begann. Im Vorspann war Folgendes zu lesen: »Frühe Missionare beschrieben die Osage häufig als ›die glücklichsten Menschen der Welt‹ … Sie fühlten sich frei, weil sie nichts besaßen und von nichts besessen wurden. Doch die Nation der Osage stand der wirtschaftlichen Dynamik der europäischen Welt im Wege … und das Leben, das sie einst gekannt hatten, sollte nie wieder dasselbe sein.« Weiter hieß es: »Heute sind unsere Herzen zwischen zwei Welten geteilt. Wir leben in einer überwiegend nichtindianischen Gesellschaft, in der wir unsere Kultur und unsere Traditionen zu bewahren versuchen. Unsere Geschichte, unsere Kultur, unser Herz und unsere Heimat werden es immer sein, die Beine über die Prärie zu strecken, im Morgenlicht Lieder zu singen und unsere Füße zum steten Schlag der Trommel auf die Erde zu setzen. Wir bewegen uns in zwei Welten.«

Das Ballett stellte diese beiden Welten anschaulich dar. Es zeigte die Osage von der Zeit, als sie über die Prärie streiften, über die ersten Begegnungen mit europäischen Entdeckern und Missionaren bis hin zum schwarzen Goldrausch. An einer Stelle traten als Flapper[2] gekleidete Tänzerinnen auf, die zu jazziger Musik wild über die Bretter wirbelten. Plötzlich wurden sie vom Donner einer Explosion unterbrochen. Musik und Tanz nahmen einen klagenden Charakter an, als die mörderische Schreckensherrschaft mittels einer Reihe von Begräb-

Das Gerichtsgebäude, in dem der Prozess gegen Ernest Burkhart stattfand, thront heute noch über Pawhuska.

nistänzen erzählt wurde. Einer der Trauernden, der Hale darstellte, trug eine Maske, um sein böses Gesicht zu verbergen.

Eine nachfolgende Szene handelte vom Beitrag der Osage zu den militärischen Aktivitäten der Vereinigten Staaten: Das Stammesmitglied Clarence Leonard Tinker war der erste amerikanische Ureinwohner, der den Rang eines Generalmajors erreichte. Er starb, als sein Flugzeug im Zweiten Weltkrieg über dem Meer abstürzte. Zu meiner Überraschung betrat nun eine vertraute Gestalt die Bühne: Es war Margie Burkhart, die in dem Stück einen kurzen, nicht tänzerischen Auftritt als Mutter eines in den Krieg ziehenden Soldaten hatte. Anmutig bewegte sie sich über die Bühne. Um die Schultern trug sie eine Stola, wie einst Mollie ihre indianische Decke getragen hatte.

Als die Aufführung zu Ende war, blieben viele Zuschauer

noch im Saal. Margie konnte ich darunter nicht entdecken, doch erzählte sie mir später, es sei für sie wie »ein Schlag in die Magengrube« gewesen, als sie die Darstellung der Schreckensherrschaft zum ersten Mal gesehen habe. Sie fügte hinzu: »Ich hatte nicht geglaubt, dass es mich so stark treffen würde, aber das tat es. Es war sehr emotional.« Im Publikum begegnete ich der Museumsdirektorin Kathryn Red Corn. Sie fragte mich, wie ich mit meinen Recherchen vorankäme. Als ich auf die mutmaßliche Beteiligung Burts zu sprechen kam, der öffentlich nie mit den Morden in Verbindung gebracht worden war, zeigte sie sich etwas überrascht und sagte, ich solle am nächsten Morgen zu ihr ins Museum kommen.

Als ich eintraf, saß sie gerade in ihrem Büro am Schreibtisch, umgeben von Artefakten. »Sehen Sie sich das mal an«, sagte sie und reichte mir die Kopie eines brüchigen alten Briefes. Er war in sauberer Handschrift abgefasst und auf den 27. November 1931 datiert. »Sehen Sie sich die Unterschrift an«, forderte Red Corn mich auf. Der Name lautete: »W. K. Hale.«

Sie erklärte, dass Hale den Brief aus dem Gefängnis an ein Stammesmitglied geschickt und ein Nachfahre ihn unlängst dem Museum gestiftet habe. Als ich den Brief überflog, verblüffte mich dessen heiterer Ton. Hale schrieb: »Mir geht es gesundheitlich blendend. Ich wiege 185 Pfund. Ich habe kein einziges graues Haar.«[3] Wenn man ihn aus der Haft entlasse, sagte er, hoffe er, ins Reservat zurückkehren zu können. »Ich würde lieber in Gray Horse als irgendwo anders auf der Welt leben.« Dann betonte er: »Ich werde stets ein treuer Freund der Osage sein.«

Red Corn schüttelte den Kopf. »Ist das zu fassen?«, fragte sie. Ich nahm an, dass sie mich ins Museum eingeladen hatte, um mir diesen Brief zu zeigen, doch bald stellte ich fest, dass es noch einen anderen Grund gab. »Ich dachte, dies könnte der richtige Zeitpunkt sein, um Ihnen die bereits erwähnte Geschichte über meinen Großvater zu erzählen«, sagte sie. Sie erklärte, dass dieser nach der Scheidung ihrer Großeltern eine weiße Frau geheiratet habe. Im Jahr 1931 sei ihm der Verdacht gekommen, dass ihn jemand vergiftete – seine zweite Ehefrau. Als Verwandte ihn zu Hause besuchten, sei er besorgt gewesen, erinnerte sich Red Corn. Er habe ihnen geraten: »Esst und trinkt nichts in diesem Haus.« Nicht lange darauf starb Red Corns Großvater; er war vierundsechzig Jahre alt. »Bis dahin hatte er sich bester Gesundheit erfreut«, sagte Red Corn. »Alles war in Ordnung mit ihm. Seine Frau machte sich mit einem großen Teil des Geldes aus dem Staub.« Die Familie sei überzeugt gewesen, dass man ihn vergiftet habe, doch sei der Fall nie untersucht worden: »Damals wurden solche Dinge von allen vertuscht. Von den Bestattern, den Ärzten und der Polizei.«

Red Corn wusste nicht mehr als diese bruchstückhaften Einzelheiten, die Verwandte ihr erzählt hatten, und hoffte, dass ich nun Licht in den Fall um den Tod ihres Großvaters bringen könnte. Nach einer langen Pause sagte sie: »Es gab während der Schreckensherrschaft viel mehr Morde, als die Menschen wissen. *Viel* mehr.«

* * *

Während der Jahre, in denen ich die Morde an den Osage recherchierte, verwandelte sich mein kleines New Yorker Büro in ein gruseliges Archiv. Auf Böden und in Regalen stapelten sich Tausende Seiten FBI-Dokumente, Autopsieberichte, Testamente und letzte Zeugenaussagen, Tatortfotografien, Verfahrensabschriften, Analysen gefälschter Dokumente, Fingerabdrücke, Studien über Ballistik und Sprengstoffe, Kontoauszüge, Augenzeugenberichte, Geständnisse, abgefangene Knastbotschaften, Zeugenaussagen vor dem Großen Geschworenengericht, Aufzeichnungen von Privatdetektiven und Polizeifotos. Wann immer ich ein neues Dokument bekam, etwa eine Kopie des Briefes von Hale, den mir Red Corn gezeigt hatte, kennzeichnete ich es und legte es auf einen Stapel (meine erbärmliche Version des Hoover'schen Ablagesystems). Obwohl das Material bedrückend war, gab mir jede neue Entdeckung ein wenig Hoffnung, dass es mir vielleicht gelingen könnte, die Lücken in den historischen Aufzeichnungen zu füllen – jene Leerräume, wo keine dokumentierten Zeugenaussagen oder sonstigen Stimmen zu existieren schienen, nur Grabesstille.

Der Fall von Red Corns Großvater war eine dieser Lücken. Da der Tod nicht polizeilich untersucht worden und die Hauptakteure alle verstorben waren, fand ich keinerlei Hinweise, denen ich hätte nachgehen können. Praktisch sämtliche

Spuren vom Leben und Sterben des Großvaters – von Leidenschaft, Aufruhr und möglicherweise brutaler Gewalt – schienen ausgelöscht.

Die Unterhaltung mit Red Corn veranlasste mich jedoch, den vielleicht rätselhaftesten aller Osage-Morde genauer zu untersuchen – den Fall von Charles Whitehorn. Die Tat, die alle Kennzeichen eines von Hale gelenkten Auftragsmordes trug, ereignete sich im Mai 1921 – also zur selben Zeit wie der Mord an Anna Brown. Es war der Beginn der vier Jahre währenden Schreckensherrschaft. Doch war niemals ein Hinweis aufgetaucht, der Hale und seine Schergen mit dem Mord an Whitehorn in Verbindung gebracht hätte.

Obwohl der Fall nie aufgeklärt worden war, hatte er ursprünglich im Fokus der Ermittlungen gestanden. Als ich nach New York zurückkehrte, stellte ich Beweismaterial über das

Tatortfoto von Blackie Thompson, der 1934 nach seiner Flucht aus dem Gefängnis niedergeschossen wurde.

Verbrechen zusammen. In einem der schwankenden Aktenstapel in meinem Büro fand ich die Aufzeichnungen der Privatdetektive, die Whitehorns Erben nach dessen Tod beauftragt hatten. Ihre Berichte lasen sich wie aus einem Groschenroman herausgerissen, mit Zeilen wie: »Dieser Stoff stammt aus einer verlässlichen Quelle.«[4]

Während ich die Berichte durchlas, notierte ich mir folgende wichtige Einzelheiten:

Whitehorn letztmalig lebend gesehen in Pawhuska am 14. Mai 1921. Zeuge sah ihn um 8:00 Uhr vor dem Constantine Theater.

Leiche zwei Wochen später gefunden – auf einem Hügel etwa anderthalb Kilometer vom Stadtzentrum Pawhuska entfernt.

Bestatter gibt an: »Lage der Leiche deutet darauf hin, dass er in diese Position fiel und nicht dorthin gebracht wurde.«

Waffe: ein .32er Revolver. Zwei Schüsse zwischen die Augen. Professioneller Auftragsmord?

In den Berichten stand, der Anwalt Vaughan habe den Privatdetektiven bereitwillig geholfen. »Vaughan ist mit den Indianern gut vertraut und sagte, sein aufrichtiges Interesse an dem Fall sei es… die schuldige Partei zur Rechenschaft zu ziehen«, schrieb ein Privatdetektiv.[5] Weder die Privatdetektive noch Vaughan konnten ahnen, dass Vaughan selbst einmal zum Ziel werden würde – dass zwei Jahre später auch er ermordet würde. Ich konnte verstehen, dass sie nicht sahen, was sie nicht sehen konnten.

Comstock – der Anwalt und Vormund, der sich entgegen

Hoovers ursprünglichem Verdacht als vertrauenswürdig erwiesen hatte – hatte ebenfalls versucht, den Privatdetektiven bei ihren Mordermittlungen zu helfen. »Mr. Comstock hatte ein paar Informationen bekommen«, schrieb ein Privatdetektiv. Comstock habe am 14. Mai gemeldet, dass ein unbekannter Mann auf jenem Hügel versteckt gesehen worden sei, wo später Whitehorns Leiche gefunden wurde.[6]

Da der Fall Whitehorn offiziell ungelöst war, erwartete ich, dass die Spuren im Sand verlaufen würden. Tatsächlich aber waren diese Berichte von beeindruckender Klarheit. Basierend auf Hinweisen von Informanten und Indizien, stellten die Privatdetektive eine äußerst schlüssige Theorie über die Tat auf. Nach Whitehorns Tod hatte seine Witwe Hattie, die halb Weiße, halb Cheyenne war, einen skrupellosen weißen Mann namens LeRoy Smitherman geheiratet. Die Privatdetektive erfuhren, dass die Hochzeit von Minnie Savage arrangiert worden war – einer, wie ein Ermittler es formulierte, »gerissenen, unmoralischen, zu allem fähigen Frau«, die eine Pension in Pawhuska betrieb.[7] Die Detektive vermuteten, dass sie und Smitherman, ebenso wie die anderen Verschwörer, Whitehorns Ermordung geplant hatten, um an seine Landrechte und sein Vermögen zu kommen. Mit der Zeit kamen viele Ermittler zu der Überzeugung, dass Hattie Whitehorn, die nach dem Tod ihres Ehemanns rasch einen Teil von dessen Vermögen ausgab, ebenfalls eine Mittäterin war. Ein Informant berichtete einem Detektiv, es gebe keinerlei Zweifel daran, dass Hattie Whitehorn »eine treibende Kraft im Mordfall Charley Whitehorn« sei.[8]

In Savages Pension wurde ein Geheimagent postiert. »Er konnte mithören, was am Telefon gesprochen wurde«, schrieb ein anderer Detektiv in seinem Bericht und fuhr fort, dass der Geheimagent »seine Sache gut machen, aber ein wenig Anleitung brauchen wird«.[9] Derweil wurde Minnie Savage für die Ermittler zu einer ergiebigen Informationsquelle. Sie ließ durchblicken, dass sie die mutmaßliche Tatwaffe gesehen habe: »Minnie machte das Bett, die Waffe lag unter dem Kopfkissen, und Minnie ergriff sie … Es war eine ziemlich große Pistole in dunkler Farbe.«[10] Trotz alledem gelang es den Privatdetektiven aus irgendeinem Grund nicht, genügend Beweismaterial zu sammeln, um einen der Verdächtigen anzuklagen. Vielleicht wurden die Detektive aber auch einfach gekauft.

Als die ersten Bundesagenten des Bureau of Investigation 1923 mit der Untersuchung des Falles begannen, kamen auch sie zu dem Schluss, dass Savage, Smitherman und Hattie Whitehorn für den Mord verantwortlich waren. Ein Agent schrieb: »Aus den bislang gesammelten Beweisen« ergebe sich, dass »Hattie Whitehorn seine Ermordung veranlasste, um an seinen Nachlass zu gelangen«.[11] Hattie stritt jede Beteiligung an dem Verbrechen ab, sagte jedoch zu einem Agenten: »Ich bin so schlau wie Sie. Man hat mich vor Ihnen gewarnt.« Und sie fuhr fort: »Sie versuchen sich mein Vertrauen zu erschleichen, aber ich sage Ihnen, dass Sie mich auf den elektrischen Stuhl bringen wollen.«[12]

Inzwischen hatte der Fall mehrere besorgniserregende Wendungen genommen. Hatties neuer Ehemann, Smitherman, war außer Landes nach Mexiko geflohen und hatte einen Teil ihres Geldes sowie ihr Auto mitgenommen. Dann drängte sich ein Mann namens J. J. Faulkner – den ein Agent als »prinzipienlosen, heuchlerischen Gauner« bezeichnete[13] – in Hatties Leben. Er belästigte sie mit Erpresserbriefen, da er offensichtlich über ihre Rolle in dem Mordfall Bescheid wusste. (Jemand hörte, wie eine von Hatties Schwestern Faulkner anschrie, er sei ein Hundesohn und solle aufhören, Hattie zu erpressen; Faulkner gab zurück, er wisse alles über Hattie und den Mord, und sie sollten besser aufpassen, wie sie mit ihm redeten.) In einem Bericht notierten Agent Burger und ein Kollege: »Wir sind fest davon überzeugt, dass Faulkner von Hattie eine Art Geständnis erschwindelt hat und dies nun dazu nutzt, sie nach seinem Belieben zu Handlungen zu zwingen, und dass es sein Ziel ist … im Falle ihres Todes Kontrolle über ihren Besitz zu erlangen und Geld von ihr zu bekommen, solange sie lebt.«[14]

Es dauerte nicht lange, da wurde Hattie unheilbar krank. Agenten stellten fest, sie erwecke den Eindruck, »als könnte sie jeden Moment sterben«.[15] Bemerkenswerterweise äußerte keiner der Agenten Misstrauen hinsichtlich der Natur ihrer Erkrankung, obwohl während der Schreckensherrschaft so viele Opfer vergiftet worden waren. Faulkner hatte eine Frau, und diese teilte den Agenten mit, er »weigert sich, Hatties Einlieferung ins Krankenhaus zu gestatten … damit sie seinem Einfluss nicht entzogen wird«. Hatties Schwestern sagten, Faulkner habe begonnen, Hattie Geld zu stehlen, als diese »unter dem Einfluss eines Betäubungsmittels stand«.[16] Schließlich gelang es den Schwestern, Hattie ins Krankenhaus einzuliefern.

Die Agenten, die mit ihrem baldigen Tod rechneten, versuchten sie zu einem Geständnis zu bewegen. In einem Bericht hieß es, sie habe Comstock gegenüber zugegeben, dass »sie die Fakten kennt und nie gesagt hat, was sie weiß«, und dass »sie – vermutlich Minnie Savage und andere Verschwörer – Hattie wegschickten, als Whitehorn ermordet wurde«.[17] Hattie enthüllte jedoch keine weiteren Tatsachen. Es war kaum verwunderlich, dass sie sich von ihrer rätselhaften Krankheit erholte, nachdem man sie Faulkners Einfluss entzogen hatte.

Als Tom White 1925 auftauchte, um mit seinen Ermittlungen zu beginnen, hatte das Büro den Fall Whitehorn praktisch zu den Akten gelegt. Agent Burger schrieb herablassend, es handele sich um einen »isolierten Mord«, der mit den systematischen Tötungen nicht in Verbindung stehe.[18] Der Fall passte nicht in die dramatische Theorie des Büros über die Morde – dass ein einzelner Drahtzieher für sämtliche Tötungsdelikte verantwortlich war und der Fall der Osage-Morde gelöst war, sobald Hale und seine Schergen hinter Schloss und Riegel saßen. Rückblickend aber war genau die Tatsache, dass Hale offenbar keine Rolle in der Whitehorn-Verschwörung gespielt hatte, der Grund dafür, warum der Mord so wichtig war. Wie der rätselhafte Tod von Red Corns Großvater enthüllte auch das Komplott gegen Whitehorn – und das fehlgeschlagene Komplott gegen seine Frau – die geheime Geschichte der Schreckensherrschaft: Hales Bosheit war keine Ausnahme.

25. Das verschollene Manuskript

»Sie müssen da rausgehen und sehen, was dort passiert«, sagte Kathryn Red Corn zu mir, als ich im Juni 2015 erneut die Osage besuchte. Ihren Anweisungen folgend, fuhr ich durch Pawhuska, gen Westen über die Prärie und durch das hohe Gras, bis ich sah, was sie mir so lebhaft geschildert hatte: Dutzende metallener Türme, die sich in den Himmel erhoben. Jeder war hundertvierzig Meter hoch, etwa so groß wie ein Wolkenkratzer mit dreißig Stockwerken, und besaß drei Rotorblätter. Ein einzelnes Blatt war so lang wie die Tragfläche eines großen Passagierflugzeuges. Die Türme gehörten zu einem Windkraftwerk, das mehr als 3200 Hektar umfasste und einmal rund 45 000 Haushalte in Oklahoma mit Strom versorgen sollte.

Über hundert Jahre, nachdem im Osage-Territorium Öl gefunden worden war, veränderte abermals eine neue, revolutionäre Energiequelle die Region. Diesmal jedoch sahen die Osage darin eine Bedrohung ihres unterirdischen Reservates. »Haben Sie sie gesehen?«, wollte Red Corn bei meiner Rückkehr wissen. »Dieses Unternehmen ist hierhergekommen und hat sie ohne Erlaubnis aufgestellt.« Als Vertreter der Osage-Nation hatte die Bundesregierung Klage gegen Enel eingereicht, ein italienisches Energiekonglomerat, dem das Windkraftwerk gehörte. Unter Berufung auf den Allotment Act von 1906 hieß es darin, da das Unternehmen beim Bau der Fundamente für die

Turbinen Kalkstein und andere Mineralien ausgegraben habe, bedürfe es für die Fortsetzung seines Betriebs einer Genehmigung durch die Osage. Andernfalls verletze Enel das Hoheitsrecht der Osage über sein unterirdisches Reservat. Die Firma hielt dagegen, sie sei nicht im Bergbau tätig und benötige daher auch kein Pachtrecht von den Osage. »Wir lassen das mineralische Eigentum unangetastet«, sagte ein Unternehmensvertreter gegenüber der Presse.[1]

In der Morgendämmerung des 10. Juli 2015 versammelten sich ein Osage-Häuptling und zwei Dutzend weitere Stammesangehörige unter den Windrädern zu einem Gebet, das sie an Wah'Kon-Tah richteten. Als die ersten Sonnenstrahlen durch den dünnen blauen Nebel brannten und von den Rotorblättern reflektiert wurden, sagte ein Gebetsführer, die Osage seien »ein demütiges Volk, das Deine Hilfe erbittet«.

Wenig später gab ein Gericht dem Enel-Konzern Recht, mit der Begründung, dass die Auslegung des Allotment Acts durch

Das neue Windkraftwerk über dem unterirdischen Reservat der Osage.

die Regierung zwar zweifellos den Osage zugutekomme, die »Angeklagten jedoch keine Mineralien vermarktet oder verkauft und auch ansonsten in keiner Weise eine Erschließung der Vorkommen betrieben haben. Folglich bedürfen sie auch keines Pachtvertrags«.[2] Es gab bereits Pläne für ein zweites Windkraftwerk im Bezirk.

Neue Umweltgesetze der Regierung, die die Ölförderung regelten, hatten noch drastischere Auswirkungen auf das unterirdische Reservat der Osage. Die Einhaltung der 2014 erlassenen Regeln war so kostspielig, dass die Ölmagnaten praktisch keine neuen Quellen mehr erschlossen, da sie sich davon nur marginale Gewinne versprachen. Ein Ölförderer sagte zu einem Reporter: »Zum ersten Mal in hundert Jahren wird in Osage County nicht gebohrt.«[3]

Ich recherchierte weiter in den Mordfällen, doch es gab immer weniger Archive zu durchsuchen, immer weniger Dokumente zu finden. Dann entdeckte ich in der öffentlichen Leihbücherei von Pawhuska zwischen Bänden über die Geschichte der Osage eines Tages ein Manuskript mit Spiralbindung. Der Titel lautete: »Der Mord an Mary Denoya-Bellieu-Lewis«. Es schien von Hand aus Computerausdrucken zusammengeheftet worden zu sein. Der Einleitung vom Januar 1998 zufolge hatte Anna Marie Jefferson, die Urgroßnichte von Mary Lewis, das Manuskript zusammengestellt. »Von meiner Urgroßmutter … hörte ich die Geschichte zum ersten Mal«, schrieb Jefferson. »Das war etwa 1975.« Aus Gesprächen mit Verwandten, aus Zeitungsberichten und anderen Quellen hatte Jefferson begonnen, Informationen über den Mord zusammenzutragen – ein Unterfangen, das sich über zwei Jahrzehnte erstreckte. Offenbar hatte sie der Bibliothek ein Exemplar überlassen, damit der Fall nicht vollständig in Vergessenheit geriet.

Ich setzte mich und las. Mary Lewis, Jahrgang 1861, war ein Stammesmitglied mit Konzernteilhaberschaft. »Dank dieses Geldes konnte sie ein Leben im Wohlstand genießen«, schrieb Jefferson. Lewis führte zwei Ehen, die beide mit einer Scheidung endeten. Im Jahr 1918, inzwischen Mitte fünfzig, zog sie ein zehnjähriges Adoptivkind groß. In jenem Sommer unternahm Lewis mit ihrer Tochter eine Reise nach Liberty, Texas, eine etwa fünfundsechzig Kilometer von Houston entfernte, am Ufer des Trinity River gelegene Kleinstadt. Lewis war in Gesellschaft von zwei weißen Männern: Der eine war ein Freund namens Thomas Middleton, der andere ein Bekannter von diesem. Mit Lewis' Geld kauften sie ein Hausboot und blieben auf dem Fluss.

Am 18. August verschwand Lewis spurlos. Als von den Behörden keinerlei Anstrengungen unternommen wurden (»Sie hätten niemals irgendetwas getan«, sagte ein Angehöriger), beauftragte die Familie einen Privatdetektiv. Dieser entdeckte, dass Middleton nach Lewis' Verschwinden vorgegeben hatte, ihr Adoptivsohn zu sein, um einige ihrer Schecks einzulösen. Im Januar 1919, nachdem die Polizei Middleton und seinen Kumpan verhaftet hatte, verhörte der Privatdetektiv die beiden. Er sagte zu Middleton, er würde »die alte Dame hundertmal lieber lebendig als tot finden«, und fügte hinzu: »Wenn Sie mir Informationen über ihren Verbleib geben könnten, wäre das von Vorteil für Sie.« Middleton blieb dabei, er wisse nicht, was mit ihr geschehen sei. »Ich habe kein bisschen Angst«, sagte er.

Middleton und sein Freund blieben verschlossen. Zwei Zeugen aber sagten aus, dass sie am Tag von Lewis' Verschwinden wenige Kilometer von ihrem Hausboot entfernt einen Wagen in Richtung eines mit Schlangen verseuchten Sumpfes hätten fahren sehen. Am 18. Januar 1919 begannen Ermittler mit hochgekrempelten Hosenbeinen, die dichte Vegetation zu durchkämmen. Ein Reporter sagte, einer der Gesetzeshüter sei »gerade ins Wasser des Sumpfes gestiegen, als sich etwas in seinen Füßen verfing. Als er nach unten griff, um sie freizubekommen, zog er einen dichten weiblichen Haarschopf heraus.«[4] Als Nächstes wurden Beinknochen geborgen. Dann folgte ein menschlicher Torso und ein Schädel, der aussah, als hätte man mit einem schweren, metallenen Gegenstand darauf eingeschlagen. »Grausiger Fund beendet Suche nach Mary Lewis«, titelte ein Lokalblatt.[5]

Middletons Kumpan gestand, Lewis mit einem Hammer auf den Kopf geschlagen zu haben. Den Plan hatte Middleton ausgeheckt: Sie wollten zuerst Lewis ermorden, dann sollte eine Komplizin in deren Rolle schlüpfen, damit die Freunde ihre Anteile aus den Headrights kassieren könnten. (Diese Strategie war nichts Ungewöhnliches – falsche Erben stellten ein weitverbreitetes Problem dar. Nach Bill Smiths Tod durch das Bombenattentat fürchtete die Regierung anfänglich, der Verwandte, der seine Erbansprüche geltend machte, wäre ein Schwindler.) Im Jahr 1919 wurde Middleton des Mordes für schuldig befunden und zum Tode verurteilt. »Es gab einen Punkt, an dem Marys Familie erleichtert war, dass der Fall abgeschlossen war«, schrieb Jefferson. »Das Gefühl der Sühne wich jedoch bald Unglauben und Zorn.« Middletons Strafe wurde in lebenslänglich umgewandelt. Nach gerade einmal sechseinhalb Jahren begnadigte ihn der Gouverneur von Texas; Middleton hatte eine Freundin, und Lewis' Familie glaubte, dass sie die Behörden bestochen habe: »Der Mörder hatte nur einen Klaps auf die Hand bekommen«, schrieb Jefferson.

Als ich das Manuskript über den Mord an Lewis durchgelesen hatte, drängte sich mir eine Frage auf. Im Jahr 1918 hatte man sie wegen ihrer Bodenrechte umgebracht. Den meisten historischen Berichten zufolge dauerte die Schreckensherrschaft in Osage County vom Frühjahr 1921, als Hale Anna Brown ermorden ließ, bis zu Hales Verhaftung im Januar 1926. Der Mord an Lewis bedeutete, dass die Morde wegen Headrights mindestens drei Jahre früher begonnen hatten als allgemein angenommen und sich noch lange nach Hales Verhaftung fortsetzten. Diese Fälle unterstrichen, dass die Ermordungen der Osage – mit den Headrights als Motiv – nicht das Resultat einer einzelnen Verschwörung mit Hale als Drahtzieher waren. Er mochte hinter der längsten und blutigsten Mordserie stecken, doch hatte es zahllose weitere Morde gegeben – Morde, die nicht in den offiziellen Schätzungen auftauchten und die man, im Gegensatz zu den Fällen von Lewis oder Mollie Burkharts Familienmitgliedern, nie untersucht oder auch nur als Morde eingestuft hatte.

26. Das Blut schreit

Ich kehrte in das Archiv in Fort Worth zurück und begann erneut, die endlosen muffigen Kisten und Akten zu durchforsten. Der Archivar fuhr eine neue Ladung Kisten auf einem Karren in den kleinen Leseraum und nahm die vorherige Ladung wieder mit. Ich gab mich nicht länger der Illusion hin, etwas wie den Stein von Rosetta zu finden, der die Rätsel der Vergangenheit lösen könnte. Die meisten Berichte waren trocken und klinisch – Ausgaben, Volkszählungsdaten, Ölpachten.

In einer Kiste lag ein zerfleddertes, in Stoff gebundenes Dienstbuch des Amtes für Indianerangelegenheiten, in dem die Namen der Vormunde während der Schreckensherrschaft eingetragen worden waren. Das handgeschriebene Dienstbuch führte den Namen jedes Vormundes auf und darunter eine Liste seiner Osage-Mündel. Verstarb ein Mündel unter seiner Vormundschaft, war für gewöhnlich nur ein einziges Wort unter dessen Namen gekritzelt: »tot.«

Ich suchte nach dem Namen H. G. Burt, dem Verdächtigen im Mordfall W. W. Vaughan. Die Aufzeichnungen ergaben, dass er der Vormund George Bighearts sowie vier weiterer Osage gewesen war. Unter dem Namen eines dieser Mündel stand das Wort »tot«. Dann schlug ich Scott Mathis nach, den Eigentümer der Big Hill Trading Company. Dem Dienstbuch zufolge war er der Vormund von neun Osage gewesen, darunter von Anna Brown und ihrer Mutter Lizzie. Als ich die

Liste durchsah, stellte ich fest, dass unter Mathis' Vormundschaft noch ein dritter Osage verstorben war, auch ein vierter, ein fünfter und ein sechster. Von seinen neun aufgeführten Mündeln waren insgesamt sieben gestorben. Und mindestens zwei dieser Todesfälle waren bekanntlich Morde.

Ich durchsuchte das Buch nach weiteren Osage-Vormunden aus jener Zeit. Einer hatte elf Mündel, von denen acht gestorben waren. Ein anderer hatte dreizehn Mündel, von denen über die Hälfte als verstorben verzeichnet war. Ein dritter Vormund hatte fünf Mündel, die allesamt gestorben waren. So ging es immer weiter. Die Zahlen waren äußerst erschreckend und sprachen eindeutig gegen eine natürliche Sterblichkeitsrate. Da man die meisten dieser Fälle nie untersucht hatte, war es unmöglich, präzise zu ermitteln, wie viele dieser Todesfälle verdächtig waren, geschweige denn, wer möglicherweise dahintersteckte.

Nichtsdestotrotz waren sie deutliche Hinweise auf eine regelrechte Mordwelle. In den FBI-Berichten fand ich einen Eintrag zu Anna Sanford. Dies war einer der Namen, die ich in dem Dienstbuch mit dem Wort »tot« darunter gesehen hatte. Obwohl ihr Fall nie als Mord eingestuft worden war, hatten die Agenten offenbar eine Vergiftung angenommen.

Ein anderes Osage-Mündel namens Hlu-ah-to-me war offiziell an Tuberkulose gestorben. Unter den Akten befand sich jedoch das Telegramm eines Informanten an den US-Attorney, in dem angedeutet wurde, dass Hlu-ah-to-mes Vormund ihr bewusst jede medizinische Versorgung verweigert und es abgelehnt habe, sie zur Behandlung in ein Krankenhaus zu schicken. Ihr Vormund »wusste, dass dies der einzige Ort war, wo sie überleben konnte, und dass sie sterben müsste, wenn sie in Gray Horse blieb«, schrieb der Informant und fügte hinzu, dass sich der Vormund nach ihrem Tod selbst als Verwalter ihres stattlichen Nachlasses eingesetzt habe.[1]

In einem anderen Fall, dem Tod eines Osage namens Eves Tall Chief im Jahr 1926, war Alkoholmissbrauch als Todesursache angegeben worden. Zeugen sagten damals jedoch aus, er habe nie einen Tropfen getrunken und sei vergiftet worden. »Mitglieder der Familie des Toten hatten Angst«, hieß es in einem Artikel von 1926.[2]

Selbst wenn ein Osage-Mündel in dem Dienstbuch als lebendig geführt wurde, bedeutete das nicht, dass man es nicht auf ihn oder sie abgesehen hatte. Das Osage-Mündel Mary Elkins galt als reichstes Mitglied des Stammes, weil sie über siebenhundert Headrights geerbt hatte. Am 3. Mai 1923 heiratete sie im Alter von einundzwanzig Jahren einen zweitklassigen weißen Boxer. Dem Bericht eines Mitarbeiters vom Amt für Indianerangelegenheiten zufolge sperrte der frischgebackene Ehemann sie im Haus ein, schlug sie und verabreichte ihr »Medikamente, Opiate und Schnaps, um ihren frühen Tod herbeizuführen, damit er Anspruch auf das gewaltige Erbe erheben könnte«.[3] In ihrem Fall griff der Beamte jedoch ein, und so überlebte sie. Eine Untersuchung erbrachte Hinweise darauf, dass der Boxer nicht allein agiert hatte, sondern Teil einer Verschwörung gewesen war, die ortsansässige Bürger eingefädelt hatten. Obwohl sich der Beamte für deren Strafverfolgung einsetzte, kam es zu keinerlei Anklage, und über die Identitäten der betreffenden Bürger wurde nie etwas bekannt.

Dann stieß ich auf den Fall von Sybil Bolton, die unter der Vormundschaft ihres weißen Stiefvaters stand. Am 7. November 1925 wurde Bolton – laut einem Lokalreporter »eines der hübschesten Mädchen, die je in der Stadt herangewachsen waren«[4] – mit einer Kugel in der Brust tot aufgefunden. Ihr Vater meldete ihren frühen Tod mit einundzwanzig Jahren als Suizid, und der Fall wurde rasch geschlossen, ohne dass auch nur eine Autopsie stattgefunden hätte. Im Jahr 1992 hatte

Boltons Enkel Dennis McAuliffe jr., ein Redakteur der *Washington Post*, ihren Tod noch einmal untersucht, nachdem er in dem offiziellen Bericht zahllose Widersprüche und Lügen entdeckt hatte. Wie er in seinem 1994 erschienenen Buch *The Deaths of Sybil Bolton* schildert, war ein Großteil des Geldes aus den Headrights gestohlen worden. Die Beweislage ließ darauf schließen, dass man sie im Freien, auf dem Rasen, erschossen hatte, neben sich ihr sechzehn Monate altes Baby (McAuliffes Mutter). Dem Dienstbuch zufolge hatte ihr Vormund weitere vier Mündel, die allesamt verstarben.

Das Büro schätzte zwar, dass es vierundzwanzig Morde an Osage-Indianern gegeben hatte, doch lag die tatsächliche Anzahl zweifellos höher. Nach der Festnahme von Hale und seinen Mittätern stellte das Büro die Ermittlungen ein. Doch wussten zumindest einige im Büro, dass es wesentlich mehr Morde gegeben haben musste, die systematisch vertuscht worden waren, um kriminologische Untersuchungen zu vermeiden. In einem Bericht beschrieb ein Agent nur eine Möglichkeit von vielen, wie die Mörder dies bewerkstelligten: »Im Zusammenhang mit dem mysteriösen Tod einer großen Anzahl von Indianern machten die Täter üblicherweise einen Indianer betrunken und riefen dann wegen Alkoholvergiftung einen Arzt, woraufhin dem Indianer eine Dosis Morphium gespritzt wurde. Hatte der Arzt den Patienten verlassen, spritzten sie dem Indianer eine weitere, sehr viel größere Menge Morphium, was in der Regel zu dessen Tod führte. Im Totenschein des Arztes stand aber ›Tod durch Alkoholvergiftung‹.«[5]

Anderen Beobachtern in Osage County fiel auf, dass ungewöhnliche Todesfälle regelmäßig und fälschlicherweise als Folge von »Aufzehrung«, »Schwindsucht« oder »unbekannten Ursachen« attestiert wurden. Wissenschaftler und Ermittler, die sich seitdem mit den Morden befasst haben, nehmen an, dass die Opferzahlen unter den Osage möglicherweise weit in die Hunderte reichen.

Um sich ein besseres Bild von dieser Dezimierung zu verschaffen, nahm McAuliffe das *Authentic Osage Indian Roll Book* (etwa: das offizielle Buch der Stammesrolle) zur Hand, in dem die Tode vieler der ursprünglich am Mineralölkonzern beteiligten Stammesangehörigen aufgeführt sind. Er schreibt: »Während der sechzehn Jahre von 1907 bis 1923 starben 605 Osage, also durchschnittlich 83 pro Jahr, was einer jährlichen Sterblichkeitsrate von 19 pro 1000 Personen entspricht. Die nationale Sterblichkeitsrate liegt bei etwa 8,5 pro 1000; in den 1920er-Jahren, als die Zählmethoden noch nicht so präzise und die Statistiken nach schwarzer und weißer Rassezugehörigkeit unterteilt waren, lag der Durchschnitt bei fast 12 pro 1000 Weiße. Ihr höherer Lebensstandard hätte den Osage eigentlich eine niedrigere Sterblichkeitsrate als den weißen Amerikanern bescheren müssen. Doch starben mehr als anderthalbmal so viele Osage wie im nationalen Durchschnitt – nach 1907 geborene und nicht in die Stammesrolle eingetragene Osage sind dabei gar nicht berücksichtigt.«[6]

Louis F. Burns, der bekannte Geschichtsschreiber der Osage, stellt fest: »Ich weiß von keiner einzigen Osage-Familie, die wegen der Headrights nicht mindestens ein Mitglied verloren hat.«[7] Und mindestens ein Agent des Büros, der vor Whites Eintreffen mit dem Fall befasst gewesen war, hatte erkannt, dass eine regelrechte Mordkultur geherrscht habe. Der Abschrift eines Gesprächs mit einem Informanten zufolge sagte dieser Agent: »Es gibt sehr viele solcher Mordfälle. Es sind Hunderte und Aberhunderte.«[8]

* * *

Selbst dem Büro bekannte Fälle besaßen verborgene Dimensionen. Während eines meiner letzten Besuche im Reservat, im Juni 2015, ging ich zum Osage Nation Court, dem Gerichtshof der Osage-Nation, wo die Osage heute viele Fälle selbst verhandeln. Ein Osage-Anwalt hatte mir erklärt, die Schreckensherrschaft sei »nicht das Ende unserer Geschichte«, und fügte hinzu: »Unsere Familien waren Opfer dieser Verschwörung, aber wir sind keine Opfer.«

In einem der Gerichtssäle traf ich mich mit dem vorsitzenden erstinstanzlichen Richter Marvin Stepson, einem umgänglichen Osage mit ausdrucksstarken grauen Augenbrauen, der bereits die Siebzig überschritten hatte. Er war der Enkel von William Stepson, dem Stier-Rodeo-Champion, der 1922 mutmaßlich vergiftet worden war. Die Behörden leiteten niemals Ermittlungen in seinem Fall ein, hielten jedoch Kelsie Morrison für den Täter – jenen Mann, der auch Anna Brown umgebracht hatte. Im Jahr 1922 lebte Morrison von seiner Ehefrau, einer Osage, getrennt. Nach Stepsons Tod heiratete er dessen Witwe Tillie und machte sich zum Vormund ihrer beiden Kinder. Ein Bekannter Morrisons sagte dem Büro, Morrison habe zugegeben, Stepson getötet zu haben, um Tillie heiraten zu können und so Zugriff auf ihr riesiges Vermögen zu erlangen.

Stepsons Tod war in der offiziellen Liste der während der Schreckensherrschaft begangenen Morde aufgeführt. Als ich mit Marvin auf einer der Holzbänke des Gerichtssaals Platz nahm, erzählte er jedoch, dass seine Familie auch nach dem Tod seines Großvaters Zielobjekt geblieben sei. Nach der Heirat mit Morrison begann Tillie ihm zu misstrauen, insbesondere, als man ihn über die Wirkung des Giftes Strychnin sprechen hörte. Tillie vertraute ihrem Rechtsanwalt an, sie wolle verhindern, dass Morrison ihr Vermögen erbe, und die Vormundschaft für ihre Kinder aufheben. Im Juli 1923, noch be-

Marvin Stepson, der Enkel William Stepsons, eines Opfers der Schreckensherrschaft.

vor sie diese Änderungen vornehmen konnte, starb indes auch sie mutmaßlich an den Folgen einer Vergiftung. Morrison stahl einen großen Teil ihres Vermögens. Aus Briefen Morrisons geht hervor, dass er plante, einen Teil des erschwindelten Besitzes zu verkaufen – und zwar an niemand anderen als an H. G. Burt, jenen Bankier, der offenbar in die Ermordung Vaughans verstrickt war. Tillies Tod wurde nie untersucht, obwohl Morrison einem Genossen gegenüber zugab, sie umgebracht zu haben, und diesen dann sogar fragte, warum nicht auch er sich eine indianische Squaw hole und dasselbe tue. Marvin Stepson, der mit Nachforschungen zum Schicksal seiner Großeltern Jahre verbracht hatte, sagte zu mir: »Kelsie ermordete sie beide, sodass mein Vater als Waise zurückblieb.«

Und das war noch nicht das Ende des Komplotts. Nach dem Tod von William Stepson und Tillie wurden der damals dreijährige Marvin und dessen neunjährige Halbschwester zu den nächsten Zielen. Im Jahr 1926 schickte Morrison, der wegen des Mordes an Anna Brown im Gefängnis saß, Hale eine Nachricht aus der Haft, die von den Wärtern abgefangen wurde. Die mit Rechtschreibfehlern gespickte Nachricht lautete: »Bill, du weist, das Tillies Kinder in ein paar Jahren 2 oder 3 hunderd Tausend Dollar haben und ich diese Kinder adoptiert hab. Wie kann ich über das Geld verfügen oder es bekommen, wenn ich hier rauskomm? Weist du ich glaube, ich kann die Kinder aus dem Staat bringen und sie können nix dagegen tun … sie könnten mich nicht wegen Kidnapping drankriegen.«[9] Man befürchtete, dass Morrison plante, beide Kinder umzubringen. Ein Gelehrter vom Stamme der Osage stellte einmal fest: »Wenn man über einen Friedhof der Osage geht und die Grabsteine sieht, die zeigen, wie viele junge Menschen während dieser Zeit starben, fröstelt es einen.«[10]

Marvin Stepson strahlte die vernünftige Haltung eines Menschen aus, der seine gesamte berufliche Laufbahn damit verbracht hatte, dem Gesetz zu dienen. Er sei jedoch, sagte er, über sich selbst erschrocken, als er erfahren habe, was Morrison seiner Familie angetan habe. »Wenn Morrison jetzt hier ins Zimmer träte, *würde* ich …« Dann versagte ihm die Stimme.

* * *

In Fällen, in denen trotz eines Verbrechens gegen die Menschlichkeit die Täter zeitlebens der Justiz entschlüpfen, kann sie manchmal wenigstens die Geschichte zur Rechenschaft ziehen, Morde öffentlich aufklären und Namen nennen. Viele Morde an den Osage waren jedoch so gut vertuscht worden, dass ein solcher Ausgang inzwischen unmöglich ist. Die meisten Fälle bleiben ungeklärt, zum Leidwesen der Opferfamilien. Viele Nachkommen betreiben dann private Ermittlungen, die zu nichts führen. Sie leben mit Zweifeln, verdächtigen tote Verwandte, alte Freunde der Familie oder Vormunde –

von denen einige tatsächlich schuldig sein mögen, andere hingegen nicht.

Als McAuliffe versuchte, den Mörder seiner Großmutter zu finden, verdächtigte er anfangs seinen Großvater Harry, da dieser weiß war. Harry war inzwischen verstorben, doch seine zweite Frau war noch am Leben und sagte zu McAuliffe: »Du solltest dich schämen, Denny, diese Sachen über die Boltons wieder auszugraben. Ich verstehe nicht, warum du so etwas tun willst.«[11] Immer wieder betonte sie: »Harry hat das nicht getan. Er hatte nichts damit zu schaffen.«[12]

Später erkannte McAuliffe, dass sie wahrscheinlich recht hatte. Stattdessen glaubte er nun jedoch, dass Sybils Stiefvater der Schuldige sei. Doch auch das lässt sich nicht mit Bestimmtheit sagen. »Ich konnte nicht beweisen, wer meine Großmutter umgebracht hat«, schrieb McAuliffe.[13] »Das war jedoch nicht allein mein Versagen. Es lag daran, dass sie zu viele Seiten aus unserer Geschichte herausgerissen haben … Es gab einfach zu viele Lügen, zu viele vernichtete Dokumente. Außerdem wurde damals nur sehr lückenhaft festgehalten, wie meine Großmutter starb.« Er fuhr fort: »Nachkommen von ermordeten Indianern haben bei zurückliegenden Verbrechen kein Recht auf Aufklärung oder Gerechtigkeit – nicht einmal darauf zu erfahren, wer ihre Kinder, ihre Mütter und Väter, Brüder und Schwestern, ihre Großeltern getötet hat. Sie können nur raten – dazu war auch ich gezwungen.«

* * *

Bevor ich Osage County verließ und nach Hause zurückkehrte, suchte ich noch Mary Jo Webb auf, eine pensionierte Lehrerin, die Jahrzehnte damit zugebracht hatte, den verdächtigen Tod ihres Großvaters während der Schreckensherrschaft aufzuklä-

Mary Jo Webb

ren. Webb, eine gebrechliche Frau Mitte achtzig mit zitternder Stimme, lebte in einem eingeschossigen Holzhaus in Fairfax, nicht weit von der Stelle entfernt, wo das Haus der Smiths explodiert war. Sie bat mich herein, und wir nahmen in ihrem Wohnzimmer Platz. Ich hatte zuvor mit ihr telefoniert, um meinen Besuch anzukündigen, und in Erwartung meines Eintreffens hatte sie mehrere Kartons mit Dokumenten hervorgeholt, die sie über den Fall ihres Großvaters Paul Peace gesammelt hatte – darunter befanden sich auch Kostenaufstellungen von Vormunden, Nachlassdokumente und gerichtliche Zeugenaussagen. »Er war eines jener Opfer, die in den FBI-Akten nicht auftauchten und dessen Mörder nicht ins Gefängnis kamen«, sagte sie.

Im Dezember 1926 vermutete Peace, dass ihn seine Frau, eine Weiße, vergiftete. Wie aus den Dokumenten hervorging, wandte er sich an den Anwalt Comstock, den Webb als einen der wenigen anständigen weißen Anwälte bezeichnete, die es zur damaligen Zeit gegeben habe. Peace wollte sich scheiden lassen und seine Frau aus dem Testament streichen. Ein Zeuge sagte später aus, Peace habe behauptet, seine Frau verabrei-

Die weite Prärie nördlich von Pawhuska.

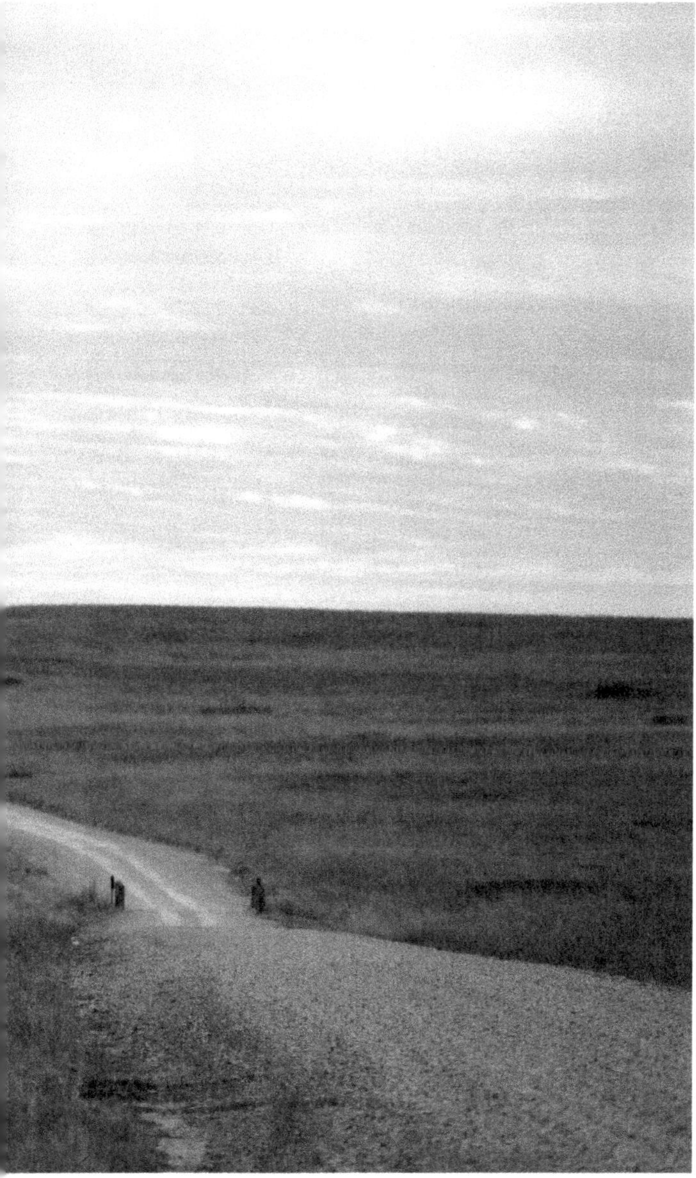

che ihm »irgendein Gift, [er glaubte] dass sie ihn umbringen wolle«.

Als ich Webb fragte, wie man ihren Großvater möglicherweise vergiftet habe, sagte sie: »Es gab da diese Ärzte. Es waren Brüder. Meine Mutter sagte, jedermann habe gewusst, dass man sich bei ihnen den Stoff besorgen konnte, um die Osage zu vergiften.«

»Wie hießen die?«, fragte ich.

»Die Shouns.«

Ich erinnerte mich an die Shouns. Es waren die beiden Ärzte, die behauptet hatten, die tödliche Kugel im Mordfall Anna Brown wäre verschwunden. Die Ärzte, die anfänglich verschwiegen hatten, dass Bill Smith eine letzte Aussage gemacht hatte, in der er Hale beschuldigt hatte; die Ärzte, die alles so arrangiert hatten, dass einer von ihnen zum Verwalter von Rita Smiths unschätzbarem Vermögen bestellt wurde. Es waren die gleichen Ärzte, die die Ermittler in Verdacht gehabt hatten, Mollie Burkhart Gift statt Insulin verabreicht zu haben. Viele Fälle schienen über ein Netz stiller Mitverschwörer zusammenzuhängen. Mathis, Inhaber der Big Hill Trading Company und Vormund von Anna Brown und ihrer Mutter, nahm an der Untersuchung von Browns Ermordung teil, bei welcher es nicht gelang, die Kugel ausfindig zu machen. Daneben leitete er im Namen von Mollies Familie das Team von Privatdetektiven, denen es seltsamerweise nicht möglich war, auch nur einen der Fälle zu lösen. Ein Zeuge hatte dem Büro gegenüber gesagt, Hale habe es nach dem Tod von Henry Roan eilig gehabt, die Leiche vom Bestatter in das Begräbnisinstitut der Big Hill Trading Company überstellen zu lassen. Die Mordkomplotte stützten sich auf Ärzte, die falsche Totenscheine ausstellten, und auf Bestatter, die Leichen still und leise unter die Erde brachten.

Der Vormund, den McAuliffe verdächtigte, seine Großmutter ermordet zu haben, war ein prominenter Anwalt, der für den Stamm tätig war und offiziell nie mit den verbrecherischen Machenschaften in Berührung gekommen war, die vor seiner Nase geschahen. Auch die Bankiers hatten offenbar eine weiße Weste, darunter der mutmaßliche Mörder Burt, der von dem kriminellen »Indianergeschäft« profitierte. Gleiches galt für den korrupten Bürgermeister von Fairfax, einen Verbündeten Hales, der ebenfalls als Vormund fungierte, oder für die zahllosen Polizisten, Staatsanwälte und Richter, an deren Händen Blut klebte. Im Jahr 1926 bemerkte der Osage-Führer Bacon Rind: »Es gibt Männer unter den Weißen, ehrliche Männer, aber sie sind äußerst selten.«[14] Garrick Bailey, ein führender Anthropologe auf dem Gebiet der Osage-Kultur, sagte zu mir: »Hätte Hale gesagt, was er wusste, wäre ein großer Teil der führenden Bürger des Bezirks hinter Gittern gelandet.« Tatsächlich war praktisch jeder Bereich der Gesellschaft in das mörderische System verstrickt. Deshalb kommt auch so gut wie jedes Mitglied dieser Gesellschaft als Täter für den Mord an McBride in Washington infrage: Er drohte, nicht nur Hale zur Strecke zu bringen, sondern auch die groß angelegte kriminelle Operation, durch die Millionen und Abermillionen von Dollar erschlichen wurden.

Am 23. Februar 1927 – wenige Wochen nachdem er geschworen hatte, seine Frau zu enterben und die Scheidung einzureichen, weil er sie verdächtigte, ihn zu vergiften – wurde Paul Peace bei einem Unfall mit Fahrerflucht verletzt und verblutete auf offener Straße. Webb sagte mir, die üblichen Verdächtigen hätten zusammengewirkt, um die Hintergründe seines Todes zu vertuschen. »Vielleicht können Sie sich das Ganze noch einmal ansehen«, sagte sie. Ich nickte, wenngleich ich wusste, dass ich auf meine Weise ebenso im Nebel stocherte wie einst Tom White oder Mollie Burkhart.

Webb begleitete mich nach draußen auf die Veranda. Es dämmerte, und die Ränder des Himmels hatten sich verdunkelt. Die Stadt und die Straße waren leer, ebenso wie die Prärie dahinter. »Dieses Land ist mit Blut getränkt«, sagte Webb. Einen Augenblick lang schwieg sie, und wir hörten, wie der Wind rastlos durch die Blätter der Schwarzeichen säuselte. Dann zitierte sie, was Gott zu Kain sagte, nachdem er seinen Bruder Abel erschlagen hatte: »Das Blut schreit zu mir vom Ackerboden herauf.«

Danksagungen

Ich danke allen, die zu diesem Projekt beigetragen haben, niemandem jedoch mehr als den Osage, die mir ihre Geschichten anvertrauten und mich zu weiteren Nachforschungen ermunterten. Viele Osage verschafften mir nicht nur wertvolle Erkenntnisse, sondern wurden über die Jahre auch zu Freunden. Mein besonderer Dank gilt Margie Burkhart, Kathryn Red Corn, Charles Red Corn, Raymond Red Corn, Joe Conner, Dolores Goodeagle, Dennis McAuliffe, Elise Paschen, Marvin Stepson, Mary Jo Webb und der verstorbenen Jozi Tall Chief.

Meine Recherche-Odyssee führte mich zu weiteren großzügigen Menschen. Die verstorbene Martha Vaughan und ihr Cousin Melville berichteten mir von ihrem Großvater W.W. Vaughan. Tom Whites Verwandte – unter ihnen James M. White, Jean White, John Sheehan White und Tom White III – waren Quellen von unschätzbarem Wert. Dasselbe gilt für Styrous, die Partnerin von Tom White III, die für mich archivarisches Fotomaterial ausgrub und entwickelte. Alexandra Sands berichtete mir viele Einzelheiten über ihren Großvater James Alexander Street, einen der Geheimagenten. Frank Parker sr. schickte mir Fotos und Unterlagen über seinen Vater, Eugene Parker, einen anderen Geheimagenten. Homer Fincannon und sein Bruder Bill waren eine Fundgrube für Informationen über ihren Urgroßvater A. W. Comstock.

Eine ganze Anzahl von Gelehrten und Experten beantworteten geduldig meine nicht enden wollenden Fragen. Garrick Bailey, ein auf die Osage-Kultur spezialisierter Anthropologe, überschritt jedes erdenkliche Maß an Pflichteifer und las mein komplettes Manuskript vor der Veröffentlichung. Er ist für nichts verantwortlich, das ich geschrieben habe, aber dank ihm ist das Buch wesentlich besser geworden.

Der FBI-Historiker John F. Fox war eine wichtige Quelle ebenso wie Dee Cordry, ein ehemaliger *special agent* des Oklahoma State Bureau of Investigation, der jahrelang über Gesetzeshüter des Westens recherchierte und schrieb. Garrett Hartness, Roger Hall Lloyd und Arthur Shoemaker ließen mich an ihrem immensen Wissen über Osage County teilhaben. David A. Ward, ein emeritierter Professor der Soziologie an der Universität von Minnesota, versorgte mich mit dem Transkript eines Gesprächs, das er mit einem von Tom Whites Geiselnehmern geführt hatte.

Louise Red Corn, Herausgeberin der *Bigheart Times* und eine unermüdliche Reporterin, fand Fotos für mich und war mir – wann immer ich Osage County besuchte – zusammen mit ihrem Ehemann Raymond eine freundliche Gastgeberin. Joe Conner und seine Frau Carol öffneten ihr Haus für mich und verwandelten es in eine Interview-Zentrale. Archie L. Mason schließlich, ein Mitglied des Osage Nation Congress, schickte mir eine Kopie des verblüffenden Panoramabildes von William Hale und den Osage.

Für einen Autor gibt es kein größeres Geschenk als das Dorothy and Lewis B. Cullman Center for Scholars and Writers an der New York Public Library. Durch das Cullman-Stipendium hatte ich die notwendige Zeit für meine Recherchen und die Gelegenheit, die wundersamen Archive der Bibliothek zu durchstöbern. Die Mitarbeiter – Jean Strouse, Marie d'Origny und Paul Delaverdac – und die Mitglieder des Centers ermöglichten mir ein produktives Jahr, in dem ich nicht zuletzt auch Spaß an der Arbeit hatte.

Daneben eröffnete mir das Stipendium eine unerwartete Quelle. Kevin Winkler, damals Leiter der Sparte Einrichtungen und Angebote der Bibliothek, teilte mir eines Tages mit, er wisse von den Osage-Morden. Es stellte sich heraus, dass er ein Enkel von Horace Burkhart war, einem Bruder von Ernest Burkhart. Horace galt als der gute Bruder, da er in keines der Verbrechen verwickelt war. Winkler half mir, Kontakt zu seiner Mutter, Jean Crouch, sowie zu zwei seiner Tanten aufzunehmen, Martha Key und Rubyane Surritte. Sie kannten Ernest, und Key, die inzwischen leider verstorben ist, kannte auch Mollie. Die drei Frauen sprachen offen über ihre Familiengeschichte und zeigten mir eine kurz vor dessen Tod entstandene Videoaufzeichnung von Ernest, in der er über Mollie und seine Vergangenheit sprach.

Mehrere Forschungsinstitute waren entscheidend für dieses Projekt, und ich bin ihnen und ihrer Belegschaft zu großem Dank verpflichtet. Insbesondere möchte ich mich bei David S. Ferriero bedanken, dem Archivar der Vereinigten Staaten, ebenso wie bei Greg Bognich, Jake Ersland, Christina Jones, Amy Reytar, Rodney Ross, Barbara Rust und anderen Mitarbeitern der National Archives; und auch bei allen Mitarbeitern des Osage Nation Museum, darunter Lou Brock, Paula Farid und die ehemalige Direktorin Kathryn Red Corn; Debbie Neece vom Bartlesville Area History Museum; Mallory Covington, Jennifer Day, Rachel Mosman und Debra Osborne Spindle von der Oklahoma Historical Society; Sara Keckeisen von der Kansas Historical Society; Rebecca Kohl von der Montana Historical Society; Jennifer Chavez von der New Mexico State University Library; Joyce Lyons, Shirley Roberts und Mary K. Warren vom Osage County Historical Society Museum; Carol

Taylor von der Hunt County Historical Commission; Carol Guilliams von den Oklahoma State Archives; Amanda Crowley vom Texas Ranger Hall of Fame and Museum; Kera Newby vom National Cowboy and Western Heritage Museum sowie Kristina Southwell und Jacquelyn D. Reese von den Western History Collections der Universität von Oklahoma.

Mehrere talentierte Forscher haben mich bei der Suche nach Dokumenten in entlegenen Ecken des Landes unterstützt: Rachel Craig, Ralph Elder, Jessica Loudis und Amanda Waldroupe. Nicht genug danken kann ich Susan Lee, einer außergewöhnlich begabten Journalistin, die bei diesem Projekt unverzichtbar war; sie half mir, Berichte aufzuspüren, und verbrachte Stunden mit der Überprüfung von Fakten.

Aaron Tomlinson machte hervorragende Fotos von Osage County und war ein wundervoller Reisebegleiter. Warren Cohen, Elon Green und David Greenberg sind großartige Journalisten und noch bessere Freunde, die den gesamten Prozess mit ihrer Klugheit und ihrem Zuspruch begleiteten. Mein Freund Stephen Metcalf, ein bemerkenswert findiger Schreiber, wurde nie müde, mir beim Durchdenken der einzelnen Elemente dieses Buches zu helfen.

Beim *New Yorker* habe ich das Glück, auf den Rat vieler Menschen zurückgreifen zu können, die klüger sind als ich, darunter Henry Finder, Dorothy Wickenden, Leo Carey, Virginia Cannon, Ann Goldstein und Mary Norris. Eric Lach war ein unermüdlicher Fakten-Prüfer und hatte stets einen interessanten redaktionellen Vorschlag parat. Viel zu viel habe ich von Burkhard Bilger, Tad Friend, Raffi Khatchadourian, Larissa MacFarquhar, Nick Paumgarten und Elizabeth Pearson-Griffiths verlangt. Sie brüteten über einzelnen Manuskriptteilen und manchmal auch über dem Gesamttext und halfen mir, klarer zu sehen. Daniel Zalewski hat mich mehr über das Schreiben gelehrt als irgendjemand sonst und seinen magischen Staub über das Manuskript verteilt. Von meinem ersten Tag beim *New Yorker* an stand David Remnick auf meiner Seite und ermöglichte mir, meinen Leidenschaften nachzugehen und mich als Autor zu entwickeln.

Kathy Robbins und David Halpern vom Robbins Office und Matthew Snyder von CAA die besten Agenten der Welt zu nennen, würde ihnen nicht einmal gerecht werden. Sie sind viel mehr als das: Verbündete, Vertraute und Freunde.

Als Autor habe ich bei Doubleday das perfekte Zuhause gefunden. Ohne meinen brillanten Lektor und Herausgeber Bill Thomas wäre dieses Buch nicht möglich gewesen. Er war es, der mich als Erster dazu ermutigte, dieses Projekt zu verfolgen, der mich durch Höhen und Tiefen geleitete und das Buch mit unfehlbarer Gnade und Weisheit schließlich herausbrachte. Auch ohne die unerschütterliche Unterstützung Sonny Mehtas, des Vorsitzenden der Knopf Doubleday Publishing Group, wäre dieses Buch nicht möglich gewesen, ebenso wenig wie ohne das bemerkenswerte Team von Doubleday, darunter Todd Doughty, Suzanne Herz, John Fontana, Maria Carella, Lorraine Hyland, Maria Massey, Rose Courteau und Margo Shickmanter.

Der größte Segen aber war meine Familie. Meine angeheirateten Verwandten John und Nina Darnton lasen das Manuskript nicht nur ein-, sondern gleich zweimal und gaben mir den Mut zum Weitermachen. Meine Schwester Alison und mein Bruder Edward standen mir unerschütterlich zur Seite, ebenso wie meine Mutter Phyllis, die dem Manuskript jenen perfekten Schliff verlieh, zu welchem sie allein in der Lage ist. Gleiches gilt für meinen Vater Victor, der mir stets Mut zusprach; ich wünschte nur, es ginge ihm gut genug, dass er nun das fertige Buch lesen könnte. Zum Schluss seien noch diejenigen genannt, denen gegenüber ich größere Dankbarkeit empfinde, als Worte zu sagen vermögen: meine Kinder Zachary und Ella, die mein Haus mit dem Wahnsinn der Heimtierhaltung, der Schönheit der Musik und Lebensfreude erfüllt haben, und meine Frau Kyra, die mein verlässlichster Leser, mein bester Freund und meine ewige Liebe ist.

Anmerkung zu den Quellen

Dieses Buch basiert in erster Linie auf Primärquellen und unveröffentlichtem Material. Dazu gehören Tausende Seiten von FBI-Akten, unter Ausschluss der Öffentlichkeit getätigte Zeugenaussagen vor dem Großen Geschworenengericht, gerichtliche Transkripte, Aufzeichnungen von Privatdetektiven, Begnadigungs- und Bewährungsunterlagen, Privatkorrespondenzen, ein von einem der Detektive mitverfasstes, unveröffentlichtes Manuskript, Tagebucheinträge, Aufzeichnungen des Stammesrates der Osage, mündliche Überlieferungen, Feldberichte des Indianerbüros, Kongressunterlagen, Memos und Telegramme des Justizministeriums, Tatortfotografien, Testamente und letzte Zeugnisse, Vormundschaftsakten sowie die Geständnisse der Mörder. Dieses Material stammt aus Archiven aus dem ganzen Land. Manche Berichte erhielt ich durch den Freedom of Information Act (Gesetz zur Informationsfreiheit). Andere, durch die Regierung überarbeitete FBI-Unterlagen wurden mir von einem ehemaligen Polizeibeamten unzensiert zur Verfügung gestellt. Daneben bekam ich etliche private Unterlagen direkt von den jeweiligen Nachfahren, auch von Verwandten der Opfer der Schreckensherrschaft. Aus meinen Interviews mit diesen Familienangehörigen ergaben sich häufig weitere Informationen.

Daneben profitierte ich von einer Anzahl zeitgenössischer Nachrichtenbeiträge und anderer publizierter Berichte. Bei meiner Rekonstruktion der Geschichte der Osage wäre ich ohne die bahnbrechenden Werke zweier Osage-Schriftsteller verloren gewesen: des Historikers Louis F. Burns und des Prosa-Dichters John Joseph Mathews. Eine große Hilfe waren mir auch die Forschungsarbeiten von Terry Wilson, einem ehemaligen Professor mit dem Fach *amerikanische Ureinwohner* an der Universität von Kalifornien in Berkeley, und ebenso die von Garrick Bailey, einem führenden Anthropologen auf dem Gebiet der Osage.

Die Autoren Dennis McAuliffe, Lawrence Hogan, Dee Cordry und der verstorbene Fred Grove hatten selbst Nachforschungen zu den Morden angestellt, und ihre Werke waren enorm hilfreich. Dasselbe gilt für Verdon R. Adams' kurze Biografie *Tom White: The Life of a Lawman.*

Bei meiner Darstellung der Geschichte von J. Edgar Hoover und der Gründung des FBI habe ich schließlich auf mehrere exzellente Bücher zurückgegriffen, insbesondere auf: Curt Gentry *J. Edgar Hoover,* Sanford Ungar *FBI,* Richard Gid Powers *Secrecy and Power* und Bryan Burrough *Public Enemies.*

In der Bibliografie habe ich diese und andere wichtige Quellen im Einzelnen aufgeführt. Wenn ich einer Quelle besonders verpflichtet war, habe ich versucht, sie auch in den Anmerkungen zu erwähnen. Alles, was im Fließtext zwischen Anführungszeichen erscheint, stammt aus gerichtlichen Abschriften, Tagebüchern, Briefen oder sonstigen Aufzeichnungen. Diese Quellen sind in den Anmerkungen genannt, mit Ausnahme der Fälle, in denen eindeutig ist, dass eine bestimmte Person direkt mit mir spricht.

Unveröffentlichte Quellen und Archive

Comstock Family Papers: Privatsammlung von Homer Fincannon

FBI: Federal Bureau of Investigation, nicht geheime Akten über die Morde an den Osage

FBI/FOIA: Federal Bureau of Investigation, Akteneinsicht über den Freedom of Information Act

HSP: Historical Society of Pennsylvania

KHS: Kansas Historical Society

LOC: Library of Congress

NARA-CP: National Archives and Records Administration, College Park, Maryland
Aktengruppe 48, Aufzeichnungen des Innenministeriums
Aktengruppe 60, Aufzeichnungen des Justizministeriums
Aktengruppe 65, Aufzeichnungen des FBI
Aktengruppe 129, Aufzeichnungen der Gefängnisbehörde
Aktengruppe 204, Aufzeichnungen des für Begnadigungen zuständigen Attorneys

NARA-DC National Archives and Records Administration, Washington, D.C.
Aufzeichnungen des Center for Legislative Archives

NARA-FW	National Archives and Records Administration, Fort Worth, Texas Aktengruppe 21, Aufzeichnungen des Bezirksgerichts der Vereinigten Staaten; Bezirksgericht für den westlichen Bezirk Aktengruppe 75, Aufzeichnungen des Indianerbüros, Osage-Indianeragentur Aktengruppe 118, Aufzeichnungen von U.S. Attorneys, westlicher Gerichtsbezirk von Oklahoma
NMSUL	New Mexico State University Library Fred Grove Papers, Rio Grande Historical Collections
OHS	Oklahoma Historical Society
ONM	Osage Nation Museum
OSARM	Oklahoma State Archives and Records Management
PPL	Pawhuska Public Library
SDSUL	San Diego State University Library
TSLAC	Texas State Library and Archives Commission
UOWHC	University of Oklahoma Western History Collections

Vaughan Family Papers, Privatsammlung von Martha und Melville Vaughan

Anmerkungen

Kapitel 1

1 Zur Vorstellung der Osage von einem Blumen mordenden Mond siehe auch Mathews, *Talking to the Moon*.
2 Ebenda, S. 61.
3 Meine Schilderung von Anna Browns Verschwinden und des letzten Tages, an dem sie Mollie Burkharts Haus besuchte, stützt sich in erster Linie auf die Aussagen der anwesenden Zeugen. Viele sprachen mehrfach mit verschiedenen Ermittlern, darunter mit FBI-Agenten und Privatdetektiven. Diese Zeugen sagten auch bei mehreren Gerichtsverhandlungen aus. Weitere Informationen siehe NARA-CP und NARA-FW.
4 Zitiert in: Franks, *Osage Oil Boom*, S. 117.
5 Sherman Rogers, »Red Men in Gas Buggies«, in: *Outlook* vom 22. August 1923.
6 Estelle Aubrey Brown, »Our Plutocratic Osage Indians«, in: *Travel*, Oktober 1922.
7 William G. Shepherd, »Lo, the Rich Indian!«, in: *Harper's Monthly*, November 1920.
8 Brown, »Our Plutocratic Osage Indians«.
9 Elmer T. Peterson, »Miracle of Oil«, in: *Independent* (N.Y.) vom 26. April 1924.
10 Zitiert in: Harmon, *Rich Indians*, S. 140.
11 Ebenda, S. 179.
12 Brown, »Our Plutocratic Osage Indians«.
13 *Oklahoma City Times* vom 26. Oktober 1959.
14 Sein Geburtsname war Byron, aber man nannte ihn Bryan. Um

Missverständnisse zu vermeiden, habe ich im gesamten Text Bryan verwendet.

15 Feststellung von H.S. Traylor, U.S. House Subcommittee on Indian Affairs, *Indians of the United States: Investigation of the Field Service*, S. 202.

16 Bericht von Tom Weiss und John Burger, 10. Januar 1924, FBI.

17 Grand-Jury-Zeugenaussage von Martha Doughty, NARA-FW.

18 Grand-Jury-Zeugenaussage von Anna Sitterly, NARA-FW.

19 Ebenda.

20 Informationen über Whitehorns Verschwinden stammen großenteils aus lokalen Zeitungen, von Privatdetektiven und aus FBI-Berichten in den National Archives.

21 Man sollte erwähnen, dass es in einer Zeitung hieß, Whitehorns Frau sei eine halbe Cherokee. In den FBI-Akten wird sie allerdings als halbe Cheyenne geführt.

22 *Pawhuska Daily Capital* vom 30. Mai 1921.

23 Zitate der Jäger stammen aus deren Grand-Jury-Zeugenaussage, NARA-FW.

24 Bericht von Weiss und Burger, 10. Januar, 1924, FBI.

25 Grand-Jury-Zeugenaussage von F. S. Turton, NARA-FW.

26 Grand-Jury-Zeugenaussage von Andy Smith, NARA-FW.

Kapitel 2

1 Meine Schilderung der Untersuchung stützt sich hauptsächlich auf Augenzeugenberichte, darunter den der Gebrüder Shoun. Weitere Informationen siehe NARA-CP und NARA-FW.

2 Zitiert in: A. L. Sainer, *Law Is Justice: Notable Opinions of Mr. Justice Cardozo*, New York 1938, S. 209.

3 Zitiert in: Wagner, *Science of Sherlock Holmes*, S. 8.

4 Grand-Jury-Zeugenaussage von Andy Smith, NARA-FW.

5 Zitiert in: Cordry, *Alive If Possible—Dead If Necessary*, S. 238.

6 Thoburn, *Standard History of Oklahoma*, S. 1833.

7 Grand-Jury-Zeugenaussage von Roy Sherrill, NARA-FW.

8 *Shawnee News* vom 11. Mai 1911.

9 Grand-Jury-Zeugenaussage von David Shoun, NARA-FW.

10 Zitiert in: Wilson, »Osage Indian Women During a Century of Change«, S. 188.

11 Meine Schilderung des Begräbnisses stützt sich vorwiegend auf Zeugenaussagen, darunter die des Totengräbers, und auf meine Gespräche mit den Abkömmlingen.
12 A. F. Moss an M. E. Trapp, 18. November 1926, OSARM.
13 Aussage von A. T. Woodward, U.S. House Committee on Indian Affairs, *Modifying Osage Fund Restrictions*, S. 103.
14 Die Osage bestatteten ihre Toten früher oberhalb der Erde unter Steinhaufen. Als Ende des 19. Jahrhunderts ein Osage-Häuptling in der Erde bestattet wurde, sagte seine Frau: »Ich sagte, es sei in Ordnung, wenn wir das Gesicht meines Mannes bemalen; wenn wir eine Decke um ihn legen. Er wollte wie ein weißer Mann begraben werden. Ich sagte, das wird in Ordnung sein. Ich sagte, wir werden das Gesicht meines Mannes bemalen, und er wird nicht verloren sein im Himmel der Indianer.«
15 deutsch nach Rüdiger Bartelmus.
16 Vorwort zu Mathews, *Osages*.

Kapitel 3

1 *Pawhuska Daily Capital* vom 28. Mai 1921.
2 Louis F. Burns, *History of the Osage People*, S. 442.
3 *Modesto News-Herald* vom 18. November 1928.
4 Meine Darstellung von William Hale basiert auf verschiedenen Quellen, darunter Gerichtsaufzeichnungen, mündlichen Überlieferungen der Osage, FBI-Akten, historischen Zeitungsberichten, Hales eigener Korrespondenz und meinen Interviews mit Abkömmlingen.
5 Sargent Prentiss Freeling im Eröffnungsplädoyer, *U.S. v. John Ramsey and William K. Hale*, Oktober 1926, NARA-FW.
6 Artikel von Merwin Eberle, »›King of Osage‹ Has Had Long Colorful Career«, ohne Seitenangabe, OHS.
7 *Guthrie Leader* vom 5. Januar 1926.
8 Pawnee Bill an James A. Finch, ohne Datum, NARA-CP.
9 C. K. Kothmann an James A. Finch, ohne Datum, NARA-CP.
10 M. B. Prentiss an James A. Finch, 3. September 1935, NARA-CP.
11 Hale an Wilson Kirk, 27. November 1931, ONM.
12 *Tulsa Tribune* vom 7. Juni 1926.
13 J. George Wright an Charles Burke, 24. Juni 1926, NARA-CP.

14 Aussage von Mollie Burkhart vor dem Stammes-Staatsanwalt und anderen Beamten, NARA-FW.
15 Zeugenaussage im Rahmen der gerichtsmedizinischen Untersuchung von Bryan Burkhart, im Bericht vom 15. August 1923, FBI.
16 Grand-Jury-Zeugenaussage von Ernest Burkhart, NARA-FW.
17 Boorstin, *Americans,* S. 81.
18 James G. Findlay an William J. Burns, 23. April 1923, FBI.
19 McConal, *Over the Wall,* S. 19.
20 *Arizona Republican* vom 5. Oktober 1923.
21 Privatdetektivliche Aufzeichnungen, im Bericht enthalten, 12. Juli 1923, FBI.
22 Ebenda.
23 *Pawhuska Daily Capital* vom 29. Juli 1921.
24 *Pawhuska Daily Capital* vom 23. Juli 1921.
25 Zitiert in: Crockett, *Serial Murderers,* S. 352.
26 Roff, *Boom Town Lawyer in the Osage,* S. 106.
27 Ebenda., S. 107.
28 Grand-Jury-Zeugenaussage von F. S. Turton, NARA-FW.
29 *Pawhuska Daily Capital* vom 30. Mai 1921.
30 Frank F. Finney, »At Home with the Osages«, Finney Papers, UOWHC.

Kapitel 4

1 Bei meiner Darstellung der Osage-Geschichte profitierte ich von mehreren hervorragenden Berichten, siehe: Louis F. Burns, *History of the Osage People;* Mathews, *Wah'kon-Tah;* Wilson, *Underground Reservation;* Tixier, *Tixier's Travels on the Osage Prairies* und Bailey, *Changes in Osage Social Organization.* Daneben stütze ich mich auch auf Erfahrungsberichte und Dokumente des Stammesrates aus den Records of the Osage Indian Agency, NARA- FW.
2 Louis F. Burns, *History of the Osage People,* S. 140.
3 Ebenda.
4 Zitiert in: Ambrose, *Undaunted Courage,* S. 343.
5 Mathews, *Osages,* S. 271.
6 In den existierenden Aufzeichnungen findet sich ihr Osage-Name nicht.
7 Nachlassverzeichnis von Mollies Mutter Lizzie, »Application for Certificate of Competency«, 1. Februar 1911, NARA-FW.

8 Tixier, *Tixier's Travels on the Osage Prairies,* S. 191.
9 Ebenda., S. 192.
10 Zitiert in: Brown, *Frontiersman,* S. 245.
11 Wilder, *Little House on the Prairie,* S. 46 ff.
12 Zitiert in: Wilson, *Underground Reservation,* S. 18.
13 Isaac T. Gibson an Enoch Hoag, in: *Report of the Commissioner of Indian Affairs to the Secretary of the Interior for the Year 1871,* S. 906.
14 Mathews, *Wah'kon-Tah,* S. 33 f.
15 Zitiert in: Louis F. Burns, *History of the Osage People,* S. 448.
16 Das Office of Indian Affairs wurde 1947 in Bureau of Indian Affairs umbenannt.
17 Gibson an Hoag, in: *Report of the Commissioner of Indian Affairs to the Secretary of the Interior for the Year 1871,* S. 487.
18 Finney und Thoburn, »Reminiscences of a Trader in the Osage Country«, S. 149.
19 Zitiert in: Merchant, *American Environmental History,* S. 20.
20 Mathews, *Wah'kon-Tah,* S. 30.
21 Informationen zur Delegation sowie sämtliche Zitate stammen aus Mathews' Bericht, ebenda, S. 35 ff.
22 Frank F. Finney, »At Home with the Osages«.
23 Ebenda.
24 Louis F. Burns, *History of the Osage People,* S. 91.
25 Mathews, *Wah'kon-Tah,* S. 79.
26 Mathews, *Sundown,* S. 23.
27 McAuliffe, *Deaths of Sybil Bolton,* S. 215 f.
28 Mathews, *Wah'kon-Tah,* S. 311.
29 *Daily Oklahoma State Capital* vom 18. September 1893.
30 *Daily Oklahoma State Capital* vom 16. September 1893.
31 Zitiert in: Trachtenberg, *Incorporation of America,* S. 34.
32 *Wah-sha-she News* vom 23. Juni 1894.
33 Russell, »Chief James Bigheart of the Osages«, S. 892.
34 Thoburn, *Standard History of Oklahoma,* S. 2048.
35 Zitiert in: *Leases for Oil and Gas Purposes, Osage National Council,* S. 154.
36 *Indians of the United States: Investigation of the Field Service,* S. 398.
37 Vielen weißen Siedlern gelang es, sich einen Eintrag ins Stammesregister zu erschleichen und schließlich einen Ölreichtum zu ernten, der eigentlich den Osage gehörte. Der Anthropologe Garrick Bailey

schätzte, dass die so ergaunerte Summe mindestens 100 Millionen Dollar betrug.

38 Zitiert in: Franks, *Osage Oil Boom*, S. 75.

39 Mathews, *Life and Death of an Oilman*, S. 116.

40 Gregory, *Oil in Oklahoma*, S. 13 f.

41 Zitiert in: Miller, *House of Getty*, S. 1881.

Kapitel 5

1 Nachlassverzeichnis von Anna Brown, »Application for Authority to Offer Cash Reward«, NARA-FW.

2 H. L. Macon, »Mass Murder of the Osages«, in: *West*, Dezember 1965.

3 Der Amtsinhaber übernimmt sowohl Aufgaben eines Justizministers als auch die eines Generalstaatsanwalts. Der »*US* Attorney General« entspricht dem US-Justizminister.

4 *Ada Weekly News* vom 23. Februar 1922.

5 Summerscale, *Suspicions of Mr. Whicher, S.* xii.

6 Mehr über den Begriff siehe: Lukas, *Big Trouble*, S. 76.

7 Pinkerton's National Detective Agency, *General Principles and Rules of Pinkerton's National Detective Agency*, LOC.

8 McWatters, *Knots Untied*, S. 664 f.

9 Shepherd, »Lo, the Rich Indian!«

10 William J. Burns, *Masked War*, S. 10.

11 *New York Times* vom 4. Dezember 1911.

12 Zitiert in: Hunt, *Front-Page Detective*, S. 104.

13 Meine Schilderungen der privatdetektivischen Ermittlungen beruhen auf den Tagesberichten der Agenten, enthalten im Bericht von James Findlay, Juli 1923, FBI.

14 Bericht von Findlay, 10. Juli 1923, FBI.

15 Grand-Jury-Zeugenaussage von Anna Sitterly, NARA-FW.

16 Bericht von Findlay, 10. Juli 1923, FBI.

17 Ebenda.

18 Ebenda.

19 Pinkerton's National Detective Agency, *General Principles and Rules of Pinkerton's National Detective Agency*, LOC.

20 Ebenda.

21 Bericht von Findlay, 13. Juli 1923, FBI.

22 Ebenda.

23 Bericht von Findlay, 10. Juli 1923, FBI.
24 *Mollie Burkhart et al. v. Ella Rogers*, Supreme Court of the State of Oklahoma, NARA-FW.
25 Ebenda.
26 Ebenda.
27 »Scientific Eavesdropping«, in: *Literary Digest* vom 15. Juni 1912.
28 Grand-Jury-Zeugenaussage von Bob Carter, NARA-FW.
29 *Ware v. Beach*, Supreme Court of the State of Oklahoma, Comstock Family Papers.
30 Bericht von Findlay, 13. Juli 1923, FBI.
31 Christison, *A Treatise on Poisons in Relation to Medical Jurisprudence, Physiology, and the Practice of Physic*, S. 684.
32 Ebenda.
33 Oscar T. Schultz und E. M. Morgan, »The Coroner and the Medical Examiner«, *Bulletin of the National Research Council*, Juli 1928.
34 *Washington Post* vom 17. November 1935.
35 *Washington Post* vom 6. September 1922.
36 *Washington Post* vom 14. Juli 1923.
37 *Washington Post* vom 12. März 1925.

Kapitel 6

1 *Pawhuska Daily Journal* vom 18. März 1925.
2 *Pawhuska Daily Capital* vom 14. Juni 1921.
3 *Pawhuska Daily Capital* vom 5. April 1923.
4 Rister, *Oil!*, S. 190.
5 *Daily Oklahoman* vom 28. Januar 1923.
6 *Ada Evening News* vom 24. Dezember 1924.
7 *Daily Journal-Capital* vom 29. März 1928.
8 Gunther, *The Very, Very Rich and How They Got That Way*, S. 124.
9 Zitiert in: Allen, *Only Yesterday*, S. 129.
10 Zitiert in: McCartney, *The Teapot Dome Scandal*, S. 113.
11 *Pawhuska Daily Capital* vom 6. April 1923.
12 Meine Schilderung der Auktion beruht auf lokalen Zeitungsberichten, insbesondere auf einem detaillierten Artikel im *Daily Oklahoman* vom 28. Januar 1923.
13 Thoburn, *A Standard History of Oklahoma*, S. 1989.
14 *Daily Oklahoman* vom 28. Januar 1923.

15 Shepherd, »Lo, the Rich Indian!«
16 Brown, »Our Plutocratic Osage Indians.«
17 Zitiert in: Harmon, *Rich Indians,* S. 181.
18 Ebenda, S. 185.
19 Näheres hierzu siehe: Ebenda.
20 F. Scott Fitzgerald, *The Crack-Up* (1945; Nachdr., New York 2009), S. 87.
21 Gregory, *Oil in Oklahoma,* S. 40.
22 Ebenda, S. 43.
23 *Modifying Osage Fund Restrictions,* S. 73.
24 Aus der Entscheidung im Fall *Barnett v. Barnett,* Supreme Court von Oklahoma, 13. Juli 1926.
25 *Indians of the United States: Investigation of the Field Service,* S. 399.
26 H. S. Traylor an Cato Sells, in *Indians of the United States: Investigation of the Field Service,* S. 201.
27 Ebenda, S. 204.
28 *Modifying Osage Fund Restrictions,* S. 60.
29 *Pawhuska Daily Capital* vom 19. November 1921.
30 Verfahrensabschrift Osage Tribal Council, 1. November 1926, ONM.
31 *Pawhuska Daily Capital* vom 22. Dezember 1921.
32 *Indians of the United States: Investigation of the Field Service,* S. 281.

Kapitel 7

1 Meine Schilderung der Entdeckung von Roans Leiche und der Autopsie stützt sich auf Aussagen der anwesenden Zeugen, darunter der Gesetzeshüter. Näheres siehe die Aufzeichnungen von NARA-FW und NARA-CP.
2 Grand-Jury-Zeugenaussage von J. R. Rhodes, NARA-FW.
3 Ebenda.
4 Pitts Beatty an James A. Finch, 21. August 1935, NARA-CP.
5 Lamb, *Tragedies of the Osage Hills,* S. 178.
6 Aussage von William K. Hale, *U.S. v. John Ramsey and William K. Hale,* Oktober 1926, NARA-FW.
7 *Tulsa Daily World* vom 19. August 1926.
8 Grand-Jury-Zeugenaussage von J. R. Rhodes, NARA-FW.
9 Ebenda.
10 *Osage Chief* vom 9. Februar 1923.

11 Charles W. Sanders, *The New School Reader, Fourth Book: Embracing a Comprehensive System of Instruction in the Principles of Elocution with a Choice Collection of Reading Lessons in Prose and Poetry, from the Most Approved Authors; for the Use of Academies and Higher Classes in Schools, Etc.*, New York 1855, S. 155.

12 Mollies Geheimnis wurde später gelüftet, siehe: *U.S. v. John Ramsey and William K. Hale*, Oktober 1926, NARA-FW.

13 *Daily Oklahoman* vom 6. Januar 1929.

14 Bericht von Findlay, 13. Juli 1923, FBI.

15 Unveröffentlichter Nonfiction-Bericht von Grove mit White, NMSUL.

16 *Manitowoc Herald-Times* vom 22. Januar 1926.

17 Meine Schilderung von Bill und Rita Smith während dieser Zeit der Explosion stützt sich in erster Linie auf Zeugenaussagen gegenüber den Ermittlern und vor Gericht; einige Details stammen auch aus Zeitungsberichten und dem unveröffentlichten Bericht von Grove mit White. Näheres siehe die Berichte von NARA-CP und NARA-FW.

18 Unveröffentlichter Nonfiction-Bericht von Grove mit White, NMSUL.

19 Ebenda.

20 Bericht von Wren, 6. Oktober 1925, FBI.

21 *Osage Chief* vom 22. Juni 1923.

22 Shoemaker, *Road to Marble Hills*, S. 107.

23 Unveröffentlichter Nonfiction-Bericht von Grove mit White, NMSUL.

24 Aussage von Ernest Burkhart, 6. Januar 1926, FBI.

25 Zitiert in: Hogan, *Osage Murders*, S. 66.

26 Zitiert in: Gregory, *Oil in Oklahoma*, S. 56.

27 *Osage Chief* vom 16. März 1923.

28 Grand-Jury-Zeugenaussage von David Shoun, NARA-FW.

29 Unveröffentlichter Nonfiction-Bericht von Grove mit White, NMSUL.

30 Bericht von Wren, 29. Dezember 1925, FBI.

31 Grand-Jury-Zeugenaussage von Horace E. Wilson, NARA-FW.

32 Grand-Jury-Zeugenaussage von F. S. Turton, NARA-FW.

33 Bericht von Burger und Weiss, 12. August 1924, FBI.

34 Bericht von Frank Smith, James Alexander Street, Burger und J. V. Murphy, 1. September 1925, FBI.

35 Grand-Jury-Zeugenaussage von Robert Colombe, NARA-FW.

36 Grand-Jury-Zeugenaussage von David Shoun, NARA-FW.

37 *Osage Chief* vom 16. März 1923.

38 Bericht von Wren, 29. Dezember 1925, FBI.
39 *Indiana Evening Gazette* vom 20. September 1923.
40 Einzelheiten über Vaughans Ermittlungen und Tötung stammen aus verschiedenen Quellen, darunter FBI-Berichte, Zeitungsartikel, Privataufzeichnungen der Familie Vaughan und Interviews mit Nachfahren.
41 Werbung für Vaughans Wahl zum Bezirksstaatsanwalt, Vaughan Family Papers.
42 Aufnahmeantrag von George Bigheart, einzusehen auf der Website des Dickinson College's Carlisle Indian School Digital Resource Center; siehe auch: Record Group 75, Series 1327, NARA-DC.
43 *Tulsa Daily World* vom 1. Juli 1923.
44 Grand-Jury-Zeugenaussage von Horace E. Wilson, NARA-FW.
45 *Literary Digest* vom 3. April 1926.
46 *Manitowoc Herald-Times* vom 22. Januar 1926.
47 John Baxter, »Billion Dollar Murders«, Vaughan Family Papers.
48 Grand-Jury-Zeugenaussage von C. A. Cook, NARA-FW.
49 Bericht von Frank V. Wright, 5. April 1923, FBI.
50 Charles Curtis war später unter Herbert Hoover Vizepräsident der Vereinigten Staaten.
51 Palmer an Curtis, 28. Januar 1925, FBI.
52 Aussage von Frank Smith, aus den Akten zu Ernest Burkharts Begnadigung, NARA-CP.
53 FBI-Bericht mit dem Titel »The Osage Murders«, 3. Februar 1926, FBI.
54 Mollie Burkharts Vormundschaftsakten, Januar 1925, NARA-CP.

Kapitel 8

1 White an Hoover, 10. November 1955, FBI/FOIA.
2 Tracy, »Tom Tracy Tells About – Detroit and Oklahoma«.
3 Zitiert in: Gentry, *J. Edgar Hoover*, S. 112.
4 Abschrift eines Interviews mit Tom White, NMSUL.
5 James M. White (Doc Whites Großneffe), Interview mit dem Autor.
6 Hastedt, »White Brothers of Texas Had Notable FBI Careers«.
7 Näheres zu J. Edgar Hoover und der frühen Geschichte des FBI, siehe: Gentry, *J. Edgar Hoover*; Ungar, *FBI;* Powers, *Secrecy and Power;* und Burrough, *Public Enemies*. Hintergrundinformationen über den Tea-

pot-Dome-Skandal siehe: McCartney, *Teapot Dome Scandal;* Dean, *Warren G. Harding;* und Stratton, *Tempest over Teapot Dome.*

8 Zitiert in: Lowenthal, *Federal Bureau of Investigation,* S. 292.
9 Zitiert in: Gentry, *J. Edgar Hoover,* S. 129.
10 *Cincinnati Enquirer* vom 14. März 1924.
11 J. M. Towler an Hoover, 6. Januar 1925, FBI/FOIA.
12 Hoover an Verdon Adams, 19. Oktober 1970, FBI/FOIA.
13 Zitiert in: Burrough, *Public Enemies,* S. 51.
14 C. S. Weakley an Findlay, 16. August 1923, FBI.
15 W. D. Bolling an Hoover, 3. April 1925, FBI.
16 Bericht von Weiss und Burger, 24. Mai 1924, FBI.
17 Ebenda.
18 Findlay an Eberstein, 5. Februar 1925, FBI.
19 Hoover an Bolling, 16. März 1925, FBI.
20 Palmer an Curtis, 28. Januar 1925, FBI.
21 Hoover an White, 8. August 1925, FBI/FOIA.
22 Hoover an White, 1. Mai 1925, FBI/FOIA.
23 Abschrift eines Interviews mit White, NMSUL.
24 Hoover an White, 21. September 1925, FBI/FOIA.
25 White an Hoover, 5. August 1925, FBI/FOIA.
26 Hoover an Bolling, 3. Februar 1925, FBI.

Kapitel 9

1 Bericht von Weiss und Burger, 29. April 1924, FBI.
2 Abschrift eines Interviews mit White, NMSUL.
3 Bericht von Weiss und Burger, 12. August 1924, FBI.
4 Abschrift eines Interviews mit White, NMSUL.
5 Die Informationen über die Mitglieder von Tom Whites Team stammen hauptsächlich aus den Personalakten der Agenten (zugänglich durch den Freedom of Information Act), aus Whites FBI-Berichten, Briefen und Aufzeichnungen sowie aus Zeitungsberichten und Interviews des Autors mit Nachfahren der Agenten.
6 Der Exsheriff aus New Mexico hieß James Alexander Street.
7 Eugene Hall Parker war der ehemalige Texas Ranger, der zu Whites Undercoverteam gehörte.
8 Personalakte von Parker, 9. April 1934, FBI/FOIA.
9 Der Geheimagent hieß Charles Davis.

10 Personalakte von Smith, 13. August 1932, FBI/FOIA.
11 Personalakte von Smith, 22. Oktober 1928, FBI/FOIA.
12 Louis DeNette an Burns, 2. Juni 1920, FBI.
13 Hoover an Wren, 28. März 1925, FBI/FOIA.
14 Bericht von Weiss und Burger, 31. Dezember 1923, FBI. Bevor Tom White die Ermittlungen übernahm, hatte Burger mit Agent Tom F. Weiss an dem Fall gearbeitet; sämtliche Berichte Burgers wurden gemeinsam mit ihm abgefasst.
15 Bericht von Weiss, 19. November 1923, FBI.
16 Harold Nathan an Gus T. Jones, 10. August 1925, FBI.

Kapitel 10

1 Meine Schilderung der Mordermittlungen des Büros stützt sich auf mehrere Quellen, darunter sind Berichte des FBI, Personalakten von Agenten, Grand-Jury-Zeugenaussagen, Verfahrensabschriften sowie Whites private Korrespondenz und Aufzeichnungen.
2 Wren gab bisweilen auch vor, die Interessen gewisser Viehzüchter zu vertreten.
3 White an Hoover, 2. Februar 1926, FBI/FOIA.
4 Grand-Jury-Zeugenaussage von Horace E. Wilson, NARA-FW.
5 Ebenda.
6 Grand-Jury-Zeugenaussage von David Shoun, NARA-FW.
7 Arthur Conan Doyle, *The Sign of Four*, London 1890, S. 93. Deutsch: *Das Zeichen der Vier*, div. Ausgaben, Kapitel 6.
8 Bericht von Weiss, 1. September 1923, FBI.
9 Bericht von Burger und Weiss, 22. April 1924, FBI.
10 Ebenda.
11 Bericht von Weakley, 7. August 1923, FBI.
12 Bericht von Weiss und Burger, 2. Februar 1924, FBI.
13 Ebenda.
14 Ebenda.
15 Ebenda.
16 Tarbell, »Identification of Criminals«.
17 Anfangs bezog die Identification Division Fingerabdrücke vom U.S. Penitentiary in Leavenworth und von der International Association for Chiefs of Police.
18 Zitiert in: Powers, *Secrecy and Power*, S. 150.

19 Bericht von Weiss und Burger, 2. Februar 1924, FBI.
20 Morrison behauptete anfangs fälschlicherweise, Rose hätte ihren Freund in den Fall verwickelt.
21 Bericht von Weiss und Burger, 2. Februar 1924, FBI.
22 Bericht von Weiss und Burger, 16. August 1924, FBI.

Kapitel 11

1 Hoover zu White, 2. Juni 1926, FBI.
2 Hoover zu Bolling, Juni 1925, FBI.
3 Weiss und Burger an William J. Burns, 24. März 1924, FBI.
4 Grand-Jury-Zeugenaussage von Ed Hainey, NARA-FW.
5 Gerichtliche Aussage von Berry Hainey, *State of Oklahoma v. Kelsie Morrison,* OSARM.
6 Bericht von Weakley, 15. August 1923, FBI.
7 Bericht von Weiss und Burger, 8. Januar 1924, FBI.
8 Bericht von Weiss und Burger, 10. Januar 1924, FBI.
9 Ebenda.

Kapitel 12

1 Bericht von Smith, 28. September 1925, FBI.
2 Ebenda.
3 Findlay an Burns, 19. Dezember 1923, FBI.
4 Eustace Smith an Attorney General, 15. März 1925, FBI.
5 Bericht von Weiss und Burger, 2. Juli 1924, FBI.
6 Ebenda.
7 Bericht von Weiss und Burger, 12. Juli 1924, FBI.
8 Bericht von Weiss und Burger, 2. Juli 1924, FBI.
9 Bericht von Weiss und Burger, 16. August 1924, FBI.
10 Abschrift eines Interviews mit White, NMSUL.
11 Bericht von Weiss und Burger, 11. Februar 1924, FBI.
12 Bericht von Weiss und Burger, 11. April 1924, FBI.
13 Bericht von Weiss und Burger, 14. August 1924, FBI.
14 Grand-Jury-Zeugenaussage von Elbert M. Pike, NARA-FW.
15 Bericht von Weiss, 19. November 1923, FBI.

Kapitel 13

1 Daniell, *Personnel of the Texas State Government*, S. 389.
2 Adams, *Tom White*, S. 6.
3 *Austin Weekly Statesman* vom 31. März 1892.
4 *Bastrop Advertiser* vom 5. August 1899.
5 *Austin Weekly Statesman* vom 1. September 1892.
6 *Austin Weekly Statesman* vom 22. November 1894.
7 *Austin Weekly Statesman* vom 16. November 1893.
8 *Austin Weekly Statesman* vom 11. Januar 1894.
9 *Dallas Morning News* vom 13. Januar 1894.
10 Ebenda.
11 Adams, *Tom White*, S. 8.
12 Zitiert in: Parsons, *Captain John R. Hughes*, S. 275.
13 Leonard Mohrman, »A Ranger Reminisces«, in: *Texas Parade* vom Februar 1951.
14 Abschrift eines Interviews mit Tom White, NMSUL.
15 Zitiert in: Robinson, *Men Who Wear the Star*, S. 79.
16 Tom White machte Schießübungen mit seinem Revolver. Es waren die Rangers, die die revolutionären Möglichkeiten dieser Repetierwaffe erkannten, nachdem sie lange Zeit von indianischen Kriegern besiegt worden waren, die einen ganzen Pfeilregen niedergehen lassen konnten, bevor die Gesetzeshüter ihre Vorderlader wieder schussbereit hatten. Im Jahr 1844, während der Testphase eines fünfschüssigen Colt-Revolvers, überrannte eine Gruppe Ranger eine wesentlich größere Anzahl von Komantschen. Danach teilte ein Ranger dem Büchsenmacher Samuel Colt mit, dass der Trommelrevolver mit einigen Verbesserungen zur »perfektesten Waffe der Welt« gemacht werden könne. Mit dieser Anregung seitens der Ranger entwarf Colt seinen tödlichen Sechsschüsser – »ein Stiefkind des Westens«, wie ihn ein Historiker nannte –, der dazu beitrug, dass sich die Machtverhältnisse zwischen den Präriestämmen und den Siedlern unwiderruflich änderten. Auf der Waffe war ein Bild des glorreichen Sieges der Ranger über die Komantschen eingraviert.
17 Um seine Zielsicherheit zu verbessern, schoss White zur Übung auf praktisch alles, was sich bewegte: Kaninchen, Bussarde, sogar Präriehunde. Er erkannte, dass es wichtiger war, genau zu schießen, als schnell zu ziehen. Wie sein Bruder Doc sich ausdrückte: »Was bringt

es, wenn man schnell zieht, aber kein sicherer Schütze ist?« Doc sagte, viele Legenden um die großen Schützen des Westens seien »Unsinn«: »Das ganze Gerede darum, dass Wyatt Earp unglaublich schnell gezogen haben soll, ist übertrieben. Er war einfach nur ein guter Schütze.«

18 Adams, *Tom White*, S. 19.
19 Ben M. Edwards an Frank Johnson, 25. Januar 1908, TSLAC.
20 Hastedt, »White Brothers of Texas Had Notable FBI Careers«.
21 Adams, *Tom White*, S. 16.
22 Zitiert in: Parsons, *Captain John R. Hughes*, S. xvii.
23 Thomas Murchinson an den Generaladjutanten, 2. März 1907, TSLAC.
24 Zitiert in: Alexander, *Bad Company and Burnt Powder*, S. 240.
25 Adams, *Tom White*, S. 24.
26 Generaladjutant an Tom Ross, 10. Februar 1909, TSLAC.
27 *Beaumont Enterprise* vom 15. Juli 1918.
28 Generaladjutant an J. D. Fortenberry, 1. August 1918, TSLAC.

Kapitel 14

1 Grand-Jury-Zeugenaussage von David Shoun, NARA-FW.
2 Ebenda.
3 Ebenda.
4 Grand-Jury-Zeugenaussage von James Shoun, NARA-FW.
5 Grand-Jury-Zeugenaussage von David E. Johnson, NARA-FW.
6 Ebenda.
7 Grand-Jury-Zeugenaussage von James Shoun, NARA-FW.
8 Bericht von Smith, Street, Burger und Murphy, 1. Sept. 1925, FBI.
9 Grand-Jury-Zeugenaussage von David Shoun, NARA-FW.
10 Ebenda.
11 *Survey of Conditions of Indians*, 23018.
12 Gertrude Bonnin, »Oklahoma's Poor Rich Indians: An Orgy of Graft and Exploitation of the Five Civilized Tribes and Others«, 1924, HSP.
13 Ebenda.
14 *St. Louis Post-Dispatch* vom 10. Mai 1925.
15 Memorandum von Gertrude Bonnin, »Case of Martha Axe Roberts«, 3. Dezember 1923, HSP.
16 Ebenda.
17 Shepherd, »Lo, the Rich Indian!«

Kapitel 15

1 Bericht von Wren, Davis und Parker, 10. September 1925, FBI.
2 Grand-Jury-Zeugenaussage von John McLean, NARA-FW.
3 Ebenda.
4 Grand-Jury-Zeugenaussage von Alfred T. Hall, NARA-FW.
5 *Tulsa Tribune* vom 6. August 1926.
6 Bert Farrar an Roy St. Lewis, 22. Dezember 1928, NARA-FW.
7 Grand-Jury-Zeugenaussage von John McLean, NARA-FW.
8 Grand-Jury-Zeugenaussage von W. H. Aaron, NARA-FW.
9 *U.S. v. John Ramsey and William K. Hale,* Oktober 1926, NARA-FW.
10 Unveröffentlichter Nonfiction-Bericht von Grove mit White, NMSUL.
11 Bericht von Burger und Weiss, 12. August 1924, FBI.
12 Hales Gnadengesuch, 15. November 1935, NARA-CP.
13 Bericht von Wright, 5. April 1923, FBI.
14 Bericht von Weiss und Burger, 10. Januar 1924, FBI.
15 Bericht mit dem Titel »The Osage Murders«, 3. Februar 1926, FBI.
16 *Shakespeares dramatische Werke*, in der Übersetzung von August Wilhelm Schlegel, Berlin 1797, 2. Akt, 1. Szene.

Kapitel 16

1 Edwin Brown an Hoover, 22. März 1926, FBI/FOIA.
2 Bericht von Wren, 6. Oktober 1925, FBI.
3 Bericht mit dem Titel »Osage Indian Murder Cases«, 10. Juli 1953, FBI.
4 Hoover an White, 25. November 1925, FBI/FOIA.
5 Zitiert in: Nash, *Citizen Hoover,* S. 23.
6 Näheres über Hoovers Umstrukturierungsmaßnahmen siehe: Gentry, *J. Edgar Hoover;* Powers, *Secrecy and Power;* Burrough, *Public Enemies;* und Ungar, *F.B.I.* Näheres über die Schattenseiten des Progressivismus siehe auch: Thomas C. Leonards Zeitschriftenbeiträge »American Economic Reform in the Progressive Era« und »Retrospectives«.
7 *San Bernardino County Sun* vom 31. Dezember 1924.
8 Zitiert in: Powers, *Secrecy and Power,* S. 146.
9 *San Bernardino County Sun* vom 31. Dezember 1924.
10 Hoover an White, 21. September 1925, FBI/FOIA.
11 Hoover an White, 1. Mai 1925, FBI/FOIA.

12 Zitiert in: Gentry, *J. Edgar Hoover,* S. 149.
13 Hoover an White, 15. April 1925, FBI/FOIA.
14 Zitiert in: Gentry, *J. Edgar Hoover,* S. 67.
15 Tracy, »Tom Tracy Tells About—Detroit and Oklahoma«.
16 Adams, *Tom White,* S. 133.
17 White an Hoover, 28. September 1925, FBI/FOIA.
18 White an Hoover, 10. Juni 1925, FBI/FOIA.
19 Memorandum für Hoover, 12. Mai 1925, FBI/FOIA.
20 Zitiert in: Gentry, *J. Edgar Hoover,* S. 170.
21 Zitiert in: Powers, *Secrecy and Power,* S. 154.

Kapitel 17

1 Mary Jo Webb, Interview mit dem Autor.
2 *Osage Chief* vom 28. Juli 1922.
3 Bericht von Weiss und Burger, 12. August 1924, FBI.
4 White an Grove, 23. Juni 1959, NMSUL.
5 Kriminalakte von Dick Gregg, 9. Januar 1925, KHS.
6 White an Grove, 23. Juni 1959, NMSUL.
7 Bericht von Weiss und Burger, 24. Juli 1924, FBI.
8 Aussage von Dick Gregg, 8. Juni 1925, FBI.
9 Siehe Artikel von Fred Grove in: *The War Chief of the Indian Territory Posse of Oklahoma Westerners* 2, Nr. 1 (Juni 1968).
10 White an Grove, 23. Juni 1959, NMSUL.
11 Ebenda.
12 Bericht von Weiss und Burger, 14. August 1924, FBI.
13 Lamb, *Tragedies of the Osage Hills,* S. 119.
14 *Muskogee Times-Democrat* vom 5. August 1909.
15 Bericht von Burger, 30. November 1928, FBI.
16 Außerdem bestand der Verdacht, dass auch Grammer erschossen worden war – mit einer Schusswunde in der linken Achselgegend.
17 Grand-Jury-Zeugenaussage von John Mayo, NARA- FW.
18 Bericht von Weiss und Burger, 2. Juli 1924, FBI.
19 Bericht von Weiss und Burger, 16. August 1924, FBI.
20 Bericht von Wren, 5. November 1925, FBI.
21 Dokument mit dem Titel »Osage Indian Murder Cases«, 10. Juli 1953, FBI.
22 Abschrift eines Interviews mit White, NMSUL.

Kapitel 18

1 Unveröffentlichter Nonfiction-Bericht von Grove mit White, NMSUL. In amtlichen Aufzeichnungen wird Lawsons Vorname »Burt« geschrieben; in anderen Berichten taucht er gelegentlich als »Bert« auf. Um Unklarheiten zu vermeiden, habe ich mich für Burt entschieden.
2 White an Grove, 2. Mai 1959, NMSUL.
3 Unveröffentlichter Nonfiction-Bericht von Grove mit White, NMSUL.
4 Bericht von Smith und Murphy, 27. Oktober 1925, FBI.
5 White an Hoover, 24. Oktober 1925, FBI.
6 Hoover an White, 26. Oktober 1925, FBI.
7 Homer Fincannon, Interview mit dem Autor.
8 Bericht von Wren, 6. Oktober 1925, FBI.
9 Edwin Brown an George Wright, 18. Juli 1925, NARA- CP.
10 Unveröffentlichter Nonfiction-Bericht von Grove mit White, NMSUL.
11 *Guthrie Leader* vom 6. Januar 1926.
12 Abschrift eines Interviews mit White, NMSUL.
13 Aussage von Luhring vor dem Großen Geschworenengericht, NARA- FW.
14 Abschrift eines Interviews mit White, NMSUL.
15 Unveröffentlichter Nonfiction-Bericht von Grove mit White, NMSUL.
16 Gentry, *J. Edgar Hoover*, S. 386.
17 *Tulsa Tribune* vom 5. Januar 1926.
18 Bericht von Weiss und Burger, 30. April 1924, FBI.
19 Grand-Jury-Zeugenaussage von Smith, 5. Januar 1926, NARA-CP.
20 Aussage von Ernest Burkhart, 6. Januar 1926, FBI.
21 Unveröffentlichter Nonfiction-Bericht von Grove mit White, NMSUL.
22 Aussage von Ernest Burkhart, 5. Februar 1927, NARA-CP.
23 Aussage von Ernest Burkhart, 6. Januar 1926, FBI.
24 Grand-Jury-Zeugenaussage von Frank Smith, NARA-FW.
25 Abschrift eines Interviews mit White, NMSUL.
26 Aussage von Ernest Burkhart, 6. Januar 1926, FBI.
27 Grand-Jury-Zeugenaussage von Frank Smith, NARA-FW.
28 Unveröffentlichter Nonfiction-Bericht von Grove mit White, NMSUL.
29 *Tulsa Tribune* vom 13. März 1926.
30 Grand-Jury-Zeugenaussage von Smith, NARA-FW.
31 Aussage von John Ramsey, 6. Januar 1926, FBI.
32 Unveröffentlichter Nonfiction-Bericht von Grove mit White, NMSUL.

33 Memorandum, M. A. Jones an Louis B. Nichols, 4. August 1954, FBI.
34 Grand-Jury-Zeugenaussage von James Shoun, NARA-FW.
35 Aussage von Mollie Burkhart vor dem Stammesanwalt und anderen Gesetzesvertretern, NARA-FW.
36 Macon, »Mass Murder of the Osages«.
37 Zitiert in: Gregory, *Oil in Oklahoma*, S. 57.
38 Unveröffentlichter Nonfiction-Bericht von Grove mit White, NMSUL.
39 Bericht von Weiss und Burger, 2. Februar 1924, FBI.
40 Unveröffentlichter Nonfiction-Bericht von Grove mit White, NMSUL.
41 Ebenda.

Kapitel 19

1 *Literary Digest* vom 23. Januar 1926.
2 *Evening Independent* vom 5. Januar 1926.
3 Holding, »King of the Killers«.
4 Lizzie June Bates an George Wright, 21. November 1922, NARA-FW.
5 *Reno Evening-Gazette* vom 4. Januar 1926.
6 *Evening Independent* vom 5. März 1926.
7 White an Hoover, 18. September 1926, FBI.
8 Bates an Wright, 21. November 1922, NARA-FW.
9 Kopie der Resolution der Society of Oklahoma Indians, NARA-FW.
10 Zitiert in: Irwin, *Deadly Times*, S. 331.
11 *Lima News* vom 29. Januar 1926.
12 Edwin Brown an A. G. Ridgley, 21. Juli 1925, FBI.
13 *Sequoyah County Democrat* vom 9. April 1926.
14 Sargent Prentiss Freeling Archivordner, OHS.
15 Lamb, *Tragedies of the Osage Hills*, S. 174.
16 Aussage von Burkhart im Zeugenschutz, 5. Februar 1927, NARA-CP.
17 Eines Abends im Dezember 1926 wurde Luther Bishop, ein staatlicher Gesetzeshüter, der in den Osage-Mordfällen assistiert hatte, in seinem Haus erschossen. Seine Frau wurde wegen Mordes angeklagt, später jedoch von einem Geschworenengericht freigesprochen. Dee Cordry, ein ehemaliger Polizeiermittler und Schriftsteller, untersuchte den Fall für sein 2005 erschienenes Buch *Alive If Possible—Dead If Necessary*. Er nahm an, dass Hale den Mord als letzten Racheakt in Auftrag gegeben hatte.
18 Bericht von W. A. Kitchen, 2. März 1926, FBI.

19 Bericht von Smith, 8. Februar 1926, FBI.
20 Grand-Jury-Zeugenaussage von Dewey Selph, NARA-FW.
21 Unveröffentlichter Nonfiction-Bericht von Grove mit White, NMSUL.
22 White an Hoover, 31. März 1926, FBI.
23 Bericht von Burger, 2. November 1928, FBI.
24 Grand-Jury-Zeugenaussage von Burkhart, NARA-FW.
25 Abschrift eines Interviews mit White, NMSUL.
26 White an Hoover, 26. Juni 1926, FBI.
27 Wright an Charles Burke, 24. Juni 1926, NARA-CP.
28 Aussage von Mollie Burkhart gegenüber dem Stammesanwalt und anderen Gesetzesvertretern, NARA-FW.
29 Mollie an Ernest Burkhart, 21. Januar 1926, NARA-FW.
30 Unveröffentlichter Nonfiction-Bericht von Grove mit White, NMSUL.
31 Ebenda.
32 White an Hoover, 3. Juli 1926, FBI.
33 *Tulsa Tribune* vom 13. März 1926.
34 *Bismarck Tribune* vom 17. Juni 1926.
35 *Tulsa Tribune* vom 13. März 1926.
36 Zitiert in: Hogan, *Osage Murders*, S. 195.
37 Unveröffentlichter Nonfiction-Bericht von Grove mit White, NMSUL.
38 *Tulsa Daily World* vom 20. August 1926.
39 *Tulsa Daily World* vom 13. März 1926.
40 Unveröffentlichter Nonfiction-Bericht von Grove mit White, NMSUL.
41 Leahy, Vermerk in den Akten zur Begnadigung, NARA-CP.
42 White an Hoover, 5. Juni 1926, FBI.
43 Zeugenaussage aus Ernest Burkharts Voruntersuchung, in: *U.S. vs. John Ramsey and William K. Hale*, NARA-FW.
44 Abschrift eines Interviews mit White, NMSUL.
45 *Tulsa Tribune* vom 30. Mai 1926.
46 Zitiert in: Gentry, *J. Edgar Hoover*, S. 117.
47 *Washington Post* vom 8. Juni 1926.
48 White an Grove, 10. August 1959, NMSUL.
49 White an Hoover, 8. Juni 1926, FBI.
50 Unveröffentlichter Nonfiction-Bericht von Grove mit White, NMSUL.
51 Zeugenaussage von Kelsie Morrison, in: *State of Oklahoma v. Morrison*, OSARM.
52 Morrisons Zeugenaussage bei Ernest Burkharts Prozess, später aufgenommen in: ebenda.

53 Ebenda.
54 Aussage von Katherine Cole, 31. Januar 1926, NARA- FW.
55 Meine Schilderung, wie Burkhart sein Plädoyer änderte, stützt sich auf Prozessberichte aus lokalen Zeitungen, auf Groves Manuskript und auf einen 1927 verfassten Brief Leahys, der in den Akten zu Burkharts Begnadigung bei der NARA-CP aufbewahrt wird.
56 *Tulsa Daily World* vom 10. Juni 1926 sowie Groves Manuskript.
57 *Tulsa Daily World* vom 10. Juni 1926.
58 Unveröffentlichter Nonfiction-Bericht von Grove mit White, NMSUL.
59 *Daily Journal-Capital* vom 9. Juni 1926.
60 *Tulsa Daily World* vom 10. Juni 1926.
61 *New York Times* vom 10. Juni 1926.
62 White an Hoover, 15. Juni 1926, FBI.
63 Siehe Sendschreiben von Short an Luhring, 1926, NARA-FW.
64 Abschrift eines Interviews mit White, NMSUL.
65 *Tulsa Daily World* vom 19. August 1926.

Kapitel 20

1 *Tulsa Tribune* vom 29. Juli 1926.
2 Bericht von Burger, 2. November 1928, FBI.
3 *Tulsa Tribune* vom 21. August 1926.
4 Ebenda.
5 *Tulsa Daily World* vom 30. Juli 1926.
6 *Tulsa Tribune* vom 29. Juli 1926.
7 *Tulsa Daily World* vom 31. Juli 1926.
8 Lamb, *Tragedies of the Osage Hills*, S. 179.
9 *Tulsa Daily World* vom 19. August 1926.
10 *Daily Journal-Capital* vom 20. August 1926.
11 *Tulsa Tribune* vom 21. August 1926.
12 Dieses Zitat und weitere Details siehe: *Oklahoma City Times* vom 25. August 1926.
13 Bericht von H. E. James, 11. Mai 1928, FBI.
14 *Daily Oklahoman* vom 8. Oktober 1926.
15 Oscar R. Luhring an Roy St. Lewis, 23. September 1926, NARA-FW.
16 *U.S. v. John Ramsey and William K. Hale,* Oktober 1926, NARA-FW.
17 Ebenda.
18 Aussage von Ernest Burkhart bei seinem Prozess 1926, NMSUL.

19 Abschlussplädoyer von Oscar R. Luhring, *U.S. v. John Ramsey and William K. Hale*, Oktober 1926, NARA-FW.
20 Ebenda.
21 *Daily Oklahoman* vom 30. Oktober 1926.
22 *Tulsa Daily World* vom 30. Oktober 1926.
23 *New York Times* vom 30. Oktober 1926.
24 Leahy an U.S. Attorney General, 1. Februar 1929, FBI/FOIA.
25 Morrison an Hale, *State of Oklahoma vs. Kelsie Morrison*, OSARM.
26 Aussage von Bryan Burkhart, *State of Oklahoma v. Kelsie Morrison*, OSARM.
27 Ebenda.
28 *St. Louis Post-Dispatch* vom 4. November 1926.
29 Hoover an White, 9. Januar 1926, FBI.
30 Zeitungsartikel, ohne Seitenangabe, ohne Datum, FBI.
31 Memorandum von Burger, 27. Oktober 1932, FBI.
32 *The Lucky Strike Hour*, 15. November 1932, siehe: http://www.otrr.org/.
33 Hoover an White, 6. Februar 1926, FBI/FOIA.
34 Zitiert in: Adams, *Tom White*, S. 76.
35 Mabel Walker Willebrandt an Hoover, 15. Februar 1927, FBI/FOIA.
36 Hoover an Willebrandt, 9. Dezember 1926, FBI/FOIA.
37 Earley, *The Hot House*, S. 30.
38 *Daily Oklahoman*, ohne Datum, sowie Abschrift eines Interviews mit White, NMSUL.

Kapitel 21

1 Adams, *Tom White*, S. 84.
2 Rudensky, *Gonif*, S. 32.
3 Ebenda, S. 33.
4 In der Überzeugung, dass Häftlinge eine Beschäftigung benötigten, gestattete White dem verurteilten Mörder Robert Stroud, in seiner Zelle eine Volière mit etwa dreihundert Vögeln zu betreiben. Bald nannte man ihn den Vogelmann. In einem Brief an White schrieb Strouds Mutter, sie sei dankbar, dass jemand, der »die menschliche Natur und ihre Schwächen« verstehe, obrigkeitliche Gewalt über ihren Sohn ausübe.
5 Adams, *Tom White*, S. 133.
6 Rudensky, *Gonif*, S. 27.

7 Autobiographie von Carl Panzram, 3. November 1928, Panzram Papers, SDSUL.
8 Nash, *Almanac of World Crime*, S. 102.
9 Leavenworth, Gutachten über Hale, Oktober 1945, NARA-CP.
10 White an Morris F. Moore, 23. November 1926, NARA-CP.
11 Mrs. W. K. Hale an White, 29. September 1927, NARA-CP.
12 Aussage von Hale, 31. Januar 1927, NARA-CP.
13 Leavenworth-Gutachten über Hale, 1. August 1941, NARA-CP.
14 Hale ging in Berufung, und im Jahr 1928 änderte ein Berufungsgericht erschreckenderweise das Urteil. Ein Mann, der der Verteidigung assistiert hatte, gestand später, Hale habe jemanden gehabt, der »das für ihn übernahm«. Hale, wie auch Ramsey, wurde jedoch sofort erneut verklagt und verurteilt.
15 Nachlassakten von Mollie Burkhart, Akte Nr. 2173, NARA-FW.
16 Meine Schilderung des Ausbruchs basiert in erster Linie auf FBI-Berichten, die ich dank des *Freedom of Information Act* einsehen durfte; weitere Quellen waren das Transkript eines Interviews mit einem der Verbrecher, das der Autor David A. Ward führte, sowie Briefe von Tom White, Zeitungsberichte und Adams' Buch *Tom White*.
17 *Dunkirk Evening Observer* vom 12. Dezember 1931.
18 Adams, *Tom White*, S. 114.
19 *Pittsburgh Press* vom 14. Dezember 1939.
20 *Dunkirk Evening Observer* vom 12. Dezember 1931.
21 Ward, *Alcatraz*, S. 6.
22 Ebenda.
23 Adams, *Tom White*, S. 109 f.
24 *Pittsburgh Press* vom 14. Dezember 1939.
25 Gentry, *J. Edgar Hoover*, S. 169.
26 Zitiert in: Ebenda, S. 58.
27 White an Hoover, 1. Juli 1938, FBI/FOIA.
28 Leitender Spezialagent in El Paso an Hoover, 12. Februar 1951, FBI/FOIA.
29 White an Hoover, 3. September 1954, FBI/FOIA.
30 Hoover an White, 9. September 1954, FBI/FOIA.
31 Gus T. Jones an Hoover, 16. Juni 1934, FBI/FOIA.
32 Wren an Hoover, 2. August 1932, FBI/FOIA.
33 Wren an Hoover, 4. Oktober 1936, FBI/FOIA.
34 White an Hoover, 10. November 1955, FBI/FOIA.

35 White an Grove, 10. August 1959, NMSUL.
36 White an Hoover, 20. März 1958, FBI/FOIA.
37 M. A. Jones an Gordon Nease, 4. April 1958, FBI/FOIA.
38 Bessie White an Grove, 21. September 1959, NMSUL.
39 Tom White an Grove, 4. Januar 1960, FBI/FOIA.
40 J. E. Weems an Grove, 28. Juni 1963, NMSUL.
41 White an Hoover, 15. Februar 1969, FBI/FOIA.
42 Adams, *Tom White*, Nachwort.
43 Leitender Spezialagent in El Paso an Hoover, 21. Dezember 1971, FBI/FOIA.

Kapitel 22

1 Morris, *Ghost Towns of Oklahoma*, S. 83.
2 Louis F. Burns, *History of the Osage People*, xiv.
3 Näheres über die Tänze der Osage siehe: Callahan, *Osage Ceremonial Dance I'n-Lon-Schka*.
4 Louis F. Burns, *History of the Osage People*, S. 496.
5 *Fairfax Chief* vom 17. Juni 1937.
6 Kopie der Resolution des Stammesrates, Nr. 78, 15. November 1937, NARA-FW.
7 *Kansas City Times* vom 21. Dezember 1937.
8 *Daily Journal-Capital* vom 3. August 1947.
9 *Oklahoma City Times* vom 26. Oktober 1959.
10 *Daily Oklahoman* vom 14. Februar 1966.
11 *Literary Digest* vom 14. Mai 1932.
12 *Hamilton Evening Journal* vom 28. September 1929.
13 Paschens »Wi'-dschi-e,« in: *Bestiary*.
14 Webb-Storey, »Culture Clash«, S. 115.

Kapitel 23

1 *Daily Oklahoman* vom 2. Juli 1923.
2 Bericht von Smith, 28. September 1925, FBI.
3 *Hearings Before the Joint Commission of the Congress of the United States*, S. 1505.
4 Bericht von Weiss und Burger, 11. April 1924, FBI.
5 Ebenda.

6 Bericht von Wren, 5. November 1925, FBI.
7 Bericht von Smith, 3. April 1926, FBI.

Kapitel 24

1 Tallchief, *Maria Tallchief*, S. 4.
2 Mode- und selbstbewusste junge Frauen in den 1920ern, die Jazz und hartem Alkohol frönten (Anm. d. Übers.).
3 Hale an Wilson Kirk, 27. November 1931, ONM.
4 Bericht von Findlay, 13. Juli 1923, FBI.
5 Ebenda.
6 Ebenda.
7 Bericht von Burger, 12. August 1924, FBI.
8 Bericht von Findlay, 13. Juli 1923, FBI.
9 Ebenda.
10 Ebenda.
11 Bericht von Burger, 13. August 1924, FBI.
12 Bericht von Burger, 12. August 1924, FBI.
13 Bericht von Weiss und Burger, 10. Januar 1924, FBI.
14 Ebenda.
15 Bericht von Weiss und Burger, 26. Dezember 1923, FBI.
16 Bericht von Weiss und Burger, 10. Januar 1924, FBI.
17 Bericht von Weiss und Burger, 26. Januar 1923, FBI.
18 Bericht von Burger, 13. August 1924, FBI.

Kapitel 25

1 U.S. Bezirksgericht für den nördlichen Distrikt von Oklahoma, *U.S. v. Osage Wind, Enel Kansas, and Enel Green Power North America*, 30. September 2015.
2 Ebenda.
3 *Tulsa World* vom 25. Februar 2015.
4 *Pawhuska Daily Capital* vom 30. Januar 1919.
5 Zitiert in: »The Murder of Mary Denoya-Bellieu-Lewis«, PPL.

Kapitel 26

1 E. E. Shepperd an das Büro des U.S. Attorney, 8. Januar 1926, NARA-FW.
2 *Daily Oklahoman* vom 25. Oktober 1926.
3 Zitiert in: Wilson, *Underground Reservation*, S. 144.
4 Zitiert in: McAuliffe, *Deaths of Sybil Bolton*, S. 109.
5 Bericht mit dem Titel »Murder on Indian Reservation«, 6. November 1932, FBI.
6 McAuliffe, *Deaths of Sybil Bolton*, S. 251.
7 Ball, *Osage Tribal Murders.*
8 Interview von F. G. Grimes Jr. und Edwin Brown, 17. Juni 1925, FBI.
9 Bericht von Smith, 30. Oktober, 1926, FBI.
10 Allen Warrior, »Review Essay: The Deaths of Sybil Bolton: An American History«, in: *Wicazo Sa Review* 11 (1995), S. 52.
11 McAuliffe, *Deaths of Sybil Bolton,* S. 137.
12 Ebenda, S. 139.
13 Aus McAuliffes überarbeiteter Ausgabe von *The Deaths of Sybil Bolton,* die unter einem neuen Titel erschien: *Bloodland: A Family Story of Oil, Greed, and Murder on the Osage Reservation,* San Francisco 1999, S. 287.
14 Zitiert in: Wallis, *Oil Man,* S. 152.

Auswahlbibliografie

Ackerman, Kenneth D., *Young J. Edgar: Hoover, the Red Scare, and the Assault on Civil Liberties*, New York 2007.

Adams, Verdon R., *Tom White: The Life of a Lawman*, El Paso 1972.

Adcock, James M., und Arthur S. Chancellor, *Death Investigations*, Burlington, Mass., 2013.

Alexander, Bob, *Bad Company and Burnt Powder: Justice and Injustice in the Old Southwest*, Denton 2014.

Allen, Frederick Lewis, *Only Yesterday: An Informal History of the 1920s*, New York 1997.

Ambrose, Stephen E., *Undaunted Courage: Meriwether Lewis, Thomas Jefferson, and the Opening of the American West*, New York 2002.

Anderson, Dan, Laurence J. Yadon und Robert B. Smith, *100 Oklahoma Outlaws, Gangsters, and Lawmen, 1839–1939*, Gretna, La., 2007.

Babyak, Jolene, *Birdman: The Many Faces of Robert Stroud*, Berkeley, Kalif., 1994.

Bailey, Garrick Alan, *Changes in Osage Social Organization, 1673–1906*, in: University of Oregon Anthropological Papers 5, Eugene 1973.

Ders., »The Osage Roll: An Analysis«, in: *Indian Historian* 5 (1972), S. 26 ff.

Bailey, Garrick Alan, Daniel C. Swan, John W. Nunley und E. Sean Standing Bear, *Art of the Osage*, Seattle 2004.

Bailey, Garrick Alan, und William C. Sturtevant (Hgg.), *Indians in Contemporary Society*. Bd. 2, *Handbook of North American Indians*, Washington, D.C., 2008.

Baird, W. David, *The Osage People*, Phoenix 1972.

Ball, Larry D., *Desert Lawmen: The High Sheriffs of New Mexico and Arizona, 1846–1912*, Albuquerque 1996.

Bates, James Leonard, *The Origins of Teapot Dome: Progressives, Parties, and Petroleum, 1909–1921*, Urbana 1964.

Blum, Howard, *American Lightning: Terror, Mystery, the Birth of Hollywood, and the Crime of the Century,* New York 2008.
Boatright, Mody C., und William A. Owens, *Tales from the Derrick Floor: A People's History of the Oil Industry,* Garden City, N.Y., 1970.
Boorstin, Daniel J., *The Americans: The Democratic Experience,* New York 1974.
Breuer, William B., *J. Edgar Hoover and His G-Men,* Westport 1995.
Brown, Meredith Mason, *Frontiersman: Daniel Boone and the Making of America,* Baton Rouge 2009.
Burchardt, Bill, »Osage Oil«, in: *Chronicles of Oklahoma* 41 (Herbst 1963), S. 253 ff.
Burns, Louis F., *A History of the Osage People,* Tuscaloosa 2004.
Ders., *Osage Indian Customs and Myths,* Tuscaloosa 2005.
Burns, William J., *The Masked War: The Story of a Peril That Threatened the United States,* New York 1913.
Burrough, Bryan, *Public Enemies: America's Greatest Crime Wave and the Birth of the FBI, 1933–34,* New York 2009.
Caesar, Gene, *Incredible Detective: The Biography of William J. Burns,* New York 1989.
Callahan, Alice Anne, *The Osage Ceremonial Dance I'n-Lon-Schka,* Norman 1993.
Cecil, Matthew, *Hoover's FBI and the Fourth Estate: The Campaign to Control the Press and the Bureau's Image,* Lawrence 2014.
Chapman, Berlin B., »Dissolution of the Osage Reservation, Part One«, in: *Chronicles of Oklahoma* Nr. 20 (Sept. – Dez. 1942), S. 244 ff.
Ders., »Dissolution of the Osage Reservation, Part Two«, in: *Chronicles of Oklahoma* Nr. 20 (Sept. – Dez. 1942), 375 ff.
Ders., »Dissolution of the Osage Reservation, Part Three«, in: *Chronicles of Oklahoma* Nr. 21 (März 1943), S. 78 ff.
Ders., »Dissolution of the Osage Reservation, Part Four«, in: *Chronicles of Oklahoma* Nr. 21 (Juni 1943), S. 171 ff.
Christison, Sir Robert, *A Treatise on Poisons in Relation to Medical Jurisprudence, Physiology, and the Practice of Physic,* Edinburgh 1832.
Collins, Michael L., *Texas Devils: Rangers and Regulars on the Lower Rio Grande, 1846– 1861,* Norman 2008.
Connelly, William L., *The Oil Business as I Saw It: Half a Century with Sinclair,* Norman 1954.

Cope, Jack, *1300 Metropolitan Avenue: A History of the United States Penitentiary at Leavenworth, Kansas,* Leavenworth, Kans., 1997.
Cordry, Dee, *Alive If Possible— Dead If Necessary,* Mustang, Okla., 2005.
Cox, James, *Historical and Biographical Record of the Cattle Industry and the Cattlemen of Texas and Adjacent Territory,* St. Louis 1895.
Cox, Mike, *Time of the Rangers,* New York 2010.
Crockett, Art, *Serial Murderers,* New York 1993.
Daniell, L. E., *Personnel of the Texas State Government, with Sketches of Distinguished Texans, Embracing the Executive and Staff, Heads of the Departments, United States Senators and Representatives, Members of the Twenty- First Legislature,* Austin 1889.
Daugherty, H. M., und Thomas Dixon, *The Inside Story of the Harding Tragedy,* New York 1932.
Dean, John W., *Warren G. Harding,* New York 2004.
Debo, Angie, *And Still the Waters Run: The Betrayal of the Five Civilized Tribes,* Princeton, N.J., 1991.
Demaris, Ovid, *The Director: An Oral Biography of J. Edgar Hoover,* New York 1975.
Dennison, Jean, *Colonial Entanglement: Constituting a Twenty-First-Century Osage Nation,* Chapel Hill 2012.
Dickerson, Philip J., *History of the Osage Nation: Its People, Resources, and Prospects: The East Reservation to Open in the New State,* Pawhuska 1906.
Dickey, Michael, *The People of the River's Mouth: In Search of the Missouria Indians,* Columbia 2011.
Doherty, Jim, *Just the Facts: True Tales of Cops and Criminals,* Tucson 2004.
Earley, Pete, *The Hot House: Life Inside Leavenworth Prison,* New York 1993.
Ellis, William Donohue, *Out of the Osage: The Foster Story,* Oklahoma City 1994.
Finney, Frank F., »John N. Florer«, in: *Chronicles of Oklahoma* Nr. 33 (Sommer 1955), S. 142 ff.
Ders., »The Osages and Their Agency During the Term of Isaac T. Gibson Quaker Agent«, in: *Chronicles of Oklahoma* Nr. 36 (Winter 1958/59), S. 416 ff.
Ders., »Progress in the Civilization of the Osage«, in: *Chronicles of Oklahoma* Nr. 40 (Frühjahr 1962), S. 2 ff.

Finney, James Edwin, und Joseph B. Thoburn, »Reminiscences of a Trader in the Osage Country«, in: *Chronicles of Oklahoma* Nr. 33 (Sommer 1955), S. 145 ff.

Finney, Thomas McKean, *Pioneer Days with the Osage Indians: West of '96*, Pawhuska, Okla., 1972.

Fixico, Donald Lee, *The Invasion of Indian Country in the Twentieth Century: American Capitalism and Tribal Natural Resources*, Niwot 1998.

Foley, William E., und C. David Rice, *The First Chouteaus: River Barons of Early St. Louis*, Urbana 2000.

Forbes, Gerald, »History of the Osage Blanket Lease«, in: *Chronicles of Oklahoma* Nr. 19 (März 1941), S. 70 ff.

Foreman, Grant, »J. George Wright«, in: *Chronicles of Oklahoma* Nr. 20 (Juni 1942), S. 120 ff.

Franks, Kenny Arthur, *The Osage Oil Boom*, Oklahoma City 1989.

Franks, Kenny Arthur, Paul F. Lambert und Carl N. Tyson, *Early Oklahoma Oil: A Photographic History, 1859–1936*, College Station 1981.

Friedman, Lawrence M., *Crime and Punishment in American History*, New York 1993.

Gaddis, Thomas E., und James O. Long (Hgg.), *Panzram: A Journal of Murder*, Los Angeles 2002.

Gage, Beverly. *The Day Wall Street Exploded: A Story of America in Its First Age of Terror*, New York 2009.

Gentry, Curt, *J. Edgar Hoover: The Man and the Secrets*, New York 2001.

Getty, Jean Paul, *As I See It: The Autobiography of J. Paul Getty*, Los Angeles 2003.

Ders., *How to Be Rich*, New York 1983.

Ders., *My Life and Fortunes*, New York 1963.

Gilbreath, West C., *Death on the Gallows: The Story of Legal Hangings in New Mexico, 1847–1923*, Silver City 2002.

Glasscock, Carl Burgess, *Then Came Oil: The Story of the Last Frontier*, Indianapolis 1938.

Graves, W. W., *Life and Letters of Fathers Ponziglione, Schoenmakers, and Other Early Jesuits at Osage Mission: Sketch of St. Francis' Church; Life of Mother Bridget*, St. Paul, Kans., 1916.

Ders., *Life and Letters of Rev. Father John Schoenmakers, S.J., Apostle to the Osages*, Parsons, Kans., 1928.

Graybill, Andrew R., *Policing the Great Plains: Rangers, Mounties, and the North American Frontier, 1875–1910*, Lincoln 2007.

Gregory, Robert, *Oil in Oklahoma*, Muskogee, Okla., 1976.

Gross, Hans, *Criminal Psychology: A Manual for Judges, Practitioners, and Students*, Montclair 1968. Deutsche Ausgabe: *Criminalpsychologie*, Graz 1898.

Grove, Fred, *The Years of Fear: A Western Story*, Waterville 2002.

Gunther, Max, *The Very, Very Rich and How They Got That Way*, Hampshire 2010.

Hagan, William T., *Taking Indian Lands: The Cherokee (Jerome) Commission, 1889–1893*, Norman 2003.

Hammons, Terry, *Ranching from the Front Seat of a Buick: The Life of Oklahoma's A. A. »Jack« Drummond*, Oklahoma City 1982.

Hanson, Maynard J., »Senator William B. Pine and His Times«, Doktorarbeit an der Oklahoma State University, 1983.

Harmon, Alexandra. *Rich Indians: Native People and the Problem of Wealth in American History*, Chapel Hill 2010.

Harris, Charles H., und Louis R. Sadler, *The Texas Rangers and the Mexican Revolution: The Bloodiest Decade, 1910–1920*, Albuquerque 2004.

Hastedt, Karl G., »White Brothers of Texas Had Notable FBI Careers«, in: *Grapevine*, Februar 1960.

Hess, Janet Berry, *Osage and Settler: Reconstructing Shared History Through an Oklahoma Family Archive*. Jefferson, N.C., 2015.

Hicks, J. C., »Auctions of Osage Oil and Gas Leases«, Magisterarbeit an der University of Oklahoma, 1949.

Hofstadter, Richard, *The Age of Reform: From Bryan to F.D.R.*, New York 1955.

Hogan, Lawrence J., *The Osage Indian Murders: The True Story of a Multiple Murder Plot to Acquire the Estates of Wealthy Osage Tribe Members*, Frederick, Md., 1998.

Horan, James D., *The Pinkertons: The Detective Dynasty That Made History*, New York 1969.

Hoyt, Edwin, *Spectacular Rogue: Gaston B. Means*, Indianapolis 1963.

Hunt, William R., *Front-Page Detective: William J. Burns and the Detective Profession, 1880–1930*, Bowling Green, Ohio, 1990.

Hunter, J. Marvin, und B. Byron Price, *The Trail Drivers of Texas: Interesting Sketches of Early Cowboys and Their Experiences on the Range and on the Trail During the Days That Tried Men's Souls, True Narratives Related by Real Cowpunchers and Men Who Fathered the Cattle Industry in Texas*, Austin 1985.

Hynd, Alan, *Great True Detective Mysteries*, New York 1969.

Indian Rights Association, *Forty-Fourth Annual Report of the Board of Directors of the Indian Rights Association (Incorporated) for the Year Ending December 15, 1926*, Philadelphia 1927.

Irwin, Lew, *Deadly Times: The 1910 Bombing of the »Los Angeles Times« and America's Forgotten Decade of Terror*, New York 2013.

Johnson, David R., *American Law Enforcement: A History*, Wheeling, Ill., 1981.

Ders., *Policing the Urban Underworld: The Impact of Crime on the Development of the American Police, 1800–1887*, Philadelphia 1979.

Johnston, J. H., *Leavenworth Penitentiary: A History of America's Oldest Federal Prison*, Leavenworth, Kans., 2005.

Jones, Mark, und Peter Johnstone, *History of Criminal Justice*, New York 2012.

Jones, Mary Ann, »The Leavenworth Prison Break«, in: *Harper's Monthly*, Juli 1945.

Kessler, Ronald, *The Bureau: The Secret History of the FBI*, New York 2003.

Keve, Paul W., *Prisons and the American Conscience: A History of U.S. Federal Corrections*, Carbondale 1991.

Knowles, Ruth Sheldon, *The Greatest Gamblers: The Epic of American Oil Exploration*, Norman 1980.

Kraisinger, Gary, und Margaret Kraisinger, *The Western: The Greatest Texas Cattle Trail, 1874–1886*, Newton, Kans., 2004.

Kurland, Michael, *Irrefutable Evidence: Adventures in the History of Forensic Science*, Chicago 2009.

Kvasnicka, Robert M., und Herman J. Viola (Hgg.), *The Commissioners of Indian Affairs, 1824–1977*, Lincoln 1979.

La Flesche, Francis, *The Osage and the Invisible World: From the Works of Francis La Flesche*, herausgegeben von Garrick Alan Bailey, Norman 1995.

Ders., *The Osage Tribe: Rite of the Chiefs; Sayings of the Ancient Men*, Washington, D.C., 1921.

Lamb, Arthur H., *Tragedies of the Osage Hills*, Pawhuska, Okla., 2001.

Lambert, Paul F., und Kenny Arthur Franks, *Voices from the Oil Fields*, Norman 1984.

Lenzner, Robert, *The Great Getty: The Life and Loves of J. Paul Getty, Richest Man in the World*, New York 1987.

Leonard, Thomas C., »American Economic Reform in the Progressive Era: Its Foundational Beliefs and Their Relationship to Eugenics«, in: *History of Political Economy* Nr. 41 (2009), S. 109 ff.

Ders., »Retrospectives: Eugenics and Economics in the Progressive Era«, in: *Journal of Economic Perspectives* Nr. 19 (2005), S. 207 ff.

Lloyd, Roger Hall, *Osage County: A Tribe and American Culture, 1600–1934*, New York 2006.

Lombroso, Cesare, *Criminal Man*, Übersetzung von Mary Gibson und Nicole Hahn Rafter, Durham, N.C., 2006. Originalausgabe: *L'uomo delinquente*, Turin, Bocca 1876. Deutsche Ausgabe: *Der Verbrecher in anthropologischer, ärztlicher und juristischer Beziehung*, Hamburg 1887.

Look Magazine (Hg.), *The Story of the FBI*, New York 1947.

Lowenthal, Max, *The Federal Bureau of Investigation*, Westport, Conn., 1971.

Lukas, J. Anthony, *Big Trouble: A Murder in a Small Western Town Sets Off a Struggle for the Soul of America*, New York 1998.

Lynch, Gerald, *Roughnecks, Drillers, and Tool Pushers: Thirty-Three Years in the Oil Fields*, Austin 1991.

Mackay, James A., *Allan Pinkerton: The First Private Eye*, New York 1997.

Mathews, John Joseph, *Life and Death of an Oilman: The Career of E. W. Marland*, Norman 1989.

Ders., *The Osages: Children of the Middle Waters*, Norman 1973.

Ders., *Sundown*, Norman 1988.

Ders., *Talking to the Moon*, Norman 1981.

Ders., *Twenty Thousand Mornings: An Autobiography*, Norman 2012.

Ders., *Wah'kon-Tah: The Osage and the White Man's Road*, Norman 1981.

McAuliffe, Dennis, *The Deaths of Sybil Bolton: An American History*, New York 1994.

McCartney, Laton, *The Teapot Dome Scandal: How Big Oil Bought the Harding White House and Tried to Steal the Country*, New York 2009.

McConal, Patrick M., *Over the Wall: The Men Behind the 1934 Death House Escape*, Austin 2000.

Merchant, Carolyn, *American Environmental History: An Introduction*, New York 2013.

Miller, Russell, *The House of Getty*, New York 1985.

Millspaugh, Arthur C., *Crime Control by the National Government*, Washington, D.C. 1937.

Miner, H. Craig, *The Corporation and the Indian: Tribal Sovereignty and Industrial Civilization in Indian Territory, 1865–1907*, Norman 1989.

Miner, H. Craig, und William E. Unrau, *The End of Indian Kansas: A Study of Cultural Revolution, 1854–1871*, Lawrence 1990.

Morgan, R. D., *Taming the Sooner State: The War Between Lawmen and Outlaws in Oklahoma and Indian Territory, 1875–1941*, Stillwater, Okla., 2007.

Morn, Frank, »The Eye That Never Sleeps«: *A History of the Pinkerton National Detective Agency*, Bloomington 1982.

Morris, John W., *Ghost Towns of Oklahoma*, Norman 1978.

Nash, Jay Robert, *Almanac of World Crime*, Garden City, N.Y., 1981.

Ders., *Citizen Hoover: A Critical Study of the Life and Times of J. Edgar Hoover and His FBI*, Chicago 1972.

Nieberding, Velma, »Catholic Education Among the Osage«, in: *Chronicles of Oklahoma* Nr. 32 (Herbst 1954), S. 290 ff.

Noggle, Burl, *Teapot Dome: Oil and Politics in the 1920's*, New York 1965.

Office of the Commissioner of Indian Affairs, *Report of the Commissioner of Indian Affairs to the Secretary of the Interior, for the Year 1871*, Washington, D.C. 1872.

Ollestad, Norman, *Inside the FBI*, New York 1967.

Osage County Historical Society, *Osage County Profiles*, Pawhuska, Okla., 1978.

Osage Tribal Council, United States, Bureau of Indian Affairs and Osage Agency, *1907–1957, Osage Indians Semi-centennial Celebration: Commemorating the Closing of the Osage Indian Roll, the Allotment of the Lands of the Osage Reservation in Severalty and the Dedication of the Osage Tribal Chamber*, Pawhuska, Okla., 1957.

Osage Tribal Murders, Regie: Sherwood Ball, Los Angeles 2010. DVD.

Parker, Doris Whitetail, *Footprints on the Osage Reservation*, Pawhuska, Okla., 1982.

Parsons, Chuck, *Captain John R. Hughes: Lone Star Ranger*, Denton 2011.

Paschen, Elisa, *Bestiary*, Pasadena, Kalif., 2009.

Pawhuska Journal-Capital, *Cowboys, Outlaws, and Peace Officers* Pawhuska, Okla., 1996.

Pawhuska Journal-Capital, *Reflections of Pawhuska, Oklahoma*, Pawhuska, Okla., 1995.

Pinkerton, Allan, *Criminal Reminiscences and Detective Sketches*, New York 1969.

Ders., *Thirty Years a Detective*, Warwick, N.Y., 2007.
Powers, Richard Gid, *G-Men: Hoover's FBI in American Popular Culture*, Carbondale 1983.
Ders., *Secrecy and Power: The Life of J. Edgar Hoover*, New York 1988.
Prettyman, William S., und Robert E. Cunningham, *Indian Territory: A Frontier Photographic Record by W. S. Prettyman*, Norman 1957.
Prucha, Francis Paul, *The Churches and the Indian Schools, 1888–1912*, Lincoln 1979.
Ramsland, Katherine M., *Beating the Devil's Game: A History of Forensic Science and Criminal Investigation*, New York 2014.
Ders., *The Human Predator: A Historical Chronicle of Serial Murder and Forensic Investigation*, New York 2013.
Red Corn, Charles H., *A Pipe for February: A Novel*, Norman 2002.
Revard, Carter, *Family Matters, Tribal Affairs*, Tucson 1998.
Rister, Carl Coke, *Oil! Titan of the Southwest*, Norman 1957.
Roff, Charles L., *A Boom Town Lawyer in the Osage, 1919–1927*, Quanah, Tex., 1975.
Rollings, Willard H., *The Osage: An Ethnohistorical Study of Hegemony on the Prairie-Plains*, Columbia 1995.
Ders., *Unaffected by the Gospel: Osage Resistance to the Christian Invasion (1673–1906), A Cultural Victory*, Albuquerque 2004.
Rudensky, Red, *The Gonif*, Blue Earth, Minn., 1970.
Russell, Orpha B., »Chief James Bigheart of the Osages«, in: *Chronicles of Oklahoma* Nr. 32 (Winter 1954/55), S. 884 ff.
Sbardellati, John, *J. Edgar Hoover Goes to the Movies: The FBI and the Origins of Hollywood's Cold War*, Ithaca, N.Y., 2012.
Shirley, Glenn, *West of Hell's Fringe: Crime, Criminals, and the Federal Peace Officer in Oklahoma Territory, 1889–1907*, Norman 1990.
Shoemaker, Arthur, *The Road to Marble Halls: The Henry Grammer Saga*, Nachdruck, New York 2000.
Spellman, Paul N., *Captain J. A. Brooks, Texas Ranger*, Denton 2007.
Stansbery, Lon R., *The Passing of 3-D Ranch*, New York 1966.
Starr, Douglas, *The Killer of Little Shepherds: A True Crime Story and the Birth of Forensic Science*, New York 2010.
Sterling, William Warren, *Trails and Trials of a Texas Ranger*, Norman 1959.
Stratton, David H., *Tempest over Teapot Dome: The Story of Albert B. Fall*, Norman 1998.

Strickland, Rennard, *The Indians in Oklahoma,* Norman 1980.

Sullivan, William, und Bill Brown, *The Bureau: My Thirty Years in Hoover's FBI,* New York 1982.

Summerscale, Kate, *The Suspicions of Mr. Whicher: A Shocking Murder and the Undoing of a Great Victorian Detective,* New York 2009.

Tait, Samuel W., *The Wildcatters: An Informal History of Oil-Hunting in America,* Princeton, N.J., 1946.

Tallchief, Maria, mit Larry Kaplan, *Maria Tallchief: America's Prima Ballerina,* New York 1997.

Tarbell, Ida M., *The History of the Standard Oil Company,* herausgegeben von David Mark Chalmers, New York 1966.

Dies., »Identification of Criminals«, in: *McClure's Magazine,* März 1894.

Thoburn, Joseph Bradfield, *A Standard History of Oklahoma: An Authentic Narrative of Its Development from the Date of the First European Exploration Down to the Present Time, Including Accounts of the Indian Tribes, Both Civilized and Wild, of the Cattle Range, of the Land Openings and the Achievements of the Most Recent Period,* Chicago 1916.

Thomas, James, »The Osage Removal to Oklahoma«, in: *Chronicles of Oklahoma* Nr. 55 (Frühjahr 1977), S. 46 ff.

Thorne, Tanis C., *The World's Richest Indian: The Scandal over Jackson Barnett's Oil Fortune,* New York 2003.

Tixier, Victor, *Tixier's Travels on the Osage Prairies,* Norman 1940.

Toledano, Ralph de, *J. Edgar Hoover: The Man in His Time,* New Rochelle, N.Y., 1973.

Trachtenberg, Alan, *The Incorporation of America: Culture and Society in the Gilded Age,* New York 2007.

Tracy, Tom H., »Tom Tracy Tells About— Detroit and Oklahoma: Ex Agent Recalls Exciting Times in Sooner State Where Indians, Oil Wells, and Bad Guys Kept Staff on the Go«, in: *Grapevine,* Februar 1960.

Turner, William W., *Hoover's FBI,* New York 1993.

Ungar, Sanford J., *F.B.I.,* Boston 1976.

Unger, Robert, *The Union Station Massacre: The Original Sin of J. Edgar Hoover's FBI,* Kansas City, Mo., 2005.

U.S. Bureau of Indian Affairs and Osage Agency, *The Osage People and Their Trust Property, a Field Report,* Pawhuska, Okla., 1953.

U.S. Congress. House. Committee on Indian Affairs, *Modifying Osage*

Fund Restrictions, Hearings Before the Committee on Indian Affairs on H.R. 10328, 67. Kong., 2. Sitzung, 27. bis 29. und 31. März 1922.
U.S. Congress. House. Subcommittee of the Committee on Indian Affairs, *Indians of the United States: Investigation of the Field Service: Hearing by the Subcommittee on Indian Affairs.* 66. Kong., 2. Sitzung, 1920.
Ders., *Leases for Oil and Gas Purposes, Osage National Council, on H.R. 27726: Hearings Before a Subcommittee of the Committee on Indian Affairs,* 62. Kong., 3. Sitzung, 18. bis 21. Januar 1913.
U.S. Congress. Joint Commission to Investigate Indian Affairs, *Hearings Before the Joint Commission of the Congress of the United States,* 63. Kong., 3. Sitzung, 16. und 19. Januar sowie 3. und 11. Februar 1915.
U.S. Congress. Senate. Committee on Indian Affairs, *Hearings Before the Senate Committee on Indian Affairs on Matters Relating to the Osage Tribe of Indians.* 60. Kong., 2. Sitzung, 1. März 1909.
Ders., *Survey of Conditions of the Indians in the U.S. Hearings Before the United States Senate Committee on Indian Affairs, Subcommittee on S. Res. 79,* 78. Kong., 1. Sitzung, 2. und 3. August 1943.
U.S. Dept. of Justice. Federal Bureau of Investigation, *The FBI: A Centennial History, 1908–2008,* Washington, D.C., 2008.
Utley, Robert M., *Lone Star Justice: The First Century of the Texas Rangers,* New York 2003.
Wagner, E. J., *The Science of Sherlock Holmes: From Baskerville Hall to the Valley of Fear, the Real Forensics Behind the Great Detective's Grea test Cases,* Hoboken, N.J., 2006.
Walker, Samuel, *Popular Justice: A History of American Criminal Justice,* New York 1998.
Wallis, Michael, *Oil Man: The Story of Frank Phillips and the Birth of Phillips Petroleum,* New York 1995.
Ders., *The Real Wild West: The 101 Ranch and the Creation of the American West,* New York 1999.
Ward, David A., *Alcatraz: The Gangster Years,* Berkeley 2009.
Warehime, Lester, *History of Ranching the Osage,* Tulsa 2001.
Webb, Walter Prescott, *The Texas Rangers: A Century of Frontier Defense,* Austin 2014.
Webb-Storey, Anna, »Culture Clash: A Case Study of Three Osage Native American Families«, Doktorarbeit an der Oklahoma State University, 1998.

Weiner, Tim, *Enemies: A History of the FBI*, New York 2012.
Welch, Neil J., und David W. Marston, *Inside Hoover's FBI: The Top Field Chief Reports*, Garden City, N.Y., 1984.
Welsh, Herbert, *The Action of the Interior Department in Forcing the Standing Rock Indians to Lease Their Lands to Cattle Syndicates*, Philadelphia 1902.
Wheeler, Burton K., und Paul F. Healy, *Yankee from the West: The Candid, Turbulent Life Story of the Yankee- Born U.S. Senator from Montana*, Garden City, N.Y., 1962.
White, E. E., *Experiences of a Special Indian Agent*, Norman 1965.
White, James D., *Getting Sense: The Osages and Their Missionaries*, Tulsa 1997.
Whitehead, Don, *The FBI Story: A Report to the People*, New York 1956.
Wiebe, Robert H., *The Search for Order, 1877–1920*, New York 1967.
Wilder, Laura Ingalls, *Little House on the Prairie*, New York 1935. Nachdruck: New York 2010. Deutsche Ausgabe u. a. als Kinderbuchreihe, Berlin 2016.
Wilson, Terry P., »Osage Indian Women During a Century of Change, 1870–1980«, in: *Prologue: Journal of the National Archives* Nr. 14 (Winter 1982), S. 185 ff.
Ders., »Osage Oxonian: The Heritage of John Joseph Mathews«, in: *Chronicles of Oklahoma* Nr. 59 (Herbst 1981), S. 264 ff.
Ders., *The Underground Reservation: Osage Oil*, Lincoln 1985.
Zugibe, Frederick T., und David Carroll, *Dissecting Death: Secrets of a Medical Examiner*, New York 2005.

S.137 Mit freundlicher Genehmigung der Western History Collections, University of Oklahoma Libraries, Rose Nr. 1525
S.143 Mit freundlicher Genehmigung der Library of Congress
S.151 Mit freundlicher Genehmigung von Frank Parker Sr.
S.157 Mit freundlicher Genehmigung des Federal Bureau of Investigation
S.164 Mit freundlicher Genehmigung von Homer Fincannon
S.170 Mit freundlicher Genehmigung der National Archives in Kansas City
S.172 Mit freundlicher Genehmigung von Alexandra Sands
S.177 Mit freundlicher Genehmigung von James M. White
S.180 Austin History Center, Austin Public Library
S.186 Mit freundlicher Genehmigung von James M. White
S.187 Mit freundlicher Genehmigung der Western History Collections, University of Oklahoma Libraries, Rose Nr. 1525
S.191 Mit freundlicher Genehmigung der Western History Collections, University of Oklahoma Libraries, Rose Nr. 1806
S.198 Mit freundlicher Genehmigung von Raymond Red Corn
S.207 Mit freundlicher Genehmigung der Oklahoma Historical Society, Oklahoman Collection
S.214 Unbekannt
S.219 Mit freundlicher Genehmigung der Kansas Historical Society
S.221 Mit freundlicher Genehmigung des Bartlesville Area History Museum
S.222 Mit freundlicher Genehmigung des National Cowboy and Western Heritage Museum
S.225 Mit freundlicher Genehmigung des Federal Bureau of Investigation
S.233 Mit freundlicher Genehmigung der Oklahoma Historical Society, Oklahoman Collection
S.238 Corbis
S.251 Mit freundlicher Genehmigung der Oklahoma Historical Society, Oklahoman Collection
S.263 Mit freundlicher Genehmigung des Osage Nation Museum
S.268 Mit freundlicher Genehmigung von Raymond Red Corn
S.270 Mit freundlicher Genehmigung der Oklahoma Historical Society, Oklahoman Collection
S.275 Mit freundlicher Genehmigung der Oklahoma Historical Society, Oklahoman Collection
S.288 Mit freundlicher Genehmigung von Margie Burkhart
S.295 Neal Boenzi/*The New York Times*
S.298 Mit freundlicher Genehmigung von Tom White III
S.305 Aaron Tomlinson
S.307 (Ausschnitt) Mit freundlicher Genehmigung von Archie Mason
S.310 Aaron Tomlinson
S.313 Mit freundlicher Genehmigung der Oklahoma Historical Society, Oklahoman Collection
S.314 Mit freundlicher Genehmigung von Margie Burkhart
S.316 Aaron Tomlinson
S.336 Aaron Tomlinson
S.340 Corbis
S.347 Aaron Tomlinson
S.358 Aaron Tomlinson
S.361 Aaron Tomlinson
S.362 Aaron Tomlinson